Les Philosophies
de
l'humanité

DES MÊMES AUTEURS

MICHEL MALHERBE :

Les Langages de l'humanité, Seghers, 1983, Laffont, « Bouquins », 1995.

Les Religions de l'humanité, Criterion, 1990, Hachette-Pluriel, 1992.

Les Musiques de l'humanité (avec Amaury Rosa de Poullois), Criterion, 1997.

En collaboration, aux éditions L'Harmattan :

Parlons coréen, 1986 ; *Parlons hongrois,* 1988 ; *Parlons wolof,* 1989 ; *Parlons ourdou,* 1993 ; *Parlons géorgien,* 1997.

PHILIPPE GAUDIN :

Les Grandes Religions (sous la dir. de), Ellipses, 1995.

Michel MALHERBE
Philippe GAUDIN

LES PHILOSOPHIES DE L'HUMANITÉ

BARTILLAT
21, rue Servandoni, 75006 Paris

Les auteurs remercient pour leurs conseils attentifs :
M. Werner Burki,
M. Paul Loubière,
Mme Martine Lion.

Sommaire

DEUXIÈME PARTIE

Philosopher ailleurs et autrement

TROISIÈME PARTIE

Philosopher aujourd'hui

ANNEXES

Les grands philosophes occidentaux

Pourquoi « les philosophies de l'humanité » ?

Mais pourquoi donc parler encore de philosophie ? ! Le sujet semble être à la mode ces derniers temps : y a-t-il urgence à se joindre au mouvement ?

Et pourquoi donc cette mode ? On ne sait pas assez que la philosophie n'a pas toujours été seulement une discipline universitaire d'une technicité inaccessible au non-spécialiste. Dans l'Antiquité gréco-romaine on appelait parfois les philosophes « thérapeutes » ! Visiblement le mal de vivre ne date pas d'aujourd'hui et il a toujours fallu trouver une sagesse qui rende notre vie meilleure car il ne suffit pas de se griser de pirouettes spéculatives ultra-sophistiquées. Le besoin de philosophie doit donc être toujours assouvi d'une manière ou d'une autre. S'il se fait particulièrement sentir aujourd'hui, c'est sans doute à cause d'un essoufflement des espérances du XXe siècle.

On sous-estime l'ampleur des conséquences de l'écroulement du monde communiste et de la méfiance qu'inspire aujourd'hui le marxisme. Il ne s'agit pas de dire que Marx est sans intérêt, mais de reconnaître que ce XXe siècle a connu une véritable religion de remplacement avec la perspective de l'édification d'une nouvelle société et la naissance du nouvel homme qui devait lui correspondre. Le passé comme l'avenir avaient un sens, la théorie et la pratique trouvaient leur point d'articulation. À l'Ouest, le « monde libre » avait lui-même un sens dans sa lutte contre le bloc de l'Est et les esprits réfractaires au marxisme trouvaient là une sorte de travail à plein temps ! Comme le rideau vient de tomber sur cette pièce, il faut bien que les acteurs aillent en chercher une autre et de nouveaux rôles.

Pour leur part, les sciences de la nature ainsi que les sciences humaines ont certes connu une montée en puissance impressionnante au cours de ce siècle et ont connu bien des succès. Nous en rendons compte dans notre ouvrage. Cependant, les sciences rencontrent aussi bien des impasses, génèrent indirectement des problèmes et pas seulement des solutions, sur le plan moral notamment : elles n'arrivent pas à satisfaire le besoin de philosophie.

Mais n'est-ce point le rôle immémorial de la religion de nous indiquer une manière de penser et de vivre, de nous donner une Vérité dans laquelle l'interprétation du sens de la vie se fait harmonieusement ? Ne parle-t-on pas d'un retour des religions ? Certes, mais ce mot de « religion » englobe des attitudes bien différentes et de toute façon l'individu des sociétés développées n'est pas prêt à ce qu'on lui donne une Vérité toute faite.

Voilà pourquoi la philosophie, cette jeune fille qui n'a plus d'âge, préoccupe fortement nos contemporains, mais en son nom propre cette fois-ci. Ni la révolution, ni la science, ni la religion ne semblent avoir suffisamment de charme : chacun est appelé à penser ou à repenser par soi-même.

Quel projet avons-nous en présentant les philosophies de l'humanité ? À quel tour du monde invitons-nous le lecteur ? En quoi toute l'humanité est-elle concernée ?

Notre réflexion s'adresse à un très large public, ce n'est pas une encyclopédie qui se devrait d'être exhaustive, c'est un effort de vulgarisation d'un sujet apparemment austère mais qui intéresse, en réalité, chacun d'entre nous, c'est aussi une réflexion sur l'évolution de la philosophie et sa situation aujourd'hui. Voilà pourquoi nous sommes partis de l'idée très simple selon laquelle l'homme comme la femme ne peuvent éviter de se poser plus ou moins clairement, à un moment ou à un autre de sa vie, les questions qui constituent l'essence de la philosophie :

– que pouvons-nous savoir ?

– que devons-nous faire en ce monde ?

– comment faire pour être en accord avec nous-mêmes, pour atteindre le bonheur ?

– qui sommes-nous ?

Réfléchir à ces questions, les approfondir, les retourner dans tous les sens est le travail des philosophes. L'enseignement de la philosophie, qui n'est pas au programme de l'Éducation dans tous les pays, consiste avant tout à donner l'habitude et le goût de la réflexion.

On peut dire que la philosophie est, par nature, recherche de la vérité, sans que ce mot recouvre un Absolu unique. Cette recherche n'a pu éclore que dans un espace politiquement ouvert : celui de la cité grecque antique. Quant aux religions, elles peuvent s'opposer à la philosophie ou s'avérer complémentaires de celle-ci. Nous aurons l'occasion d'en reparler longuement.

Ainsi, puisque la philosophie est, en quelque sorte, l'art d'apprendre à penser avec ce que cela implique d'analyse, d'imagination et d'humilité d'esprit devant les faits, la philosophie concerne normalement chaque individu, quelle que soit sa culture. Pourtant les « grands philosophes » sont pour l'essentiel issus du monde occidental, ce qui n'exclut pas, bien au contraire, qu'il y ait des « grands penseurs » sous toutes les latitudes.

Il est donc bien évident que la pensée, fondamentalement liée à la recherche de la vérité, existe partout, ce qui signifie qu'au sens large, la philosophie ne se limite pas à la Grèce et à l'Occident, ni même au « philosophe professionnel ».

Les livres de philosophie et les grands philosophes classiques négligent trop, selon nous, la somme des réflexions de nature philosophique que tous les hommes et tous les peuples ont pu produire et produisent encore chaque jour.

Évidemment, cette ambition est démesurée et nous sommes bien conscients de l'impossibilité de traiter ces questions en profondeur. Cependant, comme ce livre s'efforce d'apporter une vision globale des philosophies prises dans le sens de la façon de penser pour orienter sa vie vers une forme de sagesse (étymologiquement la philosophie est « l'amour de la sagesse ») nous n'avons pas hésité, malgré les difficultés, à présenter à la fois les grands systèmes philosophiques construits par des autorité incontestées et d'autres modes de pensée qui ne sont pas liés à un philosophe particulier.

Il ne faut donc pas que le lecteur s'étonne du caractère quelque peu hétérogène de nos propos. Le plan général de notre ouvrage n'est cependant, en aucune façon, une énumération : nous avons voulu réfléchir au travers des philosophies de l'humanité au destin de la philosophie liée à l'évolution de l'humanité au cours de l'Histoire.

Dans la première partie nous situons l'histoire de la philosophie occidentale dans le mouvement global de l'Histoire. Nous verrons que si la philosophie a façonné notre destin, elle-même ne vit pas dans une bulle étanche et n'a pas cessé d'être façonnée à son tour par toutes sortes d'influences culturelles.

Dans la deuxième partie nous prendrons des chemins de traverse pour aller chercher la philosophie ailleurs que dans une stricte définition académique et occidentale de celle-ci.

Dans la troisième partie nous montrerons à quels défis la philosophie est confrontée aujourd'hui et comment elle peut y répondre.

Encore un mot sur le titre même de notre ouvrage : *Les Philosophies de l'humanité*. Que signifie ce pluriel et pourquoi parler d'humanité ?

Plusieurs philosophies se sont développées par le passé. Contrairement aux sciences où certains points de vue sont totalement dépassés, une grande philosophie reste une interprétation toujours possible du sens de l'existence. Voilà pourquoi nous nous plongeons donc dans l'histoire de la philosophie et nous donnons en annexe une présentation d'un nombre significatif de grands philosophes.

Cela nous conduit tout naturellement à envisager que toutes ces philosophies sont celles de l'humanité. Apparemment, cela relève de la plus élémentaire évidence, mais, en fait, il n'en est rien. Si l'unité de l'espèce humaine ne fait pas aujourd'hui de doute sur le plan biologique, cette idée d'unité n'est guère répandue dans l'histoire de l'humanité. La formule typiquement universaliste de l'apôtre Paul : « Il n'y a plus ni Juif ni Grec, ni esclave ni homme libre, ni homme ni femme... » (Galates 3, 28) est très récente (Ier siècle de notre ère) si l'on considère que l'*homo sapiens* a au moins 40 000 ans ! L'universalisme de Paul se fonde sur la foi chrétienne puisque selon lui « ... le Christ est tout et en tous » (Colossiens 3, 11), mais il faut aussi remarquer que son point de vue est contemporain de l'universalisme des philosophes stoïciens qui se disaient « cosmopolites », c'est-à-dire citoyens du monde. Il est aussi l'héritier de la Loi de Moïse qui avait déjà le caractère de l'universalité.

Aujourd'hui, nous sommes encore bien loin du moment où toutes les barrières tomberont ! Ce qui est certain, c'est que le XXe siècle a commencé un formidable travail de brassage des hommes et des cultures qui va aller en s'accroissant. Grâce aux nouvelles technologies, la conscience est devenue planétaire ou le deviendra bientôt ; les flux migratoires mettent en relation des cultures qui n'avaient fait que se côtoyer : voilà pourquoi il faut connaître **les** philosophies de l'humanité, voilà pourquoi l'humanité dans toute sa diversité devra se confronter à **la** philosophie.

La philosophie n'a pas que des amis

Certes la philosophie ne peut en aucune façon se substituer à d'autres formes d'expérience de la vie et de la vérité. « L'art de savoir ne point penser est une part non négligeable de l'art de penser », disait avec beaucoup de sagesse le philosophe Alain ! Nous aimerions ajouter que ce n'est pas une raison pour penser que l'on peut pour autant se dispenser de philosopher ! Beaucoup de philosophes ne sont peut-être pas eux-mêmes de bons avocats de la philosophie ce qui risque de provoquer bien des jugements superficiels.

Quelles sont donc les critiques les plus communément adressées à la philosophie ?

« La philosophie est un refuge et les philosophes sont coupés de la vie »

On peut remarquer que ce type de reproche est généralement fait aussi à l'attitude religieuse. Socrate n'a jamais cessé de s'exposer : aux théories de ses contradicteurs bien sûr, au danger quand il était soldat, aux accusations qui lui étaient faites devant ses juges. Platon s'est toujours soucié de politique et a fondé une école. Aristote a été précepteur d'Alexandre le Grand, Descartes a été plusieurs années militaire, Pascal inventa une machine à calculer pour le travail de son père et conçut un projet de transports en commun (le carrosse à 5 sols), Leibniz a déployé une intense activité diplomatique ; Spinoza savait polir des lentilles, les philosophes des Lumières étaient par définition très présents dans leur siècle, Kant et Hegel eurent un rayonnement universitaire extraordinaire, Marx fut un journaliste et un agitateur politique, Alain influença profondément plusieurs générations de jeunes esprits, etc. On pourrait multiplier les exemples à l'infini pour montrer que les philosophes dégagent le plus souvent une intense activité et ne sont pas du tout « retirés » ou réfugiés. On peut remarquer aussi qu'il n'y a pas un tempérament spécifique à la philosophie. Santés délicates ou robustes y sont également présentes, vies tranquilles ou aventureuses, vies brèves ou très longues.

Un autre reproche est très souvent fait à la philosophie ou aux philosophes :

« La philosophie, c'est bon pour les gens fortunés qui n'ont rien d'autre à faire »

Il y a sans doute un certain bon sens... philosophique dans cette critique ! Chez un homme qui a faim, il y a toujours le risque que ce soit son estomac qui philosophe en lui. Libérée de toute tension, la tête peut enfin philosopher. On voit ainsi qu'il est sans doute plus intelligent de condamner la faim que la philosophie ! Quand l'existence matérielle est assurée, la question n'est plus de savoir si l'on va vivre ou comment on va pouvoir vivre, elle devient celle de savoir comment **bien** vivre ! Malgré cela on constate que les pays développés n'ont souvent trouvé d'autre réponse que celle qui consiste à augmenter indéfiniment leurs **moyens** d'existence. Ce n'est donc pas, bien souvent, parce qu'on ne **peut** pas avoir accès à la philosophie qu'on ne philosophe pas, mais parce qu'on **refuse** cette attitude. Nous serions tentés de dire par ailleurs que si tous les gens « fortunés et n'ayant rien d'autre à faire » étudiaient la philosophie, il y aurait là de quoi être satisfait !

À vrai dire on ne peut même pas soutenir que l'on ne philosophe bien que le ventre plein. La philosophie est aussi faite pour les temps de détresses (par où le premier reproche revient sournoisement !). Certains iraient même jusqu'à dire qu'on ne philosophe que parce qu'on a le ventre vide ! Si les difficultés ou les périodes de crise sont propices au questionnement, ce n'est peut-être pas pour s'y complaire mais pour trouver de nouvelles voies, de nouvelles perspectives... À quoi sert d'être stoïcien quand tout va bien ? Mais tout ne va pas toujours bien et ne doit-on pas se préparer à être stoïque s'il le faut ? Les difficultés matérielles, psychologiques sont courantes, l'oppression politique est encore la règle presque partout dans le monde... Épictète était un esclave affranchi et Marc Aurèle un empereur, belle image de cette philosophie qui n'ignore pas les conditions mais les **traverse**.

Montesquieu était un aristocrate, Rousseau, Diderot, Kant des hommes du peuple...

Ces deux critiques, pour ne pas dire accusations ou calomnies, qui reviennent si souvent, ont un point commun : elles veulent rester à l'extérieur de la philosophie et prétendent la juger à partir de tel ou tel aspect des philosophes pour plaider en sens contraire, c'est ce que nous avons essayé de faire brièvement. Le point de vue matérialiste qui consiste à chercher des « conditions de production » de la pensée est toujours intéressant, mais on se demande parfois s'il n'est pas une laborieuse excuse pour se dispenser de penser. Il est donc plus intéressant de se demander maintenant les raisons d'une hostilité vis-à-vis de la philosophie.

Pourquoi est-on hostile à la philosophie ?

D'un point de vue psychologique

Le petit essai que Freud consacra à Léonard de Vinci *(Un souvenir d'enfance de Léonard de Vinci)* est riche d'enseignements à ce sujet. Il était fasciné par cette personnalité à laquelle il pensait sans doute ressembler en profondeur. Tous deux ont en effet consacré leur vie au plaisir de **l'investigation**. Non seulement Léonard était un artiste mais aussi un savant ; Freud, quant à lui, se considérait comme un savant (neurologiste) mais aussi comme quelque chose d'autre, assez indéfinissable à vrai dire et qui tient à la nature même de la psychanalyse. La question qu'il se pose est celle de savoir comment se forme un type psychologique où la quasi-totalité des pulsions, sexuelles notamment, sont « sublimées », c'est-à-dire détournées de leur objet naturel pour être portées vers des objets culturels plus élevés. Nous retiendrons l'essentiel de ses thèses. Le désir de connaître, qu'on appelle « pulsion épistémologique » dans le jargon de la psychanalyse, est toujours lié à la **curiosité sexuelle** dans la mesure où il s'agit toujours de tirer la question de **l'origine** au clair. Si les enfants se posent des questions et en posent aux « grandes personnes », c'est parce qu'ils tournent toujours autour de la question de savoir d'où viennent les enfants et comment on les fait. Question d'autant plus attirante et plaisir qu'on prend à la recherche d'autant plus grand que ce genre de question est toujours vaguement tabou ou déclenche des explications assez laborieuses qui semblent gêner les adultes. L'attitude « moderne » qui en « rajoute » dans le sens inverse ne fait que confirmer qu'on ne parle jamais tout à fait normalement de la sexualité. Il y a donc un refoulement sexuel **et** intellectuel dans l'enfance qui perd de son efficacité face aux élans de l'adolescence. C'est l'âge de la maturation physique et psychologique, c'est l'âge des questions, l'âge où l'on commence à philosopher pour de bon. Cet âge est celui du début de la vie sexuelle mais aussi celui auquel on apprend à tirer un authentique plaisir de la spéculation intellectuelle et où le fait d'élever son esprit devient tout autre chose qu'une corvée scolaire. Le devenir intellectuel d'un individu est donc lié selon Freud à la façon qu'il a de concilier la force du désir de connaître, de **tout** connaître, et la force du refoulement pour raison de convenances morales, sociales, etc. Il en ressort que des dispositions particulières pour l'investigation en général peuvent aussi bien se manifester par une grande précocité sexuelle que par un très grand retard de la vie sexuelle.

Quel rapport avec la question qui nous occupe ? Si au cours d'un dîner en ville vous posez brutalement et avec insistance des questions du type : « Mais qu'est-ce que l'essence de la justice ? », « Suis-je vraiment libre ? » ; vous ferez d'abord sourire ou rire sous cape puis vous déclencherez un certain malaise parmi vos convives. Ces réactions seront les mêmes si vous abordez de la même manière des questions sexuelles. L'hostilité à l'égard de la philosophie, d'un point de vue psychologique, vient du fait que la philosophie dans son « jusqu'au-boutisme » épistémologique déstabilise l'individu dans son équilibre et son économie personnelle. Ce refoulement n'a rien d'anormal et de malsain, bien au contraire. Tout le monde sait bien qu'il faut savoir s'arrêter de se poser des questions sur tout et à tout moment (une ou deux heures de véritable philosophie par an font l'affaire d'après Descartes !). Il faut aussi savoir ne pas avoir **peur** de philosopher ! Cette peur est généralement issue de l'enfance encore faible qui ne peut guère se défendre contre la puissance des interdits liés à des systèmes culturels donnés qui veulent toujours défendre un certain ordre des choses. Les réticences vis-à-vis de la philosophie ne sont souvent pas d'ordre intellectuel mais plutôt affectif. Il est amusant de voir que Freud, qui a toujours prétendu avoir une démarche « scientifique », a passé son temps à faire de la philosophie tout en criant à tout moment qu'il n'était pas de ces énergumènes à donner dans le délire philosophique !

D'un point de vue scientifique

C'est chose courante aujourd'hui de distinguer et même d'opposer philosophie et science. C'est une habitude relativement récente dans l'histoire de la pensée. Aussi curieux que cela puisse paraître, un étudiant américain diplômé en biologie ou en physique est appelé docteur en « philosophie » (PhD : philosophy doctor). C'est une tradition ancienne que les universités américaines ont gardée. Un physicien comme Galilée appelle encore sa discipline « philosophie naturelle ». Ce n'est qu'à partir de l'époque de Descartes (XVIIe siècle) et petit à petit que la scission s'est faite, pour le meilleur et pour le pire. On voit bien comment, en lisant le *Discours de la méthode,* un partage se fait entre les disciplines « littéraires » qui s'étudient dans les livres et les disciplines qu'on appellera plus tard « scientifiques » qui s'étudient dans le « grand livre » de la nature. Cette scission a des causes extrinsèques et intrinsèques. Pour les premières on peut dire que l'humanisme dans son effort de retour aux textes de l'Antiquité supposait une culture de plus en plus considérable qui n'a fait que croître avec le temps. Les sciences de la nature ont dû, d'autre part, marquer une rupture au XVIIe siècle pour pouvoir se développer indépendamment du modèle aristotélicien et ont ainsi survalorisé le recours à l'expérience contre la fréquentation des bibliothèques.

Pour les secondes, c'est à partir de Descartes que se dégage une idée générale de la science dont le modèle est la connaissance mathématique. La philosophie proprement philosophique devient alors la métaphysique qui n'est concernée que par les idées abstraites conçues par l'entendement seul. Kant enseignera encore les mathématiques, la physique, etc., mais c'est avec lui et son époque (le XVIIIe siècle) que le divorce est consommé, que la philosophie (la métaphysique) doit renoncer à prendre la « route sûre de la science », que les travaux de la connaissance et de la pensée ne peuvent plus être confondus (voir article « Kant »). Il y aura bien sûr toujours des esprits suffisamment universels pour avoir des aptitudes dans tous les domaines mais il est impossible aujourd'hui de maîtriser le champ d'un savoir qui est devenu immense. L'acuité de la connaissance scientifique d'aujourd'hui exige la spécialisation.

Il n'est donc pas très difficile d'imaginer les raisons d'une certaine hostilité à l'égard de la philosophie du point de vue de la science : la philosophie n'est pas scientifique ! Entendez par là que ses résultats ne viennent pas s'ajouter les uns aux autres pour former un savoir cumulatif. Pour former à la « sagesse » il faut toujours tout reprendre à zéro et s'appuyer sur le passé et la pratique des auteurs du passé. Pour former à la science il faut partir de ce qui est acquis et continuer ensuite comme si rien n'était fait. Le philosophe est toujours jeune car la sagesse ne se transmet pas comme un savoir cumulatif mais il est toujours vieux car il trouve la matière de sa propre pensée dans le passé de l'humanité ; le scientifique est toujours vieux des acquis du passé mais il est toujours jeune devant la nature. Il y a donc une opposition de styles entre les deux démarches. On a sans doute raison de constater le manque de certitude de la philosophie par rapport aux sciences mais on a sans doute tort de se faire une conception unique de la vérité comme exactitude quantitative ou adéquation à l'expérience sensible. Pourquoi faire des sciences ? Il est bien difficile de répondre scientifiquement à cette question !

D'un point de vue politique

On dit que la truite est un poisson qui est un excellent indicateur de la pureté de l'eau, en dehors de laquelle elle ne peut vivre. La philosophie est sans doute à la démocratie ce que la truite est à l'eau ! La liberté de philosopher, d'enseigner, de publier est un indicateur qui ne trompe guère sur la nature d'un régime politique. Cela ne veut pas dire que tous les pays où la philosophie est libre sont des paradis politiques, mais assurément ceux dans lequel elle ne l'est pas ne peuvent tromper sur la pureté de leurs intentions. Les pays de l'ex-bloc socialiste, dont la doctrine était en principe fondée sur la pensée de philosophes, préféraient donner des bouillies de « socialisme scientifique » que de permettre un accès direct aux œuvres complètes de Marx par exemple. Ne parlons pas des régimes fascistes, etc. N'oublions pas que Socrate fut condamné à Athènes sous un régime de démocratie restaurée, comme s'il y avait une incompatibilité non plus seulement entre la philosophie et les régimes autoritaires mais entre la philosophie et la politique elle-même. Ce divorce en même temps que la nécessité de le résoudre est consubstantiel à la philosophie tout au long de son histoire.

L'histoire de la philosophie fut donc aussi l'histoire de la censure de la philosophie. L'hostilité à l'égard de la philosophie d'un point de vue politique vient donc du fait qu'un pouvoir quel qu'il soit vient plus souvent du fait que du droit et qu'il résiste souvent mal à l'épreuve de sa justification rationnelle et éthique. On pourrait cependant concevoir que cette hostilité existe aussi pour des raisons inverses. C'est en effet bien souvent au nom de telle philosophie que tel pouvoir s'est imposé ! La philosophie a pu faire un travail de justification du pouvoir en place (la monarchie par exemple ou les « bonnes » démocraties occidentales face au reste du monde). Rien de pire d'autre part qu'un idéalisme rigide qui prétend faire entrer la réalité sociale dans son moule, coûte que coûte.

Pas de philosophie sans liberté politique, mais pas de bonne politique sans liberté philosophique. Pour le reste la philosophie doit rester une force critique face aux **idéologies**.

D'un point de vue religieux et spirituel

Il faut se méfier de ces dangereux douteurs professionnels qui contestent les coutumes reçues. Voilà en gros l'opinion que se font les religions des philosophes. Il est bien évident que nous ne prenons le mot religion que dans son sens très extérieur et superficiel où il désigne la justification d'un ordre social au nom du divin, un système rituel de contraintes qui assigne à chacun ce qu'il doit faire au nom d'un ordre supérieur. Là où la religion dit ce qu'il faut faire et croire, la philosophie ordonne la **suspension** des croyances et la distance vis-à-vis des traditions. L'hostilité religieuse à la philosophie vient du fait qu'on peut y voir, pour la jeunesse surtout, le risque de perdre ce que l'on appelle aujourd'hui les fameux « repères ». Si la philosophie est admise dans le cadre religieux c'est souvent pour la cantonner dans un rôle bien précis et **contrôlé**. Elle peut servir à des fins apologétiques (défense d'une doctrine donnée), pédagogiques (pour exposer, par le discours, des vérités qu'elle ne peut pas vraiment saisir), ou être considérée comme la « servante » de la théologie.

D'un point de vue spirituel, on peut être hostile à la philosophie dans la mesure où un certain intellectualisme semble consubstantiel à sa démarche et où elle se détourne de toute vérité que le discours ne peut saisir. L'activité intellectuelle détournerait ainsi d'un mode d'appréhension de la vérité plus profond ou plus haut. Cela ne paraît pas impossible, mais on ne voit pas pourquoi il faudrait être un débile du « cœur » sous prétexte que l'on exerce sa raison et vice versa. On pourrait même dire que celui qui expérimente les voies de la raison sait ses **limites** et le point où elle s'arrête. On peut donc imaginer d'autres motifs à l'hostilité que rencontre la philosophie d'un point de vue spirituel. Notre raison, comme l'a bien souligné Kant, nous oblige à nous poser des questions métaphysiques sur l'origine ou la fin des choses auxquelles nous ne savons pas répondre scientifiquement. C'est donc là une humiliation de notre orgueil et un échec de notre maîtrise. C'est peut-être cette dimension spirituelle que nous refusons en refusant la philosophie. On parle de refoulement sexuel, il peut y avoir aussi un refoulement spirituel !

Nous comprenons bien les raisons de l'hostilité à l'égard de la philosophie qui sont toutes de bonnes raisons en adoptant telle ou telle perspective. Ne faut-il pas essayer d'adopter un point de vue plus élevé où l'on perçoit les limites de la philosophie mais où elle apparaît comme indispensable ? C'est le mauvais usage de la philosophie qui est condamnable et non la philosophie.

Première partie
Philosophie et Histoire

La pensée des philosophes s'inscrit dans l'Histoire de deux manières. La philosophie a elle-même une histoire dans la mesure où les philosophes se lisent les uns les autres, se critiquent, essaient de se rapprocher toujours plus de la vérité et de la sagesse ou cherchent des voies nouvelles. Cette histoire de la philosophie est inséparable de l'Histoire elle-même sur laquelle la philosophie se penche pour se demander quel est son sens. C'est l'objet de notre premier chapitre.

Le mot « histoire » présente l'ambiguïté de désigner à la fois une discipline scientifique et l'objet de cette discipline. C'est la raison pour laquelle nous écrirons le mot avec une majuscule lorsqu'il s'agit de désigner le passé de l'humanité et avec une minuscule pour désigner la discipline qui l'étudie.

Dans le deuxième chapitre nous présentons les grandes périodes de l'histoire de la philosophie selon un découpage classique. Cela nous conduit à un développement plus important pour la période médiévale, à cause de sa longueur mais surtout à cause de l'impact du monothéisme sur l'histoire de la philosophie. Nous essayons d'éclairer ces différentes périodes en fonction des conclusions du premier chapitre.

1
Histoire de la philosophie et philosophie de l'Histoire

La philosophie, quelle histoire ?

Indissociable de la recherche de la vérité, la philosophie exige aussi, cela va de soi, une totale liberté de pensée, ce qui explique qu'elle ait pris naissance avec la cité, dans la Grèce antique.

Auparavant, l'homme espérait trouver dans la religion seule la réponse aux questions fondamentales de l'existence et les moyens d'agir sur la nature. Depuis que la Grèce a ouvert la voie nouvelle de la philosophie à l'occidentale, on a vu s'épanouir un foisonnement de la pensée dont l'approche scientifique est l'un des rameaux.

Mais y a-t-il autant de philosophies que de philosophes ? Chaque époque est certes différente et chaque philosophe écrit une œuvre originale, mais la vie sur terre et la nature humaine changent-elles radicalement, au point de rencontrer des problèmes vraiment nouveaux qui demandent des solutions absolument inédites pour chaque siècle ? Plus vraisemblablement, certaines questions fondamentales reviennent inlassablement et il n'y a peut-être pas un nombre infini de réponses à ces questions.

L'histoire de la philosophie ne serait-elle qu'une suite chaotique et hasardeuse de pensées qui se succèdent les unes aux autres, chaque philosophe exprimant son point de vue particulier sur le monde et la vie humaine.

À la lecture des philosophes, on se rend compte qu'ils se répondent les uns aux autres et qu'ils construisent leur pensée pour continuer ou contredire celle d'un autre. Pour illustrer cette diversité et cette complémentarité des points de vue philosophiques, nous renvoyons le lecteur à notre annexe qui présente des monographies sur les plus grands philosophes.

Si l'on compare cependant l'histoire de la philosophie à l'histoire des sciences, on remarque en général que dans la première chaque grand philosophe reprend l'ensemble des questions pour lui donner une nouvelle réponse, cohérente dans son ensemble ; dans la seconde au contraire, à moins d'une « rupture épistémologique » particulièrement importante, chaque scientifique part de l'acquis du passé pour lui apporter un développement nouveau, qui ne l'annule pas mais le prolonge. Nul ne conteste qu'il y ait un progrès de la pensée scientifique, au sens où elle produit un effet cumulatif éliminant les erreurs, conservant les résultats éprouvés ou leur assignant un champ d'application limité dans lequel ils sont toujours valides. Face à cela, l'histoire de la philosophie passe aisément pour une vaste cacophonie où la contradiction semble la règle et la tâche comparable à celle de Sisyphe. Pour Hegel la contradiction n'est qu'apparente et chaque philosophie dans l'histoire n'est qu'une étape nécessaire vers le développement achevé de l'Idée de Philosophie. Cette conception de l'histoire de la philosophie est cependant critiquable, malgré son mérite évident de ne pas se contenter d'une vision superficielle des philosophies, plus attentive aux conclusions (considérées alors comme des opinions contradictoires) qu'à la démarche. C'est une manière de ramener le passé au présent et de considérer les diverses philosophies comme des étapes vers un développement supérieur, c'est le point de vue de Hegel. On pourrait aussi concevoir la critique inverse selon laquelle cette vision progressiste de l'histoire de la philosophie est une manière d'accorder une originalité absolue à chacune de ses étapes, comme si la nature des problèmes changeait radicalement d'une époque à une autre. N'y aurait-il pas au contraire de bonnes raisons de penser que la nature de ces problèmes ne change pas et que les philosophies sont, pour une part, répétitives ? Il est bien évident qu'il ne s'agit pas d'une pure et simple répétition, sinon cela se saurait ! Cependant toute philosophie a invariablement affaire au problème des **relations entre l'esprit et la nature**, d'une part, et à celui des **relations entre l'individu et la société**, d'autre part. Nous avons tout à fait conscience que ces notions, de même que leurs oppositions, sont dans une large mesure le fruit d'une élaboration tardive, nous pensons cependant que le fait de les projeter sur les différentes époques de l'histoire de la philosophie fait justement voir l'évolution de la pensée. Les solutions possibles sont en nombre limité : soit une conception moniste (la réalité est une) au profit de l'un ou l'autre des deux termes, soit une conception dualiste de composition (la réalité est composée de deux principes distincts). Chaque époque de l'histoire de la philosophie répond donc à ces deux questions.

Reprenons donc les deux interrogations du début de ce chapitre : y a-t-il autant de philosophies que de philosophes ? quel est le sens ou la logique de l'histoire de la philosophie ?

En ce qui concerne la seconde question, nous proposons d'écarter l'hypothèse selon laquelle la philosophie ne serait qu'une longue prise de conscience d'elle-même où l'explication dialectique de cette histoire deviendrait la philosophie elle-même. À cette conception progressiste où tout converge vers un système unique et totalisant, nous préférons celle selon laquelle il n'y a pas de philosophie inachevée ou en progrès vers une autre, mais au contraire des philosophies pleines et cohérentes, irréductibles les unes aux autres et dont l'opposition indépassable, loin de se résorber dans une étape supérieure, ne cesse de se reproduire dans l'histoire de la philosophie. Ainsi en tentant de répondre à la seconde question nous répondons à la première : il n'y a pas autant de philosophies que de philosophes. Il nous appartiendra dans le chapitre suivant d'essayer de montrer la fécondité d'une telle hypothèse appliquée à l'histoire de la philosophie.

Mais nous n'avons pas vraiment répondu à la seconde question. Avoir écarté la logique hégélienne ne nous a pas permis de dire à quelle logique obéit l'histoire de la philosophie, puisque les philosophies ne se construisent pas indépendamment les unes des autres mais les unes par rapport aux autres. Si l'histoire de la philosophie se répète, tout en disant quelque chose d'autre ou en tous les cas différemment, c'est qu'il y a bien quelque chose qui **change** ; ainsi la répétition ne peut pas être purement et simplement une répétition à l'identique. Si nous donnons au mot « philosophie » non pas son sens le plus large, mais la forme que la pensée a prise en Occident depuis les Grecs anciens, on est bien obligé d'admettre que la philosophie ne commence pas avec l'humanité et qu'il y a de la pensée **d'avant** la philosophie (de même qu'il y a d'autres formes de pensée **à côté** de la philosophie et qu'il n'y a pas d'impossibilité logique à concevoir une pensée **d'après** la philosophie). Si la philosophie prend naissance à un moment donné, cela signifie qu'elle s'inscrit elle-même dans un processus historique dont elle n'est pas l'origine, ni peut-être la fin, même si elle va considérablement façonner ce processus par la suite. La philosophie serait alors la conséquence de quelque chose de plus profond dont la logique du déploiement ne serait pas sans conséquence sur l'intelligence que nous pouvons avoir de l'histoire de la philosophie. C'est pourquoi celle-ci ne peut se passer d'une philosophie de l'Histoire. On pourra bien sûr trouver le propos un peu ambitieux, mais il nous paraît inévitable. Ne pas avoir de philosophie de l'Histoire consiste le plus souvent à se satisfaire de celles qui traînent et à subir d'autant plus leur caractère simplificateur qu'on en a toujours une sans le savoir ou le vouloir. Les allergiques d'aujourd'hui à toute philosophie de l'Histoire, qui ont été parfois les grands prêtres de sa version hégéliano-marxiste, font par là même l'aveu qu'ils ne peuvent la concevoir que comme un développement progressif vers une sorte d'apogée ou d'apocalypse (au sens de « révélation »), alors qu'il y a sans doute d'autres possibilités. Il convient donc de tracer les grandes lignes de ce chantier théorique.

La philosophie de l'Histoire

Les conceptions que nous allons défendre doivent beaucoup à la lecture de deux livres : *La Société contre l'État* et *Le Désenchantement du monde*. Le premier a été écrit par un ethnologue, Pierre Clastres, au début des années 1970 ; le second a été écrit par un historien, Marcel Gauchet, au début des années 1980. Le premier avance des hypothèses quant à la naissance de l'État, le second tente de faire une histoire politique de la religion qui est un travail d'une plus grande ampleur et qui doit lui-même beaucoup aux travaux de Clastres. Ces travaux, qui ne semblent pas très proches de ceux de la philosophie, sont en fait de la plus haute fécondité philosophique.

Revenons à la philosophie de l'Histoire. Voyons celle qui est la plus communément répandue en Occident. À cause de l'ethnocentrisme qui est la chose du monde la mieux partagée, la mentalité occidentale prend la civilisation techniquement développée pour la fin vers laquelle toutes les autres devraient converger un jour. Entendons par là une culture dont le degré de civilisation se mesurerait selon deux critères : l'allongement de la vie humaine et la puissance mécanique disponible. L'histoire apparaît alors comme un développement des facultés qui rendrait l'homme progressivement apte à dominer la nature et à lui imposer son bon vouloir. L'homme aurait d'abord été un chasseur-cueilleur, condition le réduisant à une vie soi-disant animale, il serait devenu ensuite agriculteur et éleveur, artisan, industriel pour enfin être servi par des machines de plus en plus puissantes et « intelligentes » le libérant des tâches matérielles et le faisant entrer dans l'âge de la communication. La vie ne serait donc qu'un vaste problème technique et l'histoire ne serait que l'histoire des progrès de la technique. Les problèmes politiques deviennent essentiellement ceux qui sont engendrés par les cultures qui ont plus ou moins de **retard** par rapport aux sociétés les plus techniquement développées. Les questions métaphysiques et religieuses cessent d'être des questions pertinentes dans la mesure où elles ne peuvent donner lieu à des réponses efficaces et sont refoulées dans l'ordre de la fantaisie subjective. Aussi critique qu'il soit vis-à-vis de la société de son temps, Marx est typiquement occidental dans sa manière de voir l'homme comme étant essentiellement l'animal qui **travaille** et qui réalise ainsi sa liberté dans une transformation de la nature pour mieux s'en émanciper. Cette conception de l'histoire peut paraître un peu simpliste mais elle sous-tend la philosophie de bien des gens et il n'est pas si facile d'en proposer une autre !

Il serait bien sûr absurde de vouloir nier que le développement de la puissance technique soit capital dans l'histoire de l'humanité. Le désir de progresser, d'exercer et d'expérimenter ses forces est certainement moteur dans l'histoire de l'humanité, comme dans celle de l'individu d'ailleurs. Ce qui nous paraît dramatiquement réducteur, c'est de ne considérer que ce seul désir. Cette réduction est incapable de rendre compte de la manière dont les choses se passent réellement. La plus élémentaire culture historique nous révèle que le devenir humain ne ressemble en rien à un développement progressif des sciences et des techniques, comme s'il s'agissait de marcher graduellement vers la seule satisfaction de notre désir de confort et d'efficacité matérielle. Les préoccupations humaines sont aussi d'un tout autre ordre : artistiques, religieuses, philosophiques, spirituelles en un mot. C'est ici qu'un certain matérialisme semble s'en tirer en voyant dans toutes ces productions culturelles ou « idéologiques », des reflets des conditions matérielles dans lesquelles elles ont été produites. Là encore il serait absurde de nier qu'il puisse y avoir un lien entre ces deux ordres de réalité. La révolution économique et technique de l'époque néolithique n'a pas engendré rapidement de bouleversements dans les cultures et les mentalités ; inversement, des pays de richesses naturelles à peu près équivalentes, mais de cultures différentes, n'ont pas donné le même niveau de développement économique et technique. Il ne s'agit pas de renverser un schéma d'explication causal mécaniste au profit du facteur culturel, sous peine de retomber dans le même réductionnisme ; il s'agit de se libérer d'une vision simpliste de l'histoire (où tout ne peut converger que vers une seule fin) et de cette idée selon laquelle la fonction du facteur culturel serait invariante dans toutes les sociétés et dans tous les temps.

Toutes ces remises en question sont sans doute dues pour une large part au fait que le XXe siècle est un âge planétaire où des cultures fort différentes ont été toutes brutalement confrontées les unes aux autres. Cette confrontation n'a pas été toujours brutale et l'ethnologie a eu comme souci de comprendre l'autre autrement que comme un sous-développé, ce qui a eu des conséquences considérables pour des questions qui semblent aussi théoriques et abstraites que la philosophie de l'Histoire. C'est ce que nous allons voir avec Pierre Clastres.

Les sociétés sans État et la naissance de l'État

Les sociétés sans État étudiées par Clastres nous font nécessairement réfléchir sur l'origine de nos propres sociétés et donc sur la genèse historique de l'État. Il est un fait que ce type de société a précédé celui où le pouvoir est organisé de manière coercitive et coupe le corps social entre gouvernants et gouvernés. Le voyage dans l'espace que permet l'ethnologie au XXe siècle est donc bien un voyage dans le temps. Toute la difficulté tient donc à ne pas tenir ces sociétés dans une pure extériorité exotique où finalement nous n'aurions rien à apprendre d'elles sur nous, ni non plus dans la touchante posture du balbutiement de nous-mêmes qui n'est autre que la forme civilisée de l'ethnocentrisme barbare qui nie tout simplement l'autre. Le seul moyen de se tirer de cette difficulté consiste à penser la naissance de l'État comme une **rupture** et non comme une lente croissance ou maturité dont nous serions l'exemple le plus achevé. En quoi consiste cette rupture et comment a-t-elle pu s'accomplir ? Notons au passage que la réflexion philosophique sur l'État oscille toujours entre une réflexion juridique qui vise sa légitimation ou son amélioration et une réflexion historique où l'État apparaît comme la conséquence de rapports de force économiques et militaires. Le premier point de vue se sert toujours de la fiction du « contrat » ou d'une « position originelle » dans lesquels la mission de l'État aurait été définie, sans pour autant rendre compte des conditions réelles dans lesquelles les choses se passent ; le second point de vue, tributaire d'une certaine philosophie de l'Histoire évoquée plus haut, ramène toujours les réalités institutionnelles à une entreprise de mystification.

Les recherches de Clastres suggèrent une sortie des difficultés dans lesquelles nous sommes enfermés : proposer une explication du processus historique (et non pas artificiellement juridique) de la naissance de l'État, qui ne nous condamne pas à une vision ethnocentrique de l'histoire. Selon cette vision, toutes nos propres conceptions sont censées être en germe dans les sociétés qui nous sont lointaines dans l'espace ou dans le temps et qui sont alors jugées comme des images débiles de nos propres sociétés. La thèse majeure de Clastres est au contraire que les sociétés sans État sont des sociétés **contre** l'État. Il serait absurde qu'elles le soient d'une manière déclarée et volontaire car on imagine mal des sages se réunissant pour interdire ce qu'ils ne connaissent absolument pas. Si l'État est inconnu dans ces sociétés, cela ne tient néanmoins pas du tout à une sorte de résistance passive ou à une langueur sociale que la mentalité occidentale prête caricaturalement aux « sauvages ». Toutes les coutumes et l'état d'esprit qui les animent semblent au contraire concourir à empêcher un système de domination des uns sur les autres. Cela veut-il dire que cette société est une sorte de paradis de la fraternité où tout n'est que douceur et absence de contraintes ? À vrai dire cette douceur mythique de l'âge d'or n'existe que dans nos têtes, et bien des aspects de la vie de ces hommes font frémir l'homme moderne. Tout se passe comme si le prix à payer du refus de l'exploitation de l'homme par l'homme et de la domination de l'homme par l'homme était celui de la domination de tous par un esprit de Tradition qui s'impose à tous. La torture comme rite d'initiation des jeunes hommes en est peut-être l'exemple le plus symbolique. Il s'agit bien de tortures qui mènent les initiés jusqu'à l'évanouissement et non de bizutages bon enfant. Clastres l'interprète comme la loi des sociétés sans écriture, comme la marque indélébile du corps social sur le corps individuel. Expérience radicale de l'égalité : tous y passent et tous « craquent ». « Tu n'auras pas le goût du pouvoir, tu n'auras pas le goût de la soumission non plus », voilà la leçon apprise, d'après Clastres, par ces jeunes hommes marqués et libérés à la fois, qui savent que des générations viendront après la leur, qu'ils seront un jour des initiateurs... Une autre particularité de ces sociétés est le rôle du chef, qui n'est justement pas celui que l'on pourrait attendre. Ce chef ne commande pas, ni n'exerce de coercition, il jouit plutôt d'une position radicalement à part qui comporte ses privilèges comme ses obligations. Il est essentiellement au service de la communauté, homme de parole et de paix qui incarne la tradition et répète inlassablement qu'il faut vivre comme les ancêtres ont vécu si l'on veut vivre heureux.

Les sociétés modernes sont tendues vers l'avenir et ont le culte du changement, les sociétés primitives (et non primaires) sont tendues vers le passé et ont le culte de la permanence. Ce que l'ethnologie a montré, c'est que cette stabilité, loin d'être l'effet d'une débilité ou d'une « paresse », est plutôt le fruit d'une intelligence et d'une volonté. L'homme de ces sociétés a les mêmes capacités physiques et intellectuelles que celles de l'homme d'aujourd'hui, il s'en sert cependant d'une tout autre façon. Il n'y a pas de raison que la nature humaine soit fondamentalement différente dans les sociétés sans État (encore présentes au XXe siècle !) et dans les sociétés étatiques et pourtant la culture semble y avoir deux sens radicalement opposés. Dans les premières, l'individu n'a de sens que dans la mesure où il appartient au groupe et le bien est dans un éternel aujourd'hui conforme à un éternel passé ; dans les secondes le groupe n'a de sens que dans la mesure où il respecte et permet l'épanouissement de l'individu et le bien est dans un éternel demain conforme à un temps toujours à venir.

À vrai dire, la tendance au changement existe sans doute aussi chez les hommes des sociétés sans État. Que faut-il entendre par « tendance au changement » ? Tout simplement le fait que l'homme a en lui une tendance à affirmer et éprouver ses propres forces, de sorte qu'il cherche par son ingéniosité à dominer le milieu dans lequel il se trouve, à se mesurer aux animaux et à ses semblables. On peut considérer cette tendance comme excellente, facteur de progrès parce qu'elle fait de l'homme une sorte de projet dans la nature et même, peut-être, **le projet** de la nature. Malheureusement, cela comporte de graves dangers pour l'équilibre de la société comme de l'individu et pour la nature elle-même ! Il faut essayer de lever à ce propos une ambiguïté entre les notions de nature et de culture. La culture consiste pour l'homme à sortir de la nature, mais cette « sortie » est tout à fait conforme à sa nature propre. Si la nature humaine consiste à évoluer, la nature entière aussi évolue et, au sein de la nature, c'est plus particulièrement la vie qui est le lieu de cette évolution. Il y a donc dans cette capacité d'évolution dont l'homme fait preuve, le meilleur et le pire. Les grandes philosophies de l'Histoire ont essayé d'ailleurs de montrer que le pire concourt au meilleur. Pour ce qui nous occupe actuellement, le meilleur est cette capacité de faire surgir un monde humain (ce que l'on appelle la culture) qui n'obéit pas aux lois du monde animal ; le pire est cette capacité de faire surgir un monde auprès duquel la violence des animaux semble être une plaisanterie dépourvue de toute malignité et simplement liée aux exigences de la survie.

La grande intuition des sociétés sans État est d'après Clastres que « le pouvoir en sa nature, c'est la nature en son pouvoir ». Tout l'effort de ces anciennes cultures est donc de **juguler** la tendance au changement en tant qu'elle est inévitablement liée à la prise de pouvoir et s'accompagne d'une violence « naturelle » dont l'homme seul est capable. La mentalité religieuse, absente sous forme de « religion » et omniprésente dans toutes les coutumes, consiste à **rendre coupables les abus de pouvoir toujours possibles d'un individu particulier**. La violence et la tendance à la domination sont évidemment présentes chez ces hommes et dans ces sociétés, mais tout tend à les neutraliser. Les guerres tribales existent mais sont de courte durée en l'absence de la notion de territoire et ce sont significativement les seules occasions durant lesquelles un homme exerce un pouvoir coercitif sur un autre homme. Les chefs de guerre ne sont d'ailleurs pas des chefs en temps ordinaire, contrairement à ce qu'une vision ethnocentrique nous fait souvent croire. Par ailleurs, l'interdit de consommer le gibier que l'on a tué soi-même, pour le donner aux autres, change radicalement le sens et la conséquence de la compétition « naturelle » entre les chasseurs. Ce que l'individu perd en liberté, il le « récupère » en égalité et fraternité. Échange fort sage et non dénué de séduction puisqu'il semble avoir prévalu pendant des millénaires !

Reste donc à comprendre comment l'État a pu surgir un jour, comment les sociétés humaines ont pu un jour basculer dans l'Histoire et l'abîme de l'avenir.

Sur ce point, Clastres avance une hypothèse d'une extraordinaire fécondité à nos yeux : il considère que ce que l'on a pu observer chez les Indiens Guarani au XVe siècle est une modélisation théorique de ce qui a pu se passer pour engendrer les premières sociétés étatiques. Les tribus Guarani sont en effet travaillées à cette époque par deux dangers majeurs : des chefs de plus en plus puissants qui déstabilisent l'ordre ancien et le contact avec les Européens qui veulent imposer leur religion. Cet ensemble de menaces fait surgir un nouveau personnage : le « Karai ». Ce **Prophète** de la jungle appelle à une migration loin de la terre mauvaise vers une Terre pure, il est comme la réaction ou le sursaut pour défendre une société menacée dans ses fondements. Non seulement sa parole est assez forte et structurée pour résister aux missionnaires, mais, paradoxe plein de sens, il réalise le « programme » des chefs, mieux qu'eux, en luttant contre eux. De la parole « innocente » du chef sauvage, on passe à la parole « commandement » du prophète. Le germe du pouvoir et de l'État ne serait-il point dans ce verbe-là ? Voilà donc la révolution clastrienne, ce sont les primitifs qui peuvent nous apprendre quelque chose sur l'essence du pouvoir et non l'inverse ; l'origine de ce pouvoir n'est ni économique ni militaire, mais plutôt religieuse.

Ce qui retient toute notre attention dans cette manière de concevoir la naissance de l'État, c'est que nous croyons pouvoir y trouver des clés philosophiques, tant sur le plan de l'anthropologie que sur celui de la philosophie de l'Histoire. Les religions, qui enseignent toutes à leur manière que l'homme est toujours susceptible de se tromper et donc toujours susceptible d'être remis sur le droit chemin, ne lui inculquent pas le sentiment de culpabilité mais se contentent de l'exprimer. L'homme ne se sent pas coupable parce qu'il est religieux mais il est religieux parce qu'il se sent coupable, bien qu'il ne faille pas réduire le sentiment religieux à ce sentiment de culpabilité ! Coupable de quoi ? Coupable du fait qu'il sent le peu d'être qu'il est (par rapport à l'immensité de l'univers ou à la grandeur de Dieu) et que, cependant, il a le pouvoir d'intervenir dans l'ordre des choses et, ainsi, de le bouleverser peut-être jusqu'à faire le mal. Quoi qu'il en soit, on est bien obligé de prendre acte du fait que le monde existe et l'homme avec. Même si l'on pense que tout existe de toute éternité et qu'il n'y a pas eu de création du monde, il est difficile de nier le fait que la vie soit apparue à un moment donné sur la terre et que celle-là ait connu une incontestable évolution. Difficile encore de nier l'évolution, non plus biologique, mais culturelle et historique de l'homme. À quoi attribuer cette avancée ? Hegel dira qu'il n'y a qu'un miracle (le reste s'enchaînant rationnellement) : l'apparition de l'esprit dans la nature. Certains parleront de hasard et de nécessité, d'autres du projet de Dieu. Les causes premières et les fins dernières échappant à nos capacités de connaissance, il nous revient de faire des **choix** métaphysiques dont on ne pourra juger de la pertinence qu'en fonction de leur puissance d'intelligibilité du devenir et de l'histoire humaine en particulier.

Comment développer les hypothèses de Clastres ? On peut avancer qu'il y a une force (encore une fois, peu importe sa nature) qui pousse l'homme à s'affirmer, d'une part, vis-à-vis de la nature et, d'autre part, en tant qu'individu. L'histoire humaine devient alors l'histoire de cette double affirmation. Tout serait simple s'il s'agissait d'une affirmation progressive et continue. Cette affirmation semble, au contraire, sans cesse combattue et connaît de longues périodes de latence comme de brutales accélérations. Mieux encore, et c'est là tout l'intérêt de ce que suggère Clastres, ce sont les réactions au changement et les forces qui s'organisent contre lui, qui précipitent le changement et l'accomplissent.

L'importance du facteur religieux dans l'Histoire

Avant d'en venir à ce qui nous occupe plus particulièrement, à savoir une compréhension de l'histoire de la philosophie, il convient de rappeler comment Marcel Gauchet a continué à sa façon, et bien au-delà, le travail de Clastres. Dans *Le Désenchantement du monde* (c'est-à-dire un monde où la magie et les techniques d'enchantement ont été éliminées) il trace « une histoire politique de la religion ». Non pas une histoire des religions, ni une histoire de la politique mais un travail de mise en évidence de l'historicité du religieux comme facteur de compréhension des religions dans leur articulation au politique ; mais aussi et surtout de la dynamique historique dans son ensemble. Que faut-il entendre par « historicité du religieux » ? Le religieux est une structure de pensée et de comportement qui met l'homme aux prises avec une Norme qui le dépasse infiniment, mais sa logique peut s'inverser (tout en gardant les mêmes caractéristiques formelles) au point de passer au cours de l'histoire d'un culte du passé (ne pas s'éloigner de la Norme) à un culte de l'avenir (se rapprocher de la Norme).

Dès l'instant que l'on pense la naissance de l'État et donc ce qu'il est convenu d'appeler la naissance de l'Histoire, comme un phénomène où le facteur religieux joue un grand rôle, c'est tout le déroulement historique que l'on peut tenter d'éclairer à la lumière de cette dynamique induite par la relation religieuse au monde.

Reprenons brièvement les thèses de Gauchet pour montrer ensuite comment cela peut nous amener à donner un nouvel éclairage sur l'histoire de la philosophie. Selon lui, la puissance de la religion est initiale et ce que l'on appelle les grandes religions sont autant d'étapes successives du relâchement de l'étau religieux sur la société. La religion est toute-puissante quand elle est étrangement absente de la société comme institution séparée. Les sociétés primitives sont de part en part religieuses parce que toute leur organisation procède d'une référence à un « passé pur », à un Temps inaccessible, celui des origines. Ce Temps des origines, d'où tout vient, fait de la nature le lieu du divin (à condition d'avoir compris que cette Nature n'a rien à voir avec ce que nous appelons la nature et que les sciences étudient) et du respect des traditions, le secret de la sagesse individuelle et sociale.

Les sociétés primitives ont fait le choix d'un premier étonnement : nous arrivons après le monde, nous sommes postérieurs aux choses. Effroi sacré à l'idée de bouleverser l'ordre des choses, puisqu'il est reçu et antérieur à nous. Mais il est un autre étonnement qui induit plutôt des comportements contraires : si faibles et passagers que nous soyons, nous naissons avant notre action et nous pouvons ainsi vérifier notre pouvoir de changer les choses. Nouvel effroi sacré : nous n'aurons plus jamais de repos devant la tâche infinie de faire advenir l'avenir alors qu'inlassablement nos ancêtres voulaient perpétuer le passé. Toute l'Histoire ne serait qu'un long et complexe basculement d'un étonnement vers l'autre, du culte du passé et de la tradition au culte de l'avenir et du progrès. Autrement dit, nous ne sommes pas passés d'une conception religieuse du monde et de la vie à une conception « scientifique » et non religieuse ; nous sommes plutôt passés à **une autre relation religieuse** au monde et à la vie. Cette relation est religieuse au sens où il s'agit toujours d'atteindre quelque chose d'Autre (le Savoir, la Puissance) et de vivre le temps présent comme scindé d'un Autre temps (l'Avenir). Le religieux permet à l'homme d'assumer sa condition métaphysique de mortel conscient du peu qu'il est face au Tout et au Temps, en même temps qu'il répond au besoin d'une organisation sociale assez sage pour créer des liens entre tous. L'erreur du matérialisme historique, qui voit dans la vie religieuse le reflet de la vie économique, ne tient pas tellement au fait que ce serait plutôt l'inverse qui serait vrai, mais surtout au fait qu'il assigne au religieux **toujours la même fonction** : celle d'une justification d'un ordre établi sans lui. En pensant de cette manière-là, les représentations religieuses sont toujours à la remorque du noyau de l'innovation qui est ailleurs, elles sont ensuite à la traîne et il est enfin logique qu'elles soient condamnées à disparaître comme témoignage de la bêtise et de la peur. Les analyses de Gauchet ont l'intérêt de montrer que **la fonction religieuse n'est pas invariante**. Les variations de cette fonction dépendent justement des **religions** comme autant d'expressions du **religieux.** La religion primitive (celle que l'on ne peut guère distinguer du corps social) est donc l'omnipotence du religieux (on pourrait d'ailleurs remarquer qu'une société où l'athéisme est officiel conduit finalement à quelque chose de semblable). Si l'on songe au fait que dans le livre de la Genèse, la première parole de Dieu adressée à l'homme est : « Croissez et multipliez, remplissez la terre et soumettez-la », on est bien obligé d'admettre qu'aux racines du monothéisme juif, il y a bien autre chose que le goût du passé et de l'immobile tradition ! Il y a peut-être là de quoi penser que la religion puisse jouer un rôle moteur et non modérateur. Plus Dieu est grand, lointain, inaccessible, absolument transcendant et plus l'homme est grand ! Au fur et à mesure que croît l'écart entre l'esprit et la nature, la distance entre le Créateur et la création, croît la liberté de la créature face à un monde « désenchanté », c'est-à-dire vidé de son mystère, livré par l'intelligence que l'on peut avoir de ses lois (la science) et transformé par le travail humain (la technique). Il y a donc bien une philosophie de l'Histoire dans l'histoire politique de la religion que tente Marcel Gauchet. Cette Histoire va de la société primitive, essentiellement dominée par le religieux, à la société démocratique, sortie de la religion, via le désenchantement général du monde. Tout le paradoxe et l'intérêt de cette conception de l'Histoire réside dans le fait que cette sortie de la religion (le fait que les sociétés développées soient laïcisées, sécularisées) a été accomplie, en partie, du fait même des grandes religions et du christianisme en particulier.

La société désenchantée et l'individu qui lui correspond en ont-ils fini pour autant avec le religieux ? Nous retiendrons deux domaines dans lesquels persistera le modèle formel de l'expérience religieuse, selon Gauchet. Il s'agit de repérer une propriété de structure de notre intellect dans le premier cas et la contradiction du désir inhérente au fait même d'être sujet dans le second. La réalité se divise naturellement en deux dans l'exercice même de notre pensée : visible et invisible, apparence et vérité, immanence et transcendance, sensible et intelligible, multiplicité et unité, etc. La réalité nous apparaît multiple mais nous ne pouvons nous empêcher d'en reconstituer l'unité par la pensée. Ce partage a nourri l'expérience religieuse (l'expérience de l'Autre) sur le plan de la pensée, et le discours philosophique puise à la même source. Voyons maintenant la contradiction inhérente au sujet humain lui-même. Le désir le pousse à être et n'être pas, à exister et s'abolir, à s'affirmer et se nier, à se distinguer et à se fondre dans l'appartenance. Un système religieux donne un cadre et soumet à des contraintes mais il donne des solutions. Une société sortie de la religion pose des problèmes à l'individu mais donne le risque de la liberté. L'individualisme ne s'est jamais autant manifesté dans les revendications et les comportements, en même temps que revient, cyclique et lancinant, le sentiment d'un manque de solidarité, la recherche d'un être-ensemble harmonieux et apaisé. Les religions ont été autant de formes de composition de l'individu et du groupe, de la norme subjective et des lois sociales ; leur retrait comme systèmes sociaux contraignants fait d'autant mieux apparaître qu'on n'en finit pas avec les oscillations dans les relations entre l'individu et la société.

Un nouveau regard porté sur l'histoire de la philosophie

Nous pouvons maintenant nous occuper plus étroitement du sujet qui nous occupe : l'histoire de la philosophie. Nous avons proposé une philosophie de l'Histoire, celle qui sous-tend, à notre avis, la pensée de Marcel Gauchet dans son histoire politique de la religion. Comprendre l'histoire de la philosophie autrement que comme une succession de philosophes suppose que l'on puisse rendre compte de ce qui la fait évoluer, du processus dynamique qui l'anime. Certes, les philosophes se répondent les uns les autres et les systèmes se construisent par rapport à d'autres ; on peut alors chercher à comprendre la dialectique interne de l'histoire de la philosophie. Celle-là est incluse dans une Histoire, et son commencement n'est pas le passage miraculeux d'une pensée mythologique et enfantine à la pensée rationnelle enfin adulte comme le pense l'ethnocentrisme vulgaire. La philosophie, dans son histoire, suit le vaste mouvement de désenchantement du monde (même si elle y a largement contribué). C'est, contrairement à ce que l'on pourrait croire, **un mouvement d'exaltation de l'homme qui n'a cessé de s'affirmer face à la nature et de revendiquer de nouveaux droits dans la société**.

La question est maintenant de savoir si l'histoire de la philosophie connaît un progrès ou non. Il est incontestable qu'il y a des progrès considérables des deux points de vue que nous venons d'évoquer. On ne sait certes pas si l'homme est plus « heureux » aujourd'hui, mais il est assurément plus savant, plus puissant et plus libre de choisir son destin qu'il ne l'était dans les forêts profondes (cela est vrai, reconnaissons-le, surtout pour les sociétés les plus « avancées » et pas pour tous leurs membres). La philosophie progresse bien dans la mesure où les formes dans lesquelles ses questions se posent sont la conséquence des progrès réalisés par ailleurs. Pour éviter tout contresens, il vaudrait mieux dire que la philosophie, dans son histoire, procède, elle aussi, du désenchantement du monde et non de ses conséquences. On court en effet le risque de tomber dans l'erreur inverse qui consiste à considérer la philosophie comme le commentaire plus ou moins lyrique et obscur des progrès scientifiques, techniques et économiques. Il y a plutôt un mouvement profond, qu'on peut simplement constater à défaut de toute véritable explication, qui se traduit aussi bien par ce que l'on appelle le « progrès » (qui ne concerne en fait que des domaines circonscrits) que par l'évolution de la pensée philosophique. S'il fallait choisir, il nous semble même que la philosophie comme effort général vers la rationalité, précède et annonce la pensée scientifique et non pas l'inverse.

Par contre la philosophie ne progresse absolument pas, s'il faut entendre par là qu'une philosophie récente est meilleure, plus vraie et plus apte à nous rendre sage, qu'une plus ancienne. On dit parfois qu'une bonne science apporte de nouvelles solutions et une bonne philosophie de nouveaux problèmes. Nous dirions plutôt que la philosophie ramène invariablement les mêmes problèmes, mais qu'une bonne philosophie sait les ramener dans les termes nouveaux que chaque époque nous oblige à produire.

Quels sont donc ces problèmes que, toujours, la philosophie reprend ? Nous l'avons déjà indiqué, il s'agit essentiellement de comprendre **les relations de l'esprit et de la nature, d'une part, et les relations entre l'individu et la société, d'autre part**. Y a-t-il un nombre de solutions infini à ces problèmes ? Il nous semble que l'on peut en discerner deux grands types : **une solution moniste et une solution dualiste**. Il convient d'expliquer chacun de ces termes, d'autant plus qu'ils peuvent être employés en des sens différents, y compris par nous-mêmes, à d'autres endroits de notre ouvrage. Le monisme suppose une conception unitaire de la réalité et le dualisme qu'elle est au contraire une composition, une tension entre deux pôles. Le monisme procède plutôt d'une démarche intellectualiste qui vise à purifier, rendre claire pour l'esprit la réalité qui se présente dans sa confusion initiale. Le monisme ne nie pas l'existence d'une réalité brute multiple et mélangée mais assigne à la philosophie de s'en dégager, de s'en abstraire et de pouvoir ainsi en rendre compte à partir d'une simplicité, d'une unité primordiale ou d'une pensée unique. Prenons un exemple afin de mieux comprendre ce que nous voulons dire par là et essayer de déjouer les malentendus fondamentaux qui peuvent nous guetter. Descartes et Spinoza sont des philosophes à peu près contemporains, le premier est présenté comme l'archétype du dualiste (y compris par nous dans notre annexe) et le second comme l'archétype du moniste. Descartes est dualiste parce qu'il distingue l'âme et le corps, la pensée et l'étendue ; Spinoza est moniste parce qu'il n'y voit qu'une seule réalité, vue sous deux aspects différents. Or dans la typologie des philosophies que nous proposons pour rendre compte de l'histoire de la philosophie, nous rangerons ces deux philosophes du côté du monisme ! Qu'entendons dans ce cas par « monisme » ? Descartes est moniste au sens où il **sépare** radicalement l'esprit de la nature et ce qui, en nous, lui correspond. Il admet bien volontiers leur union, mais elle est, pour lui, de l'ordre de l'expérience vécue et non de l'ordre de ce qui lui semble être la mission de la philosophie, c'est-à-dire la clarification intellectuelle. C'est en ce sens qu'il est bien le philosophe de la science moderne qui deviendra ainsi nouvelle norme de vérité. Il est moniste en ce sens que son dualisme aboutit à une purification de la pensée comme de l'étendue. D'un côté la pure activité de l'esprit, de l'autre le monde extérieur qui devient une réalité isomorphe dont les sciences exactes vont pouvoir rendre compte parfaitement. Quant à Spinoza, sa philosophie reste un monisme par excellence, puisque toute chose n'est qu'une modalité d'une substance une que l'on peut considérer aussi bien comme Dieu que comme la nature. Le monisme en tant que réponse à la question des relations entre l'esprit et la nature engendre donc deux types de philosophies différentes : l'une procède à une abstraction de l'esprit pour ne voir dans le donné (la nature) qu'une réalité seconde, ontologiquement au moins, même si ce n'est pas le cas dans l'expérience courante ; l'autre procède à une immersion de l'esprit dans la nature pour ne voir en lui qu'une représentation seconde d'une réalité primordiale (la nature) et unique dont il ne parvient pas à se distinguer. Le premier fait un effort pour se détacher de « l'unionisme » de l'expérience vécue et le second fait un effort pour se détacher du « dualisme » de la vie pratique qui consiste à distinguer l'homme qui pense et qui veut, de la nature qui ne pense, ni ne veut. Le premier est la matrice des idéalismes et des spiritualismes ; le second, des réalismes et des matérialismes. Ce sont donc des philosophies contraires si l'on veut, mais qui sont similaires dans leur effort d'abstraction conceptuelle, elles veulent simplifier et unifier dans un but essentiellement **théorique** au profit d'une représentation efficace de la réalité ou bien de la contemplation purement intellectuelle. Toutes les deux ont besoin de quitter, dans un premier temps, l'expérience immédiate et la vie telle qu'elle se donne à vivre ; pour y revenir ensuite. La pensée est clarifiée dans un cas par l'appréhension de la réalité de l'esprit, elle est clarifiée dans l'autre par l'intelligibilité d'une nature unifiée.

La réponse dualiste, au lieu de s'arracher au monde et à la vie pour y revenir ensuite, essaye de penser le monde et la vie tels qu'il se donnent. Cette tendance est **moins rationaliste, plus sensible à l'expérience**. Le travail de la pensée ne procède plus d'un arrachement préliminaire mais consiste à approfondir graduellement notre intelligence de la réalité.

Comment allons-nous comprendre le passage d'une époque de l'histoire de la philosophie à une autre ? Chaque époque est travaillée par cette tendance fondamentale que nous avons constatée qui voit l'homme s'affirmer face à la nature et l'individu dans la société. Mais l'ensemble de la culture est une réaction à cette tendance dans la mesure où elle est déstabilisatrice et grosse de risques. Cependant, l'existence même de cette réaction fait passer dans l'Histoire quelque chose de nouveau, fait triompher paradoxalement ce contre quoi elle réagissait.

Pierre Clastres nous donne un modèle de compréhension de la naissance de l'État : dans ce cas, la société primitive qui faisait preuve d'une remarquable stabilité, sans doute depuis des millénaires, a connu une mutation brutale par réaction à une tendance qui la travaillait depuis aussi longtemps qu'elle connaissait la stabilité (Clastres parle bien de société **contre** l'État et non simplement **sans** État). Il y aurait donc eu un long phénomène d'accumulation ou d'usure qui serait parvenu à un seuil à partir duquel un saut qualitatif se serait produit.

On peut se demander si la naissance de la philosophie n'est pas un phénomène du même ordre sur le plan de la pensée. Il est courant aujourd'hui, à la suite de Karl Jaspers, d'utiliser le terme de « **période axiale** » pour désigner cette période extraordinaire dans l'aventure de l'esprit humain (il y a un peu plus de 25 siècles) où éclosent à peu près à la même époque des doctrines philosophiques ou religieuses capitales dans des zones géographiques et culturelles éloignées. Or les doctrines de cette période (prophétisme juif, bouddhisme, confucianisme, philosophie...) ont peut-être ceci de commun, d'être des recherches de **l'unité**. Comme si l'esprit voulait se réunir, se rassembler en lui-même face au multiple et au divers. Même s'il ne s'agit pas de la même chose, il y a quand même un souffle commun qui anime l'affirmation du Dieu unique, l'ascension vers l'idée du Bien ou de l'Un, le fait de considérer que tout puisse être illusion et de vouloir s'en délivrer. La philosophie, dans sa naissance grecque, ne serait alors que la face la plus occidentale de cette rupture spirituelle ; la forme la plus discursive de cette quête de l'unité ; l'expression citoyenne de cet héno-théisme (théisme de l'un) sans le Dieu d'Abraham, d'Isaac et de Jacob.

La façon de comprendre la philosophie à sa naissance, comme sa naissance, engage celle de comprendre son développement ultérieur et au fond son essence. Il faut abandonner, comme nous l'avons déjà suggéré, cette vision simpliste qui voit la philosophie rompant enfin les liens de la bêtise et de l'ignorance après des millénaires de confusion mythologique. Nous ne contestons pas qu'il puisse y avoir un passage du mythe à la raison, de cosmologies religieuses à des « physiques » faisant appel à des facteurs naturels (les éléments de Thalès, par exemple), mais nous contestons le sens qu'on lui donne habituellement. Il y a bien un progrès, mais un progrès par rupture qui n'améliore pas une même chose et encore moins nous fait passer de l'obscurité à la lumière.

Le respect sacré inspiré par le Tout caractérisait la religion primitive, celle que nous avons appelée, avec Marcel Gauchet, le « règne du passé pur ». C'est ce respect qui semble s'être petit à petit détérioré, à la faveur de quoi la période axiale serait comme la migration brutale (si l'on considère que l'existence de l'*homo sapiens sapiens* s'étale sur plus de 30 000 ans) de ce Tout dans l'ordre de la pensée. De son évidente présence on serait passé à son **évidence** présente pour l'esprit, mais pour l'esprit seulement. L'homme qui se met à penser est peut-être le remords de l'homme qui s'est mis à désirer et à agir. Comme le « prophète de la jungle » invite les Indiens à le suivre et à se repentir d'avoir brisé l'unité originelle. La liberté de pensée et de parole, dont on fait l'apanage de la philosophie, se paie d'une redoutable ascèse et Platon pourrait aisément faire figure de prophète de la cité, qui tient absolument à la remettre dans le droit chemin (c'est-à-dire à l'image de l'un) après les désordres et la démesure de la démocratie.

2
Les grandes périodes de l'histoire de la philosophie

Nous avons, dans le chapitre précédent, expliqué qu'une histoire de la philosophie pouvait être autre chose qu'une énumération ou une simple description des philosophies au cours de l'Histoire. Nous avons avancé un certain nombre de thèses concernant aussi bien une philosophie de l'Histoire qu'une certaine manière de concevoir l'histoire de la philosophie. Il est donc temps de vérifier la fécondité de ces thèses et de visiter les grandes périodes de l'histoire de la philosophie à travers cette grille de lecture. Résumons en quoi elle consiste : toute nouvelle période procède d'une évolution ou d'une avancée qui entraîne une réaction ou un contrecoup. C'est dans cette réaction que se trouve comme entérinée l'évolution déstabilisatrice. Cette évolution est une marche vers l'autonomie humaine, spirituelle et politique, et qui ne peut cependant jamais être complète. Cette lutte entre autonomie et dépendance, liberté et nécessité, se joue toujours sur deux plans distincts : la relation esprit / nature et la relation individu / société. Cette lutte produit toujours deux grandes familles de solutions : une moniste qui se subdivise en deux tendances symétriques et une dualiste. Nous reconnaissons bien volontiers qu'il s'agit d'une simplification et qu'aucune période ou aucun auteur ne peut entrer tout entier dans une catégorie prédéterminée. C'est même une caractéristique d'une pensée développée que d'embrasser le champ total du réel dans sa complexité, nous ne retiendrons donc de chacune que le trait qui nous semble dominant. Nous adopterons un découpage chronologique tout à fait classique et passablement conventionnel, en espérant toutefois qu'il ne nous empêchera pas de découvrir quelques vérités originales. Il sera le suivant : Antiquité, Moyen Âge, Renaissance, XVIIe, XVIIIe, XIXe et XXe siècle.

L'Antiquité

On peut toujours discuter sur les limites entre lesquelles on inscrit cette période. Pour nous, elle commence avec les premiers philosophes grecs et va jusqu'au moment où la philosophie « païenne » cessera de se développer d'une manière autonome par rapport au christianisme qui devient religion d'État avec l'empereur Théodose en 380. Cette période est donc immense et recouvre des cultures et des auteurs différents. Elle comprend les philosophes « présocratiques », Platon et Aristote, le stoïcisme, l'épicurisme et le néoplatonisme.

Que se passe-t-il en Grèce avec l'émergence de la philosophie ? Nous avons largement commencé à répondre à cette question dans la première partie de notre ouvrage en exposant la pensée de quelques grands auteurs. Il s'agit maintenant d'avoir une vue d'ensemble en fonction de notre grille de lecture.

De quelle évolution s'agit-il ? Comment rendre compte de la nouveauté qui se présente sans céder aux mirages du « miracle grec » qui explique tout sans rien expliquer ? Une longue maturation historique finit par produire des forces nouvelles qui, en réagissant consacrent la rupture. Prenons deux exemples : la tragédie et la philosophie. Pour la tragédie, pensons au *Prométhée enchaîné* d'Eschyle et à *Œdipe roi* de Sophocle. La première, plus ancienne, évoque Prométhée subissant l'insupportable châtiment que lui inflige Zeus : avoir le foie dévoré éternellement par un vautour. Son crime est celui de la désobéissance, celui d'avoir donné le feu aux hommes et donc une part de ce qui est le symbole de la puissance du roi des dieux. Prométhée en appelle alors à une justice universelle devant l'excès de cette justice d'un dieu. Il est écrasé, mais il exprime sa révolte. Dans le cas d'Œdipe, il s'agit de l'histoire d'un homme orgueilleux. Il ne doit sa puissance qu'à son intelligence qui lui a permis de délivrer Thèbes de la tyrannie du Sphinx. Il est impétueux, sûr de lui, se fait fort de dénouer toutes les intrigues, y compris celle qui lui révélera qu'il a tué son père et épousé sa mère. Il représente l'homme triomphant mais il sera écrasé par son destin auquel, lui, pas plus qu'aucun autre, n'aura pu échapper. La tragédie rappelle donc le caractère funeste de l'orgueil humain, alors que l'homme n'est que peu de chose par rapport à des forces qui le dépassent. Mais dans le fait même de le dire et même de le crier, le commencement de la révolte annonce qu'elle n'aura plus de fin. Se sentir, se savoir écrasé, c'est déjà juger de l'injustice de sa condition, c'est déjà vouloir se libérer. La leçon apparente de la tragédie est que l'homme fait bien de se soumettre aux décrets des dieux et aux oracles des prêtres, alors qu'elle est en fait un des premiers cris de l'homme qui ne supporte plus l'ordre immuable des choses.

Prenons maintenant l'opposition rendue classique par Platon entre le sophiste et le philosophe incarné par Socrate. Le premier est relativiste, soutient que la force est une raison suffisante et la rhétorique un moyen efficace pour parvenir à ses fins égoïstes. Le second enseigne l'ascèse intellectuelle selon laquelle il vaut mieux subir l'injustice que la commettre. Laissons de côté la caricature du sophiste. Il représentait dans la cité d'Athènes en crise, une mentalité qui abandonnait toute piété et tout dévouement désintéressé à la cité. Le philosophe est donc une réaction par rapport à lui et, apparemment, un retour à la tradition. Il est en fait celui qui consacre la rupture avec la mentalité traditionnelle faite d'une morale épique enseignée par la poésie d'Homère. Les Athéniens, en un sens, ne s'y sont pas trompés en condamnant Socrate, l'homme dont l'ironie rationnelle transformait toutes les croyances en sottes opinions et les enthousiasmes en paralysies.

Nous venons de donner deux exemples pour soutenir notre thèse. Il n'y a pas la pensée mythologique et religieuse et puis, ô merveille, l'irruption de la pensée rationnelle ; la tyrannie du palais et puis, ô miracle, la démocratie de l'Agora. Et pourtant, c'est bien en Grèce, en l'espace de deux siècles, que les mathématiques prirent un essor décisif, que la philosophie vit le jour, que la figure humaine fit une irruption éclatante dans la poésie et la sculpture, que le pouvoir devint l'affaire de citoyens égaux entre eux et la justice l'objet d'une discussion. La solution de ce problème tient au fait qu'il y a une longue évolution qui travaille l'histoire et que depuis bien longtemps l'homme aspire à une autre compréhension de la nature que celle que les dieux lui donnent et à une autre autonomie que celle que les rois et les prêtres veulent bien lui laisser. Il arrive même un moment où ce désir tend à discréditer tout ce à quoi on a cru auparavant. Cela entraîne inévitablement un trouble des esprits et de la cité qui entraîne lui-même une réaction forte qui féconde tous les secteurs de la vie sociale et culturelle. Il y a donc un phénomène de basculement brutal qui laisse croire à un saut qualitatif quasiment surnaturel, alors que ses prémices se préparaient de longue date.

De toutes les époques que nous aborderons dans cette histoire de la philosophie, celle-ci est évidemment très importante pour nous puisque c'est de la nature même de la philosophie dont il est question. Elle est importante pour n'importe quelle histoire de la philosophie mais surtout pour notre propos qui concerne « Les philosophies de l'humanité ». Dire que la philosophie ne naît pas *ex nihilo*, signifie qu'elle s'inscrit dans un large processus, qu'elle procède de quelque chose, bref qu'elle n'est ni coupée du monde ni d'autres modes de pensée. Or notre propos voudrait envisager la philosophie au sens strict (celle dont nous nous proposons maintenant de faire une histoire) **et** les philosophies au sens large (celles que nous abordons dans notre troisième partie). Ce projet conduit nécessairement à définir la philosophie en tant que telle et même à la défendre contre tout ce qui voudrait l'empêcher. Nous pensons cependant qu'il est possible de la définir et de la défendre, qu'à condition de renoncer à l'illusion orgueilleuse qui la ferait voir comme la noble Vérité descendant sur la terre et jetant tout ce qui aurait pu exister avant elle ou à côté d'elle dans un insondable obscurantisme.

Si elle refuse aux dieux le pouvoir d'expliquer la nature, ce n'est pas pour voir en elle un chaos absurde digne d'indifférence, mais au contraire pour saisir les modalités d'un ordre cosmique et les correspondances analogiques entre les vérités mathématiques et les choses de ce monde. Si elle refuse les opinions qui tombent comme des oracles ou les ordres du tyran ce n'est pas pour prôner le nihilisme et l'anarchie, mais au contraire par acte de foi en la raison et volonté de décider de la vie de la cité par confrontation et accord des esprits. Cette formidable libération exige une formidable discipline intellectuelle et morale !

Mais qu'est-ce que la philosophie a inventé d'inouï et qui reste toujours valable ? Elle a inventé une nouvelle forme de relations entre les hommes. Socrate est à sa façon le premier individu, celui qui place sa conscience personnelle au-dessus de toute autre norme, mais aussi celui qui cherche inlassablement à rencontrer d'autres consciences. La philosophie est l'invention de l'autre, non pas l'autre trop différent de moi ou l'Autre, tout différent de moi, mais un pair, celui avec lequel je peux désirer, échanger, rivaliser sans haine pour progresser ensemble. Il y eut sans doute des amis avant la naissance de la philosophie et on peut connaître l'amitié sans avoir lu les philosophes, mais c'est la philosophie qui donne à l'amitié son fondement véritable. L'amitié est la chose la plus banale et la plus rare. « Il n'y a pas d'amis, il n'y a que des moments d'amitié », la formule est bien connue et tout le monde sait bien que l'amitié connaît les flux et les reflux que connaissent tous les échanges. La métaphore économique n'a rien d'infamant puisqu'on peut imaginer une relation de confiance qui soit suffisante pour pérenniser des échanges sur un long terme. La philosophie n'aurait d'ailleurs pas pu naître dans une civilisation fermée, il lui fallait au contraire des villes portuaires où circulent des hommes, des idées et des marchandises. Il manque sans doute à l'amitié la dimension de la fraternité qui est d'un autre ordre, mais une fraternité sans la dimension de l'amitié est figée ou feinte. La philosophie grecque vise bien une transcendance, mais qu'elle soit comme à la pointe du discours ou ce pourquoi il est possible, c'est encore une transcendance paradoxalement immanente au monde et au Logos qui est chargé de la refléter. L'amitié est du domaine de l'immanence, elle ne renvoie pas à un ailleurs ou un au-delà, elle se noue ici et maintenant. La relation entre le maître et le disciple consiste à éveiller le disciple au désir et à la capacité de trouver par soi-même la vérité. Il s'agit de mettre en route et non d'apprendre à suivre, de réveiller et non d'inculquer. Le maître considère le disciple comme un futur ami possible.

Thème de réflexion inévitable au point où nous sommes : quel rapport entre philosophie et homosexualité ? Il convient d'abord de replacer cette question dans la perspective de l'histoire des mœurs. Dans la Grèce antique la société des hommes et celle des femmes sont largement séparées, comme c'est d'ailleurs encore le cas dans certains pays méditerranéens. Les femmes règnent sur la maison et les jeunes enfants mais n'ont pas accès à la parole dans le cadre de l'espace public, pas plus qu'au gymnase ou à la palestre. Elles n'ont même pas le droit d'être spectatrices des jeux Olympiques. La fameuse égalité des citoyens d'Athènes ne concerne ni les esclaves ni les femmes. Plus près de nous, on oublie facilement que dans la fameuse Déclaration universelle des droits de l'homme de 1789 le mot « homme » est plutôt à prendre dans son sens spécifique que générique ! L'idéal républicain moderne, qui n'a cessé de puiser son inspiration dans l'Antiquité, a trouvé son fondement réel et historique dans la fraternité des armes et donc dans une relation de citoyenneté virile à l'exclusion des femmes. Cette parenthèse fermée, nous constatons que la philosophie est donc née dans une société exclusivement masculine où l'homosexualité était forcément présente. Reste à savoir quelle était sa signification. Une interprétation superficielle voudrait nous faire croire que la Grèce antique ne connaissait pas de tabous sexuels. Il n'en est rien et l'homosexualité ne connaissait une forme licite qu'en remplissant des conditions particulières. Le plus souvent, il s'agissait d'une sorte d'initiation entre un homme d'âge mûr et un très jeune homme. L'homosexualité n'est plus, dans ce cas, la sexualité d'un certain nombre d'individus particuliers, mais quelque chose d'associée à la façon dont la culture grecque concevait un « rite de passage ». Le dieu Éros est alors célébré en dehors de la sphère de la procréation, c'est un amour des forces vitales qui s'éveillent et de la beauté pour elle-même. Les dialogues de Platon font ressentir en permanence cette ambiance d'amitiés amoureuses où la dialectique n'est qu'une nouvelle forme de lutte où les adversaires ne peuvent faire autrement que s'enlacer. Rien à voir avec un univers de « folles » efféminées ! Il s'agirait plutôt d'un culte de la virilité que l'on retrouve dans certains milieux sportifs où la composante homosexuelle joue sans doute un rôle, inconsciemment la plupart du temps.

On comprend mieux en quel sens la philosophie grecque a pu avoir une relation avec l'homosexualité. Il y a un désir naturel pour le sexe opposé mais on oublie que le désir fondamental d'un adolescent, garçon ou fille, est de devenir pour l'un, un homme et l'autre, une femme. C'est en ce sens que certains psychologues parlent de la nature fondamentalement homosexuelle du désir. Ce désir passe par la sexualité « normale », où le partenaire de sexe opposé est une confirmation de sa normalité, mais aussi par de fortes identifications à des aînés du même sexe. Ces identifications se passent aisément de toute manifestation sexuelle. Ce n'est pas forcément le cas dans des cultures où les relations entre les hommes et les femmes sont farouchement réglementées et impossibles en dehors des liens du mariage.

La philosophie étant essentiellement une éducation et une nouvelle façon de comprendre l'éducation, il était tout naturel qu'elle attirât de jeunes hommes auprès de ceux qui l'enseignaient. Il était tout aussi naturel, compte tenu du contexte culturel que nous avons évoqué et qui n'a rien en lui-même à voir avec la philosophie, que l'homosexualité puisse y être présente. Il y a un passage célèbre dans

Le Banquet, qui est un dialogue de Platon, et où le jeune et beau Alcibiade déclare son amour au profond et laid Socrate. Peut-être Platon se servait-il d'un souvenir de jeunesse ? La réponse de Socrate consiste à lui dire ironiquement qu'entre un corps jeune et une âme d'or, lui, Socrate y perdrait au change. Elle consiste surtout à inviter à dépasser ce type de désir pour aller vers une réalisation spirituelle. Nous sommes leurrés lorsque nous croyons que celui ou celle dont nous sommes amoureux est le terme ultime de notre quête.

Pour conclure cette réflexion, on peut dire qu'il serait tout à fait malhonnête de hausser les épaules ou de prendre un air vaguement offusqué dès qu'il serait question d'une relation entre la naissance de la philosophie et l'homosexualité. Inversement, il serait parfaitement stupide de vouloir ramener la philosophie à une invention d'homosexuels !

Revenons un peu à ce que la philosophie a inventé pour toujours : une amitié dans laquelle on refuse de se soumettre et de soumettre, dans laquelle chacun reconnaît son manque pour aller plus loin. Le dialogue *Le Banquet* est significatif à cet égard. Qu'est-ce qu'un banquet ? Rien de plus symbolique de la condition humaine : on s'y retrouve pour partager des nourritures terrestres et spirituelles, pour apaiser sa faim et pour parler librement. On y boit du vin aussi ! Le sang de la terre aide les cœurs à s'ouvrir, le désir à s'exprimer. Tout peut aussi tourner court, l'ivrognerie l'emporter et les comportements céder à la démesure. Les Grecs rendaient un culte à Dionysos et chaque année des orgies avaient lieu en son honneur. On peut, comme Nietzsche, y voir une sagesse tragique et pleurer sur des coutumes archaïques disparues. L'ivresse philosophique est plutôt une griserie qui fait que la parole s'élance en quête de définitions abstraites et non un retour aux instincts brutaux. Socrate est une fois de plus un cas dans ce domaine, il est celui qui boit le plus et qui cependant n'est pas ivre, garde le sens de la limite.

De quoi parler dans un banquet sinon de l'amour ? Qu'est-ce qui peut universellement intéresser chacun, sinon l'amour ? La philosophie commence par la reconnaissance du fait que chacun est en quête, en route, en manque. Certains préféreront dire en plénitude d'une force qui a besoin de déborder. Quoi qu'il en soit, la vie est un métabolisme, une métamorphose permanente. Voilà en quoi la philosophie est un humanisme : elle accueille l'homme tel qu'il est ou plutôt tel qu'il ne cesse de devenir. Mangez, buvez, riez mais surtout parlez ! Partez de là où vous êtes, de votre fatigue, de votre soif, de votre faiblesse ; mais sachez que vous pouvez aller plus loin ! Les forces matérielles que le repas vous rend, vous pouvez les convertir en esprit, en sagesse. Il est difficile de ne point songer à l'Évangile, nouvelle façon de vivre, elle aussi née non loin des bords de la Méditerranée. Le repas y est constamment présent, jusqu'au dernier qui donne lieu à ce que les chrétiens appellent l'eucharistie, une sainte cène, c'est-à-dire un saint repas. Ce ne sont pas des apparences de repas, et quand le vin vient à manquer comme lors de noces de Cana, il s'agit d'en trouver à nouveau, d'en trouver un nouveau, meilleur encore ! Jésus ne raconte pas ses paraboles dans les grottes des ermites ou dans des monastères, mais plus volontiers dans les tavernes ou sur le chemin au milieu des hommes et des femmes. Il faut bien sûr se garder de vouloir tout confondre, il faut seulement souligner des points communs.

La philosophie, ce n'est donc point seulement des idées, c'est une manière d'être, un comportement. On peut ironiser par exemple sur la mode récente des « cafés philosophiques ». S'il fallait aller nécessairement au café pour philosopher ! Il n'empêche que ce lieu est assez symbolique de la philosophie : c'est un espace public, on peut y boire et parler. La philosophie n'est possible que dans les pays où l'on peut se réunir, où l'ivresse n'est pas interdite et où l'on peut discuter de tout. Nous avons insisté sur la nouveauté de la philosophie et fait référence à sa période classique autour de Platon. Il est cependant bien évident que sur une aussi longue période que celle que nous appelons « Antiquité », la philosophie a pris des formes et inspiré des modes de vie bien différents. Les pythagoriciens formaient une quasi-secte et partageaient un savoir ésotérique, les stoïciens pouvaient vivre comme des ermites ou des ascètes orientaux, l'Académie de Platon ou le Lycée d'Aristote inaugurèrent une tradition universitaire, Épicure méditait dans son jardin, etc.

Il est temps maintenant d'essayer de comprendre comment s'organise la profusion des doctrines philosophiques de l'Antiquité en fonction de notre grille de lecture.

Les relations Esprit/Nature

La première famille fait dépendre la nature de l'esprit, la seconde l'esprit de la nature. Nous les appelons toutes deux monistes, même si ce terme ne convient pas traditionnellement toujours aux doctrines auxquelles nous l'attribuons.

La première famille est intellectualiste, idéaliste. Là encore, ce ne sont que des étiquettes, dont il faut bien se servir. Nous y trouvons le platonisme, le stoïcisme, le néoplatonisme. Le monde sensible est considéré comme une réalité inférieure par rapport aux idéalités que la partie la plus élevée de l'âme est seule à pouvoir saisir. Toute la philosophie est une ascèse ascensionnelle pour développer et fortifier cette faculté en dépit des difficultés que cela représente compte tenu des conditions naturelles de notre existence. Le corps n'est pas haï ou méprisé mais assurément considéré comme un ennemi qui nous trompe sur le plan de la connaissance (le témoignage des sens est plein d'illusions) et nous empêche sur le plan moral de chercher autre chose que le plaisir. L'âme devient la forteresse intérieure qui ne plie devant aucune menace et accepte sans broncher la perspective de la mort, puisqu'elle est sûre d'échapper à cette corruption qui ne concerne que les choses matérielles.

La seconde famille est matérialiste et hédoniste, c'est l'épicurisme. La seule réalité est dans la sensation et le monde est la danse complexe des atomes. Cette doctrine ne professe pas à proprement parler un athéisme, mais une indifférence par rapport aux dieux qui n'ont aucun rapport avec nous. Il ne s'agit plus d'accomplir une ascension spirituelle mais de connaître la béatitude ici et maintenant dans un éternel présent. La recherche du plaisir n'entraîne pas la débauche mais une vie mesurée où l'on fuit toute douleur.

La troisième famille est plutôt représentée par Aristote. La Nature n'est pas chez lui un mécanisme, mais le lieu de naissance des êtres vivants. Nous insistons particulièrement sur ce point dans notre développement consacré à ce philosophe dans notre annexe. L'âme est le principe de vie qui ne peut être ni sans un corps ni être elle-même un corps. L'esprit n'est que la partie la plus abstraite de l'âme. Ni matérialisme ni spiritualisme donc mais plutôt une philosophie de la vie qui marie l'esprit et la nature.

Les relations Individu/Société

La première forme de monisme est un holisme (l'individu n'a de sens que par rapport au tout) et la seconde un individualisme. Le premier soumet l'individu à la société, dans l'autre il s'en échappe.

Le platonisme est une réaction au fait que l'individu juste, Socrate, a été condamné par la cité. Il conçoit donc une cité juste où le groupe doit donner à chaque individu une place qui lui est propre. La hantise d'une corruption de l'État entraîne une véritable mystique de l'État et du Bien commun qui peut aller jusqu'à la volonté de détruire la famille traditionnelle pour tous ceux qui seront gardiens de l'État. La philosophie consiste alors à produire un modèle idéal contraignant. Cette démarche a quelque chose d'inquiétant et d'irréalisable mais a le mérite d'insister sur une morale qui dépasse l'égoïsme.

Voyons maintenant le point de vue « individualiste ». Le stoïcisme et l'épicurisme, doctrines plus tardives, ont été élaborées dans un monde bouleversé où les grandes cités grecques étaient en décadence. Elles ont une dimension sotériologique, c'est-à-dire qu'elles proposent une forme de **salut** à l'individu qui ne peut compter sur l'ordre changeant du monde extérieur. Cela est particulièrement vrai pour le stoïcisme qui est sans doute la première philosophie vraiment universaliste qui s'adresse à tous, y compris aux esclaves. L'épicurisme est une philosophie plus raffinée et réservée à des esthètes du bonheur. Par contre, en affirmant que l'on peut toujours surmonter la souffrance et rester impassible malgré les coups du sort, le stoïcisme s'adresse naturellement au plus grand nombre. C'est cette doctrine qui, idéologiquement, prépara l'expansion du christianisme. Elle dit qu'il y a quelque chose en l'homme qui résiste à toutes les forces, celles que la nature met en jeu mais aussi celles du tyran et de la société.

C'est encore Aristote qui représente la famille dualiste. Il essaie de penser un équilibre entre l'individu et la société, propose une politique et une éthique. Pour éviter le divorce entre la théorie et la pratique (Platon a échoué dans ses aventures politiques), il propose une prudence politique générale dans laquelle vient s'insérer une éthique de la tempérance afin que l'individu puisse atteindre sa fin supérieure qui est de pouvoir contempler le divin.

Le Moyen Âge

Les ornières de l'habitude nous font ranger dans la même catégorie historique près de mille ans d'Histoire (entre 472, chute de l'empire romain d'Occident et 1453, prise de Constantinople par les Ottomans). Le terme même de « Moyen Âge » n'est pas neutre puisqu'il est employé par ceux qui, au XVe siècle, prétendent à une modernité inouïe. On trouve notamment ce terme sous la plume de Giovanni Andrea, bibliothécaire du pape en 1469. Il faut aussi remarquer qu'en l'employant on néglige le fait que la civilisation islamique y connut peut-être son apogée.

Ce dont il faut se défaire absolument c'est de l'idée que cette période n'est faite que de brutes qui se battent et d'enchanteurs dans la forêt. L'obscurantisme dont on afflige la période médiévale vient sans doute du fait qu'elle n'est pas immédiatement lisible pour nous. Même s'il y a eu un obscurantisme médiéval – mais quelle époque en est exempte ? – il y a surtout une **obscurité** médiévale, du fait de l'extraordinaire **complexité** de ce qui s'y passe. Bouleversements politiques et sociaux colossaux : une civilisation s'effondre avec Rome, bouleversements religieux non moins colossaux : diaspora juive, expansion du christianisme et naissance de l'islam. Les dieux de l'Antiquité vont brutalement mourir devant le Dieu de Moïse, de Jésus-Christ et de Mahomet.

Et la philosophie dans tout cela ? Comme elle est l'une des expressions culturelles de l'Antiquité païenne, elle sera quelque peu chahutée par la disparition du monde dans lequel elle était née. Précisons que le terme « païen » a été forgé par les chrétiens pour désigner ceux qui rendaient un culte aux anciens dieux. La philosophie subira même une franche hostilité qui s'exprime parfaitement bien dans la fermeture des écoles philosophiques ordonnée en 529 par l'empereur Justinien. Elle connaîtra encore la difficulté d'exister indépendamment de la nouvelle théologie chrétienne, cette tension inaugurera ce qu'on a appelé plus tard le conflit des facultés (de philosophie et de théologie), au sens universitaire du terme.

Mais le Moyen Âge est aussi un temps pendant lequel on continue de penser et dans lequel la philosophie va se renouveler. Cette question est pour nous de la plus haute importance, notamment en raison de la nature du propos que nous tenons dans cet ouvrage. Traiter des philosophies de l'humanité suppose pour le moins d'ouvrir les perspectives et de réfléchir à la capacité qu'a la philosophie au sens strict de se confronter à d'autres modes de pensée. Inversement, cette époque est aussi révélatrice de la capacité du monothéisme, sous l'aspect de ses trois familles, de se confronter à la philosophie. Les enjeux engagés par l'intelligence de cette période sont donc immenses : ils le sont pour la compréhension de l'histoire de la philosophie, pour celle de la civilisation occidentale qui s'est nourrie à ces deux racines que sont la rationalité grecque et la Révélation sémitique, et pour la compréhension du monde contemporain fait du choc des cultures.

L'histoire de la philosophie, telle qu'elle est enseignée le plus souvent, fait apparaître le Moyen Âge comme un vaste trou noir. On y présente les philosophes grecs, Aristote, point culminant du savoir antique, le stoïcisme... et puis hop, grand saut, Descartes et Galilée ! Entre les deux périodes, on répète Aristote, on se perd dans d'obscurs débats que l'on qualifie de « scolastiques ». Matériellement, les œuvres sont perdues, peu ou mal traduites. On pourrait même faire une analogie entre les difficultés d'accès à la pensée médiévale que nous avons et celle qu'elle avait à la pensée antique. Les raisons en sont certes matérielles mais surtout idéologiques. L'excellence intellectuelle et morale de païens avait sans doute quelque chose de troublant pour des mentalités religieuses un peu primaires et pour une Église jalouse du pouvoir qu'elle avait sur les esprits. Inversement, que de grands esprits se préoccupent essentiellement de questions religieuses ou en rapport avec elles, voilà qui trouble des mentalités laïques et scientifiques également un peu primaires ! Il faudra donc libérer en nous le Moyen Âge, comme il a petit à petit libéré en lui l'Antiquité. Le libérer signifie qu'on accepte de le considérer comme riche d'enseignements, c'est-à-dire le libérer du préjugé qu'on a sur lui.

On pourrait même trouver que cette période est digne du plus haut intérêt philosophique dans la mesure où elle peut être envisagée comme la preuve de l'universalité de la philosophie. Elle a en effet tout à fait survécu à la disparition de la culture dans laquelle elle est née car les problèmes qu'elle pose, elle ne les pose pas à des hommes particuliers mais à tous les hommes. La révélation monothéiste a profondément remodelé les questions et les réponses, mais elle n'a pas changé fondamentalement les questions (sauf celles engendrées par ses réponses !) et n'a pas pu éliminer les réponses de la philosophie et s'est même servie d'elles pour élaborer les siennes. Si la philosophie a survécu à la mort d'une culture, c'est sans doute qu'**elle n'en est pas que le produit** ! Si nous avons voulu minimiser le caractère miraculeux de sa naissance, c'était pour souligner néanmoins qu'elle était une **rupture** avec la civilisation grecque traditionnelle.

Le Moyen Âge est lui aussi une rupture profonde, c'est incontestable, mais il n'est pas un commencement *ex nihilo* non plus. La période axiale (terme créé par le philosophe allemand Karl Jaspers qui désigne la période où naissent le bouddhisme, le confucianisme, la philosophie grecque et où le prophétisme juif connaît une grande force) avait déjà marqué des cultures fort éloignées par la quête commune de l'Un. L'hénothéisme (littéralement : théisme de l'un) préparait le monothéisme. Le stoïcisme, quant à lui, est une sagesse universelle qui s'adresse à tous les hommes qui partagent une condition commune et les mêmes tourments quelles que soient leurs positions sociales.

Le judaïsme et le christianisme

Une remarque préliminaire s'impose : où est donc l'islam ? Cette religion mérite en effet d'être abordée dans la période que les Occidentaux appellent médiévale. Nous allons même jusqu'à dire que les philosophes arabes appartiennent à la philosophie occidentale et c'est la raison pour laquelle nous présentons Averroès (auteur andalou du XIIe siècle) dans notre annexe « Grands philosophes occidentaux ». Il y a cependant d'autres courants de pensée plus orientaux dans la civilisation musulmane et l'islam mérite que l'on réfléchisse à sa spécificité. Pour toutes ces raisons, mais aussi pour de simples raisons de clarté, nous parlerons de l'islam dans la seconde partie de ce livre.

Revenons donc au judaïsme pour commencer. Il faut sans doute se défaire d'une idée communément répandue : le judaïsme commence avec Abraham. Nous verrons au contraire qu'il est à peu près contemporain du christianisme. Ce qui est sûr, c'est que ces deux religions sœurs procèdent toutes deux de la Révélation biblique. Il faut donc commencer par dire quelques mots sur la Bible.

Le mot « Bible » signifie en grec « livre ». Il s'agit donc d'un livre, ou plus exactement de plusieurs livres qui ont eu de nombreux auteurs et qui ont été rédigés sur un temps très long. La Révélation biblique a donc eu lieu progressivement et c'est progressivement que va s'affirmer une relation tout à fait originale entre un Dieu que l'humanité n'avait pas encore connu et son peuple, le peuple hébreu, descendant d'Abraham et dépositaire de cette Révélation.

Le Dieu des Hébreux est un Dieu personnel et volontaire qui agit dans la vie des hommes et le destin des royaumes. Ce Dieu est celui des hommes qui ont été libérés de l'esclavage en suivant leur chef Moïse. Ce qui fonde ce même Moïse à les conduire c'est la foi qui atteste que Dieu lui parle et le conduit. Cette relation religieuse au monde est, par excellence, celle qu'on qualifie de **prophétique**. Ce mot signifie qu'il y a des hommes qui sont des porte-parole auprès des hommes dans la mesure où cette parole leur est d'abord adressée par ce Dieu.

La religion biblique sera donc caractérisée par une relation interpersonnelle entre un Dieu créateur et volontaire et son interlocuteur humain. Cela s'oppose nettement au vieux fond mystique et panthéiste qui vise à abolir l'individualité personnelle pour retrouver la source cachée de tous les êtres ou la force vitale intérieure qui anime le cosmos. La grande nouveauté de cette religion tient aussi au fait que la volonté divine se révèle dans un processus historique universel et non plus dans l'essence immuable de la nature.

Le facteur décisif qui introduisit dans l'histoire la rupture biblique fut sans doute le destin du christianisme. On pourrait se demander ce qui nous autorise à lui trouver une telle originalité ! On peut apporter quelques éléments de réponse à cette question. Avant cela, nous reconnaissons que nous privilégions délibérément le christianisme. Nous reviendrons plus loin sur les relations entre la philosophie et l'islam et le judaïsme, dans un souci de clarté.

Les religions anciennes sont des religions autochtones, c'est-à-dire des religions d'une certaine région et pratiquées par une ethnie donnée. Elles sont liées à une terre, à un peuple, à une culture. On pourrait objecter que les Romains ont bâti un empire et sont largement sortis du cadre de leurs origines. Oui, mais justement, leur fameuse tolérance religieuse est significative à cet égard. Les conquêtes étaient accompagnées d'un grand syncrétisme et les populations nouvellement sous le joug pouvaient garder leurs dieux pourvu qu'elles obéissent à leurs nouveaux maîtres. Cette obéissance avait quelque chose de religieux, puisqu'il y avait un culte impérial qui déifiait la personne de l'empereur. Un épisode célèbre relaté dans les lettres de l'apôtre Paul montre bien la différence de mentalité entre le christianisme et la religion païenne : les Athéniens ne peuvent s'empêcher de rire à l'idée d'un dieu crucifié et ressuscité qu'il faudrait adorer en abandonnant tous les autres. Il y avait, par ailleurs, à Rome un autel au dieu inconnu et les nouveaux arrivants étaient les bienvenus. Inversement, les premiers chrétiens se manifestent aux yeux des païens comme ceux qui **refusent** de rendre un culte à l'empereur. Entre le paganisme et le christianisme, il y a une incompatibilité essentielle. Le paganisme veut bien intégrer le christianisme, mais le christianisme est exclusif et refuse tout autre dieu que le Dieu unique manifesté en Jésus-Christ Il le refusait pour les chrétiens, mais aussi pour les autres, c'est une religion essentiellement prosélyte et missionnaire. Il y eut donc une lutte à mort entre les deux. Passé le temps des persécutions et la cohorte des martyrs, vint le temps du triomphe du christianisme. Les martyrs changèrent alors de camp et malheur à ceux qui, pour de longs siècles, s'avisaient d'avoir une autre religion ou même de la pratiquer d'une manière non conforme aux normes de l'Église.

Mais qu'est-ce que le christianisme et y a-t-il quelque chose dans cette religion qui puisse expliquer son destin mondial ? Un ouvrage comme celui-ci n'est pas le lieu pour répondre en profondeur à de telles questions mais elles sont inévitables à cause de l'importance de leurs conséquences.

Le christianisme est la religion qui voit en la personne de Jésus-Christ le Messie d'Israël venu pour tous les hommes. C'est donc un judaïsme universaliste. C'est un judaïsme de toute évidence, puisque la personne de Jésus-Christ et sa prédication sont profondément juifs et que rien de ce qui appartient à ce que les chrétiens appellent l'ancienne Alliance ne doit être renié, dans son esprit en tous les cas. Nous employons par ailleurs le terme « universaliste », plutôt qu'universel. Le judaïsme est en effet lui aussi une religion universelle puisque son Dieu se présente comme le seul vrai Dieu et que l'éthique qu'il propose à l'homme dans ses « commandements » peut être valable pour tous les hommes. L'attitude universaliste consiste plutôt dans le fait de vouloir faire effectivement entrer dans l'alliance tous les hommes, quelle que soit leur origine. En revanche, on sait que les périodes de prosélytisme ne sont pas très nombreuses, ni très longues dans l'histoire du peuple juif. Au tout début du christianisme, ce fut un grand débat de savoir s'il fallait exiger la circoncision, ne s'adresser qu'aux circoncis ou au contraire aller enseigner toutes les nations sans conditions. Dans le premier cas, le christianisme n'aurait été qu'une réforme du judaïsme, dans le second, il est devenu, puisque c'est cette attitude qui a prévalu, une **mutation** du judaïsme.

Nous sommes donc devant la difficulté suivante : pour comprendre ce qu'est le christianisme, il faut comprendre ce qu'est le judaïsme et en quoi le christianisme l'a quitté tout en prétendant, de son point de vue, l'accomplir. La tâche n'est pas simple !

Nous avons présenté, dans un premier temps, le christianisme comme une mutation du judaïsme. Afin de mieux le cerner, nous présenterons, dans un second temps, le judaïsme comme un refus du christianisme. Le judaïsme plonge ses racines dans une longue histoire qui commence avec Abraham et continue avec une longue suite de prophètes. C'est l'histoire des relations entre Dieu et un peuple auquel il parle comme nous l'avons déjà dit. Cette histoire consignée dans la Bible prit toute son importance quand ce peuple était en exil à Babylone après la destruction du Temple de Jérusalem. Il fut détruit, pour la deuxième fois, en 70 après Jésus-Christ par les Romains. Alors commença une très longue période de « diaspora » pour le peuple juif, dispersé de par le monde et souvent persécuté. Beaucoup d'auteurs marquent la fin de cette diaspora avec la Révolution française qui accorde pour la première fois dans le monde la pleine citoyenneté à des juifs. Avec la destruction du Temple, c'est-à-dire une référence visible dans l'espace pour le culte, la foi juive dut s'intérioriser et la lecture de la Torah, l'enseignement, devinrent son esprit même. L'identité juive avait été déjà fortement réveillée par la domination romaine quelque temps avant Jésus-Christ, elle devint une braise ardente sous la cendre pendant toute la diaspora.

C'est la raison pour laquelle on peut dire que le judaïsme, malgré l'ancienneté de ses racines, est finalement contemporain du christianisme. Il l'est dans la forme qu'il a prise nettement à cette époque, c'est-à-dire une spiritualité de la résistance intérieure (l'esclavage en Égypte et l'exil à Babylone en étaient les premières étapes). Voilà où se trouve la source de tant de paradoxes et de malentendus entre le christianisme et le judaïsme. Ils sont tellement proches au début de notre ère qu'ils ont dû se **différencier** activement pour avoir leur propre identité. Ils sont proches parce que le christianisme, nous l'avons dit, s'inscrit dans la même tradition ; mais aussi parce que ce que nous appelons le judaïsme est, lui aussi, une réforme de la religion hébraïque. Le judaïsme fut l'œuvre des pharisiens, c'est-à-dire des gens de classe moyenne exigeants moralement et intellectuellement. C'est précisément à ce milieu qu'appartenait Jésus ! En voulant divulguer la foi juive, les chrétiens apparaissaient comme des traîtres qui risquaient de diluer et de perdre une identité si précieuse au moment même où il fallait la structurer et l'armer pour des temps qui allaient effectivement se révéler longs et difficiles. La volonté de convertir les juifs au christianisme procéda souvent dans l'histoire de cette idée un peu sommaire d'un « aveuglement » de ceux-ci et qu'il suffirait de leur expliquer que le Messie était bien venu pour que tout s'arrange ! Erreur profonde dans la mesure où le judaïsme s'est structuré **en tant que tel**, partiellement au moins, **contre** le christianisme, c'est-à-dire contre une tentative d'assimilation et de suppression de cette identité si particulière entre un peuple et son dieu, qu'il présente néanmoins comme le seul Dieu.

Ce que le judaïsme refuse au christianisme, du point de vue du contenu de la foi, c'est cette idée que Jésus puisse bien être le Christ, Dieu incarné sur la terre, crucifié et ressuscité une fois pour toutes pour tous les hommes. La conception trinitaire de Dieu choque le monothéisme juif. Le christianisme affirme qu'avec l'aide du Saint-Esprit, nul n'accède au Père que par le Fils et au Fils que par le Père.

La grande difficulté concerne toujours la personne de Jésus-Christ. Les conciles de l'Église ont affirmé qu'il était pleinement humain et pleinement divin. Cette double nature qui dépasse l'entendement ordinaire a toujours rendu le christianisme étrange aux yeux des autres monothéismes. De même le fait que Jésus-Christ soit **vraiment** mort et **vraiment** ressuscité. Ceux qui ont du mal à admettre sa véritable humanité ont du mal à admettre sa mort et ceux qui ont du mal à admettre sa véritable divinité ont du mal à admettre sa résurrection. L'apôtre Paul, lui-même, n'hésite pas à parler de la « folie de la croix ». Cette folie est pour le croyant une authentique sagesse et le salut véritable. Cependant, elle ne peut pas être autre chose qu'une folie aux yeux de la sagesse du monde et même d'autres religions.

La « sagesse du monde » est une expression qui peut être prise dans un sens un peu péjoratif : c'est le sens commun qui ne croit qu'au témoignage des sens. Elle peut désigner aussi la philosophie qui était répandue tout autour du bassin méditerranéen au Ier siècle après Jésus-Christ.

Il convient maintenant d'aborder la question des relations entre Révélation et philosophie.

Révélation et philosophie

La philosophie est une pratique de la discussion qui a pour but de faire découvrir la vérité à l'intérieur de soi. Cela signifie que la vérité est immanente à l'homme, pourvu qu'il soit attentif au Logos en lui et qu'il le cultive, mot que nous traduisons habituellement par « raison ».

Le Dieu d'Abraham, d'Isaac et de Jacob, comme son nom l'indique, est d'abord le dieu de certains hommes qu'on appelle prophètes. On les appelle comme cela pour dire qu'ils parlent, qu'ils portent la parole. Mais leur parole n'est, d'après leur témoignage, qu'un écho d'une autre parole. Cette autre parole est la Parole, celle d'un dieu qui est le seul Dieu. Mais qui est ce Dieu ? Nous avons évoqué son nom un peu plus haut. Il serait plus juste de dire qu'on l'appelle du nom de ceux qu'il appelle. Quant à son propre nom, il ne le dit pas, il n'a pas de nom dans lequel l'homme puisse l'enserrer. C'est le fameux passage du buisson ardent où Dieu se révèle à Moïse (Exode 3, 1-4). Il lui révèle **qu'il est** mais il ne lui dit pas **qui il est**. Pour employer le langage des philosophes, nous dirions qu'il révèle son existence mais pas son essence. Il dit encore une phrase énigmatique qui reçoit de nombreuses traductions possibles : «Je suis celui qui est» ou «celui qui sera» ou «ce que je suis» ou «qui je suis». Cette manière de se définir renvoie à l'impossibilité d'une définition, il est une plénitude d'être qui ne se laisse saisir ni par la main ni par le concept. Le prophète, comme tout croyant, n'a qu'à se mettre en route, il saura bien un jour qui est Dieu.

Nous voyons tout de suite la différence radicale qu'il y a entre la dialectique immanente des idées et la Révélation transcendante d'une personne. De ce point de vue le christianisme est identique au judaïsme et séparé de la philosophie par un gouffre. Le Dieu vivant, qui parle aux vivants, n'est pas une Idée ou une puissance au sein du cosmos, il est au-dessus ou au-delà de tout. Il est créateur de l'univers et met l'homme, fait à son image, c'est-à-dire libre, au-dessus de toutes les autres créatures. Dans le premier livre de la Bible, la Genèse, les premiers mots adressés par Dieu à l'homme sont : «croissez et multipliez, soumettez la terre et les animaux». Nous sommes donc aux antipodes de l'immémoriale mentalité religieuse qui nous dit de nous conformer à l'immémorial ordre des choses. La philosophie elle-même essaie de comprendre rationnellement l'univers et quitte la mentalité ancienne, mais sa morale profonde reste de nous conformer à un Ordre qui nous préexiste et nous dépasse, même s'il s'agit de le découvrir activement à l'intérieur de soi.

Les premiers mots adressés au premier prophète, Abraham, furent : «Va, quitte la maison de ton père...» (notons qu'il n'y a pas de certitude historique quant à l'existence d'un tel homme, ce nom peut désigner un clan, une famille). Le moins que l'on puisse dire est qu'il ne s'agit pas d'une exhortation au traditionalisme le plus strict ! Le Dieu éternel est celui qui fait **irruption** dans l'histoire d'un homme comme dans l'histoire de l'humanité. Il partage un avant et un après, il ouvre justement une histoire, comme il a créé le monde. La vie spirituelle et religieuse ne peut plus être, dès lors, une ritualité tournée vers un passé inatteignable ; elle devient un projet tourné vers l'avenir.

Au point où nous en sommes, nous constatons donc deux choses. Les voies de la philosophie et de la Révélation judéo-chrétienne sont parfaitement **exogènes**, c'est-à-dire n'ont pas du tout la même source. Sont-elles pour autant incompatibles et contradictoires ? La deuxième constatation est qu'elles sont toutes deux des **ruptures**. Il n'y a jamais de ruptures absolues, nous le répétons, mais la philosophie rompt avec la pensée mythologique et la sujétion politique tandis que le monothéisme juif rompt avec l'idolâtrie. Nous n'avions pas encore utilisé ce dernier terme : étymologiquement, il signifie le culte rendu aux statues. Mais il faut bien voir que toutes les religions antérieures existantes sur la terre tombent dans cette catégorie ! De ce point de vue, le monothéisme juif est la plus formidable révolution **anti-religieuse** qui ait jamais eu lieu ! Par quoi les idoles sont-elles remplacées ? Elles sont remplacées, pour l'essentiel, par les tables de la Loi. Il est remarquable que l'épisode du veau d'or (Exode 32, 1-7) ait lieu au moment où Moïse a laissé son peuple pour aller recevoir de Dieu ses commandements ou ses paroles. Livrés à eux-mêmes, les Hébreux éprouvent le besoin de fondre une statue avec ce qu'ils avaient de plus cher. L'idolâtrie correspond au besoin de pouvoir identifier ce à quoi on sacrifie, ce pour quoi on se sacrifie. La Loi donne bien des repères rassurants, mais elle est exigeante, reste valable tous les jours. La statue est présente à nos yeux, mais disparaît dès qu'on s'en éloigne ; la Loi écrite, mais invisible, doit toujours être présente dans les cœurs. Cette Loi est **publique**, il serait profondément contraire à sa nature qu'elle soit ésotérique, c'est-à-dire secrète et connue seulement d'un petit nombre d'initiés. Le fameux principe juridique, « nul n'est sensé ignorer la loi », toujours valable, est sans doute plus lourd de sens qu'on ne le croit habituellement ! Au-delà de la nécessaire information du citoyen, il renvoie à cette idée essentielle de la Loi, qui veut qu'elle ne soit pas quelque chose d'arbitraire issue d'une quelconque caste dirigeante, mais une vérité qu'il faut d'autant plus rappeler au cœur humain, qu'elle y est **gravée** en profondeur. Cette Loi vaut pour tous les hommes et leur appartient à tous, on pourra juger les juges et disqualifier les prêtres.

Maintenant, nous constatons avec étonnement que le fossé entre Révélation et philosophie s'est singulièrement comblé ! Nous n'analyserons point ici les « dix commandements », mais force est de reconnaître qu'ils ne nous font pas basculer dans l'irrationalité mais au contraire dans une morale du respect d'autrui et de la réciprocité. Ces commandements sont faits, non pour empêcher la vie mais pour la rendre possible, non pour que les uns écrasent les autres mais pour que tous connaissent la justice. Cette Loi vient de Dieu à n'en point douter, quand on se place du point de vue du récit biblique, mais elle ne peut être vraie que si elle rencontre un écho profond et durable dans l'homme lui-même. Il arrive sans doute à Dieu de demander à l'homme des choses choquantes : c'est ainsi qu'il a éprouvé la foi d'Abraham en lui demandant de sacrifier son fils Isaac. Cependant, au dernier moment, Dieu empêche ce sacrifice. Il s'agit là d'un débat philosophique fondamental. Ce que Dieu veut est le Bien : c'est la thèse la plus conforme à la foi. Le Bien est ce que Dieu veut : c'est la thèse la plus conforme à la philosophie. Abraham souscrit à la première et il a raison du point de vue de la foi, mais Dieu souscrit à la seconde et il prouve qu'il a foi en la raison !

Prenons un autre exemple pour éclairer ce débat. Deux hommes marchent ensemble (pour simplifier nous admettrons qu'ils portent le même chargement, etc.) et ils sont partis avec deux morceaux de pain de tailles égales. Tout le monde admet que la justice consiste pour chacun à manger un pain. Pure et simple rationalité : deux divisé par deux égale un. Mais ce n'est pas la raison qui **veut** partager, ce sont les deux hommes qui veulent bien écouter leur raison et donc partager. La raison par elle-même ne veut rien, par contre, si j'ai faim ou si je désire dominer l'autre, je veux manger son pain. Je partage équitablement seulement si **je** veux bien écouter ma raison. Empiriquement, certains s'empresseraient d'ajouter que si je partage, c'est parce qu'il est très fatigant de manger la part de l'autre, qu'il faut avoir bon appétit et ne pas avoir peur des représailles possibles ! Certes, on ne peut jamais tout à fait éclairer les motifs ! Si c'était le cas, l'action morale perdrait de sa valeur puisqu'on pourrait l'adopter avec la certitude d'en tirer gloire !

Il faut donc un premier moteur, un sursaut du cœur, Pascal dirait un mouvement de charité. Nous n'avons pas accès à la justice et à la vérité sans faire un acte de foi, même infinitésimal, c'est-à-dire quelque chose qui est de l'ordre de la volonté. Non pas une volonté « volontaire », qui sait ce qu'elle veut et qui peut vouloir parce qu'elle sait **quoi** vouloir ; mais une volonté qui nous pousse hors de nous ou nous attire vers un ailleurs que nous ne connaissons pas. Les philosophes parlent de l'amour et du désir de la sagesse, parce que nous portons en nous, au plus profond de notre âme, son empreinte sinon sa plénitude. Les prophètes parlent de la grâce et de la foi qui nous mettent en route sans que nous puissions exactement savoir vers quoi. Si nous mettons en relation ces réflexions avec le problème illustré par le sacrifice demandé à Abraham, qu'en tirons-nous ? Qu'il n'y a pas de bien ou de vérité sans un mouvement vers eux qui est premier. Cela est vrai anthropologiquement, c'est-à-dire pour l'homme. Mais comme ce bien et cette vérité ne se dévoilent que parce qu'il y a quelqu'un pour les désirer, on est porté naturellement à considérer qu'ils n'existent pas en soi mais qu'ils ont été voulus d'abord pour être, mais cette fois-ci par une volonté non humaine. C'est en ce sens que l'on peut dire que c'est la volonté de Dieu qui est première, ou, en prenant les choses autrement, que cette volonté première est ce que l'on appelle Dieu. Abraham a donc raison d'obéir, car c'est ce que Dieu veut qui est le bien et la vérité. Cependant nous ne pouvons pas nous empêcher de nous demander s'il est possible que Dieu veuille n'importe quoi ! Le seul moyen de se sortir de cette difficulté consiste à dire que les points de vue de Dieu et de l'homme ne peuvent pas être les mêmes sur cette question ! Du point de vue de l'homme, c'est-à-dire de la finitude, il ne peut pas y avoir clairvoyance avant de vouloir. Du point de vue de Dieu, les deux ne peuvent aller qu'ensemble, si bien que, pour lui, on peut dire que ce qu'il veut est le bien en même temps que le bien est ce qu'il veut. À ce point de notre méditation, surgit encore une objection : de quel point de vue se place-t-on quand on distingue le point de vue de l'homme et le point de vue de Dieu ? Le strict philosophe ne peut que répondre que c'est encore l'homme qui imagine le point de vue de Dieu, de telle sorte que c'est encore lui qui pense à travers Lui. Donc le seul véritable Dieu, c'est ce qui est bien et vrai. Nul besoin de révélation et de prophètes qui sont plutôt des obstacles à la vérité, il suffit de se mettre au travail de la pensée qui nous permet d'accéder naturellement à la vérité. Cependant il sera obligé de reconnaître que le désir de vérité est une sorte de passion reçue et éprouvée qui est le moteur sans lequel la raison ne peut rien. L'homme de foi, lui, répondra que c'est Dieu qui lui fait voir la vérité, mais au moment d'en donner le contenu, il faut bien dire quelque chose d'intelligible et qui soit, au moins pour les **conséquences**, acceptable par la raison. On juge l'arbre à ses fruits, est-il dit dans l'Évangile. Certaines vérités religieuses, surnaturelles, sont par nature inacceptables par la raison. Il serait peut-être plus intéressant de suivre le trajet inverse, d'examiner des comportements qui n'ont rien de surnaturel et de remonter ensuite aux principes surnaturels qui les inspirent.

Tout cela montre constamment que philosophie et Révélation sont tout à fait différentes mais peuvent se rapprocher singulièrement dès qu'on les met en œuvre plutôt que de les considérer de l'extérieur comme des choses figées.

Prenons un autre exemple. Dans le *Ménon* de Platon, Socrate et son interlocuteur sont confrontés à un problème tout à fait classique dans toute recherche philosophique. Ils cherchent à savoir ce qu'est la vertu. S'ils le savaient, ils n'auraient pas besoin de le chercher et s'ils ne savent pas du tout ce qu'est la vertu, on ne voit pas bien comment ils feront pour la reconnaître s'ils la trouvent. Paradoxe qui se résout d'après Platon par l'image de la réminiscence : la vérité est en nous, il faut s'en souvenir, connaître c'est reconnaître. On peut faire un parallèle avec la pensée religieuse. Pascal propose ainsi un balancement permanent qui souligne que si l'homme est incapable par lui-même de trouver un contentement en toutes choses, c'est néanmoins cela qu'il cherche et qui explique son inquiétude permanente. L'homme vient de Dieu et ne retrouve la paix qu'en le retrouvant.

Nous pouvons maintenant tirer les premiers résultats de notre petite enquête. La Révélation monothéiste et la philosophie sont deux chemins parallèles qui peuvent ne jamais se rencontrer. Ce fut le cas historiquement, pour un certain temps au moins. Deux chemins parallèles peuvent cependant être très proches et aller dans la même direction. La religion de la Loi n'est plus, **essentiellement**, une religion de prêtres et de pratiques magiques, mais une religion qui invite chacun à trouver à l'intérieur de soi la Loi qui est inscrite sur les tables de la Révélation.

La spécificité du christianisme

Nous avons déjà indiqué cette spécificité à quelques reprises, mais sans l'approfondir. Il fallait d'abord le situer à l'intérieur de la tradition du Dieu d'Abraham et de Moïse.

Nous avons dit que la Révélation monothéiste fait irruption dans l'histoire, comme Dieu fait irruption dans la vie du croyant. Le christianisme va accentuer cet aspect historique puisque sa foi trouve son ancrage et sa dynamique en une personne. Cette personne n'est pas un mythe ou une idée générale, mais elle a vécu en Palestine au temps de la domination romaine, « sous Ponce Pilate ». Si on se place du point de vue des mystères de la foi et en l'occurrence de l'Incarnation (Jésus est humain et divin à la fois), nous sommes devant un événement absolument prodigieux qui ne peut devenir que le pivot de l'Histoire universelle. Cette fois-ci c'est Dieu lui-même qui fait irruption dans le monde et dans l'histoire des hommes. Quel paradoxe ! Le Dieu transcendant de la Bible réaliserait le comble de l'immanence en entrant dans la chair, mieux, dans celle d'**un** homme particulier ! C'est sans doute à partir de cette affirmation très simple et totalement incroyable pour la raison ou toute autre religion que le destin du christianisme va se jouer et avec lui un bonne part du destin de l'Occident.

Nous devons sur ce point beaucoup aux analyses de Marcel Gauchet dans *Le Désenchantement du monde*. Le mystère de l'Incarnation a des conséquences étonnamment dynamisantes sur tout le processus humain en signant tout à la fois la parfaite **proximité** et l'infinie **distance** entre le ciel et la terre, entre Dieu et l'homme. On comprend assez facilement la proximité : c'est **dans le monde et dans nos vies** que le royaume de Dieu doit commencer, les théologiens disent aussi que si Dieu est devenu un homme, chaque homme est appelé à devenir Dieu. Voilà qui ne peut que correspondre à la mentalité moderne ! Voilà qui, sans doute, a fortement et constamment contribué à faire émerger cette mentalité moderne. La distance, quant à elle, est moins bien comprise. On s'imagine en effet que la présence de Dieu sur la terre le rend plus accessible et immédiatement compréhensible. Il faut sans doute, aussi, lire cette présence tout autrement. Si le message de Dieu pouvait être si clair pour l'homme, aurait-il éprouvé la nécessité de venir le lui dire en personne ? Ce message, d'ailleurs, peut-il se réduire à un discours, à un texte, à une Loi ? Le propre de l'Évangile est de rapporter des paroles mais aussi des faits et gestes. Le sens des mots n'est pas prisonnier des mots, mais dans le mouvement vivant de la parole et dans la relation qui s'établit entre la parole et les actes. Non seulement Jésus ne se contente pas de parler, mais encore il s'exprime plus volontiers par des paraboles. Ce sont des histoires qui sont à la fois très simples à comprendre et en même temps la figure ou l'image d'une vérité qui ne se laisse pas emprisonner dans les théories dont l'esprit humain est capable. Cette distance se manifeste d'une manière éclatante par le fait que si Jésus est bien le Messie, c'est un Messie à l'envers. Au lieu d'être un grand prêtre, roi triomphant, il est venu en serviteur. Sa manière de parler et de vivre le met constamment en contradiction avec la culture et la religion dans laquelle il est né, sa mort signe le fait que le monde n'a pas voulu de lui. Les oppositions qu'il a rencontrées dans son ministère auraient pu faire de lui un révolutionnaire social et politique ou un bâtisseur de religion et de civilisation. Il n'en a rien été.

Voilà donc le sens contradictoire de l'Incarnation : une valorisation inouïe du monde et de la vie humaine, une condamnation radicale du monde et des hommes tels qu'ils sont. La résurrection est une espérance folle, mais la croix désespérante. Quand un message est à ce point contradictoire, ou bien il tombe dans la stérilité et meurt, ou bien il engendre une tension permanente d'une extraordinaire fécondité. Quelles que soient les convictions que l'on adopte, tout le monde est obligé de reconnaître que c'est la seconde possibilité qui s'est réalisée. Comment cela a-t-il été possible ? Comment le christianisme a-t-il pu naître après la vie de Jésus ? C'est à ces questions que nous allons maintenant essayer de répondre.

L'Église

Il est incontestable que le christianisme est une religion, mais il est beaucoup plus contestable de voir dans la vie de Jésus la fondation d'une religion. À l'écouter, il s'agit simplement d'entendre tout ce que les prophètes d'Israël ont dit avant lui. Aimer Dieu et son prochain comme soi-même sont, d'après lui, les commandements qui condensent tous les autres. Ils étaient déjà présents dans l'Ancien Testament et Jésus ne veut pas abolir la Loi mais plutôt l'accomplir. Il faut reconnaître que cet accomplissement passe par une certaine liberté concernant les prescriptions religieuses et une capacité de pardon que ne prévoit pas la Loi. En ce sens Jésus n'est qu'un juif très pieux qui essaie d'observer la Loi dans le sens de la plus grande exigence, celle qui en comprend intérieurement l'esprit, parfois aux dépens de la lettre. Pourtant, ceux qui ne veulent voir en lui qu'un homme moralement parfait, négligent de lui de nombreuses paroles qui ne procèdent pas d'une prudente hésitation. « Je suis le chemin, la vérité et la vie », est l'une de ces plus belles paroles. Il acquiesce à ceux qui le reconnaissent comme étant le Christ, l'oint du Seigneur, le Fils de Dieu. Or c'est cette foi qui est la pierre solide sur laquelle une nouvelle communauté d'hommes et de femmes peut commencer à se construire. Cette communauté s'appelle l'Église et Jésus l'appelle de ses vœux.

Tout est simple, si l'on veut, sur le plan spirituel : un homme vit et parle d'une certaine manière, il est mis à mort sans qu'il ait commis le moindre crime, ses disciples témoignent qu'il est ressuscité des morts, ils se retrouvent ensemble et vont essayer, dans leurs vies, de « le suivre ». Tout devient terriblement complexe quand on revient dans le monde et particulièrement dans la Palestine du Ier siècle. Jésus ne se comporte pas comme un fondateur de religion, ni comme un chef quelconque. Cependant, il est lui-même très religieux et s'inscrit plus que tout autre dans la tradition d'Israël et pourtant, ce sont les religieux qui semblent l'accepter le plus mal, sans doute préoccupés par les troubles qu'il a pu créer autour du Temple et qui entraîneraient peut-être des mesures répressives de l'occupant romain à l'égard des juifs ! S'il n'est pas un fondateur de religion, il se comporte cependant comme le **fondement** d'une religion universelle (c'est-à-dire pour tous les hommes) qui doit se manifester par **son Église**.

Nous voilà, une fois de plus, dans une avalanche de paradoxes ! La réponse pratique à tous ces paradoxes va être l'émergence progressive de l'Église. Mais qu'est-ce que l'Église ? Il ne s'agit pas d'un édifice voué à un culte, il s'agit de la communauté de ceux qu'on appellera un peu plus tard les « chrétiens ». Si le chef mystique de cette Église est bien le Christ, il fallut bien cependant qu'elle s'organisât humainement parlant. À partir de là nous assistons à un phénomène assez unique dans l'histoire. En effet, cette communauté marginale et même clandestine, pourchassée et martyrisée, va petit à petit gagner des adeptes, devenir la religion officielle de l'empire romain en 380, réussir à subordonner pour un temps le pouvoir temporel à son propre pouvoir et se voir progressivement distingué de lui jusqu'à nos jours où le christianisme reste largement la religion numériquement la plus importante dans le monde.

Il nous semble que le seul moyen de comprendre ce destin paradoxal est justement de revenir aux paradoxes du christianisme en général et à ceux de l'Incarnation en particulier. Avant notre ère, dans l'histoire du monde, une religion faisait corps avec une terre, avec une civilisation ou avec un peuple dans le cas du judaïsme. Le christianisme va faire voler en éclats ce système de référence. L'Église va devenir, à elle seule, une nouvelle terre promise, une civilisation et un peuple ! L'Église du Christ ne peut pas épouser le monde, puisque le monde n'a pas voulu du Christ, elle ne peut pas en adopter la sagesse puisque la croix est une folie, elle ne peut se fondre dans sa logique puisque c'est Satan qui en est le maître. Si le Royaume de Dieu n'est pas de ce monde ou pas encore, l'Église sera son antichambre, son avant-goût, une société **dans** la société, une société **contre** la société.

L'Église naissante fut un signe de contradiction dans le monde : elle le fut par rapport au judaïsme en prenant son tournant universaliste, elle le fut par rapport au paganisme et de plus ample manière que le judaïsme avait pu l'être, à cause même de son universalisme prosélyte. Cette contradiction avec le paganisme était nécessairement autre chose qu'une contradiction avec une religion, mais bien avec tout un monde. Elle fut donc, de fait, une structure de résistance à l'autorité, au pouvoir de l'État. On voit là, au passage, la faiblesse de l'interprétation matérialiste de la religion, qui s'imagine qu'elle remplit toujours la même fonction sociale : la justification de l'ordre établi.

Nous venons de voir comment l'Église traduisit l'irréductible distance entre Dieu et le monde. Il fallait qu'elle en traduise aussi la charnelle proximité. Refusant la cité terrestre, l'Église fut tentée d'être la cité céleste. Au point de vouloir parfois faire descendre le ciel sur la terre et de confondre les deux cités. On connaît la boutade : les premiers chrétiens attendaient le Royaume de Dieu et on a eu l'Église ! Dans sa manière de se poser contre l'autorité en place, il fallait qu'elle disparaisse ou l'emporte. Nous retrouvons toute la difficulté d'une religion de type **dualiste**. C'est le sens de la fameuse formule de l'Évangile : « Rendez à César ce qui est à César et à Dieu ce qui est à Dieu. » Elle a le mérite d'être simple, mais ouvre de nombreuses questions. Et si César prétend s'y connaître dans les affaires de Dieu ? Alors, il faudra combattre César au nom de Dieu ; et qui combat César devient un autre César, qu'il le veuille ou non ! Nous voilà, une fois de plus, devant un paradoxe ! Distinguer les plans profane et religieux peut aboutir à un engagement dans le monde et non à un retrait. C'est justement ce qui est arrivé à l'Église et le passage de la persécution à une sorte de triomphe spirituel et temporel obéit à une certaine logique. La religion du Dieu incarné allait s'exprimer naturellement dans une Église qui n'hésite pas à se penser elle-même comme l'incarnation de la Vérité sur la terre.

La vie de l'Église sera donc **depuis ses débuts**, et aujourd'hui encore, une perpétuelle tension, une perpétuelle oscillation. Qu'on se rassure donc, l'Église est en crise depuis toujours et pour toujours ! Nous avons vu que cette oscillation se manifeste par une tendance au retrait, à la résistance intérieure et au refus du monde et par une tendance à l'engagement, voire à la confusion avec le monde. Sur le plan doctrinal, il en va de même : l'Église passe son temps à combattre des hérésies, qui sont toutes d'ailleurs des conséquences du fait que l'Incarnation donne lieu à de multiples interprétations (les unes tirent trop le

Christ vers le ciel et les autres, Jésus vers la terre). On a tendance à penser que l'Église existe d'abord ainsi que sa doctrine et qu'elle se défend ensuite des hérésies qui naissent en son sein. C'est en fait plutôt l'inverse qui est vrai. Comme Jésus s'est bien gardé d'écrire quoi que ce soit ou de rédiger on ne sait quelle constitution, la multiplicité de tendances et d'interprétations est première dans l'Église. Ce sont les hérésies qui font naître l'Église et entretiennent sa vitalité et sa justification ! En tous les cas, une dialectique s'installe, nous semble-t-il durablement et pour des raisons structurelles, entre une doctrine officielle sans cesse redéfinie et des hérésies sans cesse renaissantes. Nous employons le terme « Église » au singulier et non au pluriel alors qu'il y a, comme chacun sait, plusieurs confessions chrétiennes. Cette pluralité n'a rien d'étonnant et exprime tout ce que nous avons dit jusqu'à présent. Dès qu'une Église chrétienne naît, elle rencontre les problèmes inhérents à toute Église chrétienne et à nouveau une diversité en son sein. L'Église catholique romaine est cependant le modèle du genre et celle qui détermina la culture de l'Occident médiéval.

L'Église est donc le modèle même du conformisme à cause du fait que le message de l'Évangile est d'une inépuisable vitalité critique. Elle peut être aussi, en retour, le foyer même de la critique et de l'innovation pour cause de conformisme ambiant. C'est seulement à partir de tout ce que nous venons de dire qu'on peut comprendre la vie intellectuelle au Moyen Âge.

La philosophie au Moyen Âge

Une histoire de la philosophie au Moyen Âge ne peut être que problématique, à cause de la très longue durée qu'il représente et à cause de la confrontation avec les trois monothéismes. On peut cependant essayer de distinguer des époques distinctes et une logique.

Le premier contact entre la philosophie et le monothéisme eut lieu dans ce qu'il est convenu d'appeler l'hellénisme juif, ce contact eu lieu ensuite avec le christianisme et enfin avec l'islam. L'intransigeance monothéiste de ce dernier favorisa sans doute une certaine affinité avec la transcendance impersonnelle de la philosophie grecque. C'est la raison pour laquelle l'influence de la philosophie revint vers le judaïsme et le christianisme à partir du contexte musulman dans lequel elle a connu, pour un temps, une relative tranquillité.

Le premier philosophe juif fut Philon d'Alexandrie qui vécut au Ier siècle de notre ère. On dit parfois de lui qu'il est le premier théologien, c'est-à-dire le premier à avoir essayé de concilier la démarche philosophique avec la Révélation monothéiste. Avant lui on peut penser que certains livres de l'Ancien Testament comme l'Ecclésiaste ont été influencés par la sagesse grecque, mais cela reste assez diffus. Quel que soit l'attachement de Philon au judaïsme, il faut reconnaître en lui un juif qui devint philosophe plutôt que l'émergence d'une philosophie originale. Son Dieu agissant sur une matière informe, cette ascèse de l'âme vers une union mystique appartient plus au registre païen qu'au registre biblique. Plus tard, Maïmonide est le représentant par excellence de la philosophie juive.

Pour le christianisme occidental, saint Augustin (354-430) est une haute figure du christianisme des premiers siècles. Son histoire personnelle comme sa pensée sont précisément marquées par l'irruption de la foi chrétienne. On y trouve le dialogue entre monde païen et monde chrétien dans toute sa pureté, c'est-à-dire en l'absence d'une « théologie chrétienne » constituée qui est déjà un « produit de synthèse » de ces deux cultures.

Par la suite, les bouleversements politiques, l'antagonisme premier entre le christianisme et la culture païenne vont quasiment faire disparaître la philosophie de l'Occident au sens étroit du terme. La philosophie survivra à Byzance et dans l'empire romain d'Orient où se développera la pensée des Pères grecs. Elle survivra aussi à Damas et à Bagdad grâce aux philosophes musulmans ainsi qu'en Andalousie. Il y a bien sûr quelques auteurs isolés comme Boèce (480-524) ou Jean Scot Érigène. L'organisation scolaire au temps de Charlemagne se compose de ce qu'on appelle le « trivium » et le « quadrivium ». Le premier comprend grammaire, dialectique et rhétorique ; le second, astronomie, arithmétique, géométrie et musique. On trouve là une alliance entre une « science » formelle du discours et une science du nombre qui ne laisse **aucune place à la philosophie en tant que telle**. On retrouvera d'ailleurs cette alliance contre la philosophie sous différentes formes tout au long de l'histoire.

Anselme de Cantorbéry (1033-1109) en essayant de donner une preuve de l'existence de Dieu est le premier qui, en voulant donner des **raisons** de croire, fait certes de la philosophie encore une « **servante de la théologie** », mais lui redonne droit de cité par ce biais. Son argument, qualifié plus tard « d'argument ontologique », consiste à déduire l'existence de Dieu du simple fait que l'on a l'idée de « quelque chose de tel que rien ne se peut penser de plus grand ».

Si cette idée n'est que dans l'intellect et non dans la réalité, c'est donc qu'il y a quelque chose de plus grand que cette idée. Ce qui est contradictoire avec la définition même de cette idée, donc ce que nous pensons avec elle existe nécessairement dans la réalité. C'est à partir du XIIe siècle que la philosophie va pouvoir se développer à nouveau en Occident. Ce développement est lié à celui des villes et à l'apparition des écoles dites capitulaires. C'est aussi à cette époque que va commencer le grand débat philosophique du Moyen Âge et qu'on appelle la querelle des **universaux**. L'origine de cette querelle vient sans doute de ce passage contenu dans une introduction de Porphyre (philosophe néoplatonicien, 234-310) aux « Catégories » d'Aristote, traduite en latin par Boèce. Ce passage est le suivant : « Je ne chercherai point si les genres et les espèces existent par eux-mêmes ou sont de pures conceptions abstraites ni, dans le cas où ils seraient des réalités, s'ils sont corporels ou non ; ni s'ils existent séparément des choses sensibles ou confondues avec elles ; cette recherche est trop difficile et exigerait une trop longue discussion. » Rien de plus attrayant qu'une discussion défendue, et c'est sous cet aspect passablement technique et ésotérique que la philosophie a pu revenir. Les **réalistes** défendent la position selon laquelle derrière un mot comme « humanité », il y a une idée et derrière elle une réalité, tandis que les **nominalistes** défendent la position selon laquelle ces mots, qui ne désignent pas des substances individuelles, ne sont que des conventions de langage. Ce débat reprend en fait sous d'autres formes le débat entre Platon et Aristote sur l'existence séparée des Idées. Beaucoup plus tard, encore sous d'autres formes, le débat entre les idéalistes et les empiristes reprend le même problème. Il faut noter que nous devons à la querelle des universaux les commencements de la philosophie du langage et la notion de « concept » qui vient d'un verbe latin qui veut dire recevoir. Le concept est en effet une forme intellectuelle qui reçoit un contenu de l'expérience.

Le grand siècle de la philosophie médiévale fut le XIIIe siècle, celui de saint Thomas d'Aquin. On a parlé de la grande crise du XIIIe siècle parce qu'il vit une Église divisée, un clergé désorienté et un renversement du rapport de force entre le pouvoir temporel et le pouvoir spirituel. C'est peut-être le début d'une certaine modernité chrétienne : après la phase d'oppression de l'Église et sa phase « impériale », allaient commencer des temps où l'Église prend petit à petit sa place, plus spirituelle que temporelle, même si, comme nous l'avons vu, il est impossible qu'elle se désengage tout à fait du monde.

C'est durant ce même siècle qu'allaient naître l'Université (Paris, Oxford, Bologne) et deux grands ordres religieux : celui des dominicains (1217) et celui des franciscains (1223). Cette naissance conjointe n'est pas un hasard et ce sont naturellement les représentants de ces deux ordres qui prendront le contrôle de l'Université. Que constatons-nous ? Une fois de plus, c'est une réaction qui entraîne une évolution décisive. Dominicains et franciscains veulent retrouver une certaine pureté évangélique, une certaine exigence morale et intellectuelle qui avaient peu à peu déserté l'Église. Mais c'est aussi dans ce mouvement même que la pensée sera libérée et les textes philosophiques massivement introduits au cours de ce siècle. L'œuvre du dominicain saint Thomas prendra la forme d'une *Somme théologique*, entrera en débat avec les philosophes arabes ou juifs puisque l'Andalousie musulmane de Cordoue avait offert au siècle précédent un exemple extraordinaire de collaboration entre monothéismes et philosophie.

Alors que la philosophie avait été occultée au début du Moyen Âge, elle devient à la fin de celui-ci, ce par quoi les trois monothéismes vont pouvoir communiquer entre eux, quant à l'Université, elle devient une sorte d'arbitre entre le pouvoir temporel et l'Église. C'est aussi au sein de l'Université qu'apparaît une « faculté des arts » où l'on enseigne la philosophie, indépendante et donc potentiellement rivale de la faculté de théologie. Ce « conflit des facultés » durera longtemps puisqu'il en sera encore question dans l'œuvre de Kant à l'approche du XIXe siècle ! Dans l'œuvre de saint Thomas, la théologie est certes la couronne de l'édifice, mais la justification de cette conception des choses est de type philosophique. La philosophie sert bien la théologie, mais la théologie – nous disons bien la théologie et non la foi – ne peut rien sans la philosophie.

La philosophie médiévale dans l'histoire de la philosophie

Nous avons été obligés de faire un long développement pour comprendre une période aussi longue et particulière. Il nous reste cependant à l'interpréter dans le courant de l'histoire en général et dans l'histoire de la philosophie en particulier.

Nous comprenons l'histoire comme une affirmation progressive de l'homme face à la nature et de l'individu dans la société : il faut donc se demander comment ces deux tendances se manifestent dans la période médiévale. Cette période se caractérise en Occident essentiellement par l'expansion du christianisme. Notre question devient donc : le christianisme manifeste-t-il ces deux tendances ? Il nous semble que la réponse est on ne peut plus positive ! Le christianisme est une formidable émancipation de l'homme face à la nature et à la société. Cependant flotte l'éternelle ambiguïté puisque le mot « christianisme » peut faire penser aussi bien à l'essentiel du message évangélique qu'à la réalité historique et politique de l'Église. Si on s'en tient à l'essentiel, le monothéisme juif rompt le cordon ombilical entre l'homme et mère nature. Nous venons d'ailleurs et nous allons ailleurs, la terre n'est pour l'homme qu'un séjour provisoire dans lequel il doit régner comme le lieutenant de Dieu, puisqu'il a été créé à son image. La nature est certes un signe du Dieu créateur, mais l'homme peut et même **doit la transformer**. Cette transformation de la nature extérieure est aussi le vecteur d'une transformation intérieure. Le christianisme, c'est bien connu, accorde une valeur spirituelle et morale au travail. Il faut défricher les forêts et comme le travail est dur, il ne laisse pas le temps de se laisser aller aux vices de telle sorte que c'est l'âme du travailleur qui est défrichée des fruits du péché. Les ordres monastiques les plus « purs », ceux qui voulaient réagir contre un certain laisser-aller à la logique du monde (la réforme cistercienne de saint Bernard, par exemple), sont ceux qui sont devenus les plus riches, à force de travail ! Nous sommes à l'opposé de la logique religieuse millénaire qui consiste à épouser l'ordre cosmique.

Quant à l'émancipation de l'homme dans la société, la fameuse parole de saint Paul que nous avons déjà évoquée : « Il n'y a plus ni Juif ni Grec, ni esclave ni homme libre, ni homme ni femme... » résonne comme un coup de tonnerre dans le monde antique. Si on l'entend bien, elle a encore dans notre monde, toute sa force subversive ! Elle n'est pas le fruit de l'imagination de l'apôtre mais la leçon à tirer de la vie de Jésus qui s'est adressé à tous ceux qu'il rencontrait au mépris des conventions sociales et religieuses. Le but n'est sans doute pas de mépriser ces conventions, mais de montrer qu'il y a en chaque individu, quelqu'un, une **personne** dont la valeur est sans commune mesure avec les différents systèmes hiérarchiques que connaît la société. « Ce que vous faites au plus petit d'entre vous, c'est à moi que vous le faites », cette parole de Jésus montre bien que chacun est à l'image de Dieu et que l'obéissance à César ne peut aller au-delà d'une certaine limite.

En ce sens, le christianisme est bien plus révolutionnaire que la philosophie ! Il est irruption de l'absolu dans l'histoire et en chaque homme ! Il y a là de quoi tout faire vaciller ! Mais rassurons-nous, il y a l'Église ! Nous sommes cette fois-ci devant une opération de soumission de l'homme par l'homme qui est très exactement à la mesure de la libération de l'homme par Jésus-Christ. En disant cela, il n'est pas question d'opposer puérilement le bon message évangélique et la méchante Église. Quand on parle de libérer l'homme, encore faut-il savoir en effet de quel homme on parle, ou de quoi en l'homme ? Le seul animal capable d'une réelle méchanceté pose effectivement problème ! C'est peut-être du mal que Jésus-Christ veut libérer l'homme et non pas le laisser tel qu'il est ! Nous avons déjà discuté plus haut des paradoxes du christianisme et de l'Église.

L'Église fut donc à la fois le vecteur et l'amortissement du choc évangélique. Seule une Église est capable de transmettre un tel message, tandis que les formes dans lesquelles elle le donne l'édulcorent, le déforment plus ou moins, mais font toujours preuve d'une certaine ingéniosité. L'Église est donc une gigantesque **réaction** à une évolution d'une **brutalité** inouïe puisqu'il faut bien que l'Incarnation ait lieu en un point donné et dans un temps très court (la durée d'une brève vie humaine !), mais comme toujours, la réaction fait passer l'innovation. L'histoire même du christianisme se répète indéfiniment comme une critique de l'Église installée, menée au nom de l'Évangile, qui lui-même ne peut être transmis d'une façon durable qu'au sein d'une Église. Cette dualité a existé depuis le début et la Réforme n'est qu'un moment particulièrement fort d'une logique engagée depuis longtemps. L'esprit de la Réforme se dépose ensuite en protestantisme qui connaîtra ensuite ses dogmes, ses pesanteurs et une nécessaire composition avec les réalités de ce monde.

Nous pensons d'autre part que reviennent toujours, quelle que soit l'époque, les mêmes questions essentielles, celle des relations entre l'esprit et la nature et celle des relations entre l'individu et la société. Or le christianisme, à cause de son mystère central qui est celui de l'Incarnation, pose justement ces deux questions de telle sorte qu'il est impossible de trancher définitivement dans un sens ou dans un autre. À nos yeux, il nous fournit le modèle à partir duquel une suite ininterrompue de réponses balancées peuvent être fournies sur le plan philosophique, tandis que la foi chrétienne – mais seulement la foi ! – apporte une réponse définitive par la personne et la vie de Jésus-Christ.

Voyons les relations esprit/nature. Il y a une interprétation naturellement spiritualiste voire gnostique du christianisme. Il ne faut aimer qu'en esprit et vérité, ce monde est rongé par le mal et le péché, il faut traverser cette vie comme une vallée de larmes en attendant de s'affranchir d'un corps impur et de toute matière. Beaucoup de tendances ont puisé et puisent à cette source. Il y a aussi une interprétation quasi matérialiste du christianisme. Ce monde et cette vie sont sanctifiés par l'exemple de Jésus, il faut réaliser dès à présent le Royaume et se battre pour l'avènement d'un monde de frères égaux partageant équitablement les richesses de ce monde. Beaucoup de tendances ont puisé et puisent à cette source, le socialisme n'ayant été que la sécularisation d'une tendance du christianisme. Il est bien évident que l'orthodoxie chrétienne se nourrit aux deux sources, invite au Royaume et à la rédemption d'une nouvelle vie née de l'Esprit mais qui ne peuvent que **commencer** ici-bas pour se réaliser pleinement au-delà. Il n'est pas étonnant, dès lors, que le sacrement (rappelons qu'en grec, le même mot est utilisé pour « mystère » et « sacrement ») essentiel du christianisme pose **rigoureusement** les mêmes problèmes quant à son interprétation. Il s'agit bien sûr de comprendre la signification du dernier repas de Jésus avec ses disciples, lorsqu'il dit en rompant le pain : « mangez, ceci est mon corps » et en faisant passer la coupe : « buvez, ceci est mon sang » et qu'il ajoute : « faites ceci en mémoire de moi ». Rompre le pain et faire passer la coupe sont des gestes du shabbat que Jésus accomplit ce soir-là, quant à la signification de ses paroles, les théologiens ont trouvé mille solutions qui sont exactement à la mesure du problème des relations esprit/nature.

Si on envisage maintenant la question des relations individu/société que constatons-nous ? D'un côté, un appel à la révolte métaphysique contre tous les totalitarismes, qu'ils soient religieux, politiques ou économiques. De l'autre, un amour de la Loi qui dépasse le cadre de la loi en nous demandant non seulement de respecter et d'aimer notre prochain mais aussi notre ennemi. Des esprits perspicaces pourraient faire remarquer qu'aimer ses ennemis peut être une incitation à la désobéissance et à la mutinerie en temps de guerre ! Quoi qu'il en soit le christianisme a toujours développé conjointement un esprit d'insoumission et une mystique de l'obéissance.

Voyons maintenant ce que donne l'application de notre grille de lecture habituelle.

Les relations Esprit/Nature

La dualité esprit/nature se double pendant le Moyen Âge de celle qui existe entre les vérités de la foi et celles de la raison, la vérité que la théologie prétend mettre en forme et celles de la philosophie, celles de la Grâce et celles de la nature.

Cela complique nettement les choses et, de toute manière, une interprétation ouvertement matérialiste de l'univers est impensable au Moyen Âge. L'athéisme n'est pas un point de vue parmi d'autres, il est un crime. Il reste à ceux qui séparent radicalement foi et philosophie, la possibilité de défendre un ordre de vérité dans lequel la foi n'a absolument rien à dire.

Autrement dit, nous voyons trois positions possibles. La première consiste à bannir toute philosophie et à ne revendiquer que l'Écriture pour toute lumière ; la deuxième, au nom de la double vérité, peut aboutir au fait de pouvoir philosopher sans se préoccuper de l'Écriture ; la troisième tente de concilier foi et raison dans un édifice théologico-philosophique.

Si on ne veut s'en tenir qu'à la philosophie, on retrouvera les découpages propres à la philosophie antique, si on ne veut s'en tenir qu'aux seules vérités révélées, on trouvera les différentes interprétations possibles de l'Incarnation mais qui ne se développeront que tout au long de l'histoire du christianisme et pas seulement durant la période médiévale. C'est ainsi que l'Eucharistie ou la Cène seront interprétés comme transsubstantiation, « présence réelle » du Christ, ou à l'opposé comme un simple symbole, ou encore comme consubstantiation, présence des espèces matérielles **et** du Christ.

Les relations Individu/Société

Au nom de l'obéissance et de la soumission à l'Église, il se dégage très nettement une tendance moniste holiste. Cela est d'autant plus vrai lorsque le pouvoir spirituel se confond plus ou moins avec le pouvoir temporel. L'individu n'a droit à l'existence que dans le cadre de la communauté.

À l'opposé, la tendance mystique voit dans l'individu une plénitude ou un vide parfait qui peut se rendre égal à Dieu. L'érémitisme, le monachisme sont le désir de faire l'expérience de **l'Un** dans **un** individu. Cette tendance restera marginale et l'existence même d'ordres avec des règles sévères ramènent l'individu à la communauté. Les personnalités mystiques renaissent sans cesse néanmoins, souvent combattues de leur vivant par l'Institution qui récupère ensuite leur fécondité. Le nominalisme qui est une philosophie de l'individu sur le plan théorique, peut être aussi considéré sur le plan pratique comme une résistance à un pouvoir inquisitorial qui s'exerce toujours au nom de dogmes abstraits.

La tendance la plus « normale » est celle qui concilie liberté individuelle et soumission aux normes collectives. Le christianisme fournit le modèle même d'une organisation dualiste du monde qui a produit ce qu'un auteur comme Louis Dumont a appelé un « individualisme dans le monde ». L'individualisme hors du monde (celui des moines renonçants de l'Inde, par exemple) est à la fois un excès d'individualisme et un individualisme impuissant, rejeté de la vie sociale réelle. L'individualisme dans le monde est la configuration idéologique qui donnera à une société le moyen le plus efficace pour évoluer.

Renaissance et Réforme

Cette période va du milieu du XIVe siècle à la fin du XVIe siècle. Contrairement au terme de « Moyen Âge » qui ne pouvait pas être celui de ceux qui y vivaient, les termes de « Renaissance » et de « Réforme » expriment une revendication des hommes de cette période. La Renaissance a été une **volonté consciente** de renouveau culturel et la Réforme une volonté consciente de réformer l'Église. On emploie aussi, pour désigner cette période, le terme d'« humanisme » qui désigne un mouvement littéraire qui veut retrouver le contact direct avec les auteurs de l'Antiquité païenne gréco-latine, mais aussi avec la Bible par l'hébreu. Nous sommes donc en présence d'un double mouvement : l'un est un retour général à des sources lointaines, sans passer par le filtre de l'Église et l'autre un appétit de nouveautés et de conquêtes dans tous les domaines. C'est l'époque où l'homme va commencer à se faire le centre de son propre monde, même si c'est aussi l'époque où Copernic conçoit que notre terre n'est point le centre du monde. Cette nouvelle confiance, que l'homme se donne à lui-même, va faire apparaître la figure de l'artiste et à nouveau la figure de l'homme comme motif principal de l'art (pensons à Michel-Ange). Elle donnera à l'expérience une nouvelle dignité dans le domaine scientifique. Elle permettra à Rabelais d'aborder tous les aspects de l'existence avec le même appétit, à Montaigne de se peindre lui-même et de tout passer au crible de son jugement, à Luther et à Calvin de critiquer l'Église de Rome.

Ce bouillonnement des idées ne va pas sans un bouillonnement d'activité. Est-il utile de rappeler que 1492 voit Christophe Colomb aborder le Nouveau Monde, que l'imprimerie va donner une diffusion sans précédent à la chose écrite. Tout cela est bien une confirmation du fait que l'Histoire est le théâtre d'une affirmation progressive de l'homme sur la nature et de son émancipation dans la société. Mais comme toujours, cette poussée naturelle engendre une révolution culturelle qui la corrige et la confirme. L'humanisme, et son goût immodéré pour les humanités classiques, en appelle aux trésors de la sagesse antique et Montaigne s'y ressource toujours au milieu des horreurs du fanatisme religieux qui fait s'entre-tuer catholiques et protestants. L'avide Florence laisse s'épanouir les arts comme jamais et Machiavel fait enfin, de l'éternel cynisme des hommes de pouvoir, une authentique doctrine politique. L'Église, depuis sa naissance, connaissait des conflits et des débats contradictoires, elle avait déjà connu un grand schisme avec l'Église d'Orient et quelques réformateurs isolés comme Jean Hus ou Pierre Valdo. Cette fois-ci la critique sera puissante et l'Église romaine excommunia Luther qui refusait de retirer ses thèses jugées hérétiques. Cette Réforme théologique engendrera le protestantisme, réalité culturelle, historique et politique complexe qui marquera l'histoire mondiale. Insurrection de l'individu libre cherchant à entrer en relation directement avec Dieu et à lire directement l'Écriture, le protestantisme, conformément au processus que nous constatons toujours, fut aussi un rigorisme et l'apparition de nouvelles contraintes.

Appliquons notre grille de lecture à cette période.

Les relations Esprit/Nature

La première famille, « spiritualiste », connaît un renouveau au travers d'une résurgence du platonisme à Florence et de la théologie de Calvin. Marcile Ficin, vivant au cœur de la Renaissance artistique, retrouve l'innéisme platonicien des idées, via l'expérience de la beauté. Il existe un Modèle antérieur à la nature et que la nature présente parfois. L'homme, selon Calvin, ne peut rien par lui-même et s'en remet à la Grâce de Dieu à qui seul revient la gloire de tout ce qui est.

La deuxième famille investit la nature qui devient un réservoir infini de découvertes. Nous pourrions y placer des auteurs comme Rabelais et Giordano Bruno. Ce sont des aventuriers de l'immanence, que ce soit sur le plan de la vie sensuelle ou sur le plan intellectuel d'un panthéisme sans limites.

La troisième famille, « dualiste », serait plutôt représentée par des auteurs comme Luther et Montaigne. On retrouve bien ce dualisme dans la conception luthérienne de la cène ou eucharistie. La consubstantiation signifie une double présence : celle des espèces matérielles de la communion, qui ne se transforment pas mais qui sont liées à la présence spirituelle par les actes et les paroles du Christ. Dans un tout autre esprit, Montaigne se gardait bien de prendre une position philosophique en faveur du spiritualisme ou du matérialisme. Pour lui l'esprit de l'homme est plongé dans la nature et ses perpétuels changements qui font du monde un « branloir pérenne ». En retour l'homme est toujours capable d'y exercer son jugement et de mettre une distance (sinon une coupure) entre son esprit et la nature dans laquelle peut s'insinuer la sagesse.

Les relations Individu/Société

La liberté intérieure absolue du croyant selon Calvin peut s'accompagner d'une forme de constitution civile qui réalise une coïncidence entre les convictions intérieures et les lois extérieures comme ce fut le cas à Genève pendant quelques années. Paradoxe que cet individualisme religieux qui a pu engendrer, à un moment donné, une nouvelle forme de holisme.

Le point de vue de Machiavel est, quant à lui, loin des préoccupations religieuses et se veut soucieux de réalisme. L'individu n'est pas considéré comme une entité libre mais au contraire soumis en permanence à des rapports de force et de domination. La seule chose qui compte est la force et la pérennité de l'État. Le peuple est, d'une manière ou d'une autre, toujours sous le joug. Mais, là aussi, il y a un paradoxe : cette philosophie désespérée et désespérante contient une perspective d'autonomie fabuleuse. Le Prince est un individu libre qui ne tient son pouvoir que de la chance et surtout de son propre talent. Il appartient à l'homme de lutter et d'aménager le monde à sa convenance, la société n'obéit à aucun principe surnaturel d'organisation. La philosophie de Machiavel est peut-être la première à insister aussi clairement sur cette notion de talent personnel qui doit s'épanouir dans la société. Il ne parle certes que du Prince, mais dès l'instant que les anciens systèmes de légitimité ne sont plus sollicités, ce sont tous les individus qui sont des Princes, en puissance.

Voyons maintenant le point de vue dualiste qui part d'un principe d'harmonie entre l'individu et la société. Le théologien Luther l'a théorisé au travers de sa théorie des deux règnes : le premier spirituel et l'autre temporel. La liberté du chrétien se manifeste d'une manière absolue au travers de la vie de sa conscience, mais en tant que membre de la société il doit obéissance à son souverain : Luther ne fut pas le dernier à exhorter à la répression contre les paysans insurgés de Thomas Müntzer qui voulaient, dès à présent, vivre une sorte de communisme chrétien rebelle à toute autorité. Montaigne, dans un style tout différent, a développé la culture de soi sans pour autant vouloir bouleverser l'ordre social établi et sans non plus vouloir se dérober à la dimension politique de l'existence, puisqu'il a assumé la charge de maire de Bordeaux. Sa pensée comme sa vie sont toutes de composition et de mélanges.

Le XVIIe siècle

C'est le siècle du « Grand Rationalisme », pour reprendre une expression de Merleau-Ponty. Cette grande Raison rend compte en continuité des dimensions métaphysique et physique. La physique mathématique de Galilée et à la fin du siècle celle de Newton, par ses succès, va devenir un idéal de la connaissance. L'astronomie héliocentrique condamne par elle-même ceux qui prétendront pouvoir la condamner, comme si l'autorité pouvait quoi que ce soit en matière scientifique. Ce siècle est donc marqué, comme on peut s'en douter, par une autonomie toujours plus grande de l'homme. Cette autonomie voit dans les lumières naturelles de la raison son instrument privilégié. Mais ce n'est pas encore la raison des siècles qui suivront, c'est une raison éprise d'unité qui espère toucher aux premiers principes et aux fins dernières.

Le héros le plus représentatif de cette démarche est Descartes. Son doute radical fera surgir l'homme en tant que sujet pensant comme la première vérité à partir de laquelle on peut chercher les autres. C'est donc bien une institution de l'homme par lui-même comme juge et lieu de la vérité via l'expérience de l'évidence. Les vérités de la théologie sont certes reconnues en tant que telles, mais déplacées sur un autre plan, c'est-à-dire, littéralement, remises à leur place. La théologie médiévale prétendait s'annexer les pouvoirs de la raison et mettre la philosophie dans une position ancillaire vis-à-vis d'elle. La philosophie moderne voudra prouver l'existence de Dieu par la raison, l'intégrer dans son système. La conséquence de cette attitude n'est pas une annexion de la théologie par la philosophie, ce qui n'aurait aucun sens, mais une indépendance des deux et l'apparition d'un « Dieu des philosophes et des savants » pour reprendre l'expression de Pascal, qui n'est pas du tout celui de la religion.

Comme toujours, nous constatons dans ce siècle une évolution et une réaction à cette évolution. La révolution scientifique, l'éclatement du monde clos hérité de la tradition aristotélicienne et médiévale sont des événements de nature à bouleverser les esprits : le courant libertin est né de là. L'adjectif « libertin » n'évoque pour nous qu'un comportement débauché, alors qu'il était une idéologie très présente dans la société du XVIIe siècle, celle d'un scepticisme général, particulièrement en matière religieuse. Le « pyrrhonisme » que Pascal veut contredire le représente assez bien.

Le rationalisme métaphysique se présente comme tout à fait différent de ce scepticisme : Descartes répète aux docteurs en théologie de la Sorbonne qu'il peut établir l'existence de Dieu par le seul recours à la raison naturelle et vaincre ainsi la tendance libertine. Mais c'est justement dans cette réaction que l'émancipation de la pensée vis-à-vis de la théologie se fait d'une manière décisive.

Sur le plan politique, l'Angleterre connaît une grande instabilité qui finit par déboucher sur une nouveauté en 1688 : une monarchie parlementaire. Peu de temps avant, l'*habeas corpus*, en 1679, constitue une avancée juridique qui protège l'individu contre les abus du pouvoir. La pensée de Hobbes est contemporaine de tous ces bouleversements. La guerre civile est le pire de tous les maux et pour lutter contre elle, il faut totalement repenser la nature de l'État et le contrat qui nous y lie. C'est une philosophie rationaliste du Droit. Pascal, lui aussi contemporain de troubles comme la Fronde, considère que la guerre civile est le pire de tous les maux et propose une apologie de la coutume par cette seule raison qu'elle est coutume, mais il rompt par là même avec l'idée qu'il puisse y avoir un ordre réellement juste sur la terre, issu d'une transcendance.

Appliquons notre grille de lecture à cette période.

Les relations Esprit/Nature

Aussi déconcertant que cela puisse paraître, nous rangerons Descartes dans la catégorie « moniste ». Il l'est dans la mesure où il vide l'étendue de toute pensée et volonté et parce que, selon lui, l'âme peut se connaître elle-même, sans participer à quoi que ce soit d'autre qu'elle-même. Son dualisme (l'étiquette qui lui convient traditionnellement) qui affirme qu'il y a deux substances distinctes dans l'univers – la chose pensante et la chose étendue – est en fait un double monisme, puisque la coexistence de ces deux substances est à proprement parler inexplicable, bien qu'elle corresponde à l'expérience courante de tous les jours (l'union de l'âme et du corps). Sa conception de l'étendue ouvre la voie au matérialisme scientifique et au seul jeu des causes efficientes, tandis que sa conception de l'âme est un spiritualisme métaphysique.

Le monisme symétrique est celui de Spinoza puisqu'il confond l'Esprit et la Nature. Une seule Substance qu'on peut regarder d'un côté ou de l'autre. Nous développons ce point de vue dans notre annexe concernant les grands philosophes.

Le point de vue dualiste est plutôt représenté par Leibniz qui essaie d'échapper à la fois à Descartes et à Spinoza. Nous renvoyons là aussi à notre annexe.

Les relations Individu/société

Nous proposons d'opposer Hobbes et Spinoza. Le premier est le champion de la soumission que l'on doit à l'État et le second celui de la liberté de penser de l'individu qu'il oppose à toutes les autorités, qu'elles soient civiles ou religieuses. Hobbes voit dans la stabilité et l'autorité incontestée de l'État la condition essentielle de l'harmonie entre l'individu et la société. La société anglaise qu'il a vu déchirée a peut-être fait de lui un penseur de l'unité du corps social qui doit être obtenue coûte que coûte, y compris par la contrainte. Les justifications qu'il donne sont strictement rationnelles.

Spinoza a vu et subi lui-même l'intolérance et le fanatisme religieux qui cherchent toujours à s'imposer à l'autorité politique. Il ne nie certes pas la nécessité de l'État, mais il la pense plutôt comme un mal nécessaire qui doit avant tout respecter la liberté de l'individu obéissant à sa nécessité propre.

Pour représenter une solution plus composée des relations entre l'individu et le groupe, nous pensons particulièrement à Locke. Il est un des pères de la notion des « droits de l'homme,» telle qu'elle a vu le jour dans l'Angleterre du libéralisme politique balbutiant. L'État devient alors le garant d'un droit que l'on peut opposer à l'État : nous voilà déjà dans le paradoxe des relations modernes entre l'individu et la société.

Pascal, quant à lui, part de la situation existentielle de chaque homme pour montrer comment les lumières de la foi sont les seules, selon lui, à pouvoir dissiper la misère humaine. L'impuissance de la raison à trouver une justice éternelle condamne à faire l'apologie de la coutume, non parce qu'elle est juste mais parce qu'elle est reçue. À partir de l'expérience strictement personnelle de la foi, nous retrouvons paradoxalement les exigences intangibles du groupe. Pascal, maître du paradoxe, fait apparaître toutes les lois sociales sous un jour qui les ridiculise et tire pourtant de là une philosophie de l'obéissance !

Le XVIIIe siècle

Voilà le fameux siècle des « Lumières ». Tout doit passer au crible de la critique, même la loi malgré sa majesté, même la religion malgré sa sainteté, déclare Kant, qui ne passait pas pourtant pour un dangereux fauteur de troubles. L'*Encyclopédie*, dictionnaire raisonné des sciences, des arts et des métiers, va-t-elle remplacer la Bible ? Plutôt que la parole inspirée des prophètes, elle propose une image de tout ce que l'homme sait et peut faire. L'homme n'est plus défini par rapport à ce qui le dépasse mais à partir de la plénitude positive de tout ce dont il est capable.

La renommée de Newton s'est faite immense et la démarche qui consiste à partir de l'observation des phénomènes pour remonter aux lois s'impose dans tous les domaines et donne une vigueur particulière au courant empiriste anglais. Les libertins du XVIIe siècle sont relevés par des matérialistes franchement athées, tandis que se développe un courant déiste qui cherche dans une religion naturelle une antidote à la religion révélée tout en gardant une sorte d'idéal qui puisse unifier le genre humain.

La civilisation industrielle commence à apparaître et l'Anglais Watt invente la machine à vapeur en 1776. Connaissant déjà un système politique beaucoup plus souple, une mentalité plus libérale, l'Angleterre est la mieux placée pour le développement économique et la science économique apparaît dans ce pays, notamment avec Adam Smith. L'Allemagne, qui n'a pas encore trouvé son unité nationale, fait de la philosophie avec Kant tandis que naissent les philosophes qui marqueront le XIXe siècle, comme Hegel en 1770. La France, quant à elle, fait sa fameuse Révolution et inquiète l'Europe entière. Il ne faut pas oublier l'indépendance des États-Unis d'Amérique et avec elle la naissance de la première société démocratique moderne.

Les deux tendances qui travaillent l'Histoire se retrouvent clairement durant ce siècle : affirmation de l'homme face à la nature, revendication d'autonomie. Et comme toujours une réaction qui précipite et entérine l'évolution. Prenons le cas de Kant : il se plaint de l'état dans lequel se trouve la métaphysique à cause de l'influence des sceptiques et des indifférents. Il veut donc la sauver par son entreprise critique et rappeler que toute la dignité de l'homme consiste à se préoccuper de Dieu, de l'immortalité de l'âme et de la liberté. Il a cependant une manière de la sauver qui la condamne définitivement, au moins sous sa forme traditionnelle, c'est-à-dire dogmatique.

Sur le plan politique, on peut voir l'esprit révolutionnaire comme la fin d'un ordre ancien ou la naissance d'un nouveau. Le moralisme de la Révolution proposa une nouvelle mystique de l'intérêt général. On essaya même de rendre un culte à l'Être suprême et à la déesse Raison, ce qui ne dura guère, il est vrai.

Avec le XVIIIe siècle, on cesse de vouloir établir Dieu rationnellement et une société véritablement laïque commence à apparaître. Par contre, la conscience morale se fera beaucoup plus haute et exigeante avec Rousseau et Kant. Sur le plan politique, la notion même de contrat social se renouvelle profondément et le peuple se constitue en sujet de Droit, tandis que la Loi devient l'expression de la volonté générale. La notion de « droits de l'homme » résume bien ce siècle.

Les relations Esprit/Nature

Le philosophe irlandais Berkeley était animé par le souci de lutter contre l'athéisme tout en se fondant sur l'empirisme qui venait de Locke. La formule fameuse « être, c'est être perçu » résume bien sa philosophie. Cela ne signifie pas qu'il n'y a aucune réalité extérieure à notre propre esprit, mais que cette réalité que nous percevons est de nature spirituelle puisqu'il n'y a pas de perception qui ne soit dans un esprit. Cet immatérialisme ou idéalisme représente bien une forme de monisme spiritualiste. À l'opposé, il existe un matérialisme qui s'affirme franchement au XVIIIe siècle. C'est par exemple celui de Diderot, penseur symétrique de Berkeley, qui ne consiste pas tant à dire que tout n'est que matière, mais que la matière est douée de sensibilité, de vie et de pensée comme nous le sommes nous-mêmes.

L'idéalisme transcendantal de Kant échappe tout à la fois à l'immatérialisme (qu'on appelle le plus souvent idéalisme) et au matérialisme. Il y a bien une nature extérieure qui existe radicalement hors de nous, mais que nous ne pouvons connaître qu'au travers des catégories de notre esprit.

Les relations Individu/Société

L'émancipation induite par le siècle des « philosophes » a conduit à la remise en cause de bien des préjugés et de bien des conventions. S'il est un mot qui revient sans cesse sous la plume de Sade c'est bien celui de « nature » désignant une Mère toute-puissante, généreuse et cruelle à la fois. Le sadisme représente une philosophie on ne peut plus moderne (la liberté de l'individu) mais aussi celle d'un aristocrate archaïque (aucune loi sociale ne s'impose au seigneur). C'est une sorte d'individualisme total des pulsions, justifié par la nature. Le moralisme de Rousseau s'y oppose et vient toujours corriger la nature qui, en imposant le fait, ne crée pour autant aucun droit. On a beaucoup dit que Rousseau était un solitaire et que la liberté individuelle était au cœur de sa philosophie comme elle sera au cœur de celle de la Déclaration des droits de l'homme. Mais c'est oublier le citoyen, cette religion civile (sur laquelle Rousseau insiste dans le *Contrat social*), ce républicanisme qui font apparaître un nouveau holisme où l'intérêt général prime avant tout. La Révolution française, la défense de la République pour laquelle « ... un Français doit mourir », illustrent tout cela à merveille.

La pensée de Montesquieu, loin de tout excès individualiste et de tout fanatisme révolutionnaire incarne peut-être le mieux un esprit de synthèse et d'équilibre où l'épanouissement de la liberté se fait à l'ombre des meilleures lois. Les différents types de régimes politiques, de sociétés, sont examinés comme autant de solutions dans les relations entre individu et société. La fameuse « séparation des pouvoirs » doit mettre à l'abri d'un despotisme anti-libéral qui brime l'individu, elle est aussi une garantie de bon fonctionnement de l'État.

Le XIXe siècle

Le cri de Nietzsche, « Dieu est mort », pourrait bien être emblématique de ce siècle. C'est l'homme qui voudra se faire Dieu à sa place ou en tous les cas Surhomme. Feuerbach propose que l'homme récupère en lui ce qu'il a mis en Dieu et Marx, lecteur de Feuerbach, ne voudra plus se contenter d'interpréter le monde, comme le font généralement les philosophes, il appellera à le transformer.

Nietzsche et Marx sont des lecteurs de Hegel qui conçoit l'Histoire comme un vaste processus spirituel qui conduit à sa propre pensée qui est en même temps l'exposé de ce processus lui-même. Après un tel système totalisant, il ne restait plus à la philosophie que la possibilité d'exprimer une sorte de protestation existentielle ou de se plonger dans l'étude de la société et vouloir changer les conditions d'existence concrètes des hommes.

Le XVIIIe siècle percevait déjà nettement l'existence humaine comme un progrès et la Révolution française posait clairement le problème de l'éducation du peuple. L'atmosphère philosophique générale du XIXe siècle sera historique et si l'homme a voulu s'y faire dieu, c'est l'histoire qui est le théâtre de sa révélation.

Le monde scientifique n'est pas exempt non plus d'un certain enthousiasme messianique et toutes les énigmes semblent pouvoir être bientôt résolues. La vie elle-même livre petit à petit ses secrets, Claude Bernard élabore une méthodologie spécifique, Pasteur guérit et Darwin secoue le siècle tout entier avec sa théorie de l'évolution qui contredit la lettre de la Bible.

L'expansion économique se double de l'expansion coloniale. La société se transforme, le monde ouvrier apparaît. Les préoccupations sociales se font donc ressentir dans le domaine théorique (naissance de la sociologie) et dans le domaine politique : le mouvement socialiste est vaste et ne se résume pas au seul marxisme.

La réaction à l'évolution au XIXe siècle sera donc un certain romantisme qui privilégie le sentiment mystique et artistique, le génie personnel. Cet antirationalisme va dans le sens d'une plus grande autonomie de l'individu mais s'accompagne d'un éveil des nationalités et d'un soucis des traditions. Le socialisme quant à lui entend bien être un mouvement d'émancipation, mais c'est aussi un retour en force de la dimension collective contre l'individualisme.

Comment comprendre maintenant l'articulation entre les différentes écoles de pensée ?

Les relations Esprit/Nature

Il est difficile d'éviter, pour commencer, l'opposition entre Hegel et Marx. Pour le premier il n'y a qu'un seul miracle, c'est l'apparition de l'esprit dans la nature qui ne cessera d'affirmer et d'affiner la conscience qu'il a de lui-même au cours de l'Histoire. La nature n'est que le lieu de cette révélation progressive.

Marx, quant à lui, garde une philosophie d'un développement historique, mais prétend remettre la dialectique sur ses pieds et ne conçoit de développement de l'esprit que comme reflet d'un développement des forces naturelles de l'homme au cours de son histoire économique et sociale.

Nietzsche, pour incarner la troisième voie, refuse aussi bien le spiritualisme que le matérialisme. Il pense l'être en termes de volonté de puissance, de projet vital, de système d'interprétation ou de création de valeur.

Les relations Individu/Société

Pour Hegel la liberté réelle se trouve incarnée par l'État rationnel. La fin de l'Histoire au sens où il l'entend est donc la fin de toute épopée, de toute aventure où l'individu est au-dessus des lois.

Pour Marx, l'État indique l'existence d'une oppression et d'une société de classes dont l'humanité se libérera un jour. Cependant pour lui, l'individu est une abstraction dans la mesure où il n'est fait que de l'ensemble des rapports sociaux. L'individu ne peut donc réaliser sa liberté que dans une société libérée de l'exploitation.

La troisième voie, plutôt romantique, fait de l'individu une valeur en soi. Le génie en est l'incarnation. Il n'est pas forcément coupé du peuple puisqu'il peut en être l'expression et porter en lui les forces profondes qui s'y trouvent. Cette conception de l'artiste prophète qui inaugure de nouvelles relations entre l'individu et la société se trouve plutôt chez des auteurs comme Schopenhauer, Kierkegaard ou Nietzsche.

Le XXe siècle

Nous consacrons de longs développements à la situation contemporaine de la philosophie et aux problèmes essentiels du monde contemporain dans la troisième partie de notre ouvrage. Nous ne donnerons ici qu'une esquisse rapide.

Il n'est pas exagéré de dire que ce siècle est lourd de bouleversements. Il commence avec la guerre de 1914-1918, connaît une autre guerre mondiale et le fait concentrationnaire, la décolonisation, la construction européenne... Les formes de l'art ont totalement explosé dans mille directions et mille contestations. La physique, avec la relativité et la théorie des quantas, voit la mécanique classique totalement bouleversée.

En philosophie, le courant phénoménologique veut revenir aux choses mêmes et s'éloigne des grands systèmes rationnels. La critique de la philosophie par elle-même fait feu de tout bois, soit au nom de la rigueur logique, soit au nom de l'urgence de l'engagement politique révolutionnaire, soit au nom des nouvelles sciences humaines. Nietzsche avait annoncé avec un ton prophétique le nihilisme pour l'Europe. Il est difficile de ne pas lui donner raison. Mais de même que Nietzsche se présentait comme le nihiliste radical qui voulait sortir du nihilisme, on peut se demander de quoi sera fait le XXIe siècle après tant de démolitions, d'enthousiasmes trompés et d'errance, mais aussi après une création intense dans tous les domaines.

Les progrès techniques sont considérables et nous vivons un temps comparable à celui de la Renaissance. L'informatique vaut au moins l'invention de l'imprimerie et le brassage des cultures, la découverte du Nouveau Monde. Mais cette Renaissance ne débouchera-t-elle point sur un nouveau Moyen Âge ? Il est assez difficile de définir une période aussi riche et aussi vaste. Elle est associée à des images aussi bien positives que négatives. Notre XXIe siècle aura des aspects d'obscurantismes et de fanatismes religieux, mais il peut produire une nouvelle synthèse, inédite, entre la rationalité d'origine grecque, la Révélation monothéiste et la mentalité asiatique.

Il est sans doute bien difficile d'appliquer notre grille de lecture à un siècle qui a bouleversé les découpages traditionnels et dont nous sortons tout juste !

Les relations Esprit/Nature

Cette opposition ne correspond guère aux catégories dans lesquelles pensent les philosophes au XXe siècle.

On peut cependant remarquer un antagonisme franc entre la tendance métaphysique d'un Heidegger et la tendance néopositiviste de l'empirisme logique qui veut éliminer du discours tout ce qui ne peut se ramener à une expérience qui pourrait le vérifier. Ces deux tendances représentent les deux faces symétriques de ce que nous avons appelé « monisme ».

Merleau-Ponty représenterait la tendance plutôt dualiste, penseur du mélange, de l'expérience vécue, de la chair, de « l'entrelacs et du chiasme » pour reprendre des mots à lui. Cela se voit bien dans sa conception de la phénoménologie que nous abordons dans notre annexe.

Les relations Individu/Société

Ce siècle a été marqué par deux idéologies de masse : le socialisme (celui des « pays de l'Est ») et le fascisme. Elles aboutissent à deux formes de holisme pour des motifs opposés. Le socialisme pense que l'individu ne peut se réaliser que dans un processus historique d'émancipation collective mais engendre le culte de la personnalité des leaders révolutionnaires et le fascisme exalte l'individu fort, « Duce » ou « Führer », pour tomber dans un culte de la nation ou de la race.

L'alternative à ces deux conceptions des relations entre individu et société consiste à renouveler la pensée de la justice dans une perspective réformiste, à concilier les principes du libéralisme politique et économique avec les préoccupations sociales. La pensée du philosophe américain John Rawls que nous présentons dans notre annexe en est un exemple.

Deuxième partie
Philosopher ailleurs et autrement

Notre première partie nous a introduit dans l'univers des philosophes et de l'histoire de la philosophie plutôt occidentale. Cela nous a conduit à privilégier une certaine manière de penser, propre aux philosophes « professionnels ».

Cependant l'immense majorité de l'humanité n'appartient pas à cette catégorie. Faut-il pour autant la précipiter dans une sorte de néant philosophique d'où ne sort rien qui vaille pour quiconque cherche la vérité et le bonheur ? C'est justement le refus de cette attitude qui est l'un des motifs essentiels de ce livre !

Dans le premier chapitre de cette deuxième partie nous réfléchissons aux philosophies étrangères à la sphère occidentale et que l'on peut difficilement séparer du fait religieux.

Dans le deuxième chapitre nous essayons de découvrir quelle est la sagesse de l'art.

Dans le troisième chapitre nous essayons de comprendre comment la science a pu devenir progressivement une activité autonome.

Nous avons appelé cette deuxième partie « Philosopher ailleurs et autrement » dans la mesure où ces philosophies ont la capacité de voyager facilement d'un individu à un autre et surtout sont pratiquées par des gens qui ne revendiquent pas toujours le nom de philosophes.

1
Les philosophies non occidentales

Introduction

L'affirmation selon laquelle il y a des philosophies non occidentales peut paraître tout à fait anodine. Elle cache en fait un redoutable débat, des plus profonds et complexes qui soient. La structure même de notre ouvrage reflète notre point de vue sur cette question. Il est assez classique et adopte largement le point de vue suivant lequel la philosophie est essentiellement occidentale (à condition d'y inclure l'apport des monothéismes).

Cependant, nous le répétons encore une fois, nous ne voulons pas enfermer notre réflexion dans une définition trop étroite ou tout simplement discutable de la philosophie.

Roger-Pol Droit a écrit un petit ouvrage qui pointe remarquablement la difficulté, il s'agit de *L'Oubli de l'Inde* [1]. Il met en évidence méthodiquement un processus d'amnésie ou de forclusion qui fait que la philosophie indienne, après avoir été louée en Europe et même particulièrement en France, est implacablement passée sous silence depuis près d'un siècle au nom du mépris et surtout de l'ignorance. Ses recherches portent à la fois sur la tradition brahmanique et bouddhique. Le phénomène « d'oubli » philosophique vaut dans ce cas pour des traditions qui ont été connues et même de mieux en mieux connues sur le plan philologique.

1. Roger-Pol Droit, *L'Oubli de l'Inde,* PUF, 1989.

Au-delà de l'Inde, on peut se demander s'il n'y a pas un phénomène d'ignorance et d'aveuglement vis-à-vis de toute philosophie qui ne s'est pas développée en Europe à partir de la seule Grèce.

Voyons brièvement quelles sont les causes de l'oubli de l'Inde d'après Roger-Pol Droit et pourquoi la volonté de nier qu'il puisse y avoir une philosophie non occidentale nous paraît tout à la fois légitime et illégitime.

Les causes de l'oubli de l'Inde (du point de vue philosophique seulement) sont d'après Roger-Pol Droit au nombre de quatre :

– Le vertige éprouvé devant une histoire sans fond et une pensée trop lointaine à tous les points de vue.

– Les excès du romantisme allemand qui crut reconnaître dans l'Inde la Terre Mère et dans le sanscrit la langue originelle parfaite.

– Le discrédit que jeta sur l'Inde le bouddhisme interprété comme le pire des pessimismes.

– La pensée contemporaine, pourfendeuse de la métaphysique classique, serait comme une fille inconsciente du moment où Occident et Orient ont cru pouvoir se rapprocher. Mais, bien entendu, elle ne veut rien savoir de son origine trouble.

Ces quatre hypothèses sont sans doute intelligentes et argumentées. Cependant on revient toujours, et c'est aussi le cas de Roger-Pol Droit, à la question de la frontière entre philosophie et religion. Ne dit-il point d'ailleurs que l'oubli philosophique de l'Inde coïncide avec la naissance de la science des religions ? Il est vrai que c'est plutôt sous la rubrique « hindouisme » que l'on étudie aujourd'hui la pensée indienne.

La pensée religieuse fait toujours référence à un savoir-sagesse déjà détenu, qu'il soit dans des textes sacrés ou dans une expérience mystique initiatique ou les deux à la fois. Le travail de la pensée est alors un travail d'exégèse des textes ou une sorte de déblaiement des illusions et des fausses pistes pour préparer à une expérience en deçà ou au-delà de tout discours. Cette manière de penser revient toujours à une orthopraxie (une manière droite de se conduire), c'est-à-dire à une visée pratique de délivrance ou de salut.

C'est sur ces points qu'il faut bien reconnaître une ligne de partage entre religion et philosophie. La philosophie recherche le savoir pour lui-même et reconnaît qu'elle ne l'a pas encore. Elle suppose d'autre part une parenté fondamentale entre la pensée et l'être. Cette parenté que l'on peut qualifier de logocentrique, ce choix de la rationalité pour elle-même, n'empêche pas mais tient à distance tout mysticisme.

Elle se veut, de plus, indépendante de tout texte ou tradition sacrés et ne promet point le salut. Pour toutes ces raisons, il est parfaitement légitime d'opposer philosophie et religion et de dire qu'il n'y a de philosophie qu'occidentale, puisque c'est dans cette ère culturelle seule que la philosophie s'est nettement dégagée des caractéristiques religieuses que nous venons d'énoncer.

Mais ne sommes-nous pas allés un peu trop vite en besogne ? Cette opposition entre philosophie et religion est-elle si nette ? Lorsque l'on emploie des mots tels que « philosophie », « religion », ne tombons-nous pas dans le piège de généralités bien commodes ? N'y a-t-il pas des religions fort différentes qui ont d'ailleurs une longue histoire ? N'en est-il pas de même pour les philosophies ?

Nous avons déjà réuni tous les matériaux nécessaires pour produire une réflexion plus fine et nuancée dans notre première partie consacrée à la philosophie occidentale et l'Histoire. Nous avons essayé d'y montrer les insuffisances de la conception hégélienne de la philosophie et de son histoire, c'est-à-dire un européocentrisme strict où la pensée d'avant la Grèce n'est que la recherche d'un absolu aussi indéterminé qu'abrutissant. La philosophie grecque nous semble au contraire une mutation de la pensée mythique et religieuse qui s'inscrit dans un mouvement plus profond (le désenchantement du monde) et non pas un commencement radical et absolu à partir duquel l'homme se sent enfin « chez lui ».

À vrai dire, toute la philosophie antique, nous l'avions oublié, est une authentique recherche de délivrance, la quête d'une sagesse pratique qui propose un salut aux hommes livrés à leurs malheurs récurrents. Voilà ce qui explique aujourd'hui le fameux retour à la philosophie ! On se retourne vers elle après les désillusions révolutionnaires et parce que les constructions purement théoriques ne sont pas satisfaisantes. Le fait que ce retour soit contemporain d'un certain regain d'intérêt pour le religieux n'a rien de contradictoire puisque la philosophie antique peut être considérée comme religieuse à certains égards. C'est vrai à cause de ses préoccupations pratiques mais aussi à cause de la réalité ultime qui est sa préoccupation la plus élevée.

Il n'y a donc pas la philosophie comme un seul bloc, mais une longue évolution de la pensée philosophique que nous avons essayé de retracer dans notre première partie. La philosophie s'est développée en trois temps fondamentaux : l'Antiquité païenne, la période médiévale qui est une phase de composition avec les trois monothéismes et la période moderne. Or cette fameuse période moderne, c'est évident mais on ne le remarque jamais assez, ne s'est épanouie que dans la culture marquée spécifiquement par le christianisme ! Et pourtant c'est une phase de sécularisation et de laïcisation. On retrouve le paradoxe magistralement analysé par Marcel Gauchet dans *Le Désenchantement du monde* : le christianisme est la religion de la sortie de la religion. Pour la question qui nous concerne plus particulièrement ici, on peut raisonnablement émettre l'idée selon laquelle le christianisme a activement contribué à débarrasser la philosophie de tout ce qu'elle avait de religieux ! L'opposition entre Dieu et le monde a été tellement accentuée par le christianisme, qu'il a aussi activement contribué à rendre à la raison ce qui est à la raison.

Descartes est celui qui incarne le mieux le moment charnière de la modernité en philosophie. En matière religieuse il est étrangement désinvolte puisqu'il pense qu'une bergère peut en savoir autant qu'un docteur en théologie, mais en retour il est parfaitement obéissant et admet les vérités révélées. Le salut éternel est une grâce de Dieu, et on se demande toujours s'il n'y a pas quelque bêtise et vanité à vouloir s'en préoccuper : vérité simple et forte à laquelle adhère Descartes qui n'était pourtant pas protestant.

Pour lui, le salut, auquel l'homme peut travailler, concerne notre vie sur la terre. Il s'agit de faire des progrès en médecine et de se donner les moyens de maîtriser une nature qui n'a rien de sacré. Sur le plan pratique cette attitude correspond très bien au message chrétien puisqu'il s'agit de répondre à la misère physique et matérielle de l'humanité et de cesser d'être fasciné et dominé par la nature. Ce qui, paradoxalement, entraîne la disparition de la manière « religieuse » de philosopher.

N'oublions pas notre propos initial : montrer en quoi il est légitime et illégitime de dire qu'il n'y a de philosophie qu'occidentale. Certes, il existe bien une frontière entre philosophie et religion mais elle n'est pas aussi nette qu'on le croit pour la bonne raison que chacun de ces deux concepts n'a pas une rigoureuse unité. On n'a pas toujours philosophé de la même façon et la philosophie antique est plus religieuse qu'on le dit ordinairement. De même, le mot « religion » recouvre des comportements qui sont très différents ou s'opposent même radicalement. Pour reprendre une distinction classique des historiens des religions, il y a une opposition assez nette entre les religions qui cherchent à mettre les hommes en relation avec la source cachée des êtres ou la force vitale interne qui anime le cosmos et les religions prophétiques qui veulent établir une relation personnelle entre Dieu et l'homme. Dans le premier cas la vérité est à chercher dans une essence immuable de la nature ; dans le deuxième, on est projeté dans un processus historique.

C'est en ce sens qu'il est légitime de dire qu'il n'y a de philosophie qu'occidentale : c'est un mode de pensée qui s'est affirmé petit à petit en Europe, il s'agit de penser par soi-même et de désacraliser la nature. Nous retrouvons d'ailleurs là les caractéristiques de notre interprétation du mouvement de l'Histoire comme exaltation de l'individu et séparation croissante de l'esprit et de la nature. Cette manière de voir est le produit dynamique de la philosophie grecque et du christianisme. Gardons-nous de reconstituer *a posteriori* une filiation simple de la philosophie des Grecs anciens à aujourd'hui, en l'extrayant de tout contexte culturel et historique et en ne voyant pas l'aspect religieux qu'elle put avoir. De l'autre côté, à cause du développement des sciences et de la sécularisation croissante de la société, on ne voit pas toujours que la philosophie dans son développement moderne est profondément liée au christianisme.

Ainsi il nous paraît illégitime de dire que la philosophie n'est qu'occidentale. Toute pensée, quels que soient ses prémices ou ses intentions, cherche toujours la cohérence et fuit la contradiction, les traités de logique n'ont pas tous été écrits en Europe et la sagesse pratique sur tous les continents reste essentiellement liée à la philosophie.

Maintenant que nous avons vu quels étaient les problèmes soulevés par des expressions anodines comme « philosophie indienne » ou « philosophie chinoise », nous comprenons peut-être mieux pourquoi on les oublie ou on les ignore en tant que philosophies.

Il nous semble qu'elles subissent une double méfiance, quasiment instinctive, de la part des philosophes occidentaux, à cause de leur relation particulière au religieux. Qu'ils soient croyants ou athées, dans les deux cas ils supportent très mal une mentalité où les frontières entre le philosophique et le religieux sont assez floues. Il y a donc une conspiration de fait, pour des motifs croisés, et quasiment inconsciente de tous les philosophes occidentaux contemporains contre l'idée qu'il puisse y avoir une philosophie indienne ou chinoise. Il y a aussi, avouons-le, une certaine défiance à l'égard de philosophies qui n'ont pas contribué très efficacement à l'autonomie morale et matérielle de la masse des individus qui vivent dans les pays où ces philosophies se sont développées.

Il faudrait tout de même se demander en quoi elles peuvent consister et pourquoi elles représentent un pôle d'attraction toujours possible, sans parler d'une certaine attirance plus ou moins superficielle qu'elles peuvent susciter.

Nous l'avons dit souvent, l'Occident a produit un certain mode de relation au monde et à la société. S'il a des avantages, il a aussi des inconvénients. Nombreux sont ceux – tout le monde, d'une certaine manière – qui attendent un **réenchantement** du monde. L'écologie, sous son aspect scientifique, véhicule d'ailleurs beaucoup de nostalgies philosophiques et religieuses. Les médecines orientales passent parfois pour des solutions miracles où l'unité corporelle et spirituelle de l'homme est respectée, etc. Sur le plan social, l'individualisme libéral est harassant et le désir de solidarité peut trouver sa nourriture dans une vision globalisante où microcosme et macrocosme sont en correspondance et l'ordre social garantit par un ordre cosmique. Cependant, il n'y a pas qu'un désir d'abolition de soi dans l'attrait des philosophies non occidentales, il y a aussi un désir d'affirmation de soi. Encore un paradoxe ! En effet, l'Occident est aussi ce qui a forgé les notions de Bien commun et sa pratique religieuse insiste sur la participation au groupe. Les philosophies orientales s'adressent à l'individu afin que celui-ci en soit changé, qu'il s'opère en lui une sorte de transmutation libératrice. C'est encore moi et personne d'autre qui doit parvenir à me libérer de l'illusion du moi afin d'obtenir un résultat concret à l'intérieur de moi ! Voilà sans doute pourquoi l'individu occidental, en quête d'accomplissement personnel et fatigué des disciplines ecclésiastiques, est attiré par les sagesses orientales.

Nous avons donc aperçu toutes les difficultés qui se cachent derrière la question de la « philosophie non occidentale ». Nous nous sommes rendus compte qu'il fallait examiner la frontière entre le religieux et le philosophique et que l'on ne pouvait se contenter de ranger les « religions » d'un côté et les « philosophies » de l'autre. Nous vous proposons maintenant un très bref voyage auprès de ces autres manières d'être sage.

Les philosophies indiennes

Ce qui nous intéresse ici, ce sont les philosophies auxquelles la religion hindouiste a donné naissance. Le sous-continent indien se caractérise en effet par une grande homogénéité religieuse (plus de 80 pour 100 de la population de l'Inde est recensée comme hindouiste), ce qui a produit des courants philosophiques étroitement dépendants de la pensée hindouiste.

On pourrait même parler de philosophie indienne au singulier si la tradition ne s'était établie de considérer comme distincts les divers courants de cette philosophie.

Deux notions sont omniprésentes, autour desquelles tournent ces divers courants :

– le Brahman, énergie pure, universelle, dont le monde est issu ;

– l'Atman, qui se manifeste dans l'âme individuelle.

Ces notions ont leur origine dans les livres sacrés des anciens Aryens, les Védas selon lesquels le divin existe dans chaque être et l'âme est indestructible. La vie spirituelle a pour objet d'atteindre la divinité grâce à l'une de ces trois voies possibles : la connaissance *(jnana)*, l'action *(karma)* ou la dévotion *(bhakti)*.

Dans la mentalité hindoue, ces trois voies sont complémentaires mais jamais contradictoires. C'est sur ce socle de pensée commun que l'on peut distinguer divers systèmes philosophiques appelés *darshana*, c'est-à-dire « point de vue », traditionnellement au nombre de six.

Leur contenu est très inégal et les sujets abordés sont fort différents :

– *Nyaya* est un traité de logique fondé sur le principe de causalité. Sa présentation fait appel à des syllogismes, d'une façon qui rappelle Aristote.

– *Vaishesshika* s'efforce d'expliquer la nature du monde. Les éléments constituants en sont les quatre éléments (feu, air, eau et terre) ainsi que cinq substances immatérielles. Ces « pièces détachées » permettent la construction du monde comme les atomes des physiciens. Selon ce système, il existe quatre voies d'accès à la connaissance : la perception, le raisonnement, l'analogie et le témoignage crédible.

– *Samkhya* présente une philosophie de type dualiste, séparant le Brahman de l'Atman. La réincarnation y est présentée comme une conséquence de l'ignorance.

– Le *Yoga* soutient au contraire que la connaissance ne suffit pas pour se libérer du cycle des réincarnations. Selon le yoga, le monde est périodiquement dissous pour se reconstituer à nouveau à un rythme cosmique qui se compte en centaines de milliers d'années.

– *Purva Mimamsa* (« ancienne recherche ») est proche des deux premiers systèmes présentés ci-dessus mais s'intéresse plus particulièrement aux rites.

– *Vedanta* (« fin du Veda », c'est-à-dire de la connaissance) oppose les conceptions moniste *(advaita)* et dualiste *(dvaita)* avec une préférence pour la première considérée comme plus pure : les âmes et le monde sont le corps de la divinité tout en en étant distincts.

On constate que ces systèmes sont bien loin de ce que nous entendons par philosophie au sens strict mais leur terrain de réflexion appartient d'une certaine façon à la philosophie puisqu'ils se préoccupent de rechercher une explication au monde et à la place qu'y tient l'homme.

Ces systèmes anciens restent au cœur de la culture indienne et y sont toujours étudiés en tant que tels. Seuls le yoga et le vedanta ont intéressé l'Occident ; surtout le yoga qui mérite un développement particulier.

Le yoga

Le mot « yoga » est rattaché à la racine indo-européenne qui signifie « unir ; notre « joug » lui est apparenté. La notion de yoga couvre diverses techniques pour atteindre la libération du cycle des réincarnations. Il s'agit d'entraînement physique, spirituel et moral dont l'Occident a privilégié le Hatha-yoga, constitué d'exercices corporels, en le vidant de l'essentiel de sa spiritualité.

Quelle que soit la forme de yoga pratiquée, comme l'union mystique *(bhakti-yoga)*, la récitation de formules *(mantra-yoga)* ou même des exercices de sublimation de l'énergie sexuelle grâce à une chasteté supposée faire remonter cette énergie au cerveau *(kundalini-yoga)*, le pratiquant doit faire preuve de dix vertus telles que le respect de la vie et de la propriété, la chasteté, la force d'âme, l'absence d'ambition personnelle, le souci de se cultiver et d'avoir une vie simple ainsi que la dévotion à une divinité.

Parmi les pratiques, outre le respect de principes moraux liés aux vertus précédentes, l'adepte du yoga doit être capable de contrôler le rythme de sa respiration, ce qui favorise la concentration et la méditation pour aboutir à la libération totale de l'esprit *(moksha)* dans l'union avec l'absolu de la divinité.

L'évolution de la philosophie indienne

À partir du XIIIe siècle, à la suite du contact avec l'Occident et de la colonisation britannique, on constate l'apparition de tendances réformistes. Quelques noms de penseurs ont acquis une célébrité universelle comme Ramakrishna (1862-1902) et son disciple Vivekananda. À l'origine de ces mouvements, on trouve l'intellectuel bengali

Ram Moham Roy (1772-1833), fondateur d'un mouvement hindouiste à tendance monothéiste et syncrétiste. À la suite de voyages en Europe, ces penseurs ont introduit en Inde des éléments de rationalisme, tout en s'efforçant de sauvegarder les conceptions traditionnelles de la philosophie hindouiste. Par leur aspect élitiste, ces mouvements réformistes n'ont pas eu d'influence rapide sur les mentalités. Ils ont cependant permis à l'Occident de découvrir certains côtés de la philosophie indienne et ont indirectement contribué à l'émancipation de l'Inde de la colonisation britannique. À cet égard Gandhi (1869-1948) a subi incontestablement leur influence.

Les philosophies chinoises

On trouve en Chine des œuvres contemporaines de celles du siècle de Périclès, le Ve siècle avant Jésus-Christ. La pensée chinoise, où il est difficile de distinguer philosophie et religion, s'applique à comprendre le destin de l'homme et du monde. Ses trois composantes principales, le taoïsme, le confucianisme et le bouddhisme sont d'ailleurs parfois qualifiées de « religions philosophiques » car elles procèdent d'une réflexion de l'esprit humain et ne laissent aucune part à une quelconque révélation divine.

Bien sûr, il n'est pas question, dans le cadre de notre ouvrage, d'entrer dans le détail de la pensée philosophique chinoise. Notre propos se limitera à une tentative de faire comprendre au lecteur l'originalité de cette pensée qui se situe dans un autre cadre que le nôtre.

Après avoir dégagé ce qui, selon nous, caractérise et distingue cette philosophie chinoise dans son ensemble, nous donnerons quelques indications montrant comment elle se décline dans ses différents courants.

Les traits communs aux différentes formes de philosophie chinoise

Pensée systématique et réfléchie sur la vie, la philosophie chinoise sous ses différentes formes apparaît comme peu sensible au surnaturel, mais considère les questions d'éthique et de morale comme les fondements de la culture.

La religion semble être une sorte de superstructure de la philosophie dont les rites et les pratiques sont des techniques utiles au peuple pour être convenablement socialisé.

Parmi les caractéristiques que l'on retrouve presque systématiquement dans la pensée chinoise on peut citer :

– la recherche du juste milieu dans tous les domaines. Ce n'est pas un hasard que la Chine se dénomme le pays du milieu *(Zhong guo)* et le centre est un point cardinal au même titre que le nord, le sud, l'est et l'ouest ;

– l'importance du mot, c'est-à-dire l'idéogramme, pour définir les concepts. Le Chinois médite sans fin sur le contenu et la signification de quelques caractères idéographiques auxquels chaque auteur se réfère : *rén*, l'humanité, la bonté ; *yi*, la justice ou la fidélité ; *zhong*, la loyauté ou le dévouement ; *de*, la vertu ou la puissance (ce mot appliqué à une chose signifie ce qu'elle est par nature) ; *ming*, le nom qui implique la fonction ; *qi* (prononcer « tsi ») qui porte la notion d'air ou d'atmosphère mais entre en composition dans divers mots couvrant les notions de force, de constance, d'abnégation ou de fermeté.

L'imprécision, d'un point de vue occidental, des notions que recouvrent ces idéogrammes, permet au lettré chinois d'ouvrir des perspectives subtiles où le sens n'est pas enfermé dans la rigueur d'une définition :

– d'une façon générale, les maîtres chinois ne cherchent pas à démontrer des propositions ni non plus à convaincre leurs disciples de points précis de doctrine. Leur approche fait fréquemment usage de paradoxes destinés à déstabiliser le disciple et à le sortir de ses habitudes de pensée ;

– la pensée chinoise est fondamentalement conservatrice. L'originalité n'est pas de mise, au contraire. Le respect des ancêtres s'étend à leur mode de pensée et toute pensée philosophique universelle nouvelle cherche des références dans le taoïsme, le confucianisme ou le bouddhisme. Même le marxisme, introduit par la révolution, a pris en Chine une coloration très marquée par le passé intellectuel du pays.

La composante taoïste

Les notions de yin et de yang, tout autant que celle de Tao, sont au cœur de ce système de pensée.

Le Tao, avec une majuscule, signifie littéralement « la Voie », la méthode (*dao* selon les conventions *pin yin* de l'écriture) mais avec une notion de mouvement qui apparaît dans la clé de son caractère chinois. Peut-être pourrait-on traduire Tao par la marche de l'univers ou, plus prosaïquement, le cours des choses mais on perd alors la dimension spirituelle de ce Tao qui englobe aussi toutes les doctrines.

La notion de Tao n'implique pas celle de Dieu, au point que l'on peut y voir aussi bien une philosophie athée qu'un panthéisme.

Le yin et le yang, pour leur part, sont connus pour être respectivement le principe féminin et le principe masculin qui coexistent dans chaque être. L'origine de ces deux mots chinois est curieuse ; ils s'écrivent tous deux avec la clé de la colline. Étymologiquement yin est le versant sud d'une vallée et yang le versant nord. Jadis, au cours des fêtes de printemps, les garçons dansaient sur la face ensoleillée située au sud et les filles sur le versant nord placé à l'ombre. C'est cette origine qui associe au yin le nord, le froid, la féminité, l'humidité et au yang le sud, le feu, ce qui est masculin, etc.

La philosophie de Tao considère l'univers comme un fleuve qui roule sur lui-même brassant indéfiniment le yin et le yang sans qu'ils puissent être séparés. C'est l'image que traduit le symbole du Tao d'un cercle partagé en deux, la partie yang rouge et la partie yin bleue donnant le sentiment d'un mouvement de rotation.

Cette vision taoïste dénie tout intérêt à une analyse qui s'efforcerait de séparer le yin du yang. Les deux coexistent toujours mais en proportion variable de la même façon qu'une opinion n'est jamais tout à fait vraie ou tout à fait fausse. Cette conception se situe aux antipodes du cartésianisme, mais elle véhicule à la fois modestie et tolérance, ce qu'on appelle parfois la sagesse orientale.

À cet égard, le taoïsme conçoit une nature humaine originellement bonne et il favorise la liberté individuelle. Il se distingue ainsi du confucianisme mais les Chinois mélangent ces deux courants dans leur culture, ce qui est conforme à ce que sont le yin et le yang.

La composante confucianiste

Tout l'enseignement de Confucius (551-471 av. J.-C.) est de nature pratique : il tend à instaurer une société sans conflits grâce à des règles sociales fondées sur le respect, celui de l'enfant vis-à-vis de son père ou de l'homme vis-à-vis de son souverain. D'un point de vue strictement philosophique, le confucianisme n'apporte qu'une morale sans originalité mais évidemment propre à satisfaire les pouvoirs établis.

La composante bouddhiste

Souvent considéré comme une philosophie davantage qu'une religion, le bouddhisme est vécu de façon différente selon qu'il s'agit du Petit Véhicule, du Grand Véhicule ou du tantrisme tibétain.

Quelle que soit l'école considérée, le bouddhisme est une philosophie en ce sens qu'il s'efforce d'atteindre une sagesse capable de libérer l'homme de la souffrance. On peut cependant dire qu'il s'agit d'une religion en ce sens qu'il repose sur un dogme, un postulat qui n'est pas du domaine du vérifiable, le cycle des renaissances, hérité de l'hindouisme.

La Chine a adopté l'école du Grand Véhicule à partir du IIIe siècle de notre ère. Appelé également *Mahayana* en sanscrit, cette forme de bouddhisme se caractérise par le fait que la recherche de la libération, le fameux *nirvana,* n'est pas purement individuelle comme dans le Petit Véhicule, mais qu'elle peut mettre en jeu la compassion d'hommes, les bodhisattvas, jouant le rôle de saints dans d'autres religions. Ces personnages auraient pu accéder à la libération mais, par pure compassion, ils y renoncent provisoirement pour permettre aux hommes du commun de bénéficier de leurs mérites. Par cette caractéristique, le mahayana est plus proche d'une religion au sens occidental que le Petit Véhicule, puisque le fidèle bouddhiste peut adresser ses prières à des êtres dont la spiritualité est susceptible de l'aider à trouver son salut.

On remarque que la spiritualité bouddhiste, même dans le mahayana, implique un développement spirituel de l'individu indépendamment de la société, ce qui l'oppose à cet égard au confucianisme.

Par le fait que le bouddhisme est très attaché au caractère impermanent des êtres et des choses, il présente une certaine compatibilité avec la notion de Tao abordée plus haut.

La spiritualité chinoise, si l'on peut s'exprimer ainsi, associe en réalité dans une proportion variable des éléments de chacune des trois composantes qui l'ont constituée au cours des siècles, taoïsme, confucianisme et bouddhisme. Il s'est ainsi forgé une culture très particulière, déconcertante pour l'Occidental, en particulier du fait que le Chinois préfère dire ce qu'un objet n'est pas, plutôt que de rechercher, selon notre analyse logique, à définir ce qu'il est.

La composante marxiste

Depuis la prise de pouvoir de Mao en 1949, la philosophie chinoise a intégré un apport marxiste dont l'importance est aujourd'hui considérable. En réalité l'athéisme et le centralisme du pouvoir s'accordent bien avec les autres composantes culturelles, surtout le confucianisme, au point qu'on a vu, lors de défilés patriotiques, l'effigie du président Mao encadrée par les idéogrammes symboles de la religion traditionnelle.

La philosophie islamique

Nous voilà à présent devant une double difficulté. Une pensée religieuse peut-elle être considérée comme philosophique ? C'est la première difficulté que nous avons déjà rencontrée. La « philosophie islamique » est-elle non occidentale ? C'est la deuxième difficulté qu'il faut maintenant aborder.

Nous avons justement pris le parti de dire dans notre première partie qu'un philosophe comme Averroès et d'une manière générale tous les auteurs de la sphère arabo-andalouse peuvent et doivent être considérés comme des philosophes occidentaux, c'est-à-dire héritiers de la tradition grecque. Cependant, tous les philosophes « musulmans » ne sont pas arabes et certains, parmi les plus grands d'entre eux, sont plutôt d'origine iranienne.

Tout paraît donc inextricable, compte tenu de la diversité même du monde musulman depuis plusieurs siècles. On peut cependant risquer une manière vigoureuse de tirer la situation au clair, en assumant bien sûr le risque de la simplification. Nous devons en grande partie notre point de vue à l'ouvrage désormais classique d'Henri Corbin : *Histoire de la philosophie islamique* [1]. Il y a une philosophie arabe qui est, tout compte fait, fort peu musulmane et une philosophie islamique fort éloignée de la mentalité arabe sunnite.

Les deux principales tendances philosophiques nées dans la civilisation musulmane

Il y a une philosophie arabe, qui s'est développée en milieu musulman, mais, oserions-nous dire, **malgré** l'islam. Cette philosophie a

1. Henri Corbin, *Histoire de la philosophie islamique,* Gallimard, coll. Folio essais.

reçu les textes grecs qui n'ont pas été traduits directement du grec vers l'arabe, comme on le croit souvent. Ils ont d'abord été traduits en langue syriaque par des auteurs qui étaient le plus souvent Arabes et chrétiens (s'il faut souvent rappeler que tous les musulmans ne sont pas arabes, on oublie aussi souvent que tous les Arabes ne sont pas musulmans !). Cette tradition philosophique arabe dont Averroès est le représentant le plus typique est sans doute beaucoup plus préoccupée de problèmes internes à la philosophie grecque ou de la réconciliation entre Platon et Aristote que de la réconciliation entre la foi et la raison qui est plutôt un problème qui appartient au christianisme. Certes, l'islam a, dans une certaine mesure et à certaines périodes, permis cette philosophie, mais il faut reconnaître qu'elle est tout à fait indépendante de lui et qu'elle a dû justement conquérir son territoire et son indépendance sur le plan intellectuel et politique. Cela doit nous faire réfléchir puisque c'est au sein de la civilisation musulmane qu'est née une tradition authentiquement rationaliste et laïque contre les docteurs de la loi religieuse.

Quant à l'autre tendance philosophique, née dans la civilisation musulmane, il est sans doute plus juste de la qualifier d'islamique. Henri Corbin insiste d'ailleurs sur sa préférence pour cet adjectif, compte tenu de l'importance qu'il accorde à la tradition chiite iranienne qui n'a rien d'arabe, même si l'arabe en tant que langue du Coran y est bien sûr connu. Cette tendance, s'il fallait la qualifier, est plutôt ésotérique, théosophique et mystique. Sa tâche première et dernière est de comprendre le sens vrai du Livre, de trouver une herméneutique (science de l'interprétation) qui permette d'accéder au sens spirituel et caché du texte qui détermine ensuite toute la conduite dans la vie. Cela ne signifie pas la négation de la religion positive (la loi), cela signifie simplement que l'aspect exotérique de la religion n'a de valeur qu'en tant qu'il symbolise son aspect ésotérique. Ce qui est visé, que ce soit par la prière, les techniques spirituelles des soufis, la méditation et la récitation du Texte, c'est l'union mystique avec l'Unique.

Nous pouvons donc faire un constat un peu surprenant : la civilisation musulmane, marquée par une religion de masse et ses tendances légalistes, a vu naître en son sein deux courants philosophiques parfaitement élitistes. L'élitisme intellectualiste du premier pouvant même aller de pair avec l'élitisme mystique du second ! Cet état de fait est peut-être dû à la nature même de l'islam.

Dans la première partie nous avons déjà réfléchi à ce qui caractérise la Révélation monothéiste, ce qui l'éloigne et la rend proche de la philosophie. Tout cela est valable pour l'islam, mais il reste à essayer de comprendre la spécificité de l'islam.

La spécificité de l'islam

Pour le judaïsme, Dieu se révèle à un peuple au travers de ses prophètes, pour le christianisme Dieu se révèle à l'humanité au travers de Jésus-Christ et pour l'islam Dieu se révèle à l'humanité au travers de Mahomet, sceau des prophètes, auquel Dieu a dicté le Coran. Les trois monothéismes sont donc bien des religions du Livre, mais c'est l'islam qui voit dans le texte même du Coran la Révélation de Dieu. L'islam est donc essentiellement cette relation directe avec Dieu dans un texte et dans une langue et le bannissement de toute autre médiation comme idolâtre.

Que le Coran soit la parole même de Dieu, voilà ce qui détermine la pensée islamique. Cela peut avoir deux conséquences apparemment contradictoires : l'extraordinaire proximité entre Dieu et l'homme, puisqu'ils partagent le même langage, mais aussi leur éloignement comme nous essaierons de le montrer.

Pour la proximité, c'est à peu près évident et il y a sans doute de quoi l'éprouver si l'on considère que Dieu lui-même parle directement dans une langue humaine. Comme le texte du Coran aborde les dimensions aussi bien spirituelle que profane (distinction qui n'a d'ailleurs de sens que dans une modernité qui n'a rien à voir avec le contexte culturel de la naissance de l'islam), on comprend aisément pourquoi la notion même d'Église ne s'impose pas puisqu'il y a une certaine transparence de la volonté de Dieu, une lisibilité (au sens le plus fort du mot !) de ses prescriptions. La Foi et la Loi marchent donc d'un même pas, la société est un bloc animé par l'idéal de l'unanimisme. C'est la raison pour laquelle les sociétés musulmanes sont le plus souvent très soudées. Elles correspondirent à une sorte de bond en avant extraordinaire au moment de l'expansion de l'islam et furent fatalement inadaptées au changement dès le XIIIe siècle. Intellectuellement, l'islam favorise une lecture littéraliste et légaliste et donc immobiliste. Et c'est à cause même de ce carcan que les philosophes arabes, découvrant la profondeur et la liberté de la philosophie grecque, durent développer une grande intransigeance rationnelle et insister sur le fait que le sens vrai de l'Écriture ne peut pas être le sens obvie ou premier. Cette exigence herméneutique, cette lecture ésotérique du Texte, nous la retrouvons justement dans la tradition théosophique chiite.

Voilà donc ce que nous appelions l'éloignement entre Dieu et l'homme, causé par la nature même du Coran. Puisque c'est Dieu qui parle, il ne peut tout entier se perdre dans des considérations aussi anthropomorphiques et se soucier comme un notaire de problèmes d'héritage ! Le Coran fut donc souvent conçu, par les philosophes musulmans (surtout chiites), comme l'écran de Dieu qui permet d'arrêter les esprits grossiers tout en les encadrant fermement.

La quête du sens caché du Texte au travers de ses différentes couches de sens est à rapprocher du monothéisme comme spiritualité active et négative qui consiste à se débarrasser inlassablement de toutes les idoles et impuretés qui ne cessent d'occuper le cœur et l'esprit. On comprend que cette quête de l'Un au-delà du Bien (qui était déjà présente dans le néoplatonisme) puisse dérouter l'homme ordinaire et passer pour un athéisme aux yeux du religieux légaliste. Il est remarquable que cet état d'esprit nous rapproche plus des religions mystiques orientales que des religions prophétiques sémitiques. Cela correspond sans doute au fait qu'une bonne partie de l'islam s'est développée dans une zone culturelle indo-européenne.

Quelle conclusion apporter à notre réflexion sur la philosophie islamique qui n'a aucune prétention à la moindre érudition dans le cadre de ce livre ?

Tout d'abord remarquer la nette coupure entre la société et ces philosophes qui ont été le plus souvent tenus en marge pour ne pas dire condamnés (il est vrai que ce phénomène existe partout mais sous des formes plus ou moins différentes). Ensuite, une philosophie arabe n'est islamique que dans la mesure où elle est née dans un contexte musulman même si cela a conditionné la forme même de son expression. Qu'il y a enfin une philosophie islamique qui n'est pas du tout d'origine arabe, même si elle s'est exprimée souvent en arabe.

Quelles leçons en tirer pour nous aujourd'hui ? Que les musulmans peuvent aller puiser dans leur propre culture à des sources rationalistes qui protègent du fondamentalisme religieux. Qu'il existe une tradition mystique et une relation poétique au Texte sacré dont l'Occident a perdu la trace et le sens secret.

La philosophie africaine

Malgré les louables efforts des ethnologues pour décrire les sociétés les plus diverses, il est incontestablement difficile d'analyser la pensée qui prévaut dans des groupes humains ignorant globalement l'écriture.

L'Afrique de religion traditionnelle, telle qu'elle existait à l'état pur avant le contact avec les monothéismes musulman ou chrétien, a tendance à se métisser culturellement mais selon des dosages qui varient beaucoup d'une ethnie à l'autre.

Comme notre ouvrage se consacre pour l'essentiel aux philosophies qui existent aujourd'hui, avec une indispensable référence aux penseurs du passé qui les ont forgées, il est difficile d'isoler une pensée africaine traditionnelle qui ne subsiste guère sans mélanges.

D'une façon générale, la zone sahélienne, plus facile d'accès pour les conquérants arabo-berbères venus du nord, a été marquée plus tôt et plus profondément par les influences musulmanes, surtout depuis le XIIe siècle. En revanche, l'Afrique de la forêt est restée bien plus traditionnelle dans ses pratiques, même si le christianisme y a fait une percée spectaculaire depuis le XIXe siècle. D'ailleurs, le terme « animiste », d'origine occidentale regroupe par facilité diverses religions traditionnelles qui ont en commun la reconnaissance de la présence d'esprits *(animus)* dans le jeu des forces de la nature.

Confrontée aux deux modes de pensée de l'islam et du christianisme, l'Afrique ne s'est pas contentée d'une attitude passive et irréfléchie. Pour sauvegarder leur personnalité, certaines ethnies comme les Lobi du nord de la Côte d'Ivoire ont longtemps refusé l'école occidentale, jusqu'à ce qu'ils s'aperçoivent de l'impuissance où cette attitude les mettait de diriger leur destin. D'autres ethnies, comme les Diola de Casamance au Sénégal, ont au contraire considéré que l'éducation leur permettrait de conserver leur personnalité. Aussi opposés à la domination coloniale française qu'à la domination religieuse de l'islam des ethnies du nord du Sénégal, ils ont adopté en grand nombre le christianisme, d'autant plus facilement que leur religion traditionnelle implique une certaine forme de monothéisme et que, depuis le concile Vatican II, le catholicisme, notamment, a pris en compte la nécessité de l'inculturation.

À titre d'exemple, évidemment pas susceptible de généralisation, nous présentons très sommairement quelques éléments de l'attitude intellectuelle et spirituelle de l'ethnie Diola. Le lecteur pourra ainsi se faire une idée de la complexité des problèmes de confrontation culturelle que connaissent les ethnies africaines, problèmes d'ailleurs très différents d'un pays à l'autre.

Les Diola de Casamance

Région verdoyante du Sénégal, très appréciée des touristes, la Casamance présente un très fort particularisme culturel, extérieurement manifesté par un riche folklore. Les Diola, cultivateurs ou pêcheurs, gardent, même ceux qui sont profondément christianisés, un attachement à leurs traditions qui se heurte à une très grande incompréhension des gouvernants de Dakar, le plus souvent musulmans. Dans un pays où les musulmans sont largement majoritaires, le particularisme casamançais est interprété aisément comme une sorte de rébellion autonomiste et non pas, ce qu'il est en réalité, comme une revendication d'autonomie culturelle.

La culture des Diola est d'autant plus difficile à comprendre qu'elle est largement fondée sur le secret et l'initiation. Quand un étranger interprète de façon erronée un rite ou une attitude sociale, le Diola n'apportera aucun démenti car il serait alors dans l'obligation de livrer sa vérité qu'il entend garder pour lui. On parle ainsi de bois sacrés où s'exerceraient de mystérieux cultes alors que ces lieux ont une simple valeur symbolique qui exige de les maintenir intacts, notamment pour les cérémonies d'initiation. Ainsi les Diola ne souhaitent pas voir ces lieux violés même s'il ne s'y passe habituellement rien. De même les ethnologues évoquent parfois une hiérarchie de rois et de reines dont les pouvoirs ne sont pas, en réalité, les attributs d'une royauté au sens occidental.

Pour défendre leur personnalité, dans un monde rapidement évolutif, les Diola ont compris l'intérêt d'accéder à une éducation de bonne qualité, autant pour les filles que pour les garçons. Parallèlement, la pratique des rites traditionnels, très déroutants pour les Européens comme pour les Dakarois, laisse supposer qu'il s'agit d'un peuple primitif, ce que les Diola se gardent de démentir, puisque ce sont des propos de non-initiés.

Vue de Dakar, la Casamance apparaît comme un pays bien arrosé où la richesse des terres permettrait l'établissement de populations chassées du nord par la sécheresse, mais l'immigration de musulmans profondément ignorants de la culture locale et persuadés de la supériorité de leur religion ne peut conduire qu'à des incompréhensions ou à des querelles. Tout à fait prêts au dialogue et sans revendication politique autre qu'un légitime souci de penser comme ils l'entendent, les Diola sont un étonnant exemple de la résistance qu'oppose une attitude de pensée purement africaine à des influences exogènes.

2
Philosophie de l'artiste

Approche historique générale

On aurait naturellement tendance à croire que l'art est le propre de l'homme et qu'il y a donc toujours eu des artistes. Selon l'opinion commune, l'artiste est celui qui « s'exprime », sa philosophie consistant à extérioriser ses sentiments personnels par différentes techniques. Certes. Cela n'est sans doute pas faux, mais ne nous dit pas en quoi peuvent bien consister de tels sentiments, comment ils peuvent s'exprimer par tel ou tel art, ni comment et pourquoi cela peut intéresser, en quelque manière, les autres individus. Cette opinion qui semble si évidente, néglige en tous les cas le fait que la notion même d'art, et *a fortiori* d'artiste, est en fait le produit d'une longue évolution historique. Ce n'est pas une réalité toute faite existant depuis toujours qui ne varie qu'au gré des différentes personnalités artistiques.

Nous réfléchirons donc à ce qu'il faut entendre par « art » et ensuite à son évolution au cours de l'histoire. C'est cette évolution qui permettra à la figure de l'artiste de se dégager petit à petit et de livrer peut-être sa philosophie.

On oppose généralement l'art à la nature pour signifier qu'il est un produit de l'homme, qu'il est sa propre capacité de production. Tout métier, quel qu'il soit, suppose donc un art, un savoir-faire. On peut utiliser ce terme dans son sens le plus général, mais nous nous intéresserons à son sens plus spécifique de production d'une œuvre ayant une réalité qui touche directement les sens.

Qu'est-ce donc que l'art ? À quel besoin ou désir répond-il dans la nature humaine ? L'enfant, dès son plus jeune âge, transforme son environnement, fait couler le sable dans ses doigts, modèle la terre, dispose des bouts de bois, empile des pierres. Il peut s'amuser aussi des traces qu'il laisse sur un chemin avec ses pieds ou de celles qu'il laisse sur un mur avec ses mains. Il crie ou chante, court et danse. Il manifeste ainsi sa vitalité et sa subjectivité naissante. On peut imaginer aisément qu'il en fut de même pour l'humanité qui prit progressivement conscience d'elle-même au travers des marques et des formes qu'elle était capable d'imprimer dans le monde. La main se saisit d'un objet, le taille, le déforme et l'esprit constate ce changement et cette puissance. La forme obtenue ne correspondait peut-être à aucune intention précise au départ, mais ce premier résultat excite l'imagination, suggère une fin quelconque que la main va alors essayer de poursuivre. Les yeux constatent et jugent, l'esprit se projette au-delà, la main corrige alors, ajoute, reprend et par approximations successives essaie de faire surgir dans la réalité tangible un objet conforme à une idée que l'on s'est mis à poursuivre et qu'on ne possédait souvent pas bien avant que le travail de la main ne nous la suggère. L'homme éprouve ainsi sa propre existence dans la résistance et la docilité des choses, ne fait pas que recevoir et accepter la nature mais la transforme. Si la main humaine a développé une étonnante habileté au cours de l'évolution, elle n'est pas le seul vecteur de l'art. La voix, le corps tout entier peuvent accomplir des mouvements rythmiques complexes, exprimer des états d'âme subtils.

Mais à partir de quand et obéissant à quelle nécessité l'homme est-il devenu artiste ? Il serait sans doute assez vain et artificiel d'opposer en la matière l'utile et l'inutile. Comme si l'homme avait d'abord développé des techniques utilitaires liées au besoin et ensuite, s'accordant un doux loisir, se serait petit à petit exercé à faire des choses aussi belles qu'inutiles. L'archéologie ne met pas au jour des strates d'humanisation progressive où après avoir paré au nécessaire, on se serait mis au superflu. Le génie humain se manifeste globalement au fur et à mesure que se développe ses facultés. Les grands sentiments sont sans doute aussi pressants que ceux de la faim et de la soif. Ces derniers exigent certes d'être assouvis, mais les premiers d'être exprimés. Le chant pour séduire et la plainte dans la peine accompagnent et précèdent même peut-être la parole pour décrire. Les prouesses du corps dans la danse et dans le jeu ne s'apprennent pas après l'habileté pour la chasse.

Quelles sont les premières manifestations de l'art dans l'histoire humaine ? Il serait bien naïf de rechercher des dates et des formes précises en la matière. On peut cependant penser que l'art participe étroitement à l'émergence d'une vie sociale organisée, d'un espace humain où s'établira un ordre qui n'est plus celui de la nature. La **cérémonie** le fait bien comprendre : les pas sont réglés, les gestes codifiés, les corps entraînés et disciplinés, les passions exprimées et par là même maîtrisées. Le corps social se donne à vivre et à voir dans le chœur. C'est sans doute dans cette chorégraphie primitive et essentielle que le groupe humain prend conscience de lui-même en tant que tel. Et c'est parce qu'il y a émergence d'une société que les gestes de la vie deviennent, à un moment ou un autre, cérémonie, c'est-à-dire qu'ils échappent au chaos et au hasard, à la violence surtout. Et pourtant cette violence est ô combien présente dans beaucoup de cérémonies : initiations, sacrifices, transes, etc. Mais justement, elle y est contenue, de naturelle elle devient culturelle et prend un sens autour duquel une cohésion humaine est possible. Ces cérémonies ne valent pas seulement pour leur aspect chorégraphique et symbolique, ce sont des manifestations de ce que nous appellerions aujourd'hui un art total. La musique et les rythmes y sont certes présents, mais les arts plastiques aussi. Le corps entre dans la culture par la scarification, la peinture, la parure, le maquillage et le masque. C'est peut-être là ce qui nous fait le mieux comprendre la signification de l'art : il est un mouvement d'appropriation de la nature, une manifestation de l'esprit dans la nature.

Les objets sont aussi présents bien sûr et une distinction entre les objets utilitaires et les « œuvres d'art » ne serait guère pertinente. Rien n'interdit de sculpter le manche d'une hache, la jarre peut avoir mille formes et le vêtement toutes sortes de couleurs.

Il est une autre forme d'art qui accompagne l'humanité balbutiante : c'est l'art funéraire. Si l'homme est un animal qui fabrique des outils, il est aussi un animal qui a des égards pour ses morts. Cela peut prendre la simple forme d'une posture que l'on donne aux corps, certains lieux pour les enterrer, certains objets que l'on dispose avec eux pour les accompagner. De même que les enfants qui enterrent un petit animal, plantent un bout de bois ou mettent une pierre sur la terre remuée, les tombes sont comme autant de signes faits pour durer, de rappels à la mémoire et les premières architecture sacrées.

C'est avec l'émergence de l'État et des premières « grandes civilisations », qu'on peut parler d'une fonction artistique dont les contours se dégagent plus nettement des autres fonctions sociales. Cette scission du corps social va impliquer un constant travail de légitimation. Elle sera notamment religieuse et esthétique, elle devra parer le pouvoir et ceux qui l'exercent d'un prestige à la mesure de leur supériorité et de la dignité des tâches qui leur sont conférées. L'art de la cérémonie n'en sera que plus important et l'architecture monumentale. La construction de temples, tombeaux et palais va absorber l'énergie de peuples entiers. Si le sacré est selon Goethe « ce qui unit les âmes », l'art deviendra alors le vecteur privilégié de cette unité et se mettra au service du sacré. Cela ne signifie pas que le potier cessera de décorer ses pots et qu'un certain souci artistique disparaîtra de la vie de tous les jours, mais que l'art, pour l'essentiel et pour longtemps, va commencer, selon le mot de Malraux, « à figurer les dieux », nous pourrions ajouter : à parer la demeure des prêtres et celles des rois.

À partir de là plusieurs philosophies de l'histoire de l'art sont possibles. Hegel distingue l'art symbolique, classique, romantique ; Malraux le surnaturel, l'irréel et l'intemporel. Ce qui nous importe pour le moment est de comprendre que la figure de l'artiste ne se détache pas d'une fonction globale de l'art qui est l'expression d'une culture, de l'esprit de tout un peuple. Certes, par exemple, le nom du grand sculpteur grec Phidias nous est connu, mais son travail est tout entier au service de la communauté religieuse quand il doit exécuter la statue d'Athéna pour le Parthénon d'Athènes ou de Zeus pour son temple à Olympie. Il y avait certes aussi des maîtres d'œuvre pour les pyramides égyptiennes ou pour les cathédrales gothiques ; mais ils n'ont pas laissé leurs noms à des œuvres qui expriment plus une collectivité que la subjectivité d'un homme. L'artiste est alors un homme qui reçoit des commandes qui émanent du pouvoir religieux et/ou politique, il est une sorte de « fonctionnaire » de la beauté qui reçoit un cahier des charges contraignant quant au fond qu'il doit exprimer.

La figure de l'artiste comme individu apparaît avec la Renaissance où une plus grande liberté d'inspiration lui est laissée par rapport aux thèmes religieux et où le monde profane devient de plus en plus un sujet de l'art. Si l'on voit dans l'Histoire le théâtre d'une montée en puissance progressive de l'individu, la figure de l'artiste en est la parfaite incarnation. Qu'on pense seulement à l'impressionnante série d'auto-portraits du peintre Rembrandt pour voir là l'apparition d'un nouveau type d'homme. Le Titien semble traiter d'égal à égal avec les princes de son temps et l'artiste semble être un nouveau prince des temps modernes, même si sa vie dépend toujours de celle des puissants.

En Occident, les œuvres d'art ne quitteront les églises et les châteaux pour le musée qu'avec la période de la Révolution française (le musée du Louvre est créé en 1793 à partir des collections royales). Le musée est plus qu'un lieu neutre où l'on aurait décidé de donner à voir des œuvres d'art, il procède d'une prise de conscience de l'art par lui-même où des œuvres fort disparates apparaissent ensemble pour la première fois. Cela n'est possible que si l'on considère l'unité du plan où elles sont effectivement des œuvres présentes. Ce plan est évidemment l'art en tant que tel qui n'incarne plus un monde surnaturel ou un sacré extérieur à lui, puisqu'il devient lui-même ce monde sacré. Cette autonomie de l'art culminera au XXe siècle et l'artiste pourra devenir ce génie compris ou incompris dans son absolue subjectivité.

Toutes sortes de « récupérations » sont bien sûr possibles et il existe toujours une forme d'art officiel au travers des subventions de l'État, des musées, etc. Il n'en reste pas moins que la philosophie de l'artiste contemporain consiste à dire ou à faire tout ce qui lui semble bon au nom de sa liberté et jusqu'à la dérision ou l'absurde. S'il n'est pas soutenu par l'État, il vit grâce à des collectionneurs privés qui se comportent eux-mêmes comme des individus souverainement libres selon leurs goûts et... leurs moyens.

Nous avons donc vu qu'on ne peut aborder spontanément la « philosophie de l'artiste » comme si l'on avait affaire à une catégorie toute faite. Au contraire, la fonction sociale de l'art change considérablement au cours des époques et la figure de « l'artiste » ne va pas de soi et n'est finalement qu'une invention récente dans l'histoire de l'humanité. On peut tout de même dégager quelques enseignements généraux. L'art est inséparable de l'activité humaine et de la vie sociale, il est présent dans toute la culture, il est la recherche que l'homme fait de lui-même et de sa conscience au travers de formes sensibles. Il devient une fonction autonome avec l'apparition de l'État et des grandes religions, l'artiste en étant le serviteur. Petit à petit, c'est l'artiste qui devient autonome avec l'individualisme dont il est la figure symbolique. Il peut devenir alors le génie incompris comme le fut Van Gogh, le « suicidé de la société » pour reprendre une expression du poète Antonin Artaud, ou la star adulée marquant son siècle comme Picasso.

L'architecte

Comme nous venons de le voir un peu plus haut, l'architecture a existé bien avant que l'on puisse parler d'architecte. Il représente une figure particulière de l'artiste qui a mis bien du temps avant d'émerger comme telle.

L'homme s'est révolté et n'a pas voulu disparaître sans laisser de traces, sans griffer le monde avant son départ. Les premiers tombeaux, les énigmatiques alignements mégalithiques, voilà sans doute la première forme d'architecture. Elle commence par le monument et non par l'habitat. Monuments massifs, grossiers, impropres à exprimer un contenu spirituel particulier, énigmatiques parce qu'exprimant l'existence ressentie pour la première fois comme une énigme. Les générations passent mais la pierre maintient le souvenir et les traditions à travers elles. Pyramides, temples mésopotamiens ou asiatiques donneront ensuite à cet art monumental son imposante beauté.

Nous pourrions dire que l'architecture est l'art le plus grave ! Il l'est par la fonction solennelle des monuments mais aussi par sa soumission aux implacables lois de la gravité. On pourra toujours opposer à cela l'élan des cathédrales gothiques ou l'audace de telle construction contemporaine. Leur beauté provient justement de cet affranchissement de l'attraction terrestre, comme une danse statique et éternelle de la matière. L'enfant, sur la plage, nous rappelle que la pyramide est la première construction, c'est-à-dire une tentative d'élever un édifice vers le haut et qui prend cette forme particulière à cause de la pesanteur qui s'impose au sable. Il n'appelle pas cela une pyramide mais un « château » qui opposera une résistance d'autant plus belle à la marée qu'il la sait vaine. Tour de Babel ou tombeaux des rois, ces premiers monuments veulent s'opposer au temps comme l'orgueil humain à la fatalité. Si l'architecture fut longtemps la demeure des dieux ou celle des morts auxquels on prêtait enfin l'immortalité individuelle de leur âme, elle devint aussi celle des hommes vivants. C'est à cette architecture plus commune que nous aimerions réfléchir maintenant.

Ce qui exprime le mieux le travail de l'architecte, c'est son combat permanent avec la nécessité. Il est soumis aux contraintes de son matériau, de l'usage qui sera fait de son bâtiment, de sa fonction et doit néanmoins manifester sa liberté et faire parler les formes. L'habitat traditionnel est riche d'enseignement de ce point de vue. Il est par excellence contraint : par le terrain, les matériaux, l'usage le plus souvent agricole. L'architecte n'est pas encore un spécialiste et ce sont les villageois, aidés de tel ou tel artisan, qui remplissent cette fonction. Ce qui est remarquable, c'est qu'il n'y ait pas d'architecture traditionnelle qui soit laide ! Sans entrer dans un débat interminable sur beauté et laideur, nous voulons dire par là que les formes ainsi produites, bien qu'étant des effets de l'art, c'est-à-dire de l'homme, gardent quelque chose de naturel et ne jurent point dans le paysage. Dans ce cas, c'est l'impossibilité du caprice qui préserve de la laideur. Si la défiguration des villes et des campagnes devient possible aujourd'hui, c'est à cause de la capacité financière et technique de bâtir à peu près n'importe comment (il y a de plus en plus de restrictions cependant), sans génie artistique ni soumission à la nature.

L'architecture savante et artistique connaîtra bien sûr une grande vitalité avec la Renaissance où des Michel-Ange (auteur de la place Saint-Pierre à Rome par exemple) et des Léonard de Vinci (qui a notamment dessiné les plans du château de Chambord) renouent avec la tradition antique de l'architecte sculpteur. Même si les bâtisseurs de cathédrales vivent dans une mentalité très différente, on peut tout de même observer une continuité. Elle tient au fait qu'il s'agit là d'un art d'initiés, où le calcul n'est pas étranger à la recherche des formes idéales, des proportions harmonieuses. Il y a là ce qu'on appelle une architectonique, une théorie des structures, quelque chose comme une musicalité de la construction. Rien d'étonnant donc à ce que l'architecture ait été essentiellement un art sacré ou bien au service de l'État pour construire des palais ou des bâtiments officiels.

Quelle est aujourd'hui la situation de l'architecture et la philosophie de l'architecte aujourd'hui ? C'est une profession libérale protégée dans la mesure où il est de plus en plus difficile de construire sans un architecte. Il peut s'agir de maisons particulières, où devront être respectées certaines normes techniques et esthétiques, et surtout les désirs des clients. Comme ceux-ci ne sont pas toujours très précis, l'architecte devient un véritable accoucheur qui propose et corrige de nombreuses solutions, pour arriver enfin à un plan satisfaisant.

Le fait majeur de cette fin de XXe siècle pour tout ce qui concerne l'aménagement de l'espace est cependant la croissance formidable des villes. Nul ne sait encore très bien comment cette brutale exigence de **logement** pourra se transformer en une nouvelle façon d'**habiter** sur cette terre. L'urbanisme est à la croisée d'enjeux aussi nouveaux qu'importants. La préservation de ce qui est ancien, la création d'espaces verts, l'intégration de la vie économique et commerçante autrement que sous la forme d'hypermarchés ou de zones industrielles et artisanales sont autant de défis pour le nouvel architecte-urbaniste. Les déchirures du tissu social sont aussi des déchirures de l'espace entre les lieux où il fait bon vivre et ceux où les êtres humains semblent stockés comme des denrées dont on ne sait que faire.

L'art monumental se porte toujours bien, même s'il a changé souvent de fonction. On construit encore des cathédrales, mais assez rarement tout de même. La nouveauté se situe plutôt du côté des stades, des édifices culturels (musées, opéras, bibliothèques...), de bâtiments industriels ou de quartiers d'affaires en forme de gratte-ciel. L'architecte doit alors séduire les pouvoirs publics et entrer dans une compétition difficile avec d'autres projets, compte tenu des enjeux économiques et politiques.

Le sculpteur

L'architecte construisait des temples, le sculpteur faisait la statue du dieu destinée à y habiter. Mais avant cela, le premier sculpteur fut celui qui pétrissait la terre dans sa main, taillait un bout de bois ou éclatait une pierre. La fabrication des premiers outils demande cette capacité de donner une forme aux objets, de leur donner une forme que l'on a bien en main, qui, à sa manière, plaît. Les petites statuettes féminines aux formes très généreuses sont sans doute les premières sculptures. Effigies symboliques d'une féminité dont on imagine mal ce qu'elle représentait quand on considère que les premiers hommes pensaient que les mâles n'avaient point de part à la reproduction puisqu'on n'établissait pas de lien entre la copulation et la naissance. La plénitude des formes renvoyait à une puissance génitale mystérieuse comme la vie elle-même dans le cosmos. Contrairement à l'architecture, la sculpture représente l'**individualité**. Elle ne se contente plus de donner à penser, de suggérer, elle a un pouvoir d'**imitation**. Ce pouvoir lui permet de faire surgir des figures qui ont la présence des êtres vivants, ou même dont la présence est plus forte encore, parce qu'elle en accentue les traits.

On l'aura compris, la statuette est une idole et la sculpture deviendra l'indispensable médiation cultuelle entre les hommes et la divinité. La statue peut être figée mais elle a l'impassibilité et la permanence des choses immortelles. Lors des cérémonies, la statue du dieu devient le dieu lui-même. Le principe spirituel est présent dans le monde matériel, les formes s'affranchissent de la gravitation et connaissent une liberté nouvelle.

La sculpture représentera des animaux mais surtout des hommes d'une façon de plus en plus fine. La représentation anthropomorphique des dieux, de l'Inde à la Grèce, permettra de dégager des canons de beauté, un sens des proportions idéales du corps. La coïncidence entre la forme extérieure du corps et l'esprit fait de la sculpture l'art classique par excellence, celui qui servira de modèle.

Le monothéisme dans sa lutte contre les religions idolâtres, n'encouragea guère la sculpture. Cependant, le christianisme, religion de l'incarnation, la favorisa à nouveau. Ce n'est plus le naturalisme ou la coïncidence du fond et de la forme qui sont recherchés, c'est plutôt une certaine expressivité spirituelle. Les cathédrales sont des livres de pierre qui racontent l'histoire sainte. La Renaissance fera resurgir les corps antiques mais avec la présence d'une subjectivité en plus de l'individualité. Ce n'est plus tel dieu ou l'homme en général qui est représenté, mais tel homme en particulier, habité par tel sentiment. Pensons au David de Michel-Ange par exemple. Plus tard, les corps sculptés par Rodin connaissent toutes les passions, leurs exaltations et leurs tourments. La sculpture au XXe siècle prendra son indépendance par rapport au corps pour être un travail de la forme pour elle-même. Elle nous apprendra surtout à percevoir l'espace qu'elle fait vivre autour d'elle, à ne pas seulement regarder le plein mais le vide, à être sensible à la fonction plutôt qu'idolâtrer la forme. Elle nous apprendra aussi que la sculpture peut être la récupération de toutes sortes de matériaux, y compris industriels, qui changent de sens et de portée par une déformation ou une mise en situation.

Quelle est donc la philosophie du sculpteur ? Accoucher la matière des formes qui s'y trouvent toutes en puissance. Ces formes sont celles qu'il désire mais aussi celles que la matière elle-même désire, comme la nature a produit les êtres vivants. Le sculpteur sait mieux que tout autre qu'il n'y a pas de pure création, mais continuation, transformation. Il s'agit d'un processus continuel de formation dans lequel l'homme s'inscrit, y imposant sa marque mais acceptant de s'y laisser prendre aussi.

Le peintre

On parle du peintre, mais il faudrait aussi parler du dessinateur, du graveur. Les premiers dessins sont des striures sur la pierre. Geste spontané que tout le monde a fait : pierre contre pierre ou bâton griffant sur la terre. Sur la pierre ou contre les parois des grottes, les premiers dessins étaient faits dans des lieux où, pense-t-on, avaient lieu des cérémonies et où ces dessins prenaient un sens par rapport au déroulement de ces cérémonies. Il ne faut pas croire que les premiers dessins furent figuratifs, pour laisser place, un jour, à des signes plus abstraits qui formèrent l'écriture. Il faut penser plutôt que le dessin et l'écriture ont leur origine commune dans cet acte de graver, dans ce désir de laisser une trace qui demeure.

Dessiner c'est signifier la présence de quelque chose, que ce soit celle du dessinateur ou de ce qu'il dessine, en dehors de la présence immédiate de celle-ci. Il en va de même pour la sculpture, dira-t-on. Mais avec le dessin, tout est apuré, l'épaisseur se perd, il ne reste qu'un signe, une apparence. Nul besoin d'une quantité formidable de terre ou d'un roc, pour faire surgir les nombreux chasseurs et les bisons. Ils sont là, stylisés, symbolisés, signifiés, sur la paroi. Le simple fait du décalage entre la taille réelle des acteurs de ce drame et celle de leur représentation doit nous faire réfléchir. C'est déjà une représentation à l'échelle, c'est-à-dire une translation du réel sur un autre plan. Les statuettes étaient déjà des réductions, nous sommes là en présence d'un spectacle qui englobe le monde même comme son fond, qui ne nous montre pas les choses telles qu'elles sont réellement, mais telles qu'elles nous apparaissent. Le sculpteur ressuscite les choses, le dessinateur le fait aussi, mais les met à distance. La matérialité s'éloigne avec la dimension de la profondeur.

Le peintre donne à cette surface une nouvelle profondeur : celle de la lumière. Cette profondeur, il l'obtient par la couleur bien avant qu'il ne soit question de dessin « en perspective ». La couleur est elle-même mélange d'ombre et de lumière, plus ou moins chaude, qui « avance » ou qui « recule » pour l'œil qui la perçoit. L'architecte et le sculpteur ont besoin de la lumière du jour qui joue avec les masses et les arêtes, le peintre entend nous donner **sa lumière** sur les choses que le jour nous fait voir. Trouvant le beau à peindre dans ce qu'il trouve beau à voir, c'est l'intériorité de son regard qu'il nous transmet. La nature est revisitée, le paysage enfin regardé et non vu seulement. C'est aussi le portrait où le sujet nous livre son caractère au travers de son regard justement, dont la peinture peut capter l'éclat. Au lieu de considérer les apparences comme illusoires ou trompeuses, le peintre les « sauve », et nous les montre comme un lieu où la vérité se dévoile. Il y a même dans le christianisme orthodoxe, toute un théologie de l'icône pour laquelle le visage peint du Christ devient, au travers de la contemplation et de la prière, le visage même du Christ.

L'impressionnisme, à la fin du siècle dernier, est un désir de vérité de la nature par une peinture faite dans la nature. Le cubisme, au seuil de ce siècle, pousse ce désir de vérité au point de brûler tous les acquis antérieurs : plus d'illusion aucune ou de profondeur feinte, que ce soit par le dessin ou la seule couleur. Ces tableaux sont comme des faits et non plus des spectacles, des choses et non plus l'image des choses. Autre forme de quête mystique par dépouillement de tous les artifices, la peinture informelle ou non figurative, elle aussi, entend laisser passer des formes et des émotions dont on ne se préoccupera du sens que plus tard. Au peintre de se contenter de laisser la peinture se peindre !

Le musicien

Avec la musique, nous entrons maintenant dans le domaine de l'invisible. Non de l'insensible, puisque le son est une vibration de l'air que perçoivent nos tympans. Les trois dimensions de l'espace s'évanouissent, reste le temps qu'on appelle parfois la quatrième dimension. La musique est donc un art dans le temps et certains diraient **du** temps. Et pourtant, alors que les arts plastiques s'installent dans la durée, la musique meurt au fur et à mesure que le son s'efface. Comme le présent, elle s'impose et reste insaisissable, fait balancer l'esprit entre l'attente de l'avenir et le souvenir du passé.

Comment la musique est-elle venue aux hommes ? Elle accompagna sans doute les archaïques cérémonies dont nous avons souvent parlé, ponctuant et rythmant leur déroulement. Les premières mélodies sortirent des voix, les cris rythmés furent l'ancêtre des chants. Les objets creux furent les premiers tambours, ou plus fins, les premiers sifflets. Le paradoxe de la musique ou son mystère tiennent au fait qu'elle s'adresse directement au corps et à l'âme tout à la fois, à moins qu'elle ne s'adresse à leur union, mais suivant des degrés fort différents ! Nous voulons dire par là qu'elle peut correspondre à des rythmes biologiques simples et battre la pulsation de la vie ou au contraire être la plus abstraite et donner au cerveau la joie (dans le meilleur des cas !) de démêler des configurations harmoniques fort complexes. La musique fait naître un monde en soi, avec son temps propre et toute une tonalité qui ne peut qu'agir profondément sur l'affectivité de celui qui l'écoute. Beaucoup plus que ne le peuvent les arts plastiques le plus souvent, pénétrant moins dans l'intériorité de l'âme.

Il faut sans doute reconnaître ceci : la musique a un étrange **pouvoir**. On ne sait pas si elle adoucit toujours les mœurs, mais elle agit assurément sur elles ! Platon qui en était conscient aurait interdit aux militaires, dans sa cité idéale, d'écouter autre chose que de la musique militaire afin qu'ils n'aient point le caractère amolli ! Le rock occidental, diffusé systématiquement sur les ondes radio à destination des pays de l'Est, n'a pas peu contribué à faire goûter un certain mode de vie et à en faire rejeter un autre ! La musique modifie profondément l'humeur et le comportement, un Requiem dans une église et un bal musette nous donnent des dispositions d'esprit fort différentes ! Comme les exercices spirituels, comme certaines drogues, auxquels elle peut d'ailleurs être associée, la musique peut créer des « états modifiés de conscience ».

Elle peut s'adresser aussi bien à l'intellect sous une forme savante (Leibniz ne disait-il point qu'en écouter c'était faire des mathématiques inconsciemment !) qu'aux sentiments du cœur les plus humains ou les plus divins. Le philosophe Schopenhauer voyait en elle l'art suprême, l'art de ce qui fait l'essence du monde : la volonté.

Le musicien pratique donc un art tout à la fois ésotérique et populaire, qui peut mettre les corps en transe, les faire marcher au pas, ou donner à l'âme un aliment tel qu'elle peut alors se suffire à elle-même.

Le poète

Si l'on donne au mot « poésie » son sens le plus général, le sujet devient à peu près infini. Tous les genres littéraires entrent alors dans cette catégorie, de l'épopée au roman en passant par la tragédie, la comédie, le drame et toutes les formes d'expressions lyriques. Dans son sens restreint la poésie s'oppose à la prose et ne perd jamais de vue la musicalité de la langue.

Par rapport aux autres arts, la poésie est celui qui est le plus immatériel. Faire l'expérience de se réciter mentalement un poème donne une idée de ce que peut être une œuvre qui ne s'adresse qu'à l'esprit. La poésie est donc l'art qui peut tout dire, développer ses thèmes, utiliser toutes les ressources du langage, exprimer tous les sentiments. Si l'art arrive à dire ce que le discours ne peut pas dire, la poésie est l'art de dire avec des mots ce que les mots eux-mêmes ne peuvent pas dire. En ce sens la poésie rivalise vraiment avec la philosophie, elle peut avoir la précision que lui donne le verbe et possède en plus l'élan, ce qu'on appelle justement le lyrisme. On pourrait même dire que la philosophie est une poésie refroidie, une poésie qui marche avec des béquilles !

Si l'on évoque la cérémonie primitive, il est évident que la poésie y tient une place de choix en tant qu'elle est un chant, une évocation et une invocation. Ce chant qui appelle, cette plainte, ce cri de joie ou de douleur, précèdent la parole organisée qui a appris petit à petit à décrire le monde. De toute manière, si la parole poétique ne précède pas la parole poétique prosaïque, l'inverse n'est sans doute pas vrai non plus. Il faut se défaire de l'idée selon laquelle la poésie consisterait à prendre des libertés avec un langage tout fait, à passer du sérieux à la fantaisie. La poésie est l'état des choses à leur commencement, quand tout est à faire. C'est notamment ce que nous dit l'étymologie grecque de ce mot construit sur le verbe « poïen » qui veut dire « faire ». La poésie est donc l'épopée du langage, la naissance, la formation du langage. La poésie ne nous éloigne pas du langage mais nous en révèle au contraire l'essence. Nommer les choses autour de soi, baptiser le monde et le rendre digne d'habitation, faire vibrer dans l'air l'émotion qui tenait l'âme dans son étau. Voilà le premier geste de la parole et la poésie première.

Mais il y a différentes sortes de poésie. Nous avons signalé que le sujet était immense et nous le ramènerons volontairement à trois volets principaux : l'écriture pour le théâtre, le roman et la poésie par opposition à la prose.

Nous entendons par théâtre, toute œuvre susceptible d'être mise en scène, d'être **représentée**. L'origine de cette forme d'expression doit être cherchée dans notre fameuse cérémonie primitive. Le clivage entre acteurs et spectateurs n'a pu apparaître que progressivement. L'origine lointaine de la tragédie remonte à des fêtes religieuses, où l'on sacrifiait des animaux, notamment le bouc, et où l'on chantait en formant une sorte de procession. Cette manière chorale de chanter des odes, nous fait comprendre comment la musique, le théâtre et la poésie ont une origine commune. Le théâtre est donc essentiellement une cérémonie, un rite de purification, une célébration. Cet aspect fusionnel s'est petit à petit dissipé pour devenir justement une représentation, quelque chose qui se déroule devant les yeux d'un spectateur et qui s'adresse à son esprit.

Rien n'est sans doute plus étranger à la tragédie antique que le « suspense ». Le but n'est pas de faire « entrer » le spectateur dans une histoire et lui procurer de fortes surprises, le but est plutôt de le placer à mi-distance entre l'identification aux personnages principaux et la réflexion que suscitent les paroles du chœur qui incarne plutôt la sagesse et qui médite sur les actions des hommes. C'est le héros qui est dans l'obscurité quant à son propre destin, tandis que le spectateur le connaît bien. Voilà comment la tragédie peut être une catharsis, une purgation des passions, selon l'idée d'Aristote. Le spectateur reste humain à cause de la sympathie naturelle qu'il éprouve pour les personnages et tout ce qui leur arrive, mais il devient pareil à un dieu qui peut juger de la condition humaine.

Il nous semble que tout ce que nous venons de dire concernant la tragédie reste partiellement valable pour toute œuvre dramatique. Le poète est un grand connaisseur de l'âme humaine : tout ce qui l'agite monte sur la scène et nous fait comprendre que notre âme est une scène. C'est ainsi notamment que Freud lit les tragédies pour comprendre la psychologie humaine, mais aussi tente de les expliquer à partir de ses conceptions psychologiques. Le poète qui écrit pour le théâtre fait donc voir ce qui est habituellement invisible, révèle ce qui est caché et représente extérieurement l'intériorité. La difficulté de ce type d'écriture tient au fait qu'elle n'est pas seulement faite pour être lue mais, répétons-le encore une fois, représentée. Cela signifie qu'elle ne doit pas tout dire, qu'elle doit garder une certaine faiblesse en tant qu'écriture pour trouver sa plénitude une fois l'action mise en scène. Cela signifie aussi qu'elle doit être assez puissante, assez classique, pour permettre un nombre de mises en scène à peu près infini et traverser ainsi, ce qui est le propre du chef-d'œuvre, toutes les époques.

Voyons maintenant le travail du romancier. Le roman tient son nom en français de la langue vulgaire par opposition à la langue savante. Les aventures épiques de Lancelot du lac, écrites par Chrétien de Troyes, passent pour être la forme primitive du roman. L'esprit chevaleresque, l'amour courtois, une certaine identité nationale vont trouver dans le roman leur moyen d'expression. Le roman est donc une épopée, née dans des temps qui étaient encore épiques ; c'est-à-dire des temps poétiques, où tout est à fonder, instituer. Le roman deviendra, selon Hegel, l'épopée des temps modernes ; c'est-à-dire des temps qui ont cessé d'être épiques. Dans une société fortement étatisée, organisée et prosaïque, le roman va essayer de rendre à la poésie les droits qu'elle a perdus.

Le roman a en lui-même quelque chose d'une transgression, comme l'était, à l'origine, l'usage de la langue vulgaire. Rien ne borne en effet l'imagination du poète qui peut enfanter tout un monde et des personnages comme bon lui semble. Sartre analyse très bien ce renversement ontologique que constitue la littérature. Ordinairement l'homme est jeté dans un monde qu'il n'a pas créé, soumis à une loi de causalité qu'il doit comprendre s'il veut y survivre. Dans le roman, tout est au contraire suspendu à sa liberté. Même si cette liberté ne peut pas être totalement arbitraire, elle reste souveraine. De même celle du lecteur qui peut à tout moment laisser le livre et ne plus lui prêter sa propre imagination.

L'écriture romanesque sera tendue entre deux pôles. L'un se rapproche de la prose pure et l'autre de la poésie pure. Nous entendons par prose pure, le fait de se servir du langage comme d'un moyen et par poésie pure le fait de le considérer comme une fin en soi. Proche de son pôle prosaïque, le romancier écrit pour dire quelque chose et pour le dire à quelqu'un. Il révèle donc tel ou tel aspect de l'homme ou du monde et cherche à provoquer ainsi une réaction chez son lecteur. Cette entreprise suppose toujours le désir de changer le monde, même si elle se contente de dire sa vérité. Elle est très proche de la philosophie et Sartre représente bien ce type de romancier. Proche de son pôle poétique, le romancier est un démiurge qui procède à une refonte de toute la langue, il est à la fois un ouvrier acharné et un génie du style. Céline correspond à ce type de romancier. Il nous donne à voir autrement le monde et la vie au travers d'une nouvelle langue, il nous donne à entrer dans la langue comme dans un nouveau monde. La rareté des grands écrivains tient au fait qu'ils doivent avoir une expérience du monde et de la vie en général et une expérience de la langue. Ces deux expériences sont rarement réunies quand elles sont approfondies.

Voyons maintenant la poésie au sens strict. Une petite anecdote nous semble significative. Le peintre Degas, ami du poète Mallarmé, écrivait des poèmes. Comme il se plaignait auprès de son ami de ne pas bien y arriver malgré le fait qu'il ait de « si belles idées », son ami lui répondit : « Mais, mon cher, **un poème ne se fait pas avec des idées mais avec des mots** ! » Il voulait dire par là que la poésie travaille les mots à partir de ce qu'ils sont, c'est-à-dire sonnent et non à partir de la signification qu'on leur donne habituellement pour dire quelque chose d'extérieur à eux. À partir de là, un extrémisme « lettriste » est toujours possible et consiste à aligner des lettres ou des mots au mépris de toute convention et de tout « usage commun de la tribu ». L'inconvénient de ce type d'attitude, en dehors du fait qu'elle ne produit plus aucun effet poétique, c'est qu'elle est justement la radicalisation d'une **idée** et non le résultat d'une pratique artistique sincère.

La poésie est donc toujours tendue entre le son et le sens, le signifiant et le signifié. Toujours déroutante par rapport à l'usage ordinaire et instrumental du langage, elle nous oblige à **entendre** des mots que nous n'entendions plus parce que nous les comprenions. La prose nous fait traverser les mots pour nous jeter vers ce qu'ils désignent, la poésie nous y retient un moment comme dans des morceaux du monde. Les poètes sont ceux qui nous révèlent notre langue maternelle que nous avions oubliée et nous révèlent à quel point elle nous est maternelle.

Si elle nous fait entendre autrement les mots, c'est elle aussi qui peut nous faire entendre autre chose que ce que les mots nous font entendre habituellement. Ces fameux sentiments, les plus intimes, les plus personnels, les moins universels et que néanmoins chacun éprouve, les mots ne peuvent pas les dire. Ils ne le peuvent pas dans leur usage discursif mais le peuvent dans leur usage poétique où des significations inouïes se laissent prendre entre eux et dans leur rythme.

Il résulte de tout cela que le poète, dans l'usage le plus poétique de la langue, retrouve la grande caractéristique de la philosophie de l'artiste : il ne travaille pas pour imposer sa volonté mais pour que quelque chose s'impose à lui. Qu'on appelle cela la grandeur, la beauté, la vérité, peu importe. Le poète Valéry disait : « Au fond, je ne suis jamais que mon premier lecteur ! » Comme si la poésie passait par lui à son insu. Le poète est celui qui veut rendre la parole à la parole.

Le danseur, le chanteur et l'acteur

Ces trois types d'artistes, bien que différents, méritent d'être traités ensemble. Ils sont tous les trois des interprètes, même s'ils peuvent être les interprètes de leurs propres œuvres. Un instrumentiste est déjà quelqu'un qui donne une certaine lecture d'une œuvre musicale, son interprétation n'est jamais, purement et simplement, une application mécanique. Cela est encore plus vrai pour les trois interprètes qui nous occupent. Le danseur est la danse, le chanteur est le chant et l'acteur est son rôle. Ils se donnent tout entiers à leur art : corps et âme. Ils sont pour eux-mêmes leurs propres instruments.

Si nous réfléchissons à la lointaine origine de ces formes d'art, nous risquons de trouver une racine commune. La fameuse « cérémonie originelle », comme première manifestation artistique, réunit plusieurs expressions artistiques. La danse, le chant et le drame y eurent certainement part, comme ils peuvent être présents dans toutes sortes de cérémonies contemporaines. Ces disciplines exigent un travail immédiatement sur soi. Mais quel est leur matériau ? Est-ce le corps ? Il ne s'agit pas de culturisme ! Leur matériau est plutôt l'expression humaine, l'expression de tout ce qui anime le corps et l'âme, c'est-à-dire les passions. Tout devient alors langage : les gestes, les intonations, les actes, le silence et les paroles. Le chaos des passions prend un sens, un ordre, une beauté.

Voyons maintenant plus particulièrement le cas du danseur. Son art est naturel à l'homme et il ne fait que le prolonger, le magnifier. L'enfant qui apprend à marcher apprend déjà à danser ! Il n'y arrivera que s'il sait se tenir sur un seul pied, passer constamment du déséquilibre à l'équilibre et inversement. La simple course avec son temps plané, tous les exercices qui développent la vigueur et la coordination développent l'aptitude à la danse. Mais quand se manifeste-t-elle en tant que telle ? Spontanément, on effectue un pas de danse quand on est joyeux, sans raison particulière ou à cause d'un succès quelconque. La danse se manifeste alors dans le libre jeu des forces vitales, c'est une façon d'exulter. Mais comme chacun sait, la danse vient au corps et à l'âme en écoutant la musique. Certaines études ont fait apparaître que le simple fait d'écouter de la musique assis dans un fauteuil faisait naître une activité neurologique qui correspondait à une ébauche de mouvements. La danse ne serait donc que le prolongement de cette écoute, son aboutissement. Le musicien traduit en sons tous les mouvements de son âme et le danseur traduit en mouvements de son corps tous les mouvements de la musique. Il existe un débat, peut-être un peu vain, dans les milieux de la chorégraphie et qui consiste à se demander si la danse peut ou doit s'affranchir de la musique. Rien n'empêche en effet de danser sans musique préexistante ! Le danseur dansera alors sa musique intérieure, voilà tout.

Autant une musique peut être rudimentaire, autant elle peut être complexe. Tout le monde sait à peu près danser, est allé au bal ou dans une discothèque. Le danseur professionnel doit développer d'autres aptitudes qui sont à la fois athlétiques et cérébrales. Le corps doit être travaillé à l'extrême pour offrir le plus de possibilités et le cerveau doit orchestrer des déplacements complexes dans l'espace et coordonner les membres pour que le danseur soit un.

Dans l'histoire, le danseur a pris de multiples visages. À l'origine son art est plutôt guerrier et doit développer chez les hommes l'aptitude au combat et à la chasse. Cette tradition a d'ailleurs perduré jusqu'à la fin de l'ancien régime et faisait partie de l'éducation aristocratique. La danse féminine dans les cultures traditionnelles répond la plupart du temps à des normes posturales strictes et permet de raconter une histoire selon un code donné. Ce langage est à la fois conventionnel, puisqu'il varie d'une culture à une autre, et symbolique puisque ce sont les gestes qui parlent. La danse académique, qu'on appelle aussi le ballet classique se développera surtout à partir du XIXe siècle. Elle développera la virtuosité technique, la légèreté, l'illusion, le sentiment d'une pesanteur déjouée. Elle est surtout féminine. Le XXe siècle sera le siècle dans lequel la danse va littéralement « exploser ». Le ballet classique évoluera considérablement et surtout naîtront des chorégraphes qui feront de la danse un art à part entière et non pas seulement une virtuosité décorative.

Les recherches techniques et expressives ne connaissent désormais plus de limites hormis celles de la nature humaine, que l'on peut heureusement toujours déplacer ! La philosophie du danseur dépendra beaucoup de celle du chorégraphe qui d'ailleurs ne peut pas ne pas être, au moins un peu, danseur lui-même. Ce siècle a vu naître une myriade d'écoles. On ne proposera que deux styles de philosophie chorégraphique, qui d'ailleurs se mélangent largement et nécessairement. Dans un cas le chorégraphe s'intéresse à la personnalité propre du danseur pour lui trouver la danse qui lui convient le mieux et lui faire exprimer tel ou tel sentiment. C'est une tendance plutôt expressionniste, où se dégagent des individualités par rapport à l'ensemble du chœur de ballet. L'autre tendance consiste à voir la chorégraphie comme un art plastique dans le temps où les danseurs sont au service d'une œuvre qui confine à l'abstraction impersonnelle. C'est le mouvement d'ensemble (les décors, les costumes, la lumière jouent un grand rôle) qui compte et non l'expressivité de tel ou tel danseur.

La tendance la plus contemporaine fait de la danse et de la chorégraphie des éléments parmi d'autres au sein de spectacles vivants qui deviennent une sorte d'art total.

Et le chanteur ? Sa philosophie est très proche de celle du danseur. On pourrait dire que le chant est la danse de la voix et la danse, le chant des gestes ! Son art est le plus naturel, le plus spontané mais peut-être le plus technique, le plus sophistiqué. On peut chanter en prenant une douche ou sur une scène d'opéra !

Pourquoi chante-t-on ? Par simple joie sans doute, on le fait justement sans raison. Plus profondément, on chante pour invoquer, appeler, crier, pleurer. Nous ne pouvons que retrouver les passions et les grands sentiments. Comme si certains états d'âme excédaient, débordaient la parole. La définition la plus forte et la plus courte de l'art lyrique serait celle-ci : quand on ne peut plus parler, on chante ! Le chant n'est pas une simple modification de l'usage que l'on fait de sa voix, c'est la totalité de la personne qui s'y engage. Cela est vrai sur le plan psychologique mais aussi sur le plan physique, puisque faire vibrer ses cordes vocales sollicite un très grand nombre de muscles, beaucoup plus qu'on ne le croit.

Forme de prière, le chant a joué et joue encore un grand rôle dans la vie religieuse. Saint Augustin ne disait-il point que chanter, c'était prier deux fois : par les paroles prononcées et par l'acte de chanter. Il peut participer à des offices, être associé étroitement à la vie monastique et être présent dans les œuvres majeures des grands compositeurs qui sont souvent des pièces de musique sacrée. Au travers des negro spirituals, le chant exprime la piété mais aussi la condition d'un peuple.

L'art du chant, pour chœur ou pour soliste peut prendre des formes extrêmement variées. Il y a les chants populaires, au degré de technicité variable, la chanson de « variétés » en tout genre. L'opéra quant à lui est intéressant car, s'il est centré autour du chant, c'est une forme d'art à peu près complète qui lui associe la poésie, le drame, la tragédie, l'art du décor, etc.

Réfléchissons maintenant au métier d'acteur. Nous choisissons délibérément ce terme au détriment de celui de comédien qui est plus classique. Le comédien joue au théâtre et l'acteur au cinéma. Les frontières sont de moins en moins étanches entre les deux et le mot « acteur » désigne celui qui mène une action qui correspond bien à l'étymologie du mot « drame ».

Il peut y avoir des danseurs et des chanteurs naturellement doués, mais la pratique de leur art transforme leurs capacités au point qu'elles n'ont plus rien de commun avec celles d'un homme ordinaire.

L'acteur, lui aussi, acquiert à force de métier, une technique propre. Elle n'est cependant pas de nature à le spécialiser comme le danseur ou le chanteur. Sa spécialité tiendrait même au fait de n'en avoir aucune et de pouvoir être n'importe qui ! En disant cela, nous posons déjà le problème essentiel de l'acteur. Son métier consiste-t-il à renforcer une personnalité originale, comme c'est le cas dans tous les autres arts, ou au contraire à produire une plasticité psychologique telle que l'acteur finit par n'avoir aucune personnalité propre et peut ainsi en changer en même temps que de rôle ? La réponse à cette question ne peut, bien sûr, qu'être nuancée.

La qualité première d'un acteur est tout de même de pouvoir incarner des rôles très différents et « se glisser dans la peau » de personnages bien différents. Cela prouve qu'il a un registre très étendu et une forme de culture générale en matière de comportement humain. Cela prouve une capacité de sympathie avec le genre humain et une compréhension, dans les deux sens de ce verbe, des différents types de caractères et de situations qui peuvent exister. À l'inverse certains acteurs semblent, dès le début, spécialisés. Ils le sont parce qu'ils ont un physique et une expressivité particuliers. Certains genres dramatiques, comme la commedia dell'arte, exigent même des personnages stéréotypés où il est nécessaire d'avoir le physique de l'emploi. L'acteur porno, quant à lui, est à la limite de l'ouvrier spécialisé et se cantonne à des tâches plutôt répétitives, quand bien même elles seraient agréables ! Les acteurs spécialisés sont souvent des comiques et subissent leur physique et caractère comme une caricature qui les rend, en eux-mêmes, comiques. Certains grands acteurs comiques comme Bourvil, Coluche, Woody Allen, ont connu une évolution inverse de celle de la plupart des autres acteurs : ils échappent en fin de carrière à leur personnage et montrent qu'ils sont capables d'être autrement qu'ils n'étaient, en jouant des rôles dramatiques. C'est l'exception par rapport à la règle puisque les grands acteurs finissent en général par jouer leur propre rôle après en avoir joué une grande variété. Cela peut être considéré comme un défaut et une espèce d'ossification (Gabin faisant du Gabin en fin de carrière) mais c'est aussi comme cela que l'acteur peut devenir créateur et échapper, partiellement au moins, aux désirs de celui qui le met en scène. Il devient créateur d'un certain type d'homme ou de femme, il invente un comportement, il donne à une époque un certain style : c'est une star. Il ne nous échappe pas qu'il s'agit là aussi d'une industrie et le cinéma hollywoodien est une usine à produire des stars. La star brille par ses qualités originales, mais elle est aussi conforme à un certain modèle idéal dont les sociologues pourraient expliquer les conditions de production. Incarnations rêvées du bonheur, elles deviennent parfois incarnations réelles du malheur, prisonnières d'une image qui ne leur appartient plus. Le mot « personnage » vient d'ailleurs d'un mot étrusque qui veut dire « masque ».

Après avoir vu ce premier problème de l'acteur : devenir quelqu'un ou n'importe qui, demandons-nous comment il est possible de jouer un rôle. Il y a certes autant de réponses que d'acteurs et de nombreuses écoles dans ce domaine. Nous dégagerons, pour simplifier, deux grandes attitudes, chaque acteur pouvant évoluer au cours de sa carrière. La première consiste à complètement « vivre » son personnage, à **devenir** un bandit, un évêque ou un boxeur. La travail de l'acteur consiste alors à s'immerger émotionnellement dans un autre moi, à accomplir un rite de dépossession de soi et un rite de possession d'un autre. Ascèse éprouvante que certains peuvent mener très loin : en changeant littéralement de corps (perdre ou gagner trente kilos, apprendre le métier de celui qu'ils vont incarner), en flirtant avec le déséquilibre ne sachant plus trop qui ils sont. La seconde consiste à apprendre son rôle en maîtrisant une technique de l'illusion. L'acteur a simplement un savoir-faire qui lui permet de jouer d'autant mieux tel ou tel personnage qu'il le tient à distance de lui-même.

À vrai dire, il n'est pas si simple d'opposer et de distinguer les deux méthodes. Comment jouer un personnage sans croire au moins un peu, qu'on l'est soi-même ? Comment établir une cloison étanche entre soi et celui que l'on joue sans tomber dans une sorte de schizophrénie ? De l'autre côté, comment continuer à **jouer** sur scène ou devant les caméras, celui que l'on est vraiment ? Cette difficulté indépassable du métier d'acteur est du plus haut intérêt dans la mesure où elle pose clairement et d'une manière pratique le problème philosophique essentiel de la liberté humaine. Pourquoi sommes-nous celui ou celle que nous sommes ? Pouvons-nous devenir quelqu'un d'autre, avons-nous le pouvoir de nous transformer ? Le « salaud », au sens sartrien du terme, est celui qui dit qu'il est comme il est et que les choses ne peuvent être autrement qu'elles sont. C'est un salaud parce qu'il masque ses hésitations, ses doutes et ses angoisses, il veut nous faire croire qu'il n'a jamais fait aucun **choix**, il veut justifier l'état des choses et le maintenir tel quel. L'acteur serait l'anti-salaud ! Ou en tous les cas, celui dont le métier repose sur un processus que tous les êtres humains connaissent. Nous avons tous fait des choix et nous continuons à en faire tant que nous sommes en vie, même si le train de nos vies est de plus en plus sur sa voie au fur et à mesure que nous avançons en âge. Nous ne pouvons pas entièrement nous cacher derrière nos origines sociales, notre caractère, bref, tout ce qui nous détermine malgré nous. Notre vie est faite de carrefours et de bifurcations. L'acteur est celui qui se souvient de ces carrefours et qui est capable, en imagination au moins, d'emprunter les voies qu'il a délaissées dans sa propre vie, mais qu'il **aurait pu prendre**. De même, nous n'avons pas été de tout temps celui que nous sommes, mais nous avons dû, au début au moins, le jouer ! L'écolier, le jour de sa première rentrée scolaire, doit apprendre un nouveau rôle, il en est ainsi de toutes les étapes de la vie qui nous plongent dans une situation nouvelle.

À ce point, nous pouvons proposer une solution au problème que pose la philosophie de l'acteur. Nous ne sommes jamais pour toujours ceci ou cela, nous ne sommes pas n'importe qui non plus, mais nous ne cessons pas de **devenir** nous-mêmes. L'acteur peut et doit puiser en lui-même, dans une expérience réelle ou imaginaire mais qui a toujours quelque chose de vécu, des émotions qui lui permettent de donner vie à son personnage. Il n'a cependant pas à s'identifier purement et simplement à celui qu'il joue pour la bonne et simple raison qu'il n'y a pas d'identité humaine absolument fixe : savoir qui l'on est reste une énigme qui ne se dévoile qu'avec le temps et si on l'accepte comme telle. En jouant tel ou tel personnage, l'acteur apprend à devenir un peu plus lui-même, à se trouver plutôt qu'à se perdre. On découvre par là une fonction éducative importante de l'acteur. Elle l'est par le biais des auteurs de théâtre ou de cinéma qui doivent avoir la même capacité que les acteurs à parcourir l'âme humaine. Les jeunes apprennent à aimer, à être courageux, au travers de leurs héros. Les grandes œuvres classiques sont celles qui nous enseignent la psychologie humaine et développent ainsi la personnalité de chacun. Dans les sociétés traditionnelles, le nombre de rôles qui sont offerts à l'individu n'est guère important, on pourrait même dire que l'individu se voit assigner un rôle malgré lui. Cela ne contredit pas ce que nous avons dit précédemment sur la liberté humaine. C'est bien parce qu'elle existe et qu'elle génère des angoisses et des conflits que la société a tendance à imposer un ordre préétabli. Dans une société de type individualiste, l'acteur tend à devenir quelqu'un d'important après avoir été interdit ou honteux. Chacun cherche à vivre une vie riche et pleine de rebondissements tandis que les innombrables films nous proposent une foule de rôles possibles propres à inspirer les nôtres.

Nous pouvons aborder une autre question essentielle, liée à la philosophie de l'acteur. Elle est dans le prolongement de tout ce que nous avons vu jusqu'à présent. L'acteur est-il un homme de vérité ou un vulgaire menteur professionnel marchand d'illusions ? Le grand Molière fut enterré la nuit, et il n'est pas sûr, encore maintenant, qu'un enfant, qui annonce à ses parents qu'il veut être acteur ou comédien, reçoive un excellent accueil. Cette profession a quelque chose d'inquiétant et va à l'encontre de la morale sociale où chacun doit garder sa place.

L'art en général et l'acteur en particulier, nous intriguent par leur capacité de créer quelque chose de vrai à partir de quelque chose de faux. Ce portrait nous fait dire d'une personne : c'est vraiment elle, et pourtant il n'y a qu'une toile recouverte de peinture. Cet acteur nous fait pleurer et pourtant personne n'est mort : « ce sont des histoires », comme il faut parfois le rappeler aux enfants ou se le dire secrètement à soi-même. L'acteur est vrai dans la mesure où il touche presque tout le monde, où il fait **vraiment** passer la tristesse ou la joie. Il y arrive par un surcroît d'artifices et de mensonges mais aussi, comme nous avons essayé de le montrer, parce qu'il vit vraiment la condition humaine sans se mentir à lui-même.

Au terme de cette réflexion sur ce genre particulier qu'est l'artiste interprète, nous pouvons dire que le danseur, le chanteur et l'acteur sont aussi vieux que les plus archaïques cérémonies humaines où les individus sont partie prenante de l'œuvre d'art. Leur philosophie profonde, au travers de la longue évolution de ces formes d'art, consiste en une transformation radicale de l'individu qui cherche à accéder à une humanité universelle en se prenant lui-même comme son propre instrument.

Le photographe

Le photographe est celui qui emprisonne la lumière dans sa boîte noire, qui laisse la lumière elle-même dessiner son empreinte sur un support sensible. On serait tenté de croire qu'il s'agit là d'une invention purement technique, produisant des résultats « objectifs » où le sujet humain n'aurait point de part. Certains ont même cru que la photographie allait rendre la peinture caduque parce qu'ils pensaient qu'elle ne poursuivait que la ressemblance. Non seulement la peinture n'a pas été remplacée, mais la photo est devenue un art. Plus exactement, la question que certains posent encore – la photographie est-elle un art ? – permet de mieux répondre à la question : qu'est-ce qu'un art ? Il n'y a jamais de véritable création à partir de rien : tout art procède de quelque chose qui est donnée, il appartient ensuite à l'homme de transformer ce don, de lui inscrire sa marque, de le spiritualiser. La forme la plus haute de l'art, à force de métier, étant justement que l'artiste se rende comme absent à son œuvre et que dans cette absence nous retrouvions le don, la splendeur de l'être, mais cette fois deux fois splendide. Cela se comprend bien pour la photographie. Qu'est-ce qui est donné ? Un paysage, une passante, des amoureux sur un banc et la lumière qui nous les fait voir. Qu'est-ce qui vient du photographe ? Son regard, le fait qu'il les ait remarqués, qu'il ait perçu de la beauté quelque part, à un moment donné. Cette beauté n'est pas prisonnière de telle forme ou de telle circonstance, elle peut surgir partout et à tout moment, invisible aux regards endormis, se dévoilant à ceux qui veillent. Le photographe choisira aussi son objectif, le temps de pose, etc., cela est de l'ordre de son métier de photographe, n'est pas une fin mais un moyen pour saisir la vérité du morceau de réel qu'il a choisi.

On peut encore imaginer une autre façon pour le photographe de mettre de lui-même dans l'acte apparemment simple d'appuyer sur un déclencheur. Il prépare ce qu'il veut photographier. Toutes sortes de mises en scène sont possibles. Cela peut aller de la simple pose en studio à des « installations » imaginaires qui sont déjà des œuvres d'art à leur manière. On peut faire varier à l'infini les paramètres techniques, utiliser des filtres, rechercher des effets spéciaux, etc.

La photographie dans son usage non artistique nous fait encore comprendre la même chose : la réalité objective n'existe pas, sinon comme une idée dans notre esprit. Le reporter photographie certes quelque chose de vrai, mais il fait un choix, son regard n'est pas neutre, il sélectionne ce qui lui paraît significatif. Les photographies d'un catalogue seront faites d'une certaine manière pour valoriser ce qu'elles ont à montrer, etc.

Voilà donc le premier enseignement philosophique de la photographie (ce n'est pas une nouveauté mais plutôt une confirmation) : nous ne percevons pas la réalité mais notre réalité est ce que nous percevons.

Nous avons vu qu'il y avait deux grandes familles de photographes : la première découpe ou arrache dans le film de la vie et du temps qui passe l'image d'un instant qui ne passera plus, la seconde veut donner des images d'un monde qui n'existe que dans le regard du photographe.

Le cinéaste

Comme la photographie, le cinéma fut d'abord une invention technique, qui consistait cette fois-ci à piéger les jeux de la lumière mais dans le temps. Cela revenait, aidé par le phénomène de la persistance des images sur la rétine, à piéger le mouvement. On ne vit bien sûr aucun intérêt, autre que strictement technique, à cette nouvelle bizarrerie ! La suite allait démontrer tout le contraire ! Le cinéma allait devenir une industrie fantastique du rêve et la télévision achemine partout des films, même chez ceux qui ne vont pas au cinéma. Nous venons de le dire, le cinéma est une véritable industrie et l'image est omniprésente dans notre société. Nous nous demanderons, comme pour la photographie, en quoi peut-il être un art ?

De ce point de vue, le cinéma souffre plutôt d'excès que de manque ! Il est un peu l'opéra du XXe siècle, c'est-à-dire une forme d'art qui en réunit beaucoup d'autres. Nous nous demanderons ensuite quelle est sa spécificité. Comme la photo, le cinéma doit découper dans le visible des images choisies. Il y a d'ailleurs un directeur de la photo dans une équipe de tournage. Via la photo, le cinéma est donc relié à la peinture. Contrairement à celle-ci, l'architecture et la sculpture doivent recevoir la lumière du jour et donc le regard qu'on porte sur elles est un regard créateur : le cinéma peut nous révéler l'architecture d'une ville, éclairer tel monument, etc. (c'était déjà vrai pour la photographie). La musique qui accompagne un film peut paraître secondaire et donne parfois lieu à ce qu'on appelle justement des « musiques de film » qui ne sont que de l'ordre de l'illustration. Il peut y avoir cependant des créations originales dignes de ce nom ou le choix d'œuvres majeures pour lesquelles le cinéaste sera capable de trouver un rapport artistique avec les images du film. Le film est une forme de narration, il y a des dialogues, le cinéma participe donc de la poésie au sens large du terme. Il partage avec le théâtre la direction d'acteurs et rien ne l'empêche de donner à voir des danseurs et des chanteurs.

L'énumération est un peu longue et laisserait croire que cette forme d'art n'est qu'un hybride touche à tout, dépourvu de toute autonomie. Un film présente toujours plusieurs niveaux de lecture, quel est donc le niveau proprement cinématographique ? Essayons de le faire comprendre *a contrario* : vous cadrez quelqu'un en plan fixe et vous le filmez pendant qu'il parle. Si vous vous intéressez à ce qu'il dit, c'est très bien, mais sur le plan cinématographique c'est nul. Inversement, vous pouvez voir un enchaînement d'images où il n'y a aucun dialogue et qui vous fait parfaitement comprendre une histoire et même vous fait ressentir des émotions profondes en le voyant. Cette fois-ci, c'est par l'écriture du mouvement (expression qui correspond à l'étymologie du mot « cinématographe ») que le cinéaste communique avec vous. L'image en mouvement et le mouvement en image, voilà ce qui constitue essentiellement la matière dans laquelle et par laquelle le cinéaste doit tenir son discours.

Ce discours cinématographique s'élabore lors des prises de vue, mais surtout lors du montage. C'est cette opération essentielle qui décide de reconstruire autrement tout ce qui a été précédemment « mis dans la boîte ». C'est là qu'il s'agit de trouver une grammaire originale apte à faire parler les images autrement que par les dialogues. Les acteurs du cinéaste Robert Bresson, par exemple, ont le sentiment de découvrir après le montage, un autre film que celui dans lequel ils ont joué.

Ce langage par l'image, pour ésotérique qu'il paraisse, nous parle peut-être plus directement que le langage verbal. Nos rêves ne sont-ils point de petits films et ce que Freud appelle le « travail du rêve », les règles d'une création cinématographique ? Les images sont très fortes symboliquement, elles empruntent des raccourcis, mettent en relation ce qui ne l'est pas toujours et surtout se jouent du temps et de son déroulement ordinaire. C'est sur ce dernier point que nous essaierons de cerner la philosophie du cinéaste : il ne peut pas travailler l'image du mouvement, sans travailler le temps. Son art se rapproche alors essentiellement de celui du musicien et pas seulement parce qu'on peut mettre de la musique sur des images. Cela se sent dans les mouvements de la caméra et le rythme du montage, mais aussi dans le récit lui-même, puisque le cinéaste néglige presque toujours le temps réel. C'est une chose qui nous est si familière dans notre « petit cinéma intérieur » fait de souvenirs, de perceptions immédiates et d'anticipations, que nous ne remarquons même pas qu'un film nous a fait traverser des années entières en deux heures. Cette reconstruction du temps, cette densification du temps par rapport à ses naturelles longueurs fait du cinéaste quelqu'un qui intensifie le sentiment de la vie.

3
Philosophie de la science

Introduction

Il est très courant aujourd'hui de distinguer philosophie et science, voire de les opposer. Cet état d'esprit se retrouve dans l'organisation des études où on distingue les filières « littéraires » et « scientifiques ». La philosophie est plutôt considérée comme littéraire tandis que mathématiques, physique, biologie, par exemple, sont considérées comme des discipline scientifiques. Cette distinction n'a pas toujours été de mise et elle n'est apparue que petit à petit au cours de l'histoire de la pensée. On peut aussi se demander, plus radicalement, s'il est légitime de parler de « la science », comme si son existence était apparue un beau jour et qu'elle n'avait plus eu qu'à s'appliquer vaillamment à toujours plus d'objets avec toujours plus de succès, en gardant toujours la même méthode. Il y a fort à parier, au contraire, que la science antique, la science moderne et la science contemporaine (pour reprendre les découpages traditionnels) n'ont en commun qu'un idéal cognitif. Descartes que l'on considère pourtant comme le père de l'esprit scientifique moderne dit encore « les » sciences et non « la » science. Il nous faudra donc comprendre en quel sens philosophie et science ont gagné leur autonomie mais aussi ce qu'il faut entendre par science car ce mot recouvre peut-être des réalités différentes. Parler « des » sciences est vraisemblablement plus judicieux, compte tenu de l'étendue de leur domaine et de la diversité de leurs méthodes. Sous ce mot de science se cache donc une double diversité : chaque grande époque de la science n'est pas le développement linéaire de l'étape précédente mais un bouleversement de l'idée de science elle-même ; chaque science a son histoire et ses méthodes propres.

D'autre part, que peut bien vouloir dire, « philosophie de la science » ? S'agit-il d'une philosophie à part, que l'on ne trouve nulle part ailleurs ? S'agit-il d'une philosophie spontanée et comme inconsciente, ou au contraire réfléchie et consciente d'elle-même ? Le scientifique, comme homme, peut très bien se passionner pour la philosophie et développer dans ce cadre sa métaphysique personnelle. Dans ce cas, il ne convient pas d'en parler ici et nous sommes renvoyés aux autres parties de notre ouvrage. Ce qui mérite d'être compris, c'est le fait qu'une réflexion sur la science n'est pas sans enseignements philosophiques puisque la philosophie est elle-même l'expression du désir de connaître.

Devant l'immensité et la difficulté de ce domaine, nous choisirons une approche particulière. Ce sera celle de l'histoire des sciences, de la physique en particulier, en décidant d'éclairer plus particulièrement la question des relations entre la théorie et l'expérience au travers de quelques exemples particuliers.

Pourquoi la physique ? Elle est, par excellence, la science de la nature ; celle qui nous parle du monde familier qui nous entoure mais aussi d'un monde totalement imperceptible pour nos sens quand il s'agit de pénétrer toujours plus profond dans l'intimité de la matière. Pourquoi s'intéresser aux relations de la théorie et de l'expérience ? Parce que c'est ce point de rencontre qui est en quelque sorte le moment de vérité, parce que cette adéquation entre l'idée et la chose (telle qu'elle est perçue dans l'expérience) correspond à la conception scientifique de la vérité. La science physique cherche toujours à se représenter intellectuellement ce qui se passe dans la nature, à donner d'elle des modèles qui nous permettent de démêler peu à peu les fils de sa formidable complexité.

Pourquoi l'histoire des sciences ? Justement parce que cette discipline est tout autre chose que le simple enregistrement ou la simple description de ce que l'on appelle naïvement l'aventure de la découverte scientifique, comme si la science au cours de son histoire ne faisait que lever petit à petit le voile de pudeur jeté sur une nature toute faite. En réalité l'histoire des sciences a pour objet un discours et non un simple objet. Il s'agit de faire apparaître comment le discours scientifique a évolué au cours de l'histoire. Cette démarche se distingue du point de vue positiviste d'Auguste Comte. Celui-ci oppose deux modes d'exposition pour une science : l'historique et le dogmatique. Le premier l'expose suivant l'ordre chronologique de sa formation, le second comme un système global tel que pourrait le concevoir un seul esprit. Un esprit scientifique cherche à parvenir au mode d'exposition dogmatique, même si quelques détours historiques sont inévitables. Comte a donc raison de distinguer ces deux approches, mais on peut lui reprocher de ne pas bien voir l'intérêt philosophique de l'histoire des sciences ou plutôt de ne lui donner d'importance que pour des raisons externes à la science elle-même et à ce que l'on appelle aujourd'hui l'épistémologie, c'est-à-dire l'étude du développement des sciences. Il considère en effet qu'on ne peut étudier la véritable histoire de chaque science qu'en relation avec l'histoire générale de l'humanité. Non seulement c'est dans cette perspective générale que l'histoire des sciences est possible, mais c'est encore, selon lui, la partie la plus importante de cette histoire de l'humanité ! Nous sommes donc conduits au paradoxe suivant : Comte se rend aveugle à l'historicité de la science, parce qu'il en fait le moteur de sa philosophie de l'histoire ! Cette histoire de l'humanité est en effet l'histoire de son développement vers l'âge positif et viril, qui n'est autre que l'âge de la maturité scientifique après l'étape théologique (animisme, polythéisme, monothéisme) et l'étape métaphysique (Dieu ou la nature). Ces deux premières grandes étapes fournissent un cadre qui permet les premières tentatives de l'esprit scientifique qui pourra enfin s'en débarrasser avec l'âge positif qui ne cherche plus qu'à relier les faits entre eux par des lois. Il y a donc bien une histoire de l'esprit humain plutôt qu'une histoire des sciences. Comme si l'esprit humain allait petit à petit vers « la Science », constituée de toute éternité et ayant la patience d'attendre que l'homme sorte de son enfance et de ses erreurs. Cette vision de l'Histoire, encore largement répandue et qui a sans doute sa part de vérité, conduit régulièrement à une vision de l'histoire des sciences singulièrement aplatissante : il y aurait les errements des maudits passant inexorablement dans les poubelles de l'oubli ou subissant l'exhibition amusée et humiliante et l'élection triomphale de ceux qui passent à la postérité éternelle de la vérité. La physique des Anciens fait alors figure de grossière naïveté et Aristote passe pour un potache maladroit qui tire des conclusions hâtives en voyant tomber une pierre et monter la fumée.

L'histoire des sciences, quand on l'étudie d'un point de vue interne, nous révèle qu'il n'y a pas eu de tout temps une conception unique de la science de laquelle on se rapprocherait petit à petit, mais qu'il y a au contraire des « coupures épistémologiques » qui font qu'on n'assigne pas toujours à la science, ni tout à fait la même tâche, ni la même signification. La physique d'Aristote n'est donc pas purement et simplement fausse, mais révélatrice d'un autre rapport à la nature que celui qui va s'élaborer avec Galilée et Descartes par exemple. Cela vient sans doute du fait que toute science s'élabore dans un contexte philosophique donné. Ce contexte philosophique, voilà justement l'objet que l'histoire des sciences doit savoir faire apparaître ! Voilà donc une première réponse à la question de savoir en quoi peut bien consister la philosophie de la science. En retour, si toute méditation sur la connaissance doit se nourrir d'épistémologie (le fait d'étudier la façon dont nous formons nos connaissances scientifiques) et si l'épistémologie doit se nourrir d'histoire des sciences, le parcours que nous allons entreprendre nous conduira nécessairement à envisager l'évolution de la philosophie selon ce que l'histoire des sciences nous aura appris.

Quel découpage adopter sur le plan chronologique ? Nous nous en tiendrons à celui qui est le plus courant : la science antique, la science moderne ou classique, la science contemporaine.

Nous envisagerons ensuite, séparément, la « philosophie » d'autres sciences comme les mathématiques à partir de certains exemples. Ce qu'il est convenu d'appeler les « sciences humaines » pose d'autres problèmes qui sont apparus plus récemment et que nous traiterons dans une autre partie.

La science antique

Pour tout ce qui concerne les débuts d'une approche scientifique de la nature, nous renvoyons aux développements qui concernent la naissance de la philosophie et les penseurs pré-socratiques.

Platon

On ne peut pas dire qu'il ait été un physicien et on se souvient du fait que son maître Socrate disait de lui-même qu'il avait abandonné toute recherche concernant la nature dans sa dimension corporelle. Il était plutôt mathématicien, science à laquelle il attachait la plus haute importance, comme le laisse entendre le fameux avertissement, « Que nul n'entre ici s'il n'est géomètre », inscrit au fronton de son académie. Il faut retenir de lui cette idée fondamentale que chercher la véritable sagesse c'est chercher la science véridique, c'est-à-dire quitter le domaine variable de la sensation et de l'opinion droite simplement partagée pour celui de l'idée dont on peut rendre raison. Avec Platon la philosophie devient essentiellement épistémique (*epistêmê :* la connaissance juste), éminemment scientifique. Seul celui qui voit juste peut se conduire comme un sage. La simplicité et la clarté géométriques témoignent d'une vérité que nous aurions connue et dont nous nous souvenons. Dès lors, le philosophe ne cessera de poursuivre – dans son discours comme dans ses actes – **l'analogie** avec cette vérité qui se laisse voir dans la géométrie. Le discours vrai est l'image la plus fidèle de l'ordre des choses par lequel la nature se donne à connaître, et doit donner prémisses, causes et conclusions. La science platonicienne est donc une dialectique **logique** plutôt qu'une physique. Non seulement il n'oppose pas philosophie et science, mais sa nouveauté tient au fait qu'il les **identifie**. Fidèle à son maître dans son exigence d'ascension intellectuelle, mais traître à celui qui se disait philo-sophe et non pas sage, ne sachant que son ignorance.

Aristote

L'élève de Platon fut lui aussi fidèle à son maître tout en le trahissant. Difficile d'imaginer un tel appétit de savoir, lui que Platon avait appelé le « liseur ». Ne se souciant pas que d'essences éternelles, Aristote étudia les existences temporelles. Loin des abstractions, il tourna son regard vers les choses concrètes qu'il peut observer autour de lui. Cette capacité d'observation n'est pas dénuée de toute élévation, puisque le ciel la suscite aussi. Il dit même que ce qui pousse les hommes à philosopher, c'est l'étonnement et que le ciel fut sans doute pour eux le premier objet d'étonnement. Kant s'en est peut-être souvenu lorsqu'il parlait de cette merveille qu'est le « ciel étoilé au-dessus de ma tête » ! Ciel, premier instituteur de l'humanité, parce que, échappant à la main, à l'avidité et au pouvoir, hors d'atteinte sinon pour les yeux. C'est de cet émerveillement et de cette impuissance conjointe qu'est peut-être né le sens de l'observation. On peut voir sans regarder, percevoir sans observer. Il n'y a sans doute pas d'observation pure ou de regard absolument vierge, puisqu'on a toujours quelque idée à confirmer ou à infirmer ; mais le fait est : on attend la réponse d'autre chose que soi. Il y a une sorte d'enstase dans la dialectique des idées, une extase dans l'observation. Effort négatif de la simple attention à ce que se passe, mais effort considérable néanmoins. Fidélité à ce qui est à ses yeux, honnêteté à dire ce que l'on a vu. Au lieu donc de voir dans le monde environnant une copie agitée et trompeuse d'entités immuables, Aristote décide simplement de le regarder en se demandant s'il n'y a pas là quelque chose à apprendre. La vérité n'est peut-être pas ce qui m'apparaît, mais il y a une vérité de ce qui m'apparaît, les choses m'apparaissent suivant un ordre significatif qui me laisse croire à leur intelligibilité. Nous tenons sans doute là une première grande caractéristique de la philosophie du physicien : la nature n'est pas telle qu'on la désire ou la croit, elle est telle qu'elle est et il faut commencer par l'observer.

L'expérience commune de tous les jours nous montre que nous sommes sur la terre et que le ciel est au-dessus de nous. Terre et ciel : nous sur la terre, en bas ; les étoiles dans le ciel, en haut. Sur la terre, beaucoup de bouleversements et des changements de toutes sortes ; dans le ciel, des mouvements, certes, mais réguliers et immuables. Ce mélange de changement et de permanence est de nature à susciter le désir de comprendre. S'il n'y avait que du changement et un changement permanent des formes du changement, on voit mal comment une conscience pourrait seulement exister. S'il n'y avait que de l'immuable, il en serait de même. Le changement étonne donc, mais il étonne encore dans sa manière de rester identique à lui-même. La pierre qu'on lance en l'air retombe toujours de la même façon, les années se suivent et se ressemblent dans l'ordre des saisons. La nature pour Aristote sera principe de mouvement et de repos. Or, que constate-t-on ? Qu'il y a plusieurs formes de mouvement : le mouvement des sphères célestes, circulaire et uniforme, sans commencement ni fin ; les mouvements des corps sur la terre. Il y a donc deux mondes : celui des phénomènes célestes éternels et le « sublunaire » dans lequel nous sommes, soumis aux phénomènes de génération et de corruption. Le monde sublunaire et son agitation fait donc figure d'exception par rapport à la norme de celui qui suggère un ordre éternel.

Tout ce qu'Aristote peut dire de la nature en général et du mouvement en particulier ne peut se comprendre qu'à l'intérieur d'un **cosmos**, c'est-à-dire d'une conception ordonnée de l'univers par opposition au chaos. Le but n'est donc pas d'expliquer tel ou tel phénomène, de telle sorte qu'en en maîtrisant les causes on pourra le reproduire artificiellement (ce qui permet d'agir dans et sur la nature), mais plutôt de décrire les perturbations de l'ordre des choses qu'il faut **contempler**. Or que constate-t-on, une fois de plus ? Qu'il y a deux sortes de corps et deux sortes de mouvements. Il est un fait que certains corps tombent vers le bas et d'autres montent vers le haut. Il est un fait que l'on peut lancer une pierre vers le haut ou souffler de la fumée vers le bas : on constate alors qu'ils retrouveront leurs vraies natures après un moment. Le mouvement naturel est donc le mouvement des graves vers le bas et le mouvement des légers vers le haut ; le mouvement violent contrariant, pour un temps seulement, cet état des choses. Le mouvement est donc certes dans la nature puisqu'il est l'acte de ce qui est en puissance dans tout corps, mais il n'y est que comme **dérangement violent** d'un ordre cosmique ou ontologique ou **retour** à cet ordre.

La science moderne

Galilée

Il représente non seulement un moment clef de l'histoire de la physique, mais on peut aller plus loin encore en disant avec Kant que ce n'est qu'avec lui que la physique devient véritablement une science. Nous sommes donc en présence de ce que l'on appelle aujourd'hui une « rupture épistémologique ». Ce qui signifie un changement radical de méthode et pour le cas présent un bouleversement de pensée quant à la signification de la science elle-même. Galilée va ouvrir au tout début du XVIIe siècle, avec sa loi de la chute des corps, une nouvelle ère ; en même temps qu'il symbolise, en affirmant le mouvement de la terre contre l'avis des autorités religieuses, l'héroïsme scientifique. Bien avant Galilée, Archimède avait donné une formulation mathématique pour rendre compte d'un phénomène naturel, mais c'est depuis Galilée que les physiciens s'accordent pour dire que le livre de l'univers est écrit en langage mathématique. C'est cette mathématisation de la nature qui fait la physique moderne et la fait entrer dans l'ère du calcul et de la prévision.

Là où Aristote opposait des qualités (haut/bas, léger/grave, naturel/violent), Galilée mettra de la quantité. Il n'y a qu'un espace isomorphe, tous les corps sont pesants, le mouvement est inhérent aux corps et se conserve en eux (principe d'inertie). Que signifie cette simplification et comment y est-il parvenu ? La physique d'Aristote n'était plus satisfaisante, ni sur le plan dynamique (sa conception du mouvement) ni sur le plan cosmologique (son géocentrisme). Comment expliquer en effet le phénomène du jet qui est une composition subtile de mouvement violent et naturel, comment expliquer les différences de vitesses de chute des corps ? À l'époque de Galilée, certains chercheurs tentaient de perfectionner la théorie d'Aristote en expliquant que les corps tombent à une vitesse proportionnelle à leur poids spécifique diminué du poids spécifique du milieu. Galilée constate que lorsque la densité du milieu diminue, les différences de vitesse entre des corps de densité différente diminue corrélativement. C'est alors qu'il lui vint à l'esprit qu'en supprimant toute résistance du milieu, **tous les corps tomberaient à la même vitesse**. Hypothèse plutôt osée quand on sait qu'on ne savait pas faire le vide à son époque et qu'on avait même tendance à se battre quant à la question de savoir s'il pouvait même exister (on disait que la nature avait horreur du vide). Cette supposition, cette hypothèse est capitale puisqu'elle est le geste inaugural de la physique moderne. Alors même qu'en physique on croyait quitter les abstractions mathématiques pour rejoindre la réalité sensible, Galilée nous arrache par la pensée à toute condition réelle d'observation, pour parler **du** mouvement de chute des corps. Au lieu d'observer la diversité des mouvements pour ensuite les ranger par familles, on va penser le mouvement en soi pour ramener à l'unité la diversité empirique. On classait, il reste maintenant à calculer à partir d'une nature conçue dans l'abstrait. Pour ce faire, Galilée considérera la vitesse du corps comme proportionnelle au temps et ayant une croissance uniforme. C'est la loi du mouvement rectiligne uniformément accéléré.

En ayant changé de conception du mouvement, nous avons changé de monde et c'est la science elle-même qui a changé. Pourquoi avons-nous changé de monde ? Nous l'avons renversé : il n'y a plus d'immobilité fondamentale et de mouvements dont il faudrait chercher la cause avant que l'ordre immobile ne s'impose à nouveau ; il n'y a plus qu'une **mobilité générale et permanente** et des mouvements qui ne sont que des **variations** de mouvement où l'immobilité ne joue qu'un rôle de cas particulier et provisoire. Nous voilà donc dans un monde **décentré** et mobilisé qui cadre fort mal avec la cosmologie aristotélicienne. Il n'y a donc plus d'opposition radicale entre le haut et le bas, entre la terre et le ciel ; c'est cette uniformisation de l'espace qui rend **pensable** l'utilisation de la **lunette** grossissante. Galilée est en effet célèbre pour avoir été le premier à utiliser ce type d'instrument. Ce n'est pas un hasard heureux ou seulement une habileté technique : cela suppose une conception géométrique de l'espace contraire à l'idée selon laquelle il y aurait une différence de nature entre la terre et les cieux. Certains, incrédules, prétendaient que ce que l'on voyait en regardant dans la lunette était **dans** la lunette ! Galilée voulut donc apporter des preuves physiques et optiques à l'héliocentrisme de Copernic, qui n'était qu'une hypothèse mathématique. C'était sans doute là le scandale ! Dire que les choses se passaient réellement ainsi ! Ceux qui instruisirent son procès n'étaient pas assez bêtes pour ne rien comprendre aux travaux de Galilée mais ils sentaient bien que c'était toute une époque qui s'en allait : celle où le témoignage des sens qui parle au peuple (tout le monde sent bien que la terre ne bouge pas et voit bien que le soleil tourne autour d'elle) concorde avec le discours des savants (la cosmologie d'Aristote) et la doctrine de l'Église.

Quant à la science physique, elle vient de rompre les liens avec le monde sensible alors que c'est bien de lui qu'il faut toujours rendre compte ! La physique va désormais poursuivre un monde **réel** qui se cache **derrière** le monde apparent et en gouverne les aspects changeants.

Théorie et expérience

Nous en sommes au point suivant : il n'y a de physique qu'à partir du moment où on cherche à interroger la nature elle-même et non les livres ou sa méditation intérieure ; mais d'un autre côté la science moderne nous apprend qu'elle conçoit abstraitement la nature qui devient une sorte de livre (le fameux grand Livre de la nature !) écrit en langue mathématique. La physique se joue donc dans cet entre-deux, ce dialogue permanent entre théorie et expérience. Galilée, voulant caricaturer ses adversaires, imaginait que s'ils trouvaient le cœur à gauche en disséquant un corps, le déclareraient bien volontiers dans l'erreur si les livres d'Aristote le trouvaient à droite ! Pour répondre à d'autres esprits grognons, il rappelait que si Dieu a créé l'univers, c'est en connaissant ses œuvres qu'on le connaît aussi bien qu'en ses paroles ou ce que l'on peut dire de lui. L'expérience est donc la pierre de touche de la vérité en physique. L'idée d'expérience suppose toujours, en son fond, un moment de pure passivité où l'on va purement et simplement **recevoir** la vérité. Nous verrons que les choses ne sont pas si simples, surtout dans le cadre de la physique contemporaine. C'est cependant le premier article de la philosophie du physicien : la vérité est **hors** de moi, il faut aller la chercher ailleurs. Sur le plan du développement psychologique de l'individu, cela correspond à la sortie de l'égocentrisme épistémologique de l'enfant qui finit par comprendre que le soleil ou la lune ne le suivent pas quand il se déplace. Pourrions-nous seulement être curieux de ce qui nous entoure, si nous n'étions pas réveillés ou étonnés par l'expérience ? Tout commence donc par l'expérience, non pas telle ou telle expérience précise, mais le simple fait de l'existence du monde extérieur est ce qui rend possible et qui suscite le processus de la connaissance. Tout finit aussi par l'expérience au bout du compte, car c'est elle qui doit **valider ou invalider** la théorie.

Un certain **empirisme** naïf serait-il la philosophie nécessaire et suffisante de notre physicien ? Suffit-il d'aller courir les bois et la campagne pour « faire des expériences » et acquérir ainsi des connaissances ? On se doute bien qu'il ne suffit pas de vouloir poser des questions à la nature pour qu'elle nous réponde ! « La nature aime se cacher », disait Héraclite ; à supposer qu'elle parle, elle ne bavarde pas dans un idiome très familier. Il faut donc savoir dans quelle langue lui parler et quelles questions lui poser. Autant l'expérience nous semble être une donnée extérieure indispensable, autant **l'expérimentation scientifique** semble être une **construction théorique**.

Nous prendrons deux exemples célèbres de l'histoire des sciences pour mieux réfléchir à cette relation entre théorie et expérience : la découverte de la pression atmosphérique par le physicien italien Torricelli en 1633 et la découverte de la planète Neptune par Le Verrier.

Commençons par la découverte de la pression atmosphérique. Les fontainiers de Florence se trouvent devant une difficulté technique : ils n'arrivent plus à pomper de l'eau à partir d'une certaine profondeur. Torricelli en déduira que l'atmosphère terrestre exerce une pression, à la surface d'un liquide par exemple, et que cette pression fait monter le liquide à l'intérieur de la pompe puisque celle-ci y a supprimé cette pression. La pompe ne tire donc pas l'eau, comme nous le suggère l'évidence sensible ; mais l'eau est poussée par la pression qui s'exerce sur sa surface libre. Cette poussée est d'une force donnée et ne peut donc faire monter l'eau au-delà d'un certain niveau. Dans des conditions d'expérience ordinaire, on peut pomper de l'eau sur une dénivellation de 10,33 m. Les fontainiers avaient donc atteint une profondeur supérieure dans leur travaux, d'où leurs difficultés. Tout cela semble un peu banal et on a du mal à concevoir qu'un physicien soit nécessaire pour résoudre ce genre de problèmes. Il faut comprendre que le divorce entre physique (qu'on appelait significativement « philosophie naturelle ») et évidence sensible était loin d'être acquis. Comme cette pression s'exerce aussi à l'intérieur de notre corps, nous ne la sentons pas et nous vivons au fond d'un océan d'air sans nous en rendre compte, alors qu'il suffit de plonger au fond d'un bassin pour sentir la pression exercée par l'eau. Non seulement l'expérience de tous les jours rend cette idée bizarre, mais elle est aussi en contradiction avec la théorie admise à l'époque, selon laquelle la nature aurait horreur du vide. Cette ancienne théorie était-elle absurde ? Non, car dans certaines conditions, les plus courantes justement, le phénomène se répétait invariablement. Comme on pouvait le reproduire autant de fois qu'on le voulait, on pouvait induire à partir de là une loi générale. Il suffisait de changer les conditions d'expérience (pomper à une profondeur supérieure à 10,33 m) pour mettre en évidence la nécessité d'une autre explication. Cela fait d'ailleurs entrevoir la limite des théories physiques que l'on obtient inductivement, dans un contexte expérimental nécessairement limité. Contre l'évidence et les préjugés, Torricelli eut l'idée d'une « pneumatique », conçue sur le modèle de l'hydrostatique. C'est le travail propre au scientifique, qui est de l'ordre de **l'imagination rationnelle**. Quels sont les fondements philosophiques de ce travail ? Pour la rationalité, il ne peut s'empêcher de penser qu'il y a une raison au phénomène observé et que cette raison est analogue à ce qui a été établi dans un domaine voisin (en l'occurrence, l'hydrostatique). Rien n'est donc sans raison, et la nature est un système cohérent. Pour l'imagination, c'est le fait de parier sur l'existence de quelque chose qui ne sera mise en évidence que plus tard. Ce qui fut fait, en effet, lors de l'expérience du puy de Dôme, menée par Pascal et son beau-frère Périer. Si nous sommes au fond d'un océan d'air qui exerce sur nous une pression, cette pression doit être proportionnelle à la profondeur de cet océan et l'on peut bien penser qu'au sommet d'une montagne elle est plus faible qu'à son pied en raison inverse de l'altitude de cette dite montagne. L'expérience fut concluante et la pression atmosphérique ainsi « découverte ». Revenons un peu maintenant sur la question qui nous occupe : quelles relations entre la théorie et l'expérience ? Tout

commence par une expérience : le **constat** des fontainiers embarrassés. Les choses auraient cependant pu en rester là et les fontainiers pomper ailleurs ! Ce constat ne prendra valeur d'expérience que dans la mesure où il vient contredire l'habitude et une théorie anciennement établie, il n'est **significatif** qu'à ce titre. Les faits sont donc têtus, mais n'ont de sens que par rapport à une théorie. Vient ensuite la réflexion du physicien qui ne peut en aucune manière tirer la moindre théorie de la seule expérience mais plutôt d'une construction rationnelle. Vient enfin la **confirmation** par l'expérience. Cette confirmation n'a pas lieu comme une grâce de la nature, au cours d'une promenade, mais dans le cadre d'une expérimentation **conçue en fonction** de la théorie à confirmer. Théorie et expérience sont donc, du début jusqu'à la fin, intimement mêlées.

Envisageons maintenant la découverte de la planète Neptune. Le Verrier et Adams étudient la trajectoire de la planète Uranus, récemment découverte par un astronome anglais, Herschel. Ils y observent des **perturbations**. On serait tenté de demander par rapport à quoi ? On pourrait dire que cette trajectoire est ce qu'elle est et que l'éthique de l'observation doit se contenter d'en prendre acte. Certes. Il y a en fait un décalage entre ce qui est observé et ce qui **aurait dû** être observé en fonction de la trajectoire théorique d'Uranus. Cette trajectoire théorique est donnée par les lois de Newton. Le Verrier supposera alors l'existence d'une autre planète dont la trajectoire, toujours en fonction des lois de Newton, sera de nature à dévier la trajectoire d'Uranus que l'on croyait bien connaître, à tort. L'existence de Neptune fut donc un fruit du pur **calcul**, et ce n'est que plus tard, en 1846, que Gall observa pour la première fois la planète Neptune depuis Berlin. Quelles nouvelles leçons tirer ? Tout commence encore par une expérience : observer la trajectoire d'Uranus. Cette expérience n'en est une que pour des scientifiques. Parce qu'elle est liée à des instruments de mesure, mais surtout parce qu'elle vient troubler une représentation antérieure. L'imagination rationnelle et le calcul ensuite, la confirmation expérimentale enfin. Nous retrouvons un schéma proche de celui que nous venons de voir, à ceci près qu'une théorie scientifique (les lois de Newton) permit non seulement de supposer l'existence de quelque chose, mais encore de la définir précisément. C'est ce que l'on appelle la vertu heuristique de la théorie : c'est elle qui permet de trouver de nouvelles solutions, comme si elle était un sixième sens pour percevoir ce que nos sens ne peuvent pas percevoir. Autrement dit, plus la science progresse et plus les faits scientifiques sont en vérité faits par la science. La théorie n'est plus un éloignement du réel, mais une machine à **découvrir du réel**.

La pensée du physicien classique et sa conception de la nature

Nous avons approché les grandes caractéristiques de la physique moderne : abstraite, mathématique, construisant des expériences à qui elle demande toujours la confirmation de ses démarches. Nous allons essayer de revenir sur les principes qui gouvernent cette façon de penser afin de mieux cerner la « philosophie » du scientifique et sa conception de la nature.

On dit souvent que la science « explique » les faits. Explication est contraire d'implication qui voulait dire initialement complication. Toute explication est donc une tentative de simplification, expliquer se devrait être déplier, démêler. Reconnaissons que si toutes les théories scientifiques ne sont pas compréhensibles en fait, elles le sont toutes en droit ! Cette simplicité scientifique n'est pas souvent d'une grande facilité ! Quoi qu'il en soit, il s'agit toujours de modéliser, de transposer, de trouver une loi ou un système de lois qui permettent de rassembler une foule de phénomènes épars, de comprendre en quoi le futur n'est pas absolument différent du présent et du passé. Ramener le multiple à l'un, le changement au permanent, l'autre au même, le différent à l'identique. Quel grand savant du XXe siècle n'a point rêvé à l'équation unique qui rendrait compte de la globalité des phénomènes physiques ? La physique poursuit peut-être depuis le XVIIe siècle une métaphysique monothéiste héritée des Grecs anciens : atteindre enfin l'Intelligible où tout se résorbe en lui ! Mais si tout s'y résorbe, comment faire la moindre expérience probatoire ?

Oublions ces vertiges et tentons une définition d'un système théorique en physique, il est tel que :

– partant des principes et définitions gouvernant le système, et à l'aide de variables qu'il met en jeu, il soit possible d'associer à tout fait général relevant du domaine considéré un ou plusieurs énoncés en forme de loi, mathématiquement maniable et expérimentalement contrôlable ;

– l'ensemble de ses énoncés et des principes initiaux puissent être articulé déductivement sur le modèle des théories mathématiques ;

– le domaine des faits venant à s'élargir ou à s'affiner, de nouveaux énoncés ayant valeur de loi puissent être construits à l'intérieur du système, contrôlés expérimentalement, puis reliés déductivement aux énoncés déjà admis ;

– tel, enfin, qu'il soit possible, les conditions initiales étant précisées et en prenant appui sur les lois, de rendre compte de faits singuliers passés, ou, corrélativement, d'avancer des prédictions sur des faits singuliers susceptibles de se produire spontanément ou d'être produits artificiellement.

Un tel système a bien une **capacité explicative** vis-à-vis d'un domaine de faits défini. Le système newtonien par exemple explique le phénomène gravitationnel en général, le phénomène des marées à l'intérieur de ce phénomène général, et telle marée en particulier si besoin est, à un quelconque point du globe et à tel ou tel moment. Le mot qui revient sans cesse est celui de «**loi**». Il est commun, d'une manière intéressante, aux domaines politique et scientifique. La légalité dans la cité c'est le fait qu'il ne s'y passe pas n'importe quoi et n'importe comment et qu'elle échappe au chaos que pourraient engendrer les pulsions des individus. La loi cherche à rendre le comportement du citoyen prévisible. De même, c'est parce que l'homme a constaté des régularités empiriques, qu'il a cherché à mieux cerner et trouver en profondeur ce qui expliquait cette régularité. En physique une loi est un énoncé consistant en une relation mathématique entre des grandeurs. À travers cette relation on vise à représenter le processus de réalisation des phénomènes naturels.

Comment le scientifique construit-il ses lois ? On peut dégager trois modes de construction :

– par coordination de résultats expérimentaux au moyen d'une fonction mathématique. Mariotte constate ainsi que la pression et le volume d'un gaz sont des grandeurs qui peuvent être reliées entre elles par un certain type de fonction. Il en tirera sa loi selon laquelle la pression multipliée par le volume est une constante. Ce n'est pas en mesurant des variables qu'il a vu cela, mais c'est en voyant, **au travers d'une fonction mathématique**, le résultat de ses mesures ;

– par analyse théorique directe. On a longtemps admis le mouvement circulaire uniforme comme naturel. C'est Huyghens qui l'expliquera comme la résultante d'une force centripète dont il pourra donner la formule à partir de l'**analyse** des acquis de la dynamique ;

– par extension et transposition conjointe. On se demande alors si la loi qui régit une certaine catégorie de phénomènes ne peut être transposée dans celle que l'on étudie. Nous avons déjà évoqué la transposition des lois de l'hydrostatique vers les corps gazeux (Torricelli et

Pascal). Coulomb commencera à construire l'électrostatique en **rapprochant** l'attraction de deux corps électriquement chargés de signes contraires de l'attraction gravitationnelle dont Newton avait donné les lois.

Toutes les lois sont-elles du même type ? On peut les classer suivant trois points de vue différents :

– selon leur forme mathématique. Elle consiste à établir soit une rapport de proportionnalité entre plusieurs grandeurs, soit une relation fonctionnelle ;

– selon qu'elles contiennent ou non le temps comme variable indépendante. Si c'est le cas on pourra prédire l'état d'un corps à un instant ;

– selon qu'elles ont une forme catégorique ou probabiliste. Les lois de la physique classique sont catégoriques (ce qu'elles annoncent est toujours sûr), certaines lois de la physique contemporaine n'annoncent que la probabilité d'un événement. Nous pourrions même remarquer que les lois physiques, d'une manière générale, ne sont que probables par rapport aux lois mathématiques. Tout cela pose des questions fondamentales que nous reprendrons plus loin. Nous pensons notamment au principe d'induction et au problème général du déterminisme.

Quelle conception de la nature peut-on dégager de tout cela ? Ce qui revient le plus souvent sous la plume des scientifiques est : **simplicité**. Nous répétons qu'il ne s'agit pas bien sûr d'une simplicité apparente mais essentielle. La nature n'affecte pas la pompe des causes superflues, selon les termes de Newton. Cette simplicité est jointe à un grand sens de **l'économie**, la nature ne fait rien en vain comme d'opérer par un plus grand nombre de causes ce qui peut se faire par un nombre plus petit. Elle se caractérise aussi par la **continuité** : elle ne fait pas de sauts, passe d'un état à un autre par les états intermédiaires et reste semblable à elle-même, les mêmes effets produisant les mêmes causes. Elle manifeste enfin une magnifique **cohérence**, chaque partie de tous les corps obéissant aux mêmes lois que les corps eux-mêmes. On se laisserait aller à penser que notre scientifique projette dans la nature l'image de l'épouse idéale et vertueuse !

La science contemporaine

Le mécanisme matérialiste

La physique classique retrouvait dans la nature les qualités que l'on prêtait à Dieu, le fameux « Dieu des philosophes et des savants », dont parle Pascal. Étudier la nature c'était connaître sa volonté pleine de droiture, de simplicité et de constance. Paradoxalement, plus Dieu, en lui-même, devenait inaccessible et impénétrable et plus ses voies pouvaient être empruntées par la connaissance humaine, en tant qu'elle pouvait explorer dans la nature les traces que sa volonté y avait laissées. Mais petit à petit la métaphore fut oubliée et les lois de la nature ne renvoyèrent qu'à la nature elle-même. Chercher la cause ou l'origine des lois, voilà qui n'est justement plus scientifique. La notion apparemment évidente de cause, passablement métaphysique dès qu'on l'analyse un peu, s'est évanouie petit à petit. Il était fatal que le Dieu de la métaphysique s'évanouisse aussi, puisqu'il y est pensé comme cause des causes et cause de soi. Restent les lois gouvernant un univers vidé de tout Principe et laissant entendre le chant indifférent de l'éternelle matière. Et Dieu ? demandait Napoléon à Laplace qui lui présentait sa conception du monde : Sire, nous n'avons pas eu besoin de cette hypothèse ! Que faire, en effet, d'une hypothèse que nulle expérimentation ne confirme ?

Le matérialisme eut ses ardents défenseurs dès le XVIIIe siècle et un La Mettrie, et son « homme machine », pourrait être, à certains égards, un homme de la fin du XXe siècle qui guette les progrès de l'intelligence artificielle. L'homme était déjà selon lui la forme la plus compliquée et la plus organisée de la seule substance qui soit : la matière. Dans le domaine des sciences physiques, on crut pouvoir réaliser ce qui avait été l'idéal initial de cette science : voir la nature avec une telle **objectivité** qu'on pourrait en donner une représentation dont **nous** serions totalement **absents.** Le matérialisme le plus total allait de pair avec le **réalisme** le plus confiant : entendons par là l'idée selon laquelle la science décrit le monde tel qu'il est réellement en lui-même.

Matérialisme, réalisme, il manque encore un troisième larron : le **déterminisme**. C'est un point de vue qui soumet le monde à un ordre immanent. C'était sans doute un point de vue partagé par les anciens, à tel point qu'on a pu dire de manière suggestive que la notion de nécessité physique n'était que la laïcisation de l'antique idée religieuse du Destin (mais un positiviste dirait sans doute que le Destin n'est que la prémice timide d'un esprit scientifique encore confus !). L'idée moderne de déterminisme est celle d'un ordre immanent **qui inclut le changement**. Cette idée est bien entendu présente dans les systèmes philosophiques rationalistes du XVIIe siècle, mais c'est en 1814 qu'elle reçoit son expression purement scientifique avec Laplace. Le devenir du monde se réduit à un système d'équations dont il suffit de connaître la valeur des inconnues à un l'instant t_0 pour pouvoir déduire l'état du monde aux instants t_1, t_2, t_n. Le point de vue déterministe consiste donc à hisser son esprit à un point d'où tout n'est plus vu que comme un enchaînement mécanique de causes nécessaires. Tout l'avenir n'est plus que le futur entièrement contenu dans le présent, et le présent, convenablement analysé, laisserait remonter la totalité du passé. On laisse bien entendu de côté la question du commencement. Ce déterminisme est un déterminisme ontologique qui n'est guère susceptible de preuves, mais il faut reconnaître que le physicien doit au moins compter sur un déterminisme méthodologique concernant des systèmes partiels. En l'absence de tout déterminisme, on voit mal comment la notion même de loi physique pourrait tenir ! Kant dirait que le physicien ne peut connaître la nature comme entièrement déterminée mais qu'il doit la penser comme telle pour mener à bien ses recherches, c'est ce qu'il appelle une idée régulatrice.

Ce déterminisme supposé soutient tout naturellement la forme la plus courante du raisonnement : **l'induction**. C'est elle qui nous fait dire qu'il va pleuvoir lorsqu'on aperçoit des nuages ou qu'il y aura un bouchon sur l'autoroute le vendredi soir. C'est ce que l'expérience montre... le plus souvent... Si je dis : tous les hommes sont mortels, Socrate est un homme, alors, il est absolument sûr et certain que Socrate est mortel. Est-ce pour autant vrai ? Cela ne sera vrai que si les deux premières propositions le sont aussi. Si je dis : tout ce qui est bleu est un cheval, ce stylo est bleu, donc ce stylo est un cheval ; mon raisonnement est bien fait sur le plan logique mais il n'est pas moins absurde qu'un stylo puisse être un cheval. La logique donne donc d'authentiques certitudes sur le plan de la **forme** des raisonnements, cela concerne leur **validité**. Savoir si ce que je dis est **vrai** est une tout autre question. Pour les sciences de la nature où le discours est censé parler d'autre chose que de lui-même, quelle idée peut-on se faire de la vérité ? Nous l'avons déjà brièvement indiqué : il s'agit d'une adéquation entre la représentation et la chose. C'est donc l'expérience, qui est une sortie de soi, qui permettra d'établir s'il y a ou non cette adéquation. Vous attendez avec votre télescope, telle planète, à tel endroit et à tel moment : vous la voyez ou vous ne la voyez pas. Autrement dit, dès que l'on quitte le domaine purement logique, il faut toujours s'en remettre à l'expérience. Nous avons longuement insisté sur le fait qu'il n'y a pas d'expérience pure et que la physique est une construction théorique, mais en dernière analyse on en revient toujours à la question de savoir ce que répond la nature quand on l'interroge. Au nom de quoi pense-t-on qu'elle répondra toujours la même chose ? Ne lui pose-t-on pas des questions dans un cadre désespérément limité ? Les partisans de « l'horreur du vide » pouvaient s'adosser tranquillement sur un nombre infini d'expériences concluantes, mais finalement... trompeuses. Il faut donc bien se rendre à l'évidence : pour mathématiquement formulées qu'elles soient, les lois de la physique reposent toujours sur une induction quant à la question de savoir si elles sont vraies ou non (sans parler du problème de l'exactitude, puisqu'on a tendance à résoudre les problèmes dans l'abstrait, en « négligeant les frottements »). Jusqu'à présent, on a toujours constaté que... il n'y a jamais eu de démenti à cette idée selon laquelle lorsque j'ai **a** (des nuages par exemple), alors j'ai **b** (de la pluie). La boule roule toujours avec la même accélération sur le plan incliné... On peut alors formuler le principe d'induction de la manière suivante : si une hypothèse a été souvent vérifiée et jamais démentie, alors elle présente au moins un degré de probabilité en tant que vérité universelle. Si telle hypothèse répond à ce critère, alors..., notons que nous retrouvons la forme du syllogisme avec sa majeure, sa mineure et sa conséquence. Il est impossible de véritablement fonder un tel principe puisqu'en faisant appel à l'expérience, c'est de lui qu'on se servirait ! Nous sommes donc devant ce que nous oserions appeler une « **croyance efficace** », et nous serions tentés de définir la physique de cette manière : une habitude qui a fait ses preuves, en somme.

Cette science est donc parvenue au XIXe siècle à une sorte d'épanouissement triomphal sous la forme du mécanisme matérialiste déterministe. La suite de son développement et la réflexion épistémologique vont ébranler bon nombre de convictions, comme nous avons commencé à le suggérer.

Remises en cause contemporaines

Toutes les lois physiques ne sont que probables car fondées en dernier ressort sur le principe d'induction. Avec la mécanique quantique, le caractère statistique de ces lois devient explicite.

L'idéal d'objectivité n'est pas abandonné, mais c'est pour établir l'objectivité d'une incertitude : on ne peut déterminer à la fois la vitesse et la position d'une particule. Les observations de la physique fondamentale entrent aujourd'hui à ce point dans l'intimité de la matière que les conditions de l'observation changent la nature de ce que l'on veut observer. Cela peut signifier deux choses. La recherche est aujourd'hui indissociable de la conception technique des instruments de recherche. Cela était déjà vrai pour Galilée et sa lunette, les deux domaines ne semblent n'en faire plus qu'un aujourd'hui. D'un point de vue plus épistémologique et philosophique, c'est le sens même de la démarche scientifique qui se trouve remis en cause. L'idéal d'objectivité supposait que le sujet connaissant puisse se retirer dans l'effacement de la simple transcription du réel. Cette transcription se faisait dans une langue **partagée** qui est celle des mathématiques. Ce n'est donc pas purement et simplement le réel brut qui nous apparaît, mais sa mise en forme dans cette langue. Aujourd'hui, cette mise en forme semble être de plus en plus de notre fait, et l'activité de la science n'est peut-être qu'un jeu qui consiste à retrouver émerveillés dans la nature, ce qu'on a bien voulu y mettre nous-mêmes.

La matière elle-même qui constituait le socle le plus solide de toutes nos croyances, à cause sans doute du caractère très convaincant du témoignage sensible à son sujet, n'est plus qu'un mot commode pour désigner un état ordinaire d'une énergie qui constituerait la substance de toutes choses.

Conclusion

L'évolution historique

La philosophie du scientifique commence donc par le fait de s'intéresser au monde extérieur. L'observation fut son premier guide ainsi que l'expérience de tous les jours qui permet de se forger une première conception du monde physique. Il est allé ensuite chercher derrière les apparences ce qui pouvait expliquer les apparences, c'est-à-dire les mesurer et les prévoir. Ayant trouvé son langage, celui des mathématiques et de l'expérimentation ; il rompit définitivement avec la pratique de **l'argument d'autorité** qui prétend pouvoir dire la vérité au nom d'une tradition que l'on est sensé représenter.

Aujourd'hui, grâce à ses succès (qui continuent d'ailleurs dans de multiples domaines !), la recherche fondamentale semble rencontrer une remise en cause de sa démarche même. Elle est obligée d'abandonner le réalisme et de reconnaître qu'elle ne connaît pas le réel mais la perception que nous en avons. Elle ne tombe pas dans le chaos de l'opinion pour autant puisque cette perception est partagée, au moins par les représentants de l'espèce humaine. Elle serait alors une investigation de la **nature humaine** au sens le plus large du terme ! Cela lui donne beaucoup de dignité et le plus grand intérêt mais ne l'autorise pas à dire la Vérité éternelle et ultime sur toutes choses. Nous connaissons, à vrai dire, à l'orée du troisième millénaire, une situation contrastée qui mérite d'être expliquée. La recherche fondamentale en physique est en effet confrontée à de redoutables obstacles : les moyens d'investigation (accélérateurs de particules ou télescopes géants) deviennent formidablement sophistiqués et coûteux, d'une part, la connaissance ayant perdu son rêve d'objectivité ne peut plus espérer se refermer sur le monde, d'autre part. Par contre, une science plus jeune comme la biologie, aiguillonnée par la recherche médicale, connaît un développement remarquable. Cela est notamment vrai dans le domaine neurologique qui semble s'ouvrir depuis quelques années comme un véritable continent. Un nouvel enthousiasme matérialiste s'y fait jour, au fur et à mesure que l'on comprend mieux les phénomènes physico-chimiques cérébraux. Nouveau mécanisme et nouveau déterminisme donc, où l'esprit semble pouvoir se réduire à un agencement fin de la matière et les sentiments humains à un certain taux hormonal dans le sang. Ces progrès sont bien entendu en eux-mêmes une bonne chose et le déterminisme matérialiste une bonne philosophie pour le scientifique et même un gage d'honnêteté. Il arrivera peut-être un moment où cette philosophie montrera ses limites en biologie aussi, de même que la prétention à vouloir tout « expliquer » dans l'être vivant en général et l'être humain en particulier.

S'il est possible de concevoir une crise théorique de la science, on peut envisager une crise « politique » de la science. La science comme n'importe quelle activité humaine se fait sur la terre et non au ciel, le scientifique est un membre de la cité et il a besoin d'argent pour travailler. Nous avons entrevu à quel point son progrès avait rencontré des résistances idéologiques et politiques. Il n'est pas impossible qu'elle en rencontre de nouvelles pour d'autres raisons. L'opposition à la vivisection par exemple peut paraître anecdotique mais révèle un état d'esprit caractéristique d'une nouvelle sensibilité qui tient à respecter les animaux et la nature en général. La méfiance suscitée par l'utilisation de l'énergie nucléaire n'est sans doute pas de nature à avoir des retombées économiques positives pour la recherche en physique nucléaire. C'est sans doute un crédit moral que la science a perdu. Elle a peut-être perdu la place qui était la sienne dans la société à partir de laquelle on usait, en son nom, de l'argument d'autorité. Si nous retenons en effet le principe cher à Popper selon lequel une théorie n'est scientifique que si l'on peut la **falsifier** (par la démonstration ou l'expérience) ; une théorie qui passe pour avoir franchi victorieusement ces tests de falsifiabilité, devient vite « la vérité ». L'adjectif « scientifique », s'il est théoriquement synonyme de « discutable », devient pratiquement synonyme « d'indiscutable ». Paradoxe cruel que cette évolution dogmatique et terroriste de l'usage que l'on peut faire de l'adjectif scientifique. Au XXe siècle, nous eûmes la chance d'apprendre que le racisme et le socialisme étaient tous deux scientifiques ! Pour ne prendre que les deux exemples dont les effets furent les plus sinistrement efficaces. Des affirmations du type : « c'est prouvé scientifiquement ! », auraient, aujourd'hui, plutôt tendance à provoquer l'effet inverse de celui recherché. La science qui était devenue une religion de remplacement (ou plus exactement une théologie au service des grandes idéologies progressistes) avait engendré son cléricalisme de mandarins. Les scientifiques constituent plutôt aujourd'hui une tribu prestigieuse certes, mais parmi d'autres et qui doit se battre pour faire valoir son langage et sa vision du monde, c'est-à-dire obtenir des crédits.

Philosophie et science

Contrairement à la vision positiviste de l'histoire des sciences, nous avons appris de cette discipline que la connaissance n'est pas un processus identique à lui-même de toute éternité. Des grandes ruptures épistémologiques apparaissent au cours desquelles on change de « paradigme » (modèle). Les deux plus grandes semblent être celle du début du XVIIe siècle et du début du XXe siècle. S'interroger sur l'histoire des sciences, c'est aussi faire apparaître l'évolution des relations entre philosophie et science. L'histoire de cette évolution est encore une façon particulière d'éclairer l'histoire de la philosophie elle-même et de repérer les grandes familles de pensée qui la parcourent.

Cela n'a guère de sens de distinguer radicalement philosophie et science chez les anciens Grecs, puisque la sagesse, et c'est là toute la nouveauté de la philosophie par rapport à des attitudes mentales plus anciennes, doit être liée à un savoir, sinon une science. Les mathématiques fournissent déjà le modèle du savoir mais l'étude de la nature doit relever d'un autre type d'approche. Pour Aristote, les mathématiques **démontrent** en s'occupant d'objets éternels et immobiles, alors que la physique doit **montrer** le **changement** des choses dans l'économie générale du cosmos. La période médiévale a dû prioritairement concilier l'héritage grec avec la révélation judéo-chrétienne et l'islam.

Préparée depuis longtemps par la Renaissance, la grande révolution rationaliste éclate avec la dynamique moderne et la philosophie cartésienne. Là encore, il serait absurde de distinguer radicalement philosophie et science, puisque la « nouvelle » science est l'idéal intellectuel de la « nouvelle » philosophie (c'est ainsi que Leibniz appelait le cartésianisme). Le Dieu des philosophes et des savants va servir d'idéal intellectuel (la création est intelligible puisqu'elle porte la marque de son créateur ; la marque que porte l'homme est l'intelligence). C'est sur cet idéal que se modèlera le projet de la connaissance, les mathématiques servant de modèle méthodologique. Il est vrai qu'il y a bien des différences et des difficultés qui surgissent si l'on veut mettre « dans le même sac » les trois grands noms de la philosophie de cette époque : Descartes, Leibniz et Spinoza. En subordonnant tout à la volonté de Dieu, y compris les « vérités éternelles », le Dieu de Descartes ne se réduit peut-être pas au Dieu des savants. Dieu, selon lui, ne se plie pas aux vérités de la géométrie, mais c'est lui qui les a voulues ainsi et pourrait encore les vouloir autrement selon son gré. Le Dieu de Spinoza, qui n'est que l'autre nom de la Nature, n'a que faire du souci leibnizien d'accorder la nature et la grâce. Il n'en reste pas moins que pour eux tous, notre raison est la lumière naturelle qui éclaire l'intelligibilité du monde. Il y a une continuité entre mathématique et physique, entre notre esprit et la nature. Ce grand rationalisme, c'est le fait de refuser de penser l'inconnu sous le sceau du secret. Tout n'est pas connu de fait dans la nature, mais tout est connaissable en droit, il suffit de s'y appliquer. Le matérialisme scientiste du XIXe siècle, s'il a voulu couper ses racines métaphysiques, est encore l'héritier de cette confiance dans la raison humaine qui nous vient de la philosophie du XVIIe siècle. Ce qui est absolument nouveau par rapport à l'Antiquité, c'est le fait que le programme de travail de la science devient si vaste qu'il mérite qu'on s'y consacre entièrement. Petit à petit va apparaître la figure du scientifique à temps plein. Nous utilisons à dessein le substantif « scientifique », tout en sachant que son usage est récent. Le terme de « savant » suggère plutôt une somme de connaissances, ce qui ne correspond guère à l'esprit de la science moderne qui est plus une méthode pour progresser que pour accumuler. Newton, puissant esprit universel s'il en fût, n'est pas passé à la postérité comme philosophe mais comme physicien. Galilée connut avant lui le même sort. On pourrait trouver d'autres exemples plus anciens : Copernic, Képler... Le rationalisme classique, qui fait de la science renouvelée l'idéal de la philosophie, précède de peu la séparation plus ou moins orageuse entre philosophie et science.

Cette séparation se fera nettement avec Kant et se consommera (si l'on peut dire cela d'une séparation) après lui. Newton représente pour lui le triomphe de la science moderne et toute sa philosophie en sera marquée. La question qu'il se pose en effet dans la *Critique de la raison pure* est de savoir si la métaphysique est possible comme science. Kant ne peut se détacher de la métaphysique comme **exigence de la pensée** et de la science comme **idéal de la connaissance**. C'est de ce double attachement, de l'incapacité à faire le deuil de l'un ou de l'autre, que naîtra toute la philosophie kantienne. En montrant l'impossibilité de la métaphysique comme science et que la « chose en soi » est inconnaissable, Kant va engendrer une double postérité divergente. Toute une branche de la philosophie va se détourner du modèle scientifique, tandis qu'une autre sera plutôt de type épistémologique.

On pourrait encore distinguer deux branches au sein de la première : celle de l'idéalisme allemand dont Hegel est le plus célèbre représentant et celle des philosophes artistes comme Schopenhauer ou Nietzsche. La science cesse d'être pour eux un idéal méthodologique. Selon Hegel l'activité scientifique n'est pas encore une activité spirituelle puisque l'esprit doit y saisir la nature et non lui-même comme dans l'art, la religion et la philosophie. S'il y avait une méthode hégélienne, ce serait plutôt celle d'une phénoménologie de l'esprit, décrivant son déploiement dans le temps. La phénoménologie représente une grande tendance de la philosophie au XXe siècle. Du côté des penseurs existentiels, si la connaissance ne peut étancher notre soif d'absolu, il faut abandonner l'idéal de la connaissance et se tourner plutôt vers l'art et/ou l'engagement politique. On peut aussi imaginer que depuis Kant certains déçus de la raison ne se tournent plus que vers la foi pour développer une pensée spécifiquement d'inspiration religieuse (Pascal serait le précurseur prophétique de cette tendance, Kierkegaard un de ses plus grands représentants).

L'autre grande tendance, que nous avons qualifiée d'épistémologique pourra elle-même prendre des formes très diverses. Le positivisme de Comte est évidemment nourri des progrès scientifiques. Au XXe siècle la philosophie analytique, le positivisme logique concentreront leurs efforts sur une analyse du langage (la philosophie se fait dans la langue naturelle) et une critique de la métaphysique au nom de la rigueur scientifique. On peut aussi remarquer que les sciences humaines (sociologie, ethnologie, etc.) sont peut-être des « rejets » de la philosophie, dans les deux sens du terme. Ceux qui s'y consacrent rejettent la philosophie, condamnée à répéter inlassablement la question de l'être, mais très souvent ils en proviennent (pensons à Durkheim ou à Lévi-Strauss, philosophes de formation). Leur projet est donc bien un projet cognitif, mais appliqué à la réalité humaine et non à la nature comme l'entend la physique.

Voilà donc une étrange histoire que celle des relations entre la philosophie et la science. Il y a assurément une pensée, des savoirs, des savoir-faire avant la naissance de la philosophie. Mais c'est elle qui juge qu'il faut donner un développement systématique au savoir et que toute prétention à la sagesse, sans cet effort, est vaine. Le seul plaisir dont on ne se lasse pas est celui de connaître, disait Spinoza ! La science, au sens moderne du terme, naîtra au moment où le métissage entre la racine grecque et la racine moyen-orientale (le monothéisme révélé) sera achevé. Elle est sans doute le fruit de ce métissage, elle est l'expression même de la modernité, elle coïncide avec une sorte d'accélération du changement que l'on constate dans tous les domaines de l'activité humaine. Ce métissage était en préparation de longue date. L'influence de l'islam, la théologie chrétienne médiévale, la Réforme protestante, l'humanisme d'une manière générale ont été autant de pièces et de moments importants pour accomplir cette tâche qui, peut-être, reste toujours problématique et à faire. Le Dieu un et transcendant, en prenant une inaccessible hauteur, a totalement quitté la nature tout en y laissant sa trace : le monothéisme révélé a préparé en profondeur ce moment où la nature fut littéralement « livrée » à l'homme et où il put lui appliquer une raison que l'Antiquité païenne lui avait appris à fortifier. La science est donc bien **sortie** de la philosophie, au sens où elle en procède et au sens où elle l'a quittée.

Les deux derniers siècles furent ceux d'un foisonnement scientifique, d'une explosion des ramifications de la science, d'une spécialisation toujours plus grande des disciplines. La philosophie elle-même peut se pratiquer comme une discipline scientifique, où tel historien de la philosophie ne parlera que de telle période de la pensée de tel auteur, où tel autre ne fera que de la philosophie politique, etc. Méditer sur la philosophie du scientifique nous a donc conduits à approfondir le sens de la philosophie elle-même, puisqu'elle ne peut jamais ni ne doit rompre totalement le dialogue avec l'idéal d'une science rigoureuse et que la science moderne est comme l'accomplissement d'une voie que la philosophie a prise à un moment donné. Cela nous a appris aussi que la science n'est pas un bloc de vérité en soi qui flotterait de toute éternité dans un monde que l'humanité rejoindrait petit à petit, mais qu'elle est partie intégrante d'une histoire générale de la pensée et qu'elle exprime à ce titre, dans sa diversité, des points de vue philosophiques possibles parmi d'autres.

Philosophie du scientifique

Après avoir évoqué l'histoire des sciences et les relations entre philosophie et science, nous nous attacherons plus précisément ici à la philosophie du scientifique.

Chercher à percer les secrets de la nature, même dans un secteur technique très étroit, ne constitue pas une attitude distincte dans son principe de celle du philosophe.

Le domaine philosophique, par rapport à celui du scientifique, se caractérise par la généralité des problèmes abordés : qu'est-ce que l'homme, qu'est-ce que la pensée, etc.

Bien sûr, chaque philosophe « institutionnel » fait porter ses recherches plus particulièrement sur un aspect de cet immense domaine, de la même façon que le théologien ou l'artiste ne peut embrasser l'ensemble de la religion ou de l'art.

Cependant la façon dont le scientifique pense et organise sa vie présente des particularités originales qui marquent sa « philosophie ». Distinguons, en premier lieu, le scientifique qui se consacre à la recherche théorique de celui qui se voue aux sciences appliquées, comme l'ingénieur par exemple.

Le mathématicien ou le chercheur en physique théorique vit dans un univers extrêmement abstrait d'équations qui lui servent à bâtir de véritables univers intellectuels sans rapport nécessaire avec la réalité de notre perception quotidienne. Qu'un travail comme celui d'Einstein sur la relativité généralisée ait pu avoir des conséquences très concrètes (comme la possibilité de construire des armes atomiques) n'enlève rien au fait qu'il s'agit d'une recherche pure, sans objectif précis, si ce n'est le développement de connaissances indépendamment de tout souci d'utilité.

L'homme des sciences appliquées s'efforce au contraire d'atteindre un objectif. Il est payé pour cela. Même si son travail exige un haut niveau d'abstraction, comme la physique des hautes énergies, il est étroitement dépendant de l'expérimentation, c'est-à-dire qu'il doit avoir les qualités d'un bricoleur. Il peut évidemment se faire aider par des techniciens qui préparent les expériences qu'il conçoit, mais il ne peut se contenter de jeter à ceux-ci une idée en pâture sans imaginer l'essentiel du dispositif pratique à construire. On constate alors le paradoxe suivant : les chercheurs les plus théoriques sont le plus souvent « bricoleurs » tandis que beaucoup d'ingénieurs sont essentiellement des concepteurs quand il existe des équipes techniques qui se chargent du travail de réalisation.

Il existe évidemment des passerelles entre les chercheurs purs et ceux de la science appliquée. Dans leurs spécialités, ils ont un langage commun résultant d'une même formation universitaire. Ce qui est remarquable, c'est que les savants de toutes ces disciplines s'accordent sur l'absolue nécessité de disposer d'une recherche de la meilleure qualité possible en amont de toute velléité d'application pratique.

À cet égard, on constate une unanimité des scientifiques en faveur d'une recherche tous azimuts dans les domaines les plus abstraits ; ils sont convaincus par l'expérience que la science progresse quand on laisse les scientifiques libres de leurs recherches.

On peut donc dire qu'il y a une attitude d'ensemble des scientifiques vis-à-vis de la recherche ; science pure et science appliquée ne peuvent s'opposer en termes d'efficacité, elles sont toutes deux nécessaires et une politique à court terme qui ne privilégierait que les applications aboutirait rapidement à la stérilité.

Les scientifiques de tout poil ont-ils de ce fait une philosophie commune ? Plus précisément, le fait d'être scientifique coule-t-il la pensée dans une sorte de moule qui exclurait certaines options philosophiques ou en privilégierait d'autres ?

Force est de reconnaître qu'en matière religieuse, politique ou artistique, les options des scientifiques sont aussi variées que celles des autres êtres humains. On peut juste noter qu'une formation strictement scientifique ou technique se révèle parfois dangereuse pour peu qu'on se mêle de politique. Le goût de l'exactitude et de l'efficacité, transposé sans adaptation ni méditation dans le cours des affaires humaines, peut engendrer des comportements autoritaires et même parfois fanatiques. Il n'est pas rare de rencontrer ce type d'individu chez les révolutionnaires ou les intégristes religieux. Mais qu'en est-il pour la philosophie proprement dite ?

Curieusement, et c'est peut-être rassurant, les scientifiques n'échappent pas aux défauts que l'on rencontre chez tous les intellectuels. Alors que le fondement de l'attitude scientifique est la disposition à remettre sans cesse en question l'interprétation des faits, c'est-à-dire à ne jamais tenir pour définitive une théorie, aussi brillante soit-elle, on constate que bon nombre de savants peuvent perdre leur ouverture d'esprit et finissent par s'enfermer dans leurs certitudes. Peu importe s'il s'agit là d'une réaction d'orgueil ou, parfois, de l'effet de l'âge, le fait est que des scientifiques, parfois brillants, perdent ce qui est l'essence même de ce qui devrait être leur discipline de pensée.

D'un point de vue purement philosophique, il est intéressant de noter que le scientisme qui, comme nous l'avons vu, consiste à penser que la science pourra tout expliquer, n'est apparemment pas plus développé chez les scientifiques que dans d'autres milieux. À vrai dire, le scientisme y est sans doute encore moins répandu car les scientifiques sont les mieux placés pour savoir que les progrès de la science ne font que poser d'autres problèmes et ne permettent en aucun cas d'aller au-delà du « comment » : la science explique de mieux en mieux comment fonctionne l'univers, elle renonce à savoir pourquoi cet univers existe et pourquoi l'homme est apparu dans la nature.

Quand les mathématiques posent des problèmes philosophiques : les développements en séries

Si l'on veut illustrer en quoi l'esprit scientifique diffère de l'esprit littéraire, un bon exemple est celui du développement en séries des fonctions. Sous ce nom rébarbatif se cache une réalité assez simple : une grande quantité de courbes étudiées en mathématiques au dessin aussi ondulé que la sinusoïde peuvent être représentées par une série infinie de termes formés des puissances croissantes de la variable x.

Par exemple, en termes mathématiques, la fonction y = sin x représentée par la courbe suivante :

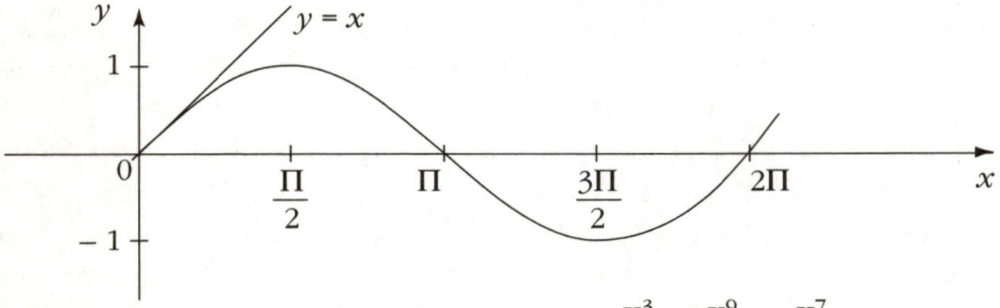

peut aussi s'exprimer par la suite $y = x - \frac{x^3}{3!} + \frac{x^9}{5!} - \frac{x^7}{7!} + \ldots$ jusqu'à l'infini.

D'un point de vue philosophique, à quoi correspondent ces élucubrations mathématiques ? Le premier terme x signifie que la courbe commence par suivre la direction de la droite y = x (voir la figure). Le deuxième terme $\frac{x^3}{3!}$ (3! représente le produit $1 \times 2 \times 3$) montre qu'il faut descendre un peu au-dessus de cette droite pour rester sur notre sinusoïde. Le troisième terme indique qu'il ne faut pas descendre trop et remonter un petit peu et ainsi de suite par approximations successives jusqu'à l'infini.

Un esprit scientifique procède de même pour comprendre n'importe quel phénomène naturel. En première approximation, il définit la direction dans laquelle il faut aller (c'est le premier terme du développement en série) puis il affine progressivement son approche par des corrections de plus en plus fines (les autres termes du développement), tout en sachant que ce travail d'approche de la réalité (en l'occurrence la forme de la sinusoïde) ne sera jamais définitivement achevé, puisqu'un nombre infini de termes est nécessaire.

Un esprit poétique procède tout différemment. Son observation peut partir d'un détail quelconque et décrire selon l'immédiateté de sa perception l'ensemble d'une situation : pour évoquer une forêt, pourquoi ne pas commencer par la couleur des feuilles avec ses infinies ou ne pas la comparer à la mer montant à l'assaut des récifs. Dans ce domaine la métaphore est reine : la mer est **comme** un « toit tranquille où marchent les colombes ». Cela n'est pas faux du point de vue de la vérité de nos perceptions, mais peu adapté à la navigation par exemple ! Quant à notre sinusoïde, elle deviendrait facilement l'ondulation sans fin répétée des flots, mollement bercés par un zéphyr.

On conçoit que l'esprit poétique trouve l'esprit scientifique d'une sécheresse affligeante, qui se gausse lui-même des images fumeuses de la poésie. N'y a-t-il pas là matière à réflexion philosophique ? Les efforts du mathématicien pour définir une courbe à partir d'une équation aboutissent à un degré d'abstraction tel que le dessin lui-même de cette courbe finit par perdre de son intérêt. La rigueur du raisonnement n'a plus besoin de support concret. N'est-ce pas un défaut que l'on reproche aux technocrates de construire un univers abstrait sans poésie et qui risque de s'éloigner de la vie concrète des citoyens ?

Quant à l'esprit littéraire, sensible à tant d'impressions contradictoires, ne risque-t-il point d'entraîner dans un enthousiasme utopique qui finit par perdre le sens de la cohérence ?

QUAND LES MATHÉMATIQUES POSENT DES PROBLÈMES PHILOSOPHIQUES : LES IMAGINAIRES

Les étudiants du secondaire savent qu'un point M se repère dans un plan par ses coordonnées, l'abscisse a comptée sur l'axe des x et l'ordonnée b comptée sur l'axe des y. Les coordonnées a et b permettent de placer le point dans le plan, dans la mesure où l'on ne se trompe pas dans l'ordre des deux nombres.

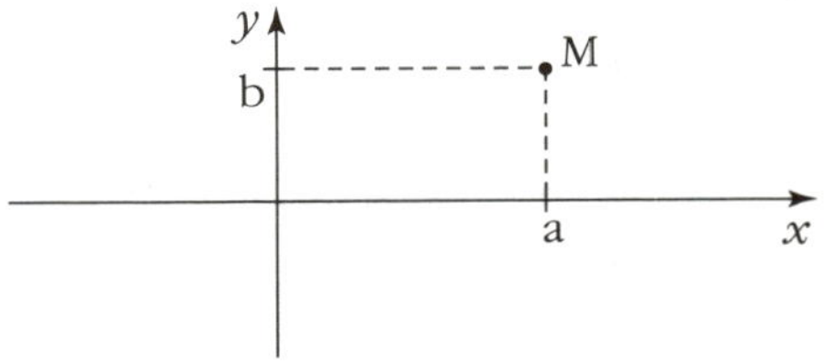

Pour éviter de confondre l'abscisse et l'ordonnée quelqu'un eut l'idée innocente de mettre une lettre i devant l'ordonnée, ainsi a ne peut être qu'une abscisse et ib une ordonnée.

Au lieu de définir le point par un couple de nombres, on en a un seul : a + ib. Qui aurait pu se douter des répercussions de cette idée d'une simplicité enfantine ? Elle révolutionna des domaines aussi divers que la recherche des solutions d'équations de degrés supérieurs ou la trigonométrie, essentielle pour l'étude de l'électricité.

Expliquons-nous : chacun connaît la règle des signes qui veut que la multiplication de deux nombres négatifs donne un résultat positif : $(-2) \times (-3) = +6$. En conséquence le carré d'un nombre, positif ou négatif, est toujours positif : $(-2)^2 = +4$.

Ce résultat simple de l'arithmétique élémentaire est remis en cause par cette lettre i introduite pour les raisons vues plus haut.

Regardons les quatre points ABCD de la figure suivante :

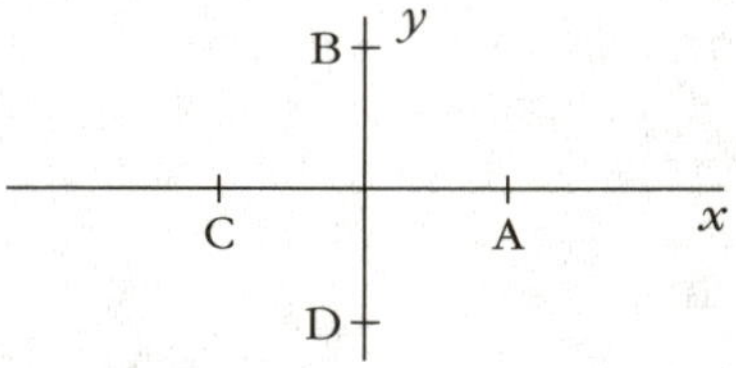

Tous sont placés sur les axes Ox et Oy à la distance 1 de l'origine O

A a pour abscisse 1 et ordonnée 0, son « image » est 1 + i0 soit 1

B a pour abscisse 0 et ordonnée 1, son « image » est 0 + i1 soit i

C a pour abscisse - 1 et ordonnée 0, son « image » est - 1 + i0 soit - 1

D a pour abscisse 0 et ordonnée -1, son « image » est 0 + i(-1) soit - i

On constate facilement qu'en tournant de 90° autour de O, « l'image » du point est multipliée par i : par exemple de celle de A qui est 1 + i0, on passe à celle de B : 1 + i0 i. Cependant, en appliquant cette loi qui se vérifie partout dans le plan, on constate en passant de B à C que $i^2 = -1$. Voici que « l'objet » i a un carré négatif, contrairement à tous les principes de l'arithmétique.

Or, non seulement cette invention de i n'est pas une aberration mais elle permet, grâce aux nombres « imaginaires » comportant cet i, de faire progresser avec beaucoup d'élégance de nombreux secteurs de la recherche mathématique. Grâce à ces imaginaires, les exceptions gênantes rentrent dans le rang et le mathématicien dispose d'un outil qui facilite considérablement sa recherche et rend cohérent ce qui était apparemment un terrible fouillis. Par exemple, deux ellipses, qui sont des courbes du deuxième degré peuvent, d'après le dessin, se couper en 2 ou 4 points ou ne pas se couper du tout.

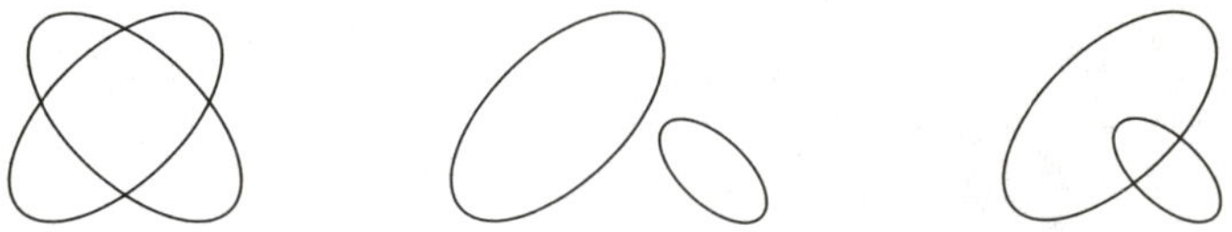

Avec les imaginaires, deux courbes du deuxième degré se coupent toujours en $2 \times 2 = 4$ points. Par exemple deux cercles ont toujours en commun deux points imaginaires à l'infini (les points cycliques), c'est pourquoi, quelle que soit la configuration ils ne peuvent se couper qu'en deux autres points.

Autre aberration pour notre raison, une droite qui a pour pente i a pour équation $y = ix$.

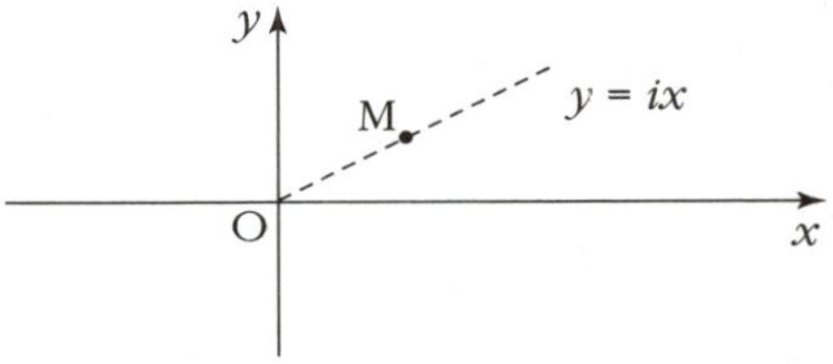

Sur une telle droite un point M est à une distance de l'origine définie par le théorème de Pythagore $OM^2 = a^2 + b^2$, mais comme $b = ia$, $b^2 = i^2a^2$, c'est-à-dire $- a^2$ et OM^2 est nul quel que soit le point M. Autrement dit, tout point de la droite $y = ix$ est à une distance nulle de l'origine ! Comment le mathématicien, en face de monstres extraterrestres qu'il a conçus, ne peut-il être surpris de voir ces monstres prodigieusement féconds vivre leur vie en dehors de toutes les leçons de l'expérience.

D'un point de vue philosophique, il est intéressant de constater comment l'esprit humain peut s'ouvrir à des domaines qui sont inaccessibles à son expérience sensible et découvrir des réalités cachées. N'est-ce pas, d'une certaine façon, l'ambition de la métaphysique ?

Troisième partie

Philosopher aujourd'hui

Nous avons insisté à de nombreuses reprises sur le fait que les grandes questions auxquelles l'homme est confronté ne changent guère, celles des relations entre l'esprit et la nature, d'une part, et entre l'individu et la société, d'autre part. Voilà pourquoi philosopher aujourd'hui sera, en un sens, philosopher comme toujours. Il y a cependant une dynamique historique dans laquelle nous sommes pris et qui fait que les « questions éternelles » ne se posent plus dans les mêmes termes.

La philosophie en cette fin de XXe siècle se voit confrontée à une formidable concurrence au nom même des principes démocratiques qu'elle a contribué à promouvoir. Il ne faut pas voir cela comme une menace seulement mais aussi comme une chance.

Dans le premier chapitre de cette troisième partie nous essaierons de voir quelles sont les conséquences pour la philosophie du dialogue avec ces « philosophies sans philosophes » que nous avons méditées dans notre deuxième partie. Nous découvrirons la nature essentiellement politique de la philosophie et ses relations avec la démocratie.

Dans le deuxième chapitre nous essaierons de montrer ce que la philosophie discerne au sujet de notre temps où cohabitent sur la terre des sociétés très « développées » et d'autres qui ne le sont pas. Cela fait autant de « défis contemporains » à relever.

Dans le troisième chapitre nous verrons comment la philosophie est confrontée à une double remise en cause radicale, au nom de la science (par les sciences humaines et les neurosciences) et en son propre sein par une contestation croisée.

1

La philosophie n'a pas réponse à tout (le principe d'incomplétude de la philosophie)

Le principe même de notre livre nous a conduit à voyager dans le temps comme dans l'espace pour partir à la découverte des philosophies de l'humanité. Nous avons même tenté d'élargir ce voyage auprès de ceux qui ne sont pas réputés philosophes et de prêter attention à des attitudes qu'on n'envisage pas souvent sous l'angle de la philosophie. Cela nous conduit tout naturellement à distinguer deux sens différents pour le mot « philosophie ». Elle est au sens strict une façon de penser et d'être, née à un moment donné dans une certaine culture, et s'est développée dans une aire géographique et culturelle donnée qui a revendiqué peu à peu l'universalité. C'est ce que nous avons vu dans nos deux premières parties. Elle est dans un sens plus large une conception du monde et de la vie qui donne une cohérence à l'homme dans sa recherche du bonheur. Nous avons vu dans notre troisième partie en quoi consistaient ces attitudes qui ne manquent ni d'intelligence, ni de sagesse et qui, pourtant, ne recommandent pas la lecture des philosophes comme nécessaire viatique.

Notre question est donc la suivante : dans quelle mesure la philosophie, « au sens strict », ne doit-elle pas entrer en dialogue avec les « philosophies de l'humanité », « au sens large » ? On pourrait rétorquer qu'il y a déjà une grande diversité dans la philosophie « au sens strict » et qu'elle a toujours eu l'ambition de s'intéresser à tout. Accomplissant le beau programme de Montaigne, rien de ce qui est humain ne lui est certes étranger, mais elle se place toujours en spectatrice, réfléchit

sur l'art ou la religion par exemple sans jamais se demander vraiment en quoi l'artiste ou le religieux peuvent prétendre à une authentique sagesse indépendamment de la fréquentation des philosophes. Ou alors il faut attendre des penseurs tardifs comme Nietzsche et Kierkegaard pour explorer de telles perspectives.

La sagesse la plus grande serait peut-être de pouvoir faire un tour de tout ce qui est ou est possible, au point de devoir sortir de la philosophie elle-même, au point de faire de la philosophie une expérience de ce qui est hors d'elle. La philosophie a dû lutter et doit encore lutter pour s'imposer partout où la tolérance n'est pas admise, ne doit-elle pas appliquer à elle-même le principe de tolérance ? La philosophie s'est arrachée, à sa naissance, de la pensée mythique et religieuse, de cette totalité englobante qui prétendait rendre compte de tout, assigner à chacun sa place et ses fonctions. Ne doit-elle pas, aujourd'hui, s'arracher à toute prétention totalisante, reconnaître l'indépendance de la démarche scientifique par exemple, les vertus de cela même dont elle provient par une sorte de rupture, etc.

On parle avec raison de notre époque comme étant celle de la mondialisation, de la conscience planétaire, etc. L'ethnologie nous a appris à considérer la notion de culture avec un autre regard, la découverte de l'art mondial est contemporaine de l'art moderne, toutes les religions du monde sont appelées à se rencontrer et vivent déjà côte à côte, les nouvelles techniques se moquent des frontières et la communication se fait omniprésente. Notre temps est donc celui où toutes les philosophies de l'humanité peuvent entrer en présence. Il peut y avoir entre elles une compétition, sans cependant déboucher sur une élimination pure et simple de telle ou telle philosophie possible. Il n'y a pas de philosophie qui soit vraie ou fausse mais toute philosophie fait accéder à un certain type de vérité, s'offre à nous comme une possibilité de vie. Faut-il entendre par là que toutes les philosophies se valent et tomber ainsi dans une sorte de vaste relativisme nihiliste où tout se vaut et rien ne vaut rien ? Faisons une comparaison avec la démocratie : elle pose comme principe que la loi est l'expression de la volonté générale et qu'il n'y a donc pas de vérité préexistante à cette expression. Toutes les opinions politiques sont donc amenées à entrer en compétition mais à condition de respecter les règles du jeu (une constitution). De même, dans un libre débat, il faut bien que chacun admette le principe de non-contradiction pour défendre ses idées. Appliquer le principe de tolérance à la philosophie elle-même a certes pour conséquence une large acceptation d'une grande pluralité de perspectives sur le monde mais aussi une redoutable sélection qui élimine toute tendance hégémonique ou qui pourrait le devenir. C'est un peu le même cas de figure pour ce qu'il est convenu d'appeler la laïcité vis-à-vis des religions. Elles sont toutes les bienvenues et peuvent même être protégées, à condition de respecter le cadre général de la loi et donc le principe même de la laïcité.

La philosophie et la démocratie sont nées ensemble dans la Grèce ancienne et sont toutes deux filles de la cité. Leur génie commun est de pouvoir créer un « vivre ensemble » qui ne ramène pas tout le monde à l'identique. Elles sont toutes deux parties du cadre étroit et privilégié de ceux qui jouissaient de leurs pleins droits dans la cité, elles ont gagné celui de certains États nations, elles peuvent atteindre aujourd'hui celui d'une citoyenneté mondiale universelle. Leur alliance naturelle est appelée à être refondée, à la mesure des enjeux de notre temps. La démocratie ne prétend pas en finir avec la malédiction du pouvoir par voie d'angélisme ou de cure radicale, qui est le plus sûr moyen pour reconduire cette malédiction. On ne fait pas disparaître le pouvoir, on le divise, on l'organise. Il n'y a pas de bon pouvoir en soi et tout pouvoir veut tout le pouvoir. Un bon pouvoir est celui qui est conscient de lui-même en tant que tel, connaît son étendue et a en face de lui des contre-pouvoirs. On parle ainsi de l'exécutif, du législatif, du judiciaire mais aussi de la presse libre ou de la continuité de l'administration face aux fluctuations politiques. Pourquoi n'en serait-il pas de même pour la philosophie ? Les points de vue religieux, artistique et scientifique représentent une puissante autonomie face à elle. Sans parler de la sagesse de l'action qui ne peut se réduire à une application de principes théoriques. En retour, tout point de vue ou toute philosophie au sens large peut et doit être soumis à la critique philosophique au sens strict.

Nous serions donc tentés de formuler le **principe d'incomplétude de la philosophie** de la manière suivante : **aucune philosophie ne peut épuiser la vérité et aucune vérité ne peut interdire de philosopher.**

Philosophie, religion, art et science se complètent et se corrigent mutuellement. Voyons comment cela est possible. Pour la religion d'abord, l'art et la science ensuite.

La religion

Sa vertu fondamentale selon une célèbre étymologie possible est de relier. Qu'est-ce à dire ? La quête religieuse admet que l'homme puisse rechercher, dès cette vie, tout autre chose que ce que la vie peut nous offrir. Elle peut certes déjà beaucoup nous offrir : conquêtes de toutes sortes, plaisirs du corps et joies intellectuelles, etc. Il semble cependant que rien ne puisse tout à fait combler le désir humain, comme s'il voulait retrouver une provenance plus qu'humaine ou trouver une destination qui dépasse ses limites actuelles. Toutes les religions accueillent cette recherche même si toutes ne lui donnent pas le même sens ou ne désignent pas de la même manière une réalité supérieure qu'il faudrait atteindre. Même s'il n'y a pas de perspective de salut ou de délivrance, ni de Dieu transcendant, la pratique religieuse peut conduire à entrer en contact avec des dieux, des esprits, des ancêtres, bref un autre plan de réalité que celui de « tous les jours ». Il n'est pas question de savoir si tout cela est vrai ou non, s'il faut y croire ou pas, mais de reconnaître la présence universelle de cette préoccupation d'autre chose. Quand bien même on qualifierait tout cela d'illusion, d'auto-persuasion ou d'hystérie personnelle et collective, les religions présentent une possibilité pour la conscience de se **modifier**. Encore une fois, peu importe l'interprétation que l'on donne de ces états modifiés de conscience mais il est un fait qu'il s'agit là d'une expérience qui excède tout discours et qui ne peut pas être purement et simplement induite par un discours. Dans le cadre des religions une foule de techniques de méditations, de prières, d'exercices spirituels ont été « mis au point ». C'est un fait. Sans parler de la fécondité intellectuelle qui peut être engendrée par la religion elle-même. Auguste Comte, lui-même, ne voyait-il pas « l'âge théologique » (l'enfance de l'humanité sur le plan intellectuel, selon lui) comme un cadre qui dirigeait et éveillait l'esprit ! Les religions du Livre ont considérablement développé l'art de lire un texte, l'herméneutique. Toutes ces questions ont été abordées dans notre deuxième partie.

L'autre aspect de la vertu de liaison de la religion tient aux liens qui sont créés entre les hommes du fait de ceux qui sont créés avec le divin. La religion s'adresse à tous et connaît différents registres de langage pour toucher tout le monde, enfants ou adultes, personnes cultivées ou non. Il y a un double universalisme dans la religion chrétienne par exemple. La grâce peut toucher tout le monde en droit. Il ne s'agit pas d'entrer dans d'inextricables débats sur la question de savoir si tout le monde reçoit la grâce ou pas, mais il est remarquable qu'elle ne soit pas fonction d'un élitisme humain et qu'elle peut concerner des illettrés. Ce ne sont pas les initiés qui reçoivent la grâce mais c'est la grâce qui initie. Quant au second universalisme, il tient au fait, qu'initiés ou pas, tous sont admis et sont appelés à prendre part à des rites, des célébrations, etc. La vie religieuse, riche en symboles, crée autour d'elle « du lien social », pour reprendre une expression courante aujourd'hui, elle multiplie les médiations pour accéder à une autre réalité.

En quoi le point de vue religieux peut-il être une sorte de contre-pouvoir dans la quête de la vérité de l'homme contemporain comme dans la société où il évolue ? Par rapport à la philosophie, la religion est moins élitiste et offre un cadre plus accessible pour élever l'esprit. Nous voulons dire par là qu'il est tout simplement plus facile de chercher une paroisse qu'un cours de philosophie (du moins est-ce encore le cas !). Cela ne veut pas dire que l'exigence religieuse est inférieure mais qu'elle se place sur un autre plan. Des tempéraments moins intellectuels peuvent y découvrir que la vie spirituelle ne leur est pas fermée pour autant. La philosophie se préoccupe beaucoup de morale mais ne peut exercer son influence que dans le cadre scolaire ou par les livres et les médias. Mais tout le monde ne fait pas des études comportant de la philosophie, tout le monde ne lit pas des livres ou n'écoute pas les émissions « culturelles ». Sur le plan moral, c'est-à-dire pratique, la diffusion est essentielle. La religion, tant qu'elle est pratiquée bien sûr, offre ce puissant levier de diffusion de principes moraux ou en tous les cas éveille à la vie morale. Même si les questions que posent les enfants sont de nature philosophique, on ne peut pas faire de philosophie au sens propre avec eux. Par contre des récits, des paraboles, des images sont le vecteur idéal pour la réflexion morale.

Vis-à-vis de la science, toujours jeune, la religion relie toujours au passé. Elle remplit un devoir de mémoire qui peut être, certes, écrasant mais qui est aussi vivifiant. L'existence humaine ne se réduit pas à un face-à-face avec la nature, elle est culturelle, historique, traditionnelle. La religion comme « orthopraxie » indique des gestes à faire, choisit des attitudes, tandis que tout reste suspendu et inachevé dans le cadre de la recherche scientifique. Plus profondément, là où le scientifique reste muet sur le sens et moralement indifférent en tant que scientifique, le religieux donne au contraire du sens et des repères moraux. Plus encore que la religion, c'est sans doute à la philosophie de mettre le doigt sur les présupposés de la science ou sur la nécessité de réfléchir à sa signification et à sa place dans la cité.

Par rapport à l'art, la religion incarne un souffle collectif extraordinaire qui a donné aux chefs-d'œuvre du passé toute leur force. L'art donne assurément à l'individu l'occasion de s'exprimer mais on a l'impression, avec ses développements les plus récents, que l'originalité devient un but en soi et que la fantaisie égotiste est devenue la règle. Cet art égotiste ne finit d'ailleurs par toucher qu'un petit cénacle restreint qui va s'y regarder comme dans un miroir. Le grand art est au contraire l'expression de «l'esprit du peuple», selon la formule de Hegel. Des pyramides égyptiennes au peintre Rouault, en passant par le temple grec, la cathédrale chrétienne ou la musique de Bach, on voit bien que la source religieuse nourrit l'art aussi bien dans ses manifestations collectives et populaires que dans les vocations individuelles et géniales. La vocation profonde de l'art est sans doute «hiérophanique», celle qui consiste à manifester le sacré, tout à la fois le surnaturel, l'intemporel et l'irréel pour reprendre les mots de Malraux. D'où le débat récurrent sur la question de savoir si l'art primitif doit être envisagé comme un art à «contempler» ou une manifestation culturelle à comprendre du point de vue anthropologique. Débat sans issue puisque notre idée de l'art est récente et permet d'envisager ces œuvres dans un esprit sans doute étranger à celui dans lequel elles ont été créées.

L'art

La vertu principale de l'art est celle d'une réconciliation entre l'esprit et la nature, l'âme et le corps. Il est donc l'expression même de l'homme comme être vivant. Il est une spiritualisation de ses sens en même temps qu'il donne une forme sensible à la vie de son esprit. Il l'élève vers le ciel sans toutefois jamais lui faire quitter la terre. La beauté est une promesse de bonheur selon le mot de Stendhal, mais c'est une promesse déjà tenue, ici et maintenant. Toute œuvre d'art réussie suggère un ordre, une finalité secrètement présente dans la nature et qui s'accorde avec l'esprit humain. Cette beauté n'est pas forcément « belle », au sens d'une harmonie classique mais elle reste une harmonie au sens d'une correspondance avec les tendances naturelles de l'esprit humain, fût-ce celle du déchirement ou du sentiment tragique de l'existence.

La philosophie face à l'art a toujours tendance à en chercher le sens, à chercher à comprendre ce qu'il veut dire. Il serait en effet absurde de voir dans l'œuvre d'art une réalité purement sensuelle ne visant que l'agréable. À l'autre extrémité, le commentaire frôle toujours le délire d'interprétation et on peut se souvenir du bon mot du cinéaste Ford qui disait que lorsqu'il avait un message à faire passer, il allait à la poste ! L'art est certes un langage, mais qui ne consiste pas à dire d'une manière obscure et embrouillée ce que l'on aurait beaucoup mieux dit avec des mots. Tout son intérêt et sa dignité consiste justement à pouvoir dire ce que l'on ne peut pas dire avec des mots. Pour faire comprendre à ses élèves la différence entre le réel et l'imaginaire, le philosophe Alain leur demandait d'imaginer le Panthéon, ce qu'ils faisaient sans difficulté, puis brusquement de compter ses colonnes, ce qui était beaucoup plus difficile ! La force de l'œuvre tient à la force de sa présence, si certaines ont la force (et la douceur !) de l'être, c'est d'abord parce qu'elles sont là, qu'elles sont des choses et non des abstractions. L'art n'est donc pas que la présentation sensible du sens, il est le sens du sensible, cette parole si claire et pourtant rétive au concept. Je sais que l'œuvre me parle, je ne saurai jamais exactement ce qu'elle me dit. L'artiste dit donc quelque chose que le philosophe ne dit pas, donne la parole à la parole s'il est poète, au visible s'il est peintre ou sculpteur, au sonore s'il est musicien. Non dénué d'intellectualité, l'art corrige cependant la tendance naturellement intellectualiste de la philosophie.

L'art, dans l'ensemble de l'histoire humaine, s'est le plus souvent manifesté dans un cadre religieux. Nous avons évoqué cela un peu plus haut. Il soutient la piété humaine qui a toujours beaucoup de mal à adorer l'absolu sans figure. Ce soutien n'est d'ailleurs pas exempt de danger et le célèbre épisode du veau d'or dans la Bible fait bien comprendre qu'entre adorer Dieu en représentation et adorer une représentation, il n'y a qu'un pas. L'idolâtrie est donc la confusion entre le signifiant et le signifié et tout art porte en lui une puissance d'idolâtrie. Nous allons peut-être aujourd'hui rendre un culte idolâtre quand nous nous pressons aux portes de ces modernes temples que sont les musées ! De quelle nature peut être la correction que l'art peut apporter à la religion ? Toutes les religions ne prônent certes pas le même mode de vie, mais il y a une tendance très présente chez beaucoup de religieux comme beaucoup de philosophes et que Nietzsche appelait « l'idéal ascétique ». Cet idéal consiste à se méfier de la vie en général et de celle du corps en particulier, à chercher à se mettre à l'abri de leurs inévitables tensions, souffrances et jouissances. La quête de l'autre monde, d'une autre vie, de la stabilité de l'être contre le chaos du devenir, trahit alors une fuite sans générosité. L'art au contraire nous interdit de fuir la vie et le corps, pour les transformer et les magnifier. La morale « moralisatrice » au lieu de proposer des lois pour protéger la vie humaine et la fortifier, se sert bien souvent de ces lois pour le plaisir pervers de ceux qui ne savent que punir pour jouir et assouvir leur besoin de vengeance sur des natures plus heureuses. Il y a une authentique moralité de l'art en tant qu'il doit se confronter à une nécessité qui est dans la nature : la beauté veut bien se donner à ceux qui savent faire parler un sens qui les dépassent et ne leur appartient pas. Un débauché qui parviendrait à faire dire au monde sa beauté bouleversante est beaucoup plus saint et spirituel qu'un fidèle plein de bonnes intentions qui n'arrive jamais qu'à exprimer ses propres intentions.

La sagesse de l'art peut aussi nous prémunir contre une idéologie desséchante selon laquelle la rigueur scientifique serait la seule forme de rigueur possible. On confond alors rigueur et exactitude quantitative, on refuse de voir qu'il puisse y avoir une forme non conceptuelle de l'universel, que ce qui est subjectif n'est pas pour autant de l'ordre de l'opinion particulière. La création artistique, loin de se faire dans le laisser-aller et l'absence de toute règle se fait plutôt dans la surabondance de règles et dans la tyrannie de nouvelles conventions qui marqueront une époque. Ce qui trompe un regard superficiel, c'est le fait qu'un grand artiste vienne bouleverser les règles présentes et construise son œuvre dans leur transgression. On reprochait à Delacroix de ne pas savoir dessiner ! Effectivement son dessin n'est pas celui d'un David ou d'un Ingres. On s'attendait sans doute à ce qu'il sache reproduire ce qui se faisait à un moment donné, c'est-à-dire à ce qu'il soit académique. Or, il disait de lui-même qu'il était un classique ! Et on confond toujours académique et classique ! Tous les grands artistes sont des classiques, c'est-à-dire des créateurs d'une nouvelle forme qui correspond à la vie de l'esprit. Cette forme devient naturellement l'objet d'une imitation et on tombe à nouveau dans l'académisme. À chaque fois que de nouvelles règles naissent, il y a toujours le chœur des esprits bornés qui crie à l'abandon de toute règle. Picasso dans sa surprenante fécondité et la succession de ses différentes époques a produit de nouvelles formes, de nouvelles règles, plus que tout autre. L'écrivain Céline dont le style semble jaillir d'une conversation de rue et qui choque sans doute ceux qui se croient « classiques », peinait une journée entière pour une seule page d'écriture. Les poèmes en prose de Baudelaire sont sans doute des modèles de rigueur poétique en dehors de toute métrique préétablie et de toute rime évidente. L'expression « flou artistique » est le plus bel exemple d'une « contradiction dans les termes » ! La science nous apprend la rigueur dans la mesure du monde extérieur, nous apprend à nous représenter théoriquement, c'est-à-dire généralement, le monde. L'art colle à la réalité extérieure en s'attachant à l'individualité des choses (le peintre ne peint pas l'idée de l'arbre mais **un** arbre, l'écrivain les sentiments d'**une** personne) et à leur retentissement sur notre réalité intérieure.

La science

Sa vertu essentielle, ô pléonasme, est sa scientificité ! Rationalité, objectivité, utilité. Cette rationalité est une vertu en ce sens qu'elle est en droit partageable par tous, qu'elle n'est pas une secte entretenant ses initiés dans des secrets qu'ils gardent jalousement.

Distinguer philosophie et science à l'origine n'a aucun sens. C'est depuis Descartes que se dégage nettement le sens moderne du mot « science » et qu'on peut lui attribuer des vertus que la philosophie n'a pas. Si la philosophie est depuis toujours en quête de la sagesse et de l'impassibilité plus particulièrement depuis les stoïciens, Descartes fait remarquer que la disposition de notre âme dépend si fort de la disposition de nos organes, qu'il n'y a de sagesse possible sans un minimum de bonne santé. Recherche de l'efficacité en médecine donc et plus généralement de cette fameuse science qui ne soit plus spéculative mais qui nous rende « comme maîtres et possesseurs de la nature ». Ce n'est donc pas la « rigueur » qui caractérise la science par rapport à la philosophie, mais plutôt l'efficacité. L'apprentissage logique et mathématique est dans l'éducation philosophique une propédeutique qui doit préparer à une extension plus universelle de l'usage de notre raison qui d'ailleurs n'arrive jamais à accomplir son programme ou circonscrire son objet. La philosophie a toujours poursuivi ce rêve de se constituer en « science rigoureuse », ce qu'elle doit apprendre de la science c'est justement d'y renoncer ! Il n'y a de démarche scientifique que dans la constitution d'un objet de science, qu'il soit purement conceptuel ou qu'il renvoie à l'expérience. Il n'y a pas de science de l'absolu. Ce que la philosophie doit donc fondamentalement apprendre de la science sur le plan théorique, c'est que le niveau de scientificité d'un discours est inversement proportionnel à l'extension de son objet. Sur un autre plan, elle nous apprend qu'on ne philosophe pas forcément moins bien dans de bonnes conditions matérielles plutôt que dans de mauvaises !

Par rapport à la religion, est-il utile de rappeler la cure d'hygiène intellectuelle que représente la démarche scientifique ? Les milieux religieux ne distinguent radicalement les deux démarches que depuis peu de temps ! Il faut dire que les défaites ont été rudes et le ridicule imposant. La science, paradoxalement, doit rappeler l'homme à plus d'humilité, lui qui a toujours tendance à se croire au centre d'une formidable bataille de dieux ou le fin du fin d'une création qui tourne autour de lui. La science lui apprend qu'il est dans la nature. Quand bien même on « croirait aux miracles », ils ne sont que l'exception qui confirme la règle, cette règle que nous subissons sans doute plus que nous ne le croyons nous-mêmes. Au-delà des sciences de la nature, les sciences humaines ne font que mettre en évidence le poids d'autres déterminismes. C'est Freud qui dégage peut-être le mieux cette sagesse de la science face au narcissisme humain fortement encouragé par les « grandes religions » (il s'agit plutôt du monothéisme) : Copernic, Darwin et Freud lui-même sont insupportables parce qu'ils décentrent l'homme dans ses représentations cosmologiques, biologiques et psychologiques.

Par rapport à l'art, l'attitude scientifique peut appeler à moins d'excès individualistes. La beauté s'éprouvant plus qu'elle ne se prouve, on imagine bien que la tentation de trouver une grande valeur artistique à tout et n'importe quoi est possible. Au particularisme de ceux qui croient que toute vérité improvisée a de la valeur, il faudrait rappeler la célèbre formule d'Aristote selon laquelle, « il n'y a de science que du général ».

La politique

Arrivé au terme de ce petit parcours, la philosophie apparaît comme une discipline particulière et comme le cadre dans lequel doivent jouer les unes avec les autres, les unes contre les autres, les autres disciplines. Dans l'âme comme dans la cité, la justice n'est pas selon Platon une vertu particulière mais un accord des vertus. On pourrait dire de même qu'il y a une philosophie qui se trouve en dehors d'elle-même, mais se retrouve dans un juste rapport avec d'autres points de vue sur le monde, comme ceux de la religion, de l'art et de la science. Son rôle est donc éminemment et essentiellement politique. Non pas au sens où la philosophie devrait occuper une position de surplomb par rapport à la cité, mais au sens où elle est immanente à la cité elle-même. Les historiens de la philosophie et les historiens de la Grèce n'ont cessé d'insister sur le fait que la philosophie est fille de la cité, on pourrait ajouter que la réciproque est vraie. Dès l'instant que le pouvoir n'est plus séparé, le roi retiré dans son palais et la parole réservée au prêtre, la philosophie commence.

Philosophie et démocratie

Pas de démocratie sans philosophie (les régimes socialistes imposaient une philosophie et interdisait de philosopher), mais pas de philosophie sans démocratie non plus. Cela nous rappelle le fait que la philosophie n'est pas une création *ex nihilo*, qu'elle procède et dépend d'un long processus. Tout au long de son histoire, c'est-à-dire de ses combats (il ne faut pas oublier que Socrate a été condamné à mort par la cité !), la philosophie n'a cessé de renouveler son pacte avec et pour la démocratie.

On s'attend alors à l'objection suivante : bien des philosophies ont été de nature antidémocratique et bien des philosophes ont parlé contre la démocratie ! Le meilleur exemple étant celui de Platon puisqu'il voyait dans la démocratie un désordre qui préfigurait la tyrannie. Il faut tout de même remarquer que le pire des régimes est selon lui le plus éloigné de la raison puisqu'il dépend de l'arbitraire et de caprices d'un homme tout-puissant. Comment arracher le pouvoir au chaos des désirs humains, le soumettre à un ordre et le rapprocher de l'idéal de justice ? Vieux souci de l'aube de la philosophie comme d'aujourd'hui. Platon se déclarait d'autant plus l'ennemi du désordre qu'il pouvait apparaître comme un dangereux réformateur aux yeux du traditionalisme de son époque (lire Homère, plaire aux dieux et être un bon militaire). Et il l'était assurément ! Il était l'adversaire du vice démocratique qui est la démagogie, non de sa vertu qui serait plutôt de confier les responsabilités à des sages, ou mieux encore de savoir les **partager** selon un ordre donné. Quoi qu'il en soit, c'est par **l'argumentation** qu'il cherche à défendre ses conceptions politiques et non par la force des armes ou de la coutume. À une tout autre époque, un philosophe comme Hobbes passe pour le théoricien de l'absolutisme et de l'autoritarisme étatique. Soit, mais ce qu'il faut savoir remarquer, pourvu qu'on sache lire dans une perspective historique, c'est la nouveauté d'une doctrine du droit et de l'État dans l'Occident chrétien qui ne trouve pas d'abord sa justification dans l'Écriture. Il cherche à fonder la nécessité de l'État **en raison** et seulement en raison. La démocratie n'est pas l'absence de norme ou d'autorité, c'est le fait de penser qu'on ne peut légitimement les trouver ailleurs que dans le peuple. Ce terme peut évidemment prêter à confusion et ouvrir la porte à n'importe quelle revendication pourvu qu'elle vienne du peuple. Le mot peuple ne peut en fait désigner une réalité empirique mais plutôt l'homme générique, c'est-à-dire, en droit, tout homme en qualité d'homme, doué de parole et de raison. D'où l'absurdité d'une démocratie qui ne soit pas le fruit d'un processus de maturation, c'est-à-dire d'un immense effort d'éducation. Dans une tout autre famille de pensée, pour revenir à notre propos, Pascal, à peu près à la même époque que Hobbes (XVIIe siècle), fait l'apologie de la monarchie et de la coutume. Il est vrai que nous sommes là devant un cas limite, puisque Pascal adopte délibérément une attitude marginale ou tangentielle vis-à-vis de la philosophie. Il n'en reste pas moins que Pascal éprouve le besoin de faire un travail argumentatif pour défendre la coutume. Il dénonce l'illusion de pouvoir installer la justice sur la terre et préfère une coutume jadis installée par la force et justifiée par la suite. Mais par là même, il dénonce l'illusion de croire la coutume bonne en elle-même ! Dire qu'il faut s'incliner devant le pouvoir établi avec une pensée « de derrière », c'est déjà peut-être s'incliner moins ! On pourrait sans doute trouver mille exemples de pensées dites « réactionnaires », si l'on admet qu'il y a une marche inexorable (ou au moins souhaitable !) vers la démocratie. Le progrès de la démocratie rencontre en effet d'immenses résistances et les sociétés « traditionnelles » ne sont sans doute pas exemptes de vertus comme les sociétés démocratiques ne sont pas exemptes de vices ! Il n'en reste pas moins que la tradition a une faiblesse intrinsèque :

elle est forte quand elle est imposée parce que partagée ; dès qu'une critique fondée se fait clairement jour, elle est obligée tôt ou tard de se placer sur un terrain qui n'est pas le sien et même de préparer une évolution à laquelle elle voulait primitivement résister.

La démocratie tient donc naturellement dans ses marges les modes de pensée qui supportent mal l'ouverture des débats et la philosophie a un pouvoir dissolvant sur tous les pouvoirs qui ne veulent s'imposer que par l'autorité et la coutume. La question qui nous est donc posée est celle de savoir la forme que peut prendre aujourd'hui le pacte d'alliance entre philosophie et démocratie.

Quels dangers pour la démocratie à la fin du XXe siècle ?

La démocratie est-elle un état stable, une sorte de paradis politique enfin atteint, une fin de l'histoire indépassable ? Il faudrait bien entendu revenir sur les critères à partir desquels on peut déclarer qu'un régime politique est démocratique et se demander ensuite si de nouveaux problèmes ne surgissent pas. Il faut bien s'en tenir à ce qu'on appelle des critères « formels », pour commencer. Ils s'articulent autour des deux valeurs fondamentales de liberté et d'égalité. La liberté signifie d'abord liberté de conscience, d'expression et d'association : les convictions religieuses ou philosophiques ne sont pas imposées, on peut les exprimer librement dans l'éternelle limite que constitue la liberté d'autrui. Laïcité et liberté de la presse. Cette liberté se manifeste aussi par la liberté économique d'entreprendre. Quant à l'égalité, elle ne signifie pas que tous les hommes sont identiques, mais qu'ils ont une égalité de droits et qu'aucune distinction ne peut être faite entre eux à la naissance. L'existence d'élections libres où tous peuvent être élus ou électeurs résume cette philosophie démocratique où la loi est l'expression de la volonté générale, consultée régulièrement. Ces principes sont, dans les grandes lignes, ceux de la Déclaration universelle des droits de l'homme et du citoyen de 1789.

Un certain nombre de pays répondent à ces critères, ce sont les pays dits « développés ». Nous examinerons dans un premier temps leur cas avant d'envisager celui des pays en voie de développement. Tout cela est fort général mais va nous permettre un premier éclaircissement de la question qui nous occupe. Un pays développé à économie de type capitaliste, répondant aux critères évoqués ci-dessus, échappe-t-il pour autant à toute critique et vigilance philosophique ?

Il y a une critique de cette société libérale qui est aussi ancienne que celle-ci et qui malheureusement garde sa pertinence. Elle consiste à dire que des droits formels ne font pas des droits réels. Une personne démunie économiquement et culturellement ne peut en effet jouir valablement de sa belle liberté citoyenne. La **dictature économique** est peut-être la plus sûre parce que la plus insaisissable, prenant toujours le masque d'une nécessité inéluctable. Nos citoyens électeurs et souverains vivent en fait le plus clair de leur temps dans des entreprises dont le destin leur échappe totalement, réduits à espérer ne pas être licenciés pour motif économique. La pauvreté rend la liberté caduque, et elle a fait sa réapparition dans les sociétés les plus développées, mais l'impuissance aussi, qui guette des catégories sociales plus favorisées et peut-être même la classe politique. Impuissance face à quoi ? Face à des mécanismes économiques qui échappent à tout contrôle démocratique, face à une « mondialisation » des échanges de toute nature qui fait apparaître comme dépassé le cadre traditionnel de la souveraineté qu'est l'État-nation. On ne voit pas pourquoi le développement économique et l'apparition d'entités politiques nouvelles ou plus larges seraient en soi de mauvaises choses, mais on peut et on doit souhaiter qu'ils soient accompagnés par une évolution des formes de la démocratie. Si les entreprises deviennent de plus en plus puissantes et jouent un rôle de plus en plus important dans la vie de tous les citoyens, il est impensable, à plus ou moins long terme, que la vie démocratique ne puisse s'y installer. Pas seulement au sens d'une participation des salariés au capital, ce qui ne change rien en profondeur, puisque le pouvoir reste alors toujours du même côté, mais au sens d'un contrôle exercé par les salariés sur la direction de l'entreprise. Cela ne signifie pas qu'il n'y a plus de pouvoir ou que tout le monde l'exerce dans une belle anarchie mais qu'il peut être jugé et sanctionné comme c'est le cas dans la démocratie représentative.

La dictature économique que subissent les démocraties avancées est liée à une autre qui est la **dictature technocratique**. Il est même difficile de clairement distinguer les deux, la virtualité étant le monde commun au capitalisme financier et aux nouvelles technologies de l'information. Dans un autre domaine, la maîtrise de l'énergie nucléaire suppose le développement de structures assez lourdes qui forment un groupe de pression puissant et qui a une inertie considérable sur l'avenir et détermine ainsi à long terme des choix contraignants. La technocratie représente le pouvoir de la technique elle-même, qui impose un rythme et de nouvelles contraintes qui n'ont pas été choisies ou discutées, elle est aussi le pouvoir des techniciens. Il ne faut pas entendre ce mot dans un sens étroitement industriel mais plus largement dans le sens d'un pouvoir des spécialistes. La philosophie elle-même est peut-être la proie des technocrates ! Untel passera sa vie à étudier Platon ou Descartes ou la philosophie du langage, etc. En politique, les dirigeants sont formés dans le même moule quelle que soit leur tendance et ont peut-être tendance à confondre politique et administration.

Il existe une forme particulièrement dangereuse de dictature pour les démocraties modernes. C'est la **dictature médiatique**. Reconnaissons qu'il y a là un paradoxe : il n'y a pas de démocratie sans information et liberté de celle-ci. En ce sens, plus les médias sont puissants et nombreux et mieux cela vaut-il pour la démocratie. Certes. Mais là aussi, la puissance entraîne toujours un abus de celle-ci et on assiste à la naissance d'un monde autoréféré où des journalistes invitent et interrogent des journalistes, poursuivant le fantasme de « créer l'événement » au lieu d'en rendre compte. Les collusions sont nombreuses entre l'univers médiatique et celui des hommes politiques et des hommes d'affaires. Les règles déontologiques ne sont pas toujours très claires ou très suivies. On peut aussi se poser la question du choix de ce qui est important ou de ce qui ne l'est pas pour ce qui concerne les informations télévisées qui sont massivement regardées, sans parler de l'impossible objectivité à atteindre. La démocratie engendre alors une perversité qui lui est propre et qu'on appelle la dictature de « l'audimat » (l'audimat est un indice qui mesure l'audience d'une émission). Cela consiste à aller toujours dans le sens de la pente et de la facilité, favoriser le sensationnel plutôt que la réflexion, etc. Cela vaut pour l'ensemble des programmes télévisuels et laisse pensif compte tenu du caractère colossal à l'échelle de la planète de ce nouveau moyen de communication. Si les élections, par exemple, sont libres, sera-t-on libre de former son jugement, de résister à des campagnes électorales utilisant massivement toutes les techniques de la communication publicitaire, ne se laissera-t-on pas influencer par l'avalanche des sondages qui font de l'opinion le nouveau dieu changeant auquel toute la société rend un nouveau culte ?

Nous touchons là ce qui est la difficulté essentielle des démocraties modernes. Elles sont le fruit d'un long processus de maturation et d'éducation, et ont gagné leur droit d'exister au prix de l'exigence des combats. Mais une fois installées, peuvent-elles se maintenir par la seule vertu de leur passé et de celle de leurs héros ? Faire du peuple le dépositaire de la souveraineté, c'est conjointement faire un effort d'éducation pour qu'il soit constitué de citoyens conscients et responsables. L'État, via l'école et l'armée, fut l'instituteur de la démocratie, dispensant par là des valeurs où l'intérêt général transcende l'intérêt particulier. La démocratie permet l'épanouissement de l'individu, mais à condition qu'existe le solide cadre d'une morale républicaine. L'évolution de la stratégie a rendu peu à peu l'armée populaire caduque et là aussi, les militaires professionnels s'imposent comme une autre nécessité technocratique. Quant à l'école, nouvelle Église d'un âge post-religieux, il semble qu'elle ait aujourd'hui du mal à lutter contre le relativisme qui mine les démocraties. Le règne de l'opinion, où chacun est fondé à revendiquer ce qu'il veut, peut facilement aboutir à un univers culturel où tout se vaut et rien ne vaut rien. La science est-elle populaire ? L'art à la portée de tous ? Toute opinion fait-elle une philosophie ? N'importe quelle bizarrerie de mœurs ou sentiment mystique peuvent-ils se parer de la liberté de conviction religieuse ? Comment rendre compte d'une telle situation ? Cette nouvelle menace qui pèse sur la démocratie, c'est-à-dire un manque de conscience d'elle-même et un oubli de la nécessité d'inculquer un idéal qui la fonde, vient peut-être de l'histoire de ce dernier siècle.

Le XXe siècle fut celui des guerres mondiales. La guerre de 1914-1918 avec son nombre considérable de tués, troubla la confiance qu'on peut accorder à l'État et à l'armée comme institution. Les nations démocratiques qui étaient aussi des empires coloniaux envoyèrent à la mort des millions d'innocents au nom de leurs rivalités impérialistes. Le communisme voyait dans les démocraties bourgeoises un simulacre de liberté et d'égalité au nom de la perspective d'une société sans classes qui réaliserait une égalité enfin réelle par le moyen de l'abolition de la propriété privée et du système capitaliste. La victoire sur le nazisme redonna une grande légitimité aux démocraties occidentales qui trouvèrent ensuite celle d'être le monde libre face au bloc soviétique. Mais depuis la période dite de la guerre froide, vint celle de la décolonisation, l'échec américain au Viêtnam et une perte de crédit général de l'idéologie des démocraties libérales. Paradoxalement, l'effondrement du bloc soviétique, qu'on peut tout de même considérer comme une grande victoire libérale, laisse les pays « libres » en mal de justification face à une absence de contre-modèle. Le seul progrès matériel peut-il être un idéal moral et peut-il constituer le ciment social nécessaire à toute vie démocratique ? La réponse paraît d'autant plus difficilement positive que ce progrès est loin d'être partagé par tous et que la prise de conscience écologique tend à en minimiser les bienfaits.

Pour les pays en voie de développement et qui n'ont guère de vie démocratique selon les critères que nous avons retenus, les problèmes se posent bien différemment. Là aussi, la démocratie libérale ne peut pas se présenter comme la solution miracle à partir de laquelle tout est résolu une fois pour toutes. Un cas comme celui de la Chine à la fin du XXe siècle est bien révélateur du débat contemporain autour de la démocratie. D'un côté il y a ceux qui louent « l'ouverture » économique de ce grand pays, la fin de la religion maoïste et la marche nécessairement prudente vers le modernisme et le développement, de l'autre les gardiens de la mémoire du massacre des étudiants contestataires qui souhaitaient une ouverture politique, la liberté d'expression, etc. Difficile de donner entièrement raison ou tort, aux uns ou aux autres. Une liberté brusquement accordée conduit plutôt à une sorte de jungle où règnent les maffias. Dans un tout autre contexte, la démocratie est-elle immédiatement possible en Algérie ? On oublie souvent de quelles convulsions historiques et de quelle maturation culturelle sont sorties les démocraties occidentales ! Les fameux droits de l'homme parlent à partir d'un universalisme abstrait qui fait fi de l'enracinement culturel des hommes et de leurs conditions concrètes d'existence. La démocratie ne se décrète pas, elle se prépare.

Au terme de ce petit parcours, nous pouvons revenir sur cette question des relations entre philosophie et démocratie au XXe siècle. Il convient de méditer ici un enseignement essentiel de la philosophie : en matière de sagesse, tout est toujours à refaire, rien n'est acquis. Il n'y a pas, en effet, d'effet cumulatif en ce domaine. On ne profite de la sagesse du passé et des anciens qu'à la seule condition de refaire soi-même un effort vers la sagesse. Cela est également vrai de l'humanité de l'homme elle-même ! Un enfant peut bien naître dans la famille la plus prestigieuse de la civilisation la plus évoluée, s'il ne reçoit aucune éducation, il ne dépassera pas le stade atteint par les « enfants sauvages ». L'humanité et la culture ne se transmettent qu'à la seule condition qu'on veuille bien les transmettre ! Le message que la philosophie doit donc adresser à la démocratie est qu'elle risque d'être une énorme forme creuse, capable d'effondrement, si elle ne veille pas à l'éducation des individus qui sont censés la faire vivre. Ce régime n'est pas le seul possible et ne s'entretient pas de lui-même une fois qu'il est en place, il n'existe que par la vigilance de la réflexion et le fait de le vouloir face aux puissances qui naturellement conspirent toujours à sa perte. Il peut y avoir un immense progrès technique, un progrès juridique mais il n'y a pas de progrès moral dont on puisse hériter. La nature humaine ne change guère et ce sont les mêmes hommes qui sont capables des pires barbaries comme des meilleures choses. Notre époque est d'autant plus dangereuse que le barbare humain, qui est toujours possible, dispose de moyens autrement plus puissants que ceux qui étaient les siens dans des civilisations technologiquement peu développées.

C'est aussi ce souci d'éducation qui doit prévaloir dans les pays en voie de développement, à condition d'avoir compris que la démocratie est affaire de respect, qu'elle ne peut que tenir compte de réalités culturelles données et que rien ne se fait en un jour. La philosophie est elle-même née dans une culture donnée et n'est pas tombée du ciel toute faite et toute prête. Elle exprime la culture hellénique et une rupture d'avec celle-ci, elle exprime tout aussi bien une crise de cette culture. De même la Révolution française a bien eu lieu quelque part à un moment donné et non sans conflits ! Ce qui signifie que l'universalisme philosophique et démocratique (la philosophie de droits de l'homme) peut bien prendre corps dans la réalité historique et culturelle concrète, mais que cela ne peut se faire qu'au cours d'un processus long et complexe.

2
Les défis contemporains

Les sociétés développées

Il nous semble que les grands problèmes auxquels sont confrontées les sociétés développées sont au nombre de trois : quelles relations entretenir avec la nature ? Quelles relations établir entre les sexes ? Comment définir un « être ensemble » ?

Les relations avec la nature

On entend dire partout aujourd'hui que la nature est en danger, que pour la première fois dans l'histoire la puissance de l'homme la met en danger, que tout cela annonce des catastrophes, etc. Une première remarque s'impose : on confond souvent la nature et la vie. Si la nature est ce qui est, on voit mal comment elle pourrait être en danger ! Du pétrole dans la mer ne met pas en danger la nature, mais la vie marine ! Il faut donc reconnaître que la vie suppose un certain équilibre, ce qui est d'ailleurs l'objet d'étude de l'écologie (qui est une science avant d'être devenue un idéologie politique), et que cet équilibre est parfois rompu par l'homme à cause de son activité économique. En quoi cela est-il gênant ? Tout simplement parce que nous sommes aussi des êtres vivants et qu'en tant que tels nous sommes fragiles. Notre vie dépend de la qualité de l'air que nous respirons, de l'eau que nous buvons, de ce que nous mangeons, etc. Le problème se situe donc à un niveau purement scientifique (même si la capacité de le résoudre est largement un problème politique et économique mais aussi, comme toujours, d'éducation). La nature dont il est question ici est considérée sous son aspect physico-chimique, dans la droite ligne du matérialisme occidental. Le développement de la mentalité et de l'activité occidentale (et dont les effets se font sentir aujourd'hui ailleurs !) nous conduit donc avec ironie à admettre humblement que nous sommes des animaux et menacés comme tels !

Notre relation avec la nature, au travers du développement des sciences et des techniques, pose cependant un tout autre problème, qui est pour ainsi dire inverse. La biologie et la recherche médicale n'ont pu progresser qu'au fur et à mesure qu'on a considéré l'être vivant en général et l'homme en particulier comme des objets d'étude ordinaires des sciences naturelles. Cette désacralisation progressive de l'homme, étudié dans sa dimension naturelle, a permis d'agir sur lui et de donner à la médecine une certaine efficacité. Personne ou presque ne se plaint des progrès de la médecine, mais tout le monde éprouve des craintes lorsque des manipulations génétiques de toutes sortes semblent désormais possibles. Ces craintes viennent d'une culpabilité diffuse que l'homme éprouve dès qu'il innove et qui lui font se demander plus ou moins consciemment s'il ne joue pas à l'apprenti sorcier. Elles prennent une dimension éthique dans la mesure où la dimension de la personne humaine semble s'évanouir au profit d'une machinerie complexe où tout devient démontable et interchangeable. Que l'humain soit une matière sur laquelle on puisse travailler ouvre des espoirs dans le domaine médical, mais fait penser aussi avec terreur aux camps de concentration. Cette fois-ci un problème semble surgir à l'idée que nous ne sommes que des animaux !

Nous retrouvons donc ce que nous avons analysé dans le chapitre concernant la philosophie contemporaine. Ces difficultés pratiques (menaces écologiques) et éthiques (avancées de la biologie) nous renvoient aux limites d'une philosophie qui sépare l'homme de la nature et veut en faire le maître et possesseur. Ce point de vue, qui est un cartésianisme poussé à l'extrême, a une conséquence doublement néfaste en aboutissant à deux excès : ignorer que l'homme appartient à la nature, l'immerger totalement dans la nature.

Les relations entre les sexes

La pilule contraceptive est une des inventions majeures de ce siècle. Elle est à la fois la cause et la conséquence d'une révolution profonde des mœurs : l'émancipation de la femme. La fonction féminine était d'une manière quasi universelle centrée sur la fonction maternelle. Cela ne veut pas dire que tout se ramenait pour les femmes à cette seule fonction, mais que tout partait et s'organisait à partir de cette fonction. Cette vision des choses dans des cultures si éloignées dans l'espace et dans le temps tient sans doute au fait d'un partage incontestablement inégal des rôles dans le système de reproduction des mammifères que nous sommes. Avec la contraception, il y a une dissociation possible dans les faits (même si du point de vue de la psychologie de l'individu, cela est toujours le cas) entre la sexualité et la reproduction. La sexualité cesse d'être pour les femmes ce qui les assujettit à la maternité et les hommes perdent donc le pouvoir qu'ils avaient dans ce processus.

Les anthropologues pensent que, dans les premiers temps de l'humanité, les petites sociétés humaines étaient matriarcales et que le prestige quasi divin des femmes tenait au fait qu'on ne faisait aucun lien de cause à effet entre la copulation et l'enfantement. Les premières idoles semblent être de petites statuettes à la féminité fortement affirmée... La société patriarcale daterait de l'époque où le mâle prit conscience de son rôle indispensable dans la reproduction. Il est difficile de dater précisément ce genre de supposition, mais il semble que cela se situe plutôt au début du néolithique, en même temps que l'homme commence à pratiquer l'élevage et a donc quelques notions sur la reproduction chez les mammifères. Le fait est que le patriarcat s'impose à peu près partout. Ce qui ne signifie pas que les femmes n'ont pas de pouvoir ou d'influence, mais seulement à partir de l'éducation des enfants et de ce que l'on appellerait aujourd'hui la sphère privée par opposition à la sphère publique. Si le partage des rôles dans la société était le reflet symbolique du partage des rôles dans la sexualité, il est normal que l'évolution récente des mœurs sexuelles entraîne une évolution des fonctions sociales. D'autres facteurs historiques ont pu jouer un rôle important au XXe siècle, comme la guerre de 1914-1918, première guerre mondiale pendant laquelle l'absence des hommes a conduit les femmes à prendre des responsabilités nouvelles.

Il serait cependant superficiel d'attribuer à des inventions techniques ou à des circonstances particulières ce qu'il est convenu d'appeler la libération de la femme. Ce n'est sans doute que l'un des aspects – même s'il est d'une importance capitale – de la montée en puissance régulière de l'individualisme au cours de l'histoire. L'individu affirme en effet sa liberté contre tous les déterminismes qui l'entravent, y compris celui d'appartenir à un sexe. Le débat classique qui oppose les féministes à leurs adversaires recoupe l'opposition entre culturalisme et naturalisme. Y a-t-il une nature féminine déterminant un comportement féminin et notamment maternel, ou bien au contraire tout cela n'est-il que le fait d'une idéologie et d'une éducation ?

La question qui résume le mieux la situation est celle de l'égalité. Tout le monde s'accorde pour dire que s'il y a une égalité en dignité et en droit à peu près complète entre l'homme et la femme, il y a une inégalité de fait. Elle se manifeste dans les travaux à la maison et dans la répartition des responsabilités dans la société. Si l'on considère que l'égalité parfaite doit être atteinte, il faudra admettre un jour ou l'autre que le seul moyen d'y parvenir sera de passer par l'identité entre les sexes. C'est le point de vue que soutient notamment Élisabeth Badinter qu'on ne peut pas taxer d'antiféminisme. Cette identité n'est pas une pure fiction compte tenu des progrès récents ou à venir de la recherche médicale. Viendrait le temps des naissances artificielles ou des hommes enceints, etc. Il s'agirait de toute façon de libérer les femmes des servitudes de la grossesse et des difficultés qu'elle pose quand on exerce un métier comportant de grandes responsabilités. Les enfants seraient élevés dans des crèches qui fermeraient tard le soir ou par des personnes spécialisées à domicile (hommes ou femmes), etc. On peut imaginer toutes sortes de solutions matérielles qui, à défaut d'être « naturelles », seraient l'objet de négociations permanentes.

Il existe une autre évolution des mœurs qui peut être aussi considérée comme une expression de l'individualisme moderne. Pourquoi ne pas donner à l'homosexualité l'égalité juridique en matière de succession, de mariage, d'adoption, etc. ? Nous retrouvons la revendication de liberté, fondée sur le sentiment individuel, contre toute idée de morale naturelle.

Ces questions sont essentielles pour les sociétés développées dans la mesure où la qualité des relations entre hommes et femmes détermine la natalité et donc la vitalité d'une civilisation. La progression des divorces, la faible natalité, caractérisent désormais l'Occident. On y jouit d'une liberté et d'une qualité de vie exceptionnelles, mais jusqu'à quand ? Face à une évolution aussi brutale des mœurs qui déstabilise des traditions profondes, il y a toujours un risque de réaction violente. Les intégrismes religieux sont particulièrement soucieux, pour ne pas dire obsédés par l'identité sexuelle dont l'ébranlement génère de fortes angoisses. La contraception et tout ce qui permet à la femme d'échapper à son statut de mère seront alors violemment attaqués.

Quel équilibre trouver ? Nous ne sommes pas si loin de la problématique posée par les relations de l'homme et de la nature. L'homme ne peut pas s'en séparer au risque de perdre sa vie, il ne doit pas se confondre avec elle au risque de perdre son âme.

Être ensemble

Si l'individualisme est la configuration idéologique des sociétés avancées, il s'ensuit naturellement quelques difficultés à vivre ensemble. L'évolution de la notion de droits de l'homme consacre d'ailleurs une tendance à la revendication permanente et un oubli de la notion de devoir au profit de celle de « droits à ... ». Le droit à la santé, aux loisirs, etc. et à tout ce qui participe au bien-être de l'individu sont bien sûr en eux-mêmes louables, mais c'est un horizon qui recule sans cesse où les droits des uns sont contradictoires avec le droit des autres et que la société est en fin de compte incapable de garantir. Cette surenchère d'égoïsmes aboutit à une société qui n'est plus qu'une mosaïque d'intérêts conflictuels où le sentiment d'appartenir à une communauté de culture et de destin tend à disparaître. Le jeu du capitalisme et de ses inévitables crises ne fait qu'accroître les difficultés, ou plutôt fait apparaître les difficultés dès qu'il y a une situation de crise. Quelles sont ces difficultés ?

Le manque de confiance mutuelle tout d'abord : il se traduit de multiples façons. Il rend le dialogue social difficile et conflictuel par principe, le corporatisme des uns et des autres s'accroche aux avantages et intérêts particuliers de telle ou telle profession, rendant toute réforme difficile. La classe politique, préoccupée de la lutte pour le pouvoir et des carrières personnelles au détriment de l'intérêt général, subit une perte de crédit qui la rend suspecte *a priori* aux yeux du public et de... la justice. Le volume des procès dans tous les domaines augmente et c'est l'indice d'une société qui se bloque où chacun aura bientôt besoin des services d'un avocat pour n'importe quel acte de la vie courante.

La fameuse « fracture sociale » ensuite, révélée par une situation économique où le chômage est devenu une réalité chronique. Elle s'exprime dans la délinquance faute de perspectives d'espoir et d'éducation reçue. Elle s'exprime dans l'exclusion qui fait vivre une frange non négligeable de personnes dans des conditions infrahumaines. L'éclatement des familles et la vie urbaine favorisent par ailleurs l'isolement des personnes âgées.

Les sociétés en voie de développement

Nous savons bien que l'expression même de « en voie de développement » est largement ethnocentrique et laisse entendre qu'il n'y a qu'une voie à suivre vers un seul type de société. Nous avons d'ailleurs vu que les sociétés développées sont loin d'être exemptes de difficultés et loin d'être des modèles en toutes choses. Une certaine occidentalisation du monde, par la puissance économique et technique, est cependant un fait incontournable, qu'on s'en réjouisse ou qu'on le déplore. Quelles sont, à grands traits, les difficultés de ces sociétés à la fin de ce siècle ?

Nous proposons tout d'abord la thèse suivante : les vraies difficultés ne sont pas inhérentes à ces pays, mais à la coexistence dans un **même temps** de sociétés qui n'ont pas du tout le même niveau de développement. Il y a donc à la fois synchronie et diachronie. L'effet de synchronie n'a cessé de se renforcer avec les moyens modernes d'échanges et de communication, etc. Nous allons essayer de recenser les conséquences néfastes de cette proximité et cette distance conjointes.

Les populations des pays peu développés, et particulièrement les jeunes, subissent une sorte de fascination pour le progrès ou plus exactement pour ses résultats. Conduire une voiture, téléphoner, regarder la télévision, se servir d'un ordinateur, d'une arme sophistiquée..., tout cela est immédiatement désirable car cela prouve immédiatement un grand sentiment de puissance. Mais tous ces instruments n'ont pu être produits que parce qu'il y a derrière eux des siècles de sciences, de techniques et d'organisation économique, bref toute une histoire et une culture. Les fruits sont séduisants mais on ne voit ni l'arbre ni les racines qui les ont produits. Comment vouloir les fruits sans prendre la peine d'apprendre à cultiver les arbres ? Les cultures traditionnelles sont désarmées devant tant de séduction déployée et il est inévitable que le matérialisme au sens le moins philosophique et la cupidité la plus avide se développent dans la jeunesse des pays peu développés. En ce sens, il n'est pas exagéré de dire que l'Occident déploie une gigantesque force de **corruption** dans le monde. Ce qui ne facilite guère le travail d'éducation, alors que c'est l'essentiel, puisque tout commence par là.

Si des progrès sont accomplis, ils peuvent l'être brutalement et de manière anarchique. C'est ainsi que les nuisances du progrès sont importées immédiatement et dans des proportions que ne connaissent même pas les pays les plus développés. L'air de telle ville sera irrespirable à cause de la circulation automobile, de l'implantation massive de telle industrie chimique, etc. Réglementer, assainir, coûte cher et semble être un problème de luxe... Une technologie avancée est une chose, savoir la maîtriser en est une autre. Ces problèmes se posent, y compris dans les pays de l'ex-bloc soviétique.

Autre grave difficulté : les élites des pays pauvres vivent à l'heure mondiale, voyagent beaucoup, sont cultivées, appartiennent à une société internationale qui va de congrès en congrès et de sommets diplomatiques en sommets diplomatiques. Il s'ensuit qu'elles sont beaucoup plus préoccupées par l'imparfait du subjonctif que par la sécheresse ou la lèpre. La plus grande part de leur énergie est absorbée par la volonté de rivaliser en niveau de vie avec les élites occidentales et par leurs luttes internes pour le pouvoir. Il en reste assez peu pour le développement de leurs pays.

Ainsi pour beaucoup de pays pauvres, le fossé a tendance à se creuser avec les pays riches, l'instabilité politique et les guerres ne font qu'augmenter les souffrances des populations. Les sentiments à l'égard de l'Occident oscillent alors entre la fascination/adoration et la haine/diabolisation. Cela peut se traduire par une situation de corruption générale où se manifeste un désir de pureté tout aussi dévastateur. Ce désir peut prendre alors la forme d'un messianisme révolutionnaire, d'un repliement sur soi, du fanatisme religieux.

Réponse de la philosophie aux problèmes contemporains

Voyons la situation des pays développés. Il s'y manifeste une logique historique que nous avons longuement analysée au cours de notre ouvrage. L'individu s'y est affirmé tandis que l'esprit et la nature n'ont cessé de s'éloigner dans la pensée humaine : l'individualisme et la logique du désenchantement du monde.

L'individualisme ne peut pas dépasser une limite au-delà de laquelle la société se disloque et l'individu est livré à l'angoisse. Le XXe siècle fut donc aussi celui des réponses à l'individualisme. Ces réponses peuvent être très variées et portent généralement la marque de l'excès inverse de ce qu'elles prétendent corriger.

Le communisme a exercé une réelle fascination sur bon nombre de gens et notamment d'intellectuels du XXe siècle. L'individu y était considéré comme une abstraction bourgeoise et haïssable. Seul le cours de l'histoire animée par les masses en marche pouvait donner un sens à la vie et réconcilier à la fin, dans la société vraiment communiste, l'individu et la société.

Les fascismes ont été, eux aussi, une expression de la lutte contre l'individualisme de la société bourgeoise. Ils ont été des « pseudo-holismes » pour reprendre une expression de Louis Dumont. Le holisme s'oppose à l'individualisme en ce sens que l'individu ne prend son sens que par son appartenance au groupe. D'origine populaire, les fascismes expriment une inquiétude devant une situation complexe où les repères se font rares. Le peuple allemand était dégoûté par la guerre de 1914-1918 et la façon dont elle s'était terminée pour eux. Le juif représentait l'individu par excellence, non relié à une terre, habile financier, etc. Le nom même de « national-socialisme » dit assez explicitement à quel point il s'agit d'une réaction anti-individualiste. Les fascismes étaient voués à échouer, selon Louis Dumont, parce que fondés sur une idéologie de la force, négation des valeurs culturelles au profit d'un culte de la nature. Voilà pourquoi il les qualifiait de pseudo-holismes. La fin du siècle voit réapparaître les conditions d'émergence de telles idéologies. Le peuple se sent floué et dépassé par un monde complexe qu'il ne comprend plus, le nationalisme et le racisme sont alors l'expression d'un besoin d'identité collective très fort.

Le désir de fusion communautaire se manifeste encore autrement. Le désir de religion est typique de ce point de vue. On qualifie d'ailleurs assez souvent les grandes idéologies politiques de religions sécularisées. Le communisme était un messianisme sans messie et le nazisme un paganisme fou. Dans la sphère plus strictement religieuse, le phénomène sectaire et « intégriste », attitudes qui sont loin d'être contradictoires, permet à certains individus d'avoir une identité qu'ils ont du mal à acquérir par eux-mêmes tout en se perdant dans le groupe.

Quel chemin la philosophie peut nous conseiller de prendre aujourd'hui ? Elle est un instrument de lutte et de critique contre tous les sectarismes et les dogmatismes. Son éthique naturelle est celle de l'amitié et du dialogue et il est bon que son enseignement soit défendu et développé dans le système éducatif. Il devrait être présent dans les études supérieures, quelles que soient les disciplines. Elle ne doit pas cependant se contenter d'être critique, elle doit aussi réfléchir à ce qui peut corriger l'individualisme. Nous avons défendu, par le « principe d'incomplétude de la philosophie », l'idée d'une philosophie articulée et coordonnée, c'est-à-dire ouverte sur d'autres modes de relation à la vérité. L'esprit scientifique nous garde des enthousiasmes douteux, les religions et les arts nous ouvrent à la dimension symbolique sans laquelle la vie collective se dessèche. Les sectes et les extrémismes de tous poils coupent de la société et isolent l'individu qui ne peut plus avoir de relations sociales normales en dehors de son cocon identitaire. Il faut donc aller vers des communautés qu'on reconnaîtra bonnes à ce critère que la participation à leur vie augmente les rencontres et intensifie les relations sociales.

L'autre grande caractéristique historique est le processus de désenchantement du monde qui se caractérise par un arraisonnement de tout ce qui est par la technique. Si l'individualisme extrême entraîne un désir de fusion dans le groupe, le désenchantement technique entraîne la nostalgie d'une communion avec la nature. Cette nostalgie prend différentes formes. Il peut y avoir un désintérêt et une méfiance à l'égard du progrès scientifique, mais en revanche une grande attirance pour les sciences occultes. L'astrologie ne s'est jamais aussi bien portée et toutes les techniques de voyance suscitent un intérêt certain, au point que beaucoup d'entreprises semblent y avoir recours pour leur recrutement. Toutes ces approches ont un point commun caractéristique : elles partent du point de vue qu'il y a une analogie, une correspondance entre macrocosme et microcosme. Autrement dit l'homme cherche à lire ce qu'il est et ce qu'il deviendra dans des signes inscrits dans la nature. Il n'y a donc pas d'ailleurs ou d'avenir qui ne soit écrit nulle part, mais un ordre cosmique, un grand tout avec lequel on désire vivre en harmonie. L'écologie dans ses aspects les moins scientifiques participe de cette idéologie d'un retour à une Nature qu'on n'aurait jamais dû quitter.

Un des domaines les plus intéressants où se manifeste avec acuité le questionnement contemporain est la médecine. Les progrès de la médecine occidentale procèdent de la conception cartésienne du corps qui voit en lui une machine. Il est difficile de nier l'efficacité de cette conception des choses. Il est difficile de ne pas voir ses limites. S'il y a bien un mystère, c'est celui du corps humain, où l'esprit et la nature se rejoignent, forteresse que le désenchantement du monde ne peut pas prendre comme nous avons essayé de le montrer dans un chapitre précédent. Le facteur psychique est omniprésent dans la santé d'un individu, il est par définition indiscernable dans une explication scientifique des phénomènes. D'où le recours à toutes sortes de médecines « différentes » et l'intérêt pour les médecines traditionnelles.

Toutes ces attitudes que l'on constate dans les sociétés développées expriment une tendance naturelle de l'esprit humain à une philosophie de l'immanence plutôt que de la transcendance. L'attrait pour les spiritualités asiatiques en est une expression.

Quelle réponse de la philosophie face à cela ? Lutter d'abord contre une tendance nettement régressive qui consiste à vouloir expier le péché d'orgueil de la rationalité. Se demander si une science est vraiment scientifique est sans doute une preuve suffisante qu'elle ne l'est pas ! Ne pas en rester cependant à un cartésianisme crispé et méditer à nouveau cette question de l'union de l'âme et du corps sur laquelle, selon le mot de Leibniz, Descartes quitta la partie. La tendance phénoménologique de la philosophie contemporaine, notamment celle de Merleau-Ponty, a redonné toute son importance au corps et à l'expérience vécue d'une manière générale. La psychanalyse quant à elle, sur le plan pratique, donne au sujet l'occasion de manifester la liberté d'une parole qui reste toujours incarnée. Ses découvertes ont d'ailleurs largement influencé notre conception de l'éducation et de la médecine.

En ce qui concerne les pays en voie de développement, quelle lumière la philosophie peut-elle apporter ? Nous avons vu que la principale difficulté venait du fait de la rencontre brutale de cultures fort différentes et d'une grande disparité de développement. L'Occident peut trouver partiellement des remèdes à ses maux dans des cultures lointaines, au moment même où ces cultures sont confrontées à leurs faiblesses face à l'Occident. Les échanges et les points de contact ne se font pas que par les voyages et la communication, ils se font par la coexistence directe à cause des phénomènes migratoires.

Les pays occidentaux qui attirent fatalement beaucoup de populations pour des raisons économiques connaissent depuis peu de temps une authentique diversité culturelle qui va bien au-delà de la liberté de conscience religieuse et philosophique de l'individu qui lui est pour ainsi dire traditionnelle. La présence d'autres sources religieuses, artistiques, vestimentaires ou culinaires est un incontestable facteur d'enrichissement. Nous parlions de la dimension symbolique des religions et des arts. Nous voyons naître en effet, en ce moment, petit à petit, sous nos yeux, comme le patrimoine culturel mondial de l'humanité, pour la première fois conscient de lui-même en tant que tel. Cela est très clair dans le domaine artistique et Malraux s'est fait le penseur de l'émergence de ce qu'il appelait l'Art mondial. Les œuvres de nos musées sont de tous les lieux et de tous les temps. Nous sommes loin de l'émergence d'une religion mondiale, mais la rencontre des religions favorise au moins la prise de conscience de l'unité d'une humanité dont la quête spirituelle est universellement partagée. L'Occident a bien besoin de concevoir une relation au monde et aux autres qui soit tout autre que celle de la rentabilité.

Inversement, si l'on veut lutter efficacement contre la pauvreté, la maladie et l'oppression, il faut en passer nécessairement par le cartésianisme sur la plan intellectuel et par le libéralisme laïque et démocratique sur les plans économique, social et politique. Les populations immigrées, qui gardent un contact avec leurs pays d'origine, importent une mentalité moderne qui donne toujours ses fruits.

On peut bien sûr se demander en quoi la philosophie est concernée par tout cela ! Elle l'est, ne serait-ce que pour démêler cet embrouillement formidable de tendances et de cultures qui caractérise cette fin de siècle. Elle l'est aussi dans la mesure où elle est une pensée de la composition et de l'équilibre quand, dans les périodes troublées, s'affirment des tendances monolithiques et extrémistes. Elle est une boussole nécessaire pour naviguer et garder un cap dans des eaux qui sont agitées par l'accélération technologique, le capitalisme mondial, l'individualisme radical, les nationalismes, le « retour du religieux » et la nostalgie du passé.

3
La remise en cause contemporaine de la philosophie

Aujourd'hui la philosophie n'est pas seulement confrontée au brassage des cultures, elle l'est aussi à l'évolution formidable de la recherche intellectuelle et à l'extension des savoirs. En son sein s'élèvent des critiques qui sapent ses propres bases et se livrent à sa « **déconstruction interne** », tandis que de nouvelles sciences apparaissent et lui font une telle concurrence qu'on peut parler de « **déconstruction externe** ». Dans ces conditions peut-on craindre la disparition de la philosophie, ou va-t-on vers une nouvelle forme de philosophie spécifique du XXIe siècle ?

Les nouveaux prétendants à la sagesse

Depuis quelques décennies la philosophie doit faire face à l'offensive des **sciences humaines** et plus récemment des **neurosciences**. Quand nous parlons de déconstruction, il faut entendre par là une conséquence du développement de ces disciplines qui prétendent tenir les promesses de la philosophie mieux qu'elle ne le peut elle-même. Souvent créées et animées par des philosophes de formation, ces sciences nouvelles apportent en toute hypothèse quantité de connaissances qui ne peuvent qu'intéresser le philosophe.

Les sciences humaines

Certes, toutes les sciences sont humaines, au sens où c'est toujours l'homme qui les pratique ! On parle donc de sciences humaines en un sens plus restrictif pour désigner celles qui étudient ce qui est propre à l'homme, par opposition aux sciences de la nature. La molécule d'azote, l'électromagnétisme et la synthèse chlorophyllienne relèvent des sciences de la nature ; les troubles de l'adolescence, les règles de la chasse dans telle société, la condition féminine au Moyen Âge, la consommation des ménages, le parler paysan ou les goûts musicaux des cadres supérieurs relèvent des sciences humaines.

Ces sciences sont très différentes, par leur objet, leur histoire ou leurs méthodes : l'histoire, la psychologie, la sociologie, l'ethnologie, l'économie. Nous n'évoquerons que très brièvement en quoi consiste la « philosophie » de ces sciences même si cela méritait de très longs développements.

L'histoire

Cette discipline se propose d'étudier le passé. Mais quel passé ? On peut étudier le passé d'un volcan ou d'une espèce. Nous parlerons bien sûr du passé humain, qu'il ne faut pas confondre avec le passé de l'homme entendu, lui aussi, comme une espèce animale parmi d'autres. Parler de passé humain suppose des changements, une évolution, quelque chose qui fait qu'aujourd'hui ne ressemble pas à hier ni à demain. Méditer sur la constatation que seul l'homme a une histoire et tient en quelque sorte son journal de bord, ou se demander si cette Histoire a un sens sont des questions passionnantes pour le philosophe mais vis-à-vis desquelles l'historien garde une distance prudente. L'histoire comme discipline ou comme genre littéraire est très ancienne puisqu'on considère souvent Hérodote (Grec du Ve siècle av. J.-C.) comme le premier historien. L'histoire est d'abord un récit de ce qui s'est passé, d'événements qui se sont déroulés. Le mot a d'ailleurs encore gardé ce sens lorsque les enfants nous demandent de leur raconter des histoires. L'histoire fut longtemps et reste peut-être encore l'histoire des batailles, des empires ou des rois, montrant par là que l'histoire n'a pu commencer qu'avec une organisation étatique et militaire. Dire ce qui s'est passé suppose donc que l'on va essayer de dire tout ce qui s'est passé. Or aucun observateur ne peut prétendre avoir tout vu. Voilà donc déjà toute la difficulté de l'histoire si elle veut avoir des prétentions scientifiques. Tout dépendra de la quantité et de la qualité des sources d'information. Il faudra en faire aussi la critique, tout le monde sachant qu'en temps de guerre, par exemple, la plupart des informations qui circulent sont des tentatives d'intoxication. L'histoire humaine est bien entendu constituée de faits, mais ces faits sont dans une large mesure constitués par des intentions. L'historien se fait donc naturellement l'interprète de ces intentions pour pouvoir restituer l'enchaînement des faits, voire pour en découvrir de nouveaux ! L'historien ne prétend pas restituer le sens global de l'histoire mais il est bien obligé de restituer ou de postuler des « morceaux » de sens pour trouver une certaine intelligibilité aux événements.

Quelle est donc la philosophie de l'historien ? Le souci de l'objectivité et de l'exactitude certes, mais qui doit nécessairement passer par la sympathie de l'historien avec ce qu'il étudie. Sympathie avec une époque, avec des caractères, qui lui permettent de trouver des harmoniques qui font que l'histoire peut, partiellement au moins, dévoiler son sens. L'historien n'est d'aucun temps ni d'aucun lieu, si l'on veut, puisqu'on attend de lui autre chose qu'un point de vue partisan mais il doit aussi pouvoir s'y transporter. La formule de Michelet est belle : « L'historien n'est ni César ni Claude, mais il voit dans leurs rêves. » Cela signifie que sa recherche des traces, des documents, qui sont des preuves matérielles, comme il y a des confirmations expérimentales dans les sciences de la nature, se fera en fonction des hypothèses psychologiques qu'il aura faites.

Nous venons d'évoquer la psychologie. Elle peut être une psychologie naïve ou au contraire plus savante. Voilà sans doute une des grandes caractéristiques de la pratique historienne aujourd'hui : elle ne peut plus se passer de l'apport des autres sciences humaines. Elle est devenue plus structurelle qu'événementielle, s'intéresse au temps long plutôt qu'à vouloir être exhaustive sur une période courte. La condition de la femme, les modes de production économiques, le sentiment religieux, le goût, l'habillement : voilà des sujets de recherche qui supposent que l'historien d'aujourd'hui ait une intelligence globale du fait humain.

La psychologie

Si l'on en croit l'étymologie, la psychologie est l'étude de l'âme. En un sens très large, elle est donc aussi vieille que la philosophie et l'on trouve un traité d'Aristote qui porte précisément sur l'âme. Jusqu'à une date récente, on considérait la psychologie comme une partie de la philosophie. La « psychologie rationnelle » désignait même la branche de la métaphysique chargée d'établir l'immortalité de l'âme...

Si l'on demandait à quelqu'un dans la rue de dire ce qu'est un psychologue, on obtiendrait sans doute une réponse de ce type : c'est quelqu'un qu'on va voir quand on n'est « pas bien dans sa tête », c'est quelqu'un qui travaille dans les écoles et qui s'occupe des élèves qui ont des problèmes ou bien qui donne des consultations à l'hôpital ou chez lui. Nous sommes donc assez loin de notre première approche ! À moins que la boucle ne soit bouclée puisqu'on désignait souvent les philosophes dans l'Antiquité du nom de « thérapeutes » !

Toute la difficulté qu'il y a à définir la psychologie, ou la profusion de sens que peut prendre ce mot (ce qui en est la conséquence), tient à la nature problématique de son objet : l'âme ! Qui a déjà vu une âme ? À partir de là deux approches seront toujours possibles : l'une toute intérieure et l'autre toute extérieure. L'approche intérieure est l'approche la plus naturelle et la plus spontanée. C'est celle de la vie de tous les jours qui consiste à prêter des états d'âme à autrui en fonction de ceux dont on a l'expérience pour soi-même. On s'observe soi-même, on observe les autres et on en tire des analogies en supposant que les autres, eux aussi, ressentent ou pensent des choses à l'intérieur d'eux-mêmes sans que cela soit toujours visible ou en tous les cas sans que nous puissions éprouver directement ce qu'ils éprouvent. Devant quelqu'un qui sourit ou grimace de douleur, nous lui prêtons immédiatement un état d'âme correspondant à celui que nous connaissons quand cela nous arrive à nous aussi. Notons néanmoins que si tout procède d'une connaissance introspective de soi, l'observation a aussi lieu vers le monde extérieur et vers les autres en particulier.

Cette attitude spontanée trouve peut-être son prolongement dans l'injonction socratique du « connais-toi toi-même ». En prolongeant la démarche « intérieure », certains diront que la véritable psychologie, c'est la métaphysique, c'est-à-dire la saisie de la réalité de l'esprit par lui-même. Mais là nous quittons la psychologie au sens étroit du terme.

La démarche « extérieure » correspond mieux à ce que l'on est en droit d'attendre d'une science. Une science s'intéresse aux phénomènes, c'est-à-dire à ce qui apparaît. On n'a jamais vu apparaître une âme, de telle sorte qu'elle puisse faire l'objet d'une expérimentation. Ce qui apparaît par contre ce sont des **comportements**. La psychologie a ainsi nettement coupé les ponts avec la philosophie au début de ce siècle pour tenter de se constituer comme science expérimentale en refusant toute hypothèse métaphysique sur la nature de l'esprit. Notons qu'il y a eu une évolution entre le strict «behaviorisme» qui voulait s'en tenir à la seule observation des comportements et la tendance qui s'affirme aujourd'hui dans la psychologie «scientifique» et qui consiste à formuler des hypothèses théoriques qu'on cherche ensuite à confirmer expérimentalement. À ce titre, il faut qu'elle accepte d'être une partie de la biologie en étudiant les faits psychiques comme appartenant au vivant. Dès lors, on comprend mieux pourquoi toute une branche de la psychologie pourra se rapprocher de la médecine et de la préoccupation thérapeutique.

La psychanalyse, de son côté, est bien issue de la volonté de construire une théorie psychologique, mais elle inventera une sorte de troisième voie qui n'est ni introspective et métaphysique, ni comportementale et expérimentale et qui consiste à prendre la parole et le langage comme matériau de base à partir duquel la logique de l'inconscient se cache et se dévoile et à partir duquel le sujet peut surmonter ses difficultés et retrouver sa santé psychique.

La sociologie

C'est le philosophe Auguste Comte qui invente l'idée et le mot pour la désigner. Le positivisme marque donc sa naissance, le désir d'étudier la société comme un phénomène quasiment physique obéissant à des lois. Auguste Comte employait aussi la dénomination de «physique sociale» pour désigner le même projet scientifique. Un peu avant lui, Saint-Simon parlait de physiologie sociale pour exprimer l'idée que la société pouvait être comparée à un vaste organisme. C'est un philosophe encore, Émile Durkheim, qui proposa une méthode sociologique qui préconisait, pour l'essentiel, de prendre les faits sociaux pour des choses au même titre que les faits naturels. À une sociologie explicative prenant les sciences de la nature comme modèle, le sociologue Max Weber propose plutôt une sociologie qui rende l'activité humaine **compréhensible**, c'est-à-dire qui tienne compte à la fois des dispositions intérieures et des comportements extérieurs. Sa plus célèbre étude est *L'Éthique protestante et l'esprit du capitalisme* dans laquelle, contrairement à ce qu'on dit le plus souvent, il ne cherche pas à remplacer une explication causale de type matérialiste par une explication spiritualiste, mais à montrer comment une éthique – qui n'est pas réductible à quelque chose de factuel – peut favoriser le développement d'un système économique.

Aujourd'hui, la sociologie est largement développée et a investi tous les aspects de la vie sociale, théoriquement et pratiquement. On peut consulter un sociologue par rapport à tel ou tel projet urbain, pour une campagne publicitaire, etc. Elle étudie aussi bien de vastes sujets comme le travail dans les sociétés contemporaines que les postures du corps sur la plage suivant les différentes classes sociales.

L'ethnologie

C'est un terme de plus en plus employé tandis que celui d'anthropologie disparaît peu à peu, du moins dans le cadre de ce qu'il est convenu d'appeler les « sciences humaines ». L'anthropologie concernant plutôt l'histoire naturelle de l'homme dans sa dimension paléontologique notamment. L'ethnologie est donc l'étude des groupes humains et plus largement celle des différentes cultures de l'humanité. Comme nous l'avons déjà remarqué, les interférences sont nombreuses entre les différentes sciences humaines. Il est difficile de ne pas voir une dimension psychologique et sociologique à l'ethnologie. Elle s'intéressera plus particulièrement aux cultures lointaines, même si l'on peut toujours aborder avec un regard ethnologique la culture des punks ou celle des membres de l'Académie française. On pourrait tout de suite faire la remarque suivante : lointaines par rapport à qui ? À vrai dire la problématique de l'ethnologie s'inscrit d'emblée dans celle des rapports entre l'Occident et le reste du monde.

Le travail ethnographique des missionnaires fut sans doute la première forme d'ethnologie. On peut dire aussi que la découverte à la Renaissance de nouveaux mondes et des cultures étranges et étrangères qui y avaient cours fut un choc non dépourvu de conséquences philosophiques. Toute l'œuvre de Montaigne se fait l'écho de cette inquiétude : ne serions-nous pas plus barbares qu'eux ? Ces expéditions étaient tout à la fois l'expression de la cupidité, de ce que nous appellerions aujourd'hui « l'impérialisme culturel » et de la certitude de posséder la vérité religieuse qu'il fallait à tout prix propager pour le salut de tous. Les missionnaires les plus fins découvrirent des mœurs, des langues qui méritaient d'être décrites. L'esprit de supériorité s'imposait cependant largement jusqu'au milieu du XXe siècle qui correspond justement à la période de la « décolonisation ».

L'ethnologue Claude Lévi-Strauss, philosophe de formation, rédigea un petit ouvrage célèbre, *Race et Histoire*, à l'occasion d'un colloque de l'UNESCO, en 1958. Les enjeux essentiels de l'ethnologie y sont abordés. Il s'agit bien sûr de lutter contre les préjugés racistes, la croyance que les cultures sont des produits naturels, expression de races particulières, l'erreur de juger d'une culture à partir de critères qui ne sont que les nôtres, la conviction qu'il n'y a qu'un seul modèle de développement, etc. Tout tourne donc autour de la dénonciation de l'ethnocentrisme, de cette manière de tout ramener à soi et de jeter dans la barbarie tous les autres, ou de le faire plus sournoisement en les considérant comme simplement en retard par rapport à soi. Claude Lévi-Strauss remarque néanmoins que l'ethnocentrisme est la chose du monde la mieux partagée et qu'aucune culture ne semble en être exempte. Il a cette fameuse formule : « Le barbare, c'est celui qui croit à la barbarie. » L'ennui, c'est qu'à bien la lire, elle reconduit rigoureusement la ligne de partage entre l'Occident scientifique et le reste du monde ! Certes, tout le monde en Occident n'est pas rompu à l'ethnologie ou n'a pas la culture d'un Montaigne, mais il est un fait que c'est dans cette civilisation que l'on s'est entraîné à percevoir l'autre comme non barbare.

Les choses peuvent même aller beaucoup plus loin : Pierre Clastres dégage des leçons politiques des sociétés sans État. Cette tendance à valoriser l'autre et à aller lui demander ce dont nous sommes dépourvus est devenue tout à fait répandue hors d'un champ théorique élaboré. Les nouveaux westerns où les Indiens sont des gens profonds et raffinés et les Blancs des brutes épaisses sont devenus des lieux communs. Les désillusions liées à la société industrielle peuvent aussi entraîner une autre forme de négation de la culture de l'autre : ne voir en lui qu'un bon sauvage vivant en harmonie avec la nature. C'est une nouvelle forme d'ethnocentrisme écologique !

La philosophie de l'ethnologue suppose qu'il ait d'abord une certaine aptitude au voyage, à vivre en terrain « dépaysant », sinon hostile. Il doit pouvoir ensuite sortir du cadre de sa culture d'origine afin d'entrer dans une autre. L'exercice a quelque chose de paradoxal dans la mesure où le propre de l'attitude scientifique est de prendre une distance suffisante pour considérer les faits sociaux comme des choses pour suivre les conseils de Durkheim. L'ethnologue, en cherchant à connaître une culture autre que la sienne, ne fait qu'accomplir le programme de sa propre culture, puisque le désir universaliste de science y est inscrit. Les aventures et les difficultés de l'ethnologie doivent retenir toute notre attention parce qu'elles sont celles des sociétés d'aujourd'hui et de demain plus encore : comment faire communiquer des cultures différentes ?

L'économie

On entend plus souvent parler aujourd'hui d'économistes que d'économes ! Le mot « économe » désigne à la fois une fonction et une vertu. L'économe est celui qui règle la dépense d'une maison, on suppose même que c'est pour aider son travail que l'écriture fut inventée ! L'économe du palais, serviteur de l'État, se fait scribe car il veut savoir et noter les entrées et sorties des denrées et de la monnaie. En tant que vertu, c'est le fait de dépenser peu ou bien, nous dirions aujourd'hui : de se comporter en bon gestionnaire !

L'économie en tant que réalité est donc aussi vieille que les échanges des hommes entre eux. En tant que science, elle est beaucoup plus récente, se développe à partir du XVIIIe siècle, c'est-à-dire à partir du moment où un capitalisme industriel commence à se former, même si l'on peut parler d'un capitalisme marchand et financier dès le XIVe siècle dans le nord de l'Italie. Elle est la science de la production, de la circulation et de la répartition des biens matériels.

La matérialité de son objet tendrait à la rapprocher des sciences de la nature. Les ressources du sous-sol, la richesse agricole ont une origine bien naturelle ! Il en va tout autrement de leur mise en valeur, de leur exploitation et de leur développement. L'économie offre énormément de quantités à mesurer, il existe même un mot pour cela : l'économétrie. Mais que mesure-t-on, sinon le fruit du travail et des échanges humains, la conséquence des désirs et de l'intelligence que les hommes mettent à leur service ? Cette science s'est d'abord appelée « économie politique » et souligne encore qu'elle est contemporaine du développement des villes. Il n'y a pas d'économie animale, puisque les animaux, quelle que soit l'intensité de leurs efforts, se contentent de reproduire leurs conditions matérielles de survie. Voilà pourquoi on peut légitimement classer l'économie dans la catégorie des sciences humaines.

Les premiers débats économiques portent sur le fondement de la richesse et de la valeur. Il était naturel, dans un monde essentiellement agricole, que certains – appelés physiocrates – soutiennent que toute richesse provient de la terre. Par une sorte d'ironie de l'histoire cette thèse, qui semble fort dépassée, pourrait retrouver une certaine pertinence ! Une économie surdéveloppée dans un environnement dévasté conduirait à la catastrophe ! Ensuite la révolution industrielle succédera au monde rural et aux corporations. Le libéralisme économique s'affirmera peu à peu : laisser faire et laisser passer, liberté du travail et des échanges.

On observe donc un phénomène qui concerne particulièrement l'économie : l'objet de son étude ne cesse de croître quantitativement et d'évoluer qualitativement. La psychologie humaine a-t-elle fondamentalement changé au cours des siècles ? On admettra bien volontiers que les sociétés contemporaines sont fort complexes, mais l'ethnologie nous apprend qu'il n'y a pas de cultures rudimentaires et de sociétés enfantines. Le gain en complexité se trouve donc du côté du formidable développement économique. L'économie comme science se verra donc, toujours plus, propulsée au-devant de la scène pour comprendre le fait humain et même pour gouverner nos sociétés. C'en est au point que la philosophie de l'Histoire aujourd'hui la plus largement répandue est essentiellement d'inspiration économique ou « économisante ». L'homme est défini comme un producteur et un consommateur qui ne cherche que l'augmentation de sa puissance matérielle, via les sciences et les techniques. Voilà donc en quoi consiste le fameux Progrès qui fera peu à peu de l'économie une sorte de science suprême pouvant rendre compte de mieux en mieux de toute l'activité humaine puisqu'elle tend à ne devenir qu'économique. « Gagner de l'argent », semble être devenu l'activité principale qui porte sa justification en soi. Le modèle américain semble s'imposer au monde comme le seul modèle de civilisation.

Finalement, Marx était sans doute beaucoup plus dans le vrai qu'on ne le croit habituellement ! C'est avec lui que l'économie gagne toutes ses lettres de noblesse philosophique, puisque c'est elle, d'après lui, qui permet d'aborder scientifiquement l'Histoire. Comprendre les lois dialectiques du développement économique, c'est comprendre le développement dialectique de l'Histoire. C'est la vie – entendez par là les conditions matérielles de vie – qui détermine la conscience et non l'inverse. Un monde de plus en plus dominé par la dimension économique, n'est-il pas un monde dont seule l'économie est capable de rendre compte ? Marx ne se trompait guère en faisant un éloge vibrant de la bourgeoisie capitaliste qui avait réalisé en peu de temps plus que toute autre civilisation par le passé !

Nous serions tentés de dire que la philosophie de l'économiste contemporain consiste à penser que l'économie peut valablement tenir lieu de philosophie, et cela avec peut-être plus de raison que pour n'importe quelle autre discipline. Sur le plan théorique, puisque notre monde est devenu artificiel et notre vie consacrée à la dimension économique (à ceux qui objecteraient qu'il y a de plus en plus de temps libéré du travail, il faut répondre par l'économie des loisirs !). Il est assez clair que l'on peut analyser toutes les activités humaines sous l'angle économique. La recherche scientifique par exemple a besoin d'argent, elle est structurée d'une manière différente selon qu'elle est financée en quasi-totalité par l'État comme c'est le cas en France ou par des fonds privés en majorité comme c'est le cas aux États-Unis. La vie politique se révèle sous un jour passablement instructif, dès qu'il est question du financement des partis. La vie religieuse, culturelle, tout, peut être envisagé sous l'angle économique. Sur le plan pratique, l'économie semble aussi s'être imposée puisqu'une gestion efficace semble tenir lieu d'éthique pour les entreprises et de politique pour les États.

La signification et la portée des sciences humaines

Y a-t-il toujours eu des sciences humaines ? La réponse à cette question semble facile : non, pas du tout, elles sont même très récentes pour la plupart et supposent une longue maturation historique et épistémologique. Cela vaut sans doute la peine d'y réfléchir un peu plus. Peut-on se contenter de faire une analogie entre le passage d'une mentalité mythologique à des explications scientifiques de la nature et le passage de pratiques humaines naïves à une connaissance scientifique de celles-ci ? Même si les premières conceptions du monde ne manquaient pas toujours de complexité, on comprend aisément qu'on peut se passer de l'explication détaillée d'une éclipse de soleil mais pas de règles précises pour le mariage, l'habillement, les règles d'éducation, etc. Les pratiques humaines, prises dans leurs cadres psychologique et social, n'évoluent pas au cours du temps selon une logique qui irait du simple vers le complexe. C'est justement les sciences humaines qui nous apprennent qu'il n'y a pas de cultures rudimentaires, même si l'on est obligé de reconnaître qu'il y a des sociétés plus ou moins développées. Autrement dit, le savoir dont font preuve les sociologues, par exemple, sur telle ou telle pratique sociale, n'est peut-être pas fondamentalement différent de celui qui est nécessaire à celui qui les met en œuvre. Étudier des coutumes ou analyser des comportements demande beaucoup de travail mais les avoir, sans doute autant !

Le comportement psychologique et social est le fruit d'une telle élaboration, qu'on pourrait presque dire, un peu par provocation, que les sciences humaines sont aussi vieilles que l'homme lui-même ! Ce qui va changer avec ces sciences proprement dites, c'est le statut « scientifique », universitaire, que ces connaissances vont acquérir. Elles vont justement acquérir un nouveau statut social ! Savoir chasser dans la jungle vous donnait jadis la possibilité... de chasser dans la jungle, désormais, si vous savez ce qu'il faut faire pour chasser dans la jungle, sans savoir le faire vous-même le plus souvent, cela vous donne la possibilité de l'enseigner à l'université !

Nous forçons sans doute un peu le trait, mais il est important de mettre en garde contre une interprétation trop naïvement scientiste nous faisant croire à un passage d'un néant de connaissance à la plénitude de celle-ci. Il n'est pas non plus possible de nier la nouveauté des sciences humaines. En quoi consiste-t-elle donc ?

Dire que le caillou que l'on vient de lancer décrit une parabole mathématiquement calculable ne soulève guère d'étonnement ou d'indignation. Par contre, dès que le psychanalyste commence à traquer les sens de nos actes manqués ou que le sociologue nous dit que, compte tenu de nos origines sociales, on ne peut aimer que tel genre de peinture ou ne tomber amoureux que de telle ou telle personne, nous haussons les épaules ou nous nous mettons en colère. Pourquoi ? On ne prête guère de conscience et d'intention au caillou, il peut bien subir et supporter toutes les contraintes, obéir aux lois les plus brutales ou les plus complexes. Le propre de l'homme est au contraire de résister ou de concourir à tout ce qui peut l'animer. Il a du mal à admettre que ce qui le meut puisse avoir d'autres raisons que celles qu'il connaît ou qu'il se donne. Bref, les sciences humaines sont un attentat à la sacro-sainte liberté qui fait l'orgueil de l'homme. Voilà l'inacceptable et la cause du trouble.

La catégorie de l'inconscient est donc celle dans laquelle se meuvent toutes les tentatives d'explication ou de compréhension des sciences humaines. Il s'agit toujours d'amener à la conscience les contraintes et les conditions de possibilité des représentations humaines, entraînant tel ou tel type de comportement. Ce qui apparaît donc à l'individu comme étant « vrai » ou comme devant se faire parce qu'il est impensable de faire autrement, le psychologue ou l'ethnologue le font voir, d'une part, comme des contraintes qu'on ne choisit pas et, d'autre part, comme des relativités dans l'espace et dans le temps.

Prenons un exemple : nous dirons que le passage à l'âge adulte suppose un rite de passage, une initiation. C'est donc une contrainte à la fois psychologique et sociale. Mais cette contrainte pourra se manifester de mille façons si l'on étudie l'histoire ou si l'on change de culture.

Les vertus que l'on prête aux voyages depuis bien longtemps sont celles de faire réfléchir à la diversité des mœurs et donc à leur relativité. L'homme cultivé sera celui qui, dans son effort vers l'universel, se sera dégagé des croyances de son enfance et de son pays, ou en tous les cas d'une relation naïve vis-à-vis d'elles. Les sciences humaines vont donc radicaliser cette mise à distance, cette recherche de la neutralité scientifique. Mais, si la neutralité scientifique, dans le domaine de la nature, a déjà eu du mal à s'affirmer parce qu'elle heurtait des croyances, on n'a peu de mal à imaginer les résistances qu'elle rencontre quand il s'agit de prendre pour objet d'étude, directement ou indirectement, ces croyances elles-mêmes.

Ces résistances ne sont peut-être pas dénuées de fondements néanmoins. Le psychologue est lui-même un homme avec sa propre psychologie, l'ethnologue n'est pas né nulle part en dehors de toute culture particulière, le sociologue est lui-même un acteur de la société. Comment l'homme pourrait-il être à la fois sujet et objet, celui qui observe et celui qui est observé ?

C'est la raison pour laquelle les sciences humaines, contrairement aux sciences de la nature, n'accumulent pas des connaissances qui, petit à petit, constituent un édifice auquel on peut ajouter de nouvelles parties. Elles sont plutôt une reprise critique d'elles-mêmes, tâchant toujours de trouver de nouvelles méthodes pour se rapprocher d'une scientificité qui a tendance à reculer comme l'horizon, au fur et à mesure qu'on tente de l'approcher.

On peut certes enregistrer des phénomènes et remarquer un certain nombre de choses. On ne se suicide pas à n'importe quelle heure, à n'importe quel âge, quelle que soit la saison, dans les mêmes proportions suivant le sexe, etc. Voilà des informations qui sont en soi intéressantes mais ne constituent pas des lois que l'on peut vérifier avec exactitude. À partir de là, on peut induire des événements probables, pas plus. Dans le domaine psychologique, qui ira vérifier, et comment, l'interprétation d'un rêve ou d'un lapsus, le sens d'un acte ou d'un comportement ?

On a cru pouvoir, avec le structuralisme des années 1950-1960, trouver une unité systématique des sciences humaines par la linguistique. Elles ont en effet affaire à ce que les savants appellent la représentation, c'est-à-dire un système de signes cohérent qui forme un langage. Or, non seulement elles doivent étudier un langage qui n'est pas celui de la nature (les mathématiques), mais encore, elles s'expriment, elles aussi, dans ce langage même qui reste une langue naturelle et non formelle. On comprend alors pourquoi la linguistique a pu porter les espoirs les plus fous : si le langage obéit à des structures universelles, la production du sens aussi. Cela vaut aussi bien pour les structures psychiques structurées comme un langage qu'il faudrait décoder que pour les cultures.

Les vertus de la linguistique ont été justement de mettre en évidence cette frange sans cesse mouvante de circonstances pratiques dans et par lesquelles une langue meurt, vit et se fait le lieu de la création sans cesse reprise du sens. Les cas particuliers, les distorsions, les exceptions aux règles, font voir que c'est par l'usage, dans des contextes psychologiques et sociaux déterminés, brefs vécus et quotidiens que les mots prennent leur sens et que les interlocuteurs se comprennent bien, peu ou mal, bref se parlent. On ne peut donc pas étudier le langage comme un objet en soi. Dès qu'on s'avise de le faire, on découvre certes des structures mais qui évoluent et se transforment selon les situations dans lesquelles elles sont impliquées.

La simple analyse d'une conversation courante entre deux individus révèle une foule de sous-entendus qu'ils sont parfois les seuls à partager. Comme les groupes sociaux ils véhiculent une foule « d'allant de soi » qui ne sont que très rarement analysés et qui interdisent d'aborder la communication humaine de l'extérieur avec le point de vue d'un scientifique désirant parvenir à l'objectivité. C'est pourquoi il existe une école de sociologie américaine, l'ethnométhodologie, qui insiste sur le fait qu'on ne peut parler valablement d'un groupe qu'à condition d'en être membre, c'est-à-dire d'en partager le sens commun. Il s'agit alors d'une microsociologie qui s'interdit les vastes généralités conçues à partir d'enquêtes qui ne prennent pas assez en compte le fait que le sens des mots est une réalité largement variable.

Pour revenir sur le problème de la scientificité des sciences humaines nous pourrions prendre un exemple pour mieux comprendre ce qu'il en est, celui des sondages d'opinions politiques. Lorsqu'en France, à l'occasion de scrutins nationaux, on annonce les résultats avec un très faible coefficient d'erreur à vingt heures alors que nombre de bulletins n'ont pas encore été dépouillés, nous avons là la preuve d'une indiscutable fiabilité des sciences humaines. Pourquoi ? Les instituts de sondage font de la sociologie politique, c'est-à-dire étudient l'opinion politique. Un certain nombre de paramètres entrent en jeu : le sexe, l'âge, la religion, le taux d'industrialisation de la région, etc. On étudie le comportement de ces paramètres à partir de la masse de faits disponibles que constituent les scrutins antérieurs. Si telle ville voit tel parti augmenter ses résultats, on peut alors en tirer des conclusions au niveau national, etc. On suppose donc que l'opinion n'est pas hasardeuse mais subit des contraintes dont on peut connaître les répercussions. Cela se vérifie à chaque consultation. Plus personne ne s'en étonne et pourtant il y a là quelque chose qui paraît en nette contradiction avec l'expérience subjective de chaque électeur. Quand celui-là entre dans l'isoloir, il fait l'expérience d'une liberté absolue : il peut mettre absolument ce qu'il veut dans l'enveloppe qu'on lui a donnée. Et pourtant les sociologues pourront induire ce que vous avez mis dans votre enveloppe, même si elle n'est pas ouverte et à condition d'avoir bien sûr un certain nombre de résultats par ailleurs. Cette parfaite liberté de choix éprouvée subjectivement ne peut donc rien contre cette vérité objective qui nous fait voir qu'on n'a pas les opinions politiques qu'on veut mais celles qu'on peut !

Il faut maintenant nuancer ce triomphe du déterminisme. Les sondages sont très sûrs dès qu'on travaille sur des votes exprimés et non sur des intentions de vote ! On doit remarquer aussi que les sondages ne se contentent pas de décrire avec neutralité une réalité toute faite. L'opinion sera influencée par les sondages d'opinions ! C'est la raison pour laquelle on a interdit en France leur publication lors de la semaine qui précède la consultation, sans grand succès il est vrai. Les gens qui s'occupent de la régulation du trafic routier connaissent très bien ce phénomène : si tous les médias annoncent une affluence record le soir et qu'il vaut mieux partir le matin, vous risquez d'avoir des embouteillages le matin ! Les messages doivent donc être finement dosés compte tenu de l'extrême plasticité de ce que l'on cherche à connaître et sur quoi on ne peut manquer d'agir, volontairement ou involontairement. Ce qui est vrai pour la physique fondamentale contemporaine l'a toujours été dans le domaine des sciences humaines : la description de la réalité agit sur la réalité.

On est donc bien en droit de demander aux sciences humaines ce qu'elles veulent et de les passer au crible de la critique philosophique. Voyons d'abord comment la philosophie est passée au crible de leur critique !

La critique de la philosophie par les sciences humaines

Autant dire tout de suite que le tableau est plutôt sévère et que la fille de la Grèce antique se fait sérieusement refaire le portrait.

– L'historien se veut bien sûr un spécialiste et déclare ne rien savoir en dehors de ce qui s'est passé entre le 12 novembre et le 14 novembre 1366 à Florence. Éventuellement, s'il est plutôt adepte d'une histoire structurelle, il aura quelques notions sur la notion de métayage au travers des âges. Nous forçons le trait bien sûr, mais le savant a souvent tendance à penser que plus son objet d'étude est restreint et plus il se rapproche d'une véritable scientificité. Les dates, les documents seront autant de preuves irréfutables du sérieux de l'entreprise. Autant dire que les généralités et abstractions philosophiques font figure d'épouvantails. Notons bien sûr que l'esprit historiciste règne passablement en philosophie elle-même et qu'il vaut mieux discuter de la différence entre la première et la deuxième édition de la *Critique de la raison pure* que de refaire le monde. Il va de soi qu'il ne pourrait y avoir de philosophie sans une sérieuse école d'histoire de la philosophie, le tout est de ne pas les confondre. Il y a une critique plus profonde de la philosophie au nom de l'Histoire et qui peut être faite par des historiens : les philosophes sont prisonniers de la conscience de leur temps. C'est donc l'étude des conditions de possibilité de cette conscience qui est intellectuellement féconde, et non l'étude de la philosophie considérée comme une bulle hors de l'Histoire. À vrai dire cette critique fondamentale est plutôt faite par les économistes et les sociologues qui sont plus directement les concurrents des philosophes.

– Le psychologue « scientifique », qui s'achèterait bien une blouse blanche pour faire plus scientifique encore, trouve la philosophie verbeuse et dénuée de tous résultats expérimentaux. Il prétend mettre enfin en évidence les véritables compétences de l'esprit humain, se propose de mesurer l'intelligence et de trancher enfin l'éternel débat entre l'inné et l'acquis qui n'en finit pas de rebondir en philosophie. Le psychanalyste, en général, prend un air méfiant et préfère garder un silence pesant dans l'espoir de faire surgir l'évident délire du philosophe et son complexe d'Œdipe mal liquidé. La philosophie est souvent considérée, d'un point de vue psychologique, comme un désir de totalité non dépassé, signe évident de mentalité préscientifique infantile à tendance régressive !

– Le sociologue quant à lui, souvent marxisant, ou ancien marxiste reconverti, regarde le philosophe avec le ricanement plus ou moins intérieur de celui qui a un pouvoir de double vue. Aucun conditionnement social ne lui échappe et le philosophe est de toute évidence un suppôt de l'ordre établi qui masque les pratiques d'assujettissement réelles par son discours illusoire sur la liberté du sujet. Là où le sociologue dévoile la mécanique sociale, le philosophe la masque pudiquement pour apparaître comme un pur esprit ; là où le sociologue se fait le héros d'un désenchantement au nom de la dure ascèse scientifique, le philosophe charme son auditoire par sa métaphysique vibrante et creuse.

– L'ethnologue reproche volontiers au philosophe de rester confiné dans ses livres, alors que rien ne vaut une bonne forêt vierge ou un bon désert avant de s'attaquer à un exercice de communication difficile avec des gens qui vous regardent d'un drôle d'air, songeant à vous plonger dans une marmite quelconque. Transposez la scène dans une banlieue « difficile » et la problématique ne varie guère. Un parachutage dans des cercles très fermés de la haute société (qu'elle soit économique, politique, culturelle, etc.) conduit au même résultat, à cela près que vous ne risquez que l'exclusion et le ridicule.

Tous les ethnologues ne sont pas des as du « terrain », mais c'est tout de même là que se manifeste le mieux leur talent. Une culture ne peut se comprendre que par l'expérience vécu, c'est-à-dire ce qui fait comprendre le sens des mots et des actes puisqu'elle leur restitue leur contexte global. Le philosophe, s'il se contente de description, risque de se laisser prendre au piège des mots. Prenons un exemple. Un orage et un vent violent en Amazonie rompent les amarres des pirogues sur le fleuve. Interrogés, les Indiens répondent que les esprits de la forêt les ont libérées. Le philosophe pressé y voit immédiatement la manifestation d'une mentalité primitive ayant recours à des causes imaginaires. Supposons maintenant un Indien venu dans une ville occidentale, voyant quelqu'un se faire renverser dans la rue par un véhicule. Si quelqu'un lui déclare que cette personne a été rappelée par Dieu en cette circonstance, il sera en droit de penser que nous avons une conception automobile de Dieu ! En fait, celui qui partage la vie des Indiens aura renforcé avec eux les amarres des pirogues qui ne sont pas perdues et aura une certaine connaissance de leur système symbolique où les esprits jouent un grand rôle.

– L'économiste, comme le psychologue et le sociologue, regarde spontanément **derrière** le discours et considère avec un brin de condescendance que la philosophie peut être l'occasion d'une petite réflexion épistémologique avant de passer aux choses sérieuses. Misère de la philosophie et philosophie de la misère dirait Marx, contrainte de brasser des idées et donc de faire croire que ce sont les idées qui mènent le monde alors que tout le monde sait bien que c'est l'argent !

La réponse de la philosophie aux sciences humaines

Nous avons volontairement accentué la tonalité critique, voire un antagonisme profond entre les sciences humaines et la philosophie. Cela est peut-être d'autant plus vrai que les sciences humaines sont souvent issues de la philosophie ou pratiquées par d'anciens philosophes qui espèrent trouver ailleurs ce qu'ils attendaient, à tort ou à raison, de la philosophie. Cela aura peut-être le mérite de faire sortir plus clairement les différences.

Nuancer cet antagonisme est peut-être aussi nécessaire ! Il est à peu près impossible de se lancer sérieusement dans l'étude des sciences humaines sans être passé par une réflexion philosophique, puisque c'est dans ce contexte même qu'elles ont cherché à définir leurs méthodes et à prendre leur indépendance. Inversement, on voit mal comment la philosophie pourrait se désintéresser du travail des sciences humaines. Elles nourrissent sa réflexion, mais peuvent même la faire avancer d'une manière décisive. Pensons seulement aux travaux ethnologiques sur les sociétés sans État qui sont d'une immense fécondité pour la philosophie politique, la philosophie de l'Histoire, etc. Il fallait rappeler cela avant de développer la défense de la philosophie vis-à-vis de ceux, au cas où il y en aurait, qui pensent que la philosophie est désormais caduque.

Quelle réponse donner à l'historien ? Dans ce cas il s'agit plutôt d'un débat interne à la philosophie, puisque les historiens n'attaquent pas frontalement la philosophie. Ils peuvent éventuellement lui reprocher un manque de culture historique, ce qui ne peut être que légitime. Le danger viendrait plutôt d'une tendance qui ferait disparaître petit à petit la philosophie au profit de l'histoire de la philosophie. Savoir ce que Platon a vraiment dit est sans doute indispensable, mais l'attitude philosophique véritable consiste plutôt à se demander si ce qu'il a dit est vrai ou si ce qu'il a dit peut avoir une signification pour nous, dans notre vie. L'histoire de la philosophie ne peut elle-même se faire naïvement et propose des nouvelles grilles de lecture qui constituent en elles-mêmes de nouvelles philosophies. Quand bien même on penserait qu'il ne peut plus y avoir de nouveaux grands systèmes philosophiques, que tout aurait été dit, tout resterait encore à penser. La sagesse est à construire tout entière pour chaque génération et on ne peut pas profiter des résultats antérieurs sans avoir à les reprendre comme cela est possible dans le domaine scientifique. L'histoire de la philosophie, si imposante soit-elle, ne peut donc pas nous dispenser de philosopher, elle nous y invite bien au contraire.

Quelle réponse donner au psychologue « scientifique » ? Nous mettons ces guillemets peut-être un peu sournoisement, mais c'est finalement en cela que consiste notre réponse. Nous pensons que la psychologie a vocation à se résorber complètement dans la biologie. En tous les cas la psychologie prend les sciences expérimentales comme modèle. L'indépendance de la psychologie comme science est strictement proportionnelle à la part d'intangibilité et de mystère que l'on accorde à l'âme et à l'esprit. Or la partie la plus fine et la plus difficile de la biologie, la neurobiologie, est en train de faire des progrès considérables. Même si cela peut paraître choquant, il faut réaffirmer que la science ne progresse véritablement qu'au fur et à mesure que le point de vue matérialiste ouvre de nouvelles contrées. Ce que nous **savons** de la vie – et non pas justement ce que nous **vivons** – nous ne le savons qu'au prix d'avoir rangé au magasin des accessoires l'âme comme principe de vie et l'esprit comme principe de l'intelligence. Ce que nous saurons, scientifiquement parlant, de l'âme et de l'esprit, nous ne le saurons qu'au fur et à mesure que ces mots commodes seront remplacés par une intelligence des lois qui gouvernent les échanges physico-chimiques au sein du système nerveux. Ce réductionnisme qui consiste à tout ramener au corps physiquement observable n'est peut-être pas une philosophie suffisante, puisqu'il faudra se défendre contre lui aussi, mais il nous semble qu'il est imparable contre une psychologie qui revendiquerait son autonomie de science humaine. Et donc les attaques de cette psychologie contre la philosophie au nom de la science tombent d'elles-mêmes, puisque l'esprit de son argumentation se retourne contre elle.

Voyons maintenant les critiques qui viennent de la psychologie thérapeutique. Elles consistent à dire que, elles au moins, obtiennent des résultats et que leurs patients vont mieux. On répondra que les seuls résultats **indiscutables** sur le plan médical ont à peine plus d'un demi-siècle et coïncident avec les progrès de la médecine chimique.

La psychiatrie, elle aussi, passe et passera par une révolution chimique. Notre premier argument rejoint donc celui que nous avons développé contre le premier type de psychologie : sur le plan d'une prétendue efficacité **mesurable,** les psychothérapeutes, en général, n'ont guère de leçons à donner. Cela ne doit pas ôter pour autant toute valeur à ces démarches et nous avons essayé de le montrer dans notre article sur Freud.

Mais que dire et que faire face à la souffrance psychologique ? Quelles sont les ressources de la philosophie vis-à-vis d'elle ? Nous serions tentés de répondre d'abord cela : aller bien, être en bonne santé et même peut-être jouir du bonheur, tout cela n'est pas pour la philosophie un but en soi ! La philosophie est d'abord et avant tout préoccupée de vérité et de la question de savoir comment se comporter en fonction de cette vérité. Certaines circonstances de la vie demandent du courage ou même de risquer sa vie, par nécessité physique ou devoir moral. La souffrance sera difficilement évitable et le bien-être remis à plus tard. Il serait utile et très salutaire de dire qu'il est absolument impossible de vivre sans souffrir et complètement idiot de croire ou de faire croire le contraire ! Est-ce de la résignation ? Dire que l'on ne peut vivre sans souffrir ne signifie absolument pas que l'on recherche la souffrance, mais cette souffrance est, qu'on le veuille ou non, consubstantielle à la vie. Sur un plan strictement physiologique la souffrance ressentie est d'ailleurs un signal qui prévient que quelque chose ne va pas et c'est donc, paradoxalement, une expression de la vitalité. Moralement parlant, notre finitude nous confronte en permanence à la frustration, et la mort des autres à un chagrin inévitable. Quant au bonheur, l'idée de Kant selon laquelle on peut tout au plus chercher à s'en rendre digne, semble à première vue très moralisatrice mais recèle peut-être aussi une bonne connaissance de la psychologie humaine (et sans faire des études de psychologie pour autant !). L'homme est un être imaginaire (on peut s'en plaindre, mais il est ainsi) qui a besoin d'avoir une bonne image de lui-même, il ne pourra être heureux que s'il a le sentiment qu'il a fait ce qu'il devait faire (même s'il s'agit d'une morale douteuse : avoir été courageux en allant braquer la banque par exemple !), que s'il a su surmonter les obstacles de son chemin.

La première réponse de la philosophie aux psychothérapeutes est donc celle-ci : le but de la vie n'est pas d'aller bien mais de faire bien ce que l'on a à faire. Le plus sûr moyen d'aller mal est de passer son temps à s'intéresser à soi. Si quelqu'un croit pouvoir se libérer totalement de la souffrance, comme il n'y arrivera pas, cela le fera justement souffrir ! Que répondre alors à celui qui vient dire sa souffrance ? L'écouter sans doute, en parler et puis faire autre chose ! Il y a les philosophes à lire justement ! Aller à la pêche, réparer la douche ou faire de la politique ! Génie de Pascal : ou prier ou se divertir ! Comme on ne peut pas passer sa vie à prier, en avant pour le divertissement, même si l'on sait qu'il y aura de toute façon des mauvais jours !

La seconde réponse tient au fait que la philosophie est et reste un pari sur la liberté du sujet, nous disons bien un pari et non une béate certitude. Clarifier certains problèmes, en préciser les termes et non les « résoudre » à la place des autres, c'est déjà apporter une aide non négligeable, remettre le sujet face aux problèmes existentiels que de toute manière **tout le monde** rencontre. Il arrive souvent qu'un individu, au fur et à mesure de sa découverte de l'existence, soit confronté à de terribles questions, qui sont d'autant plus terribles qu'il n'ose en parler et croit qu'il est un malheureux damné, seul à être assailli par elles. Il est sans doute nécessaire de savoir dire « je », mais les « psy » ont tendance à enfermer leurs patients (il faut qu'ils le soient effectivement !) dans une quête obsessionnelle de ce « je », alors qu'il est aussi libérateur de reconnaître un « nous » en soi ! Il y a, qu'on le veuille ou non, une nature humaine commune à tous et des questions communes à tous. Savoir le reconnaître et les reconnaître a un effet largement thérapeutique ! Les questions de la philosophie sont naturelles à l'homme, or elles sont la plupart du temps violemment refoulées au nom de l'efficacité pratique, du modèle scientifique ou des certitudes religieuses.

La philosophie dans sa plus ancienne tradition antique se préoccupe bien de sagesse au sens où celle-ci procurerait le bonheur à l'individu. Mais ce bonheur est atteint si l'on cesse de se polariser sur lui et si l'on sait penser à autre chose ! Il y a d'ailleurs, aujourd'hui, des philosophes qui ont des cabinets de consultations au même titre que les psy. Il y a donc un certain nombre de gens qui s'en trouvent mieux. Quant à la philo en classe de terminale, un certain nombre de jeunes en sortent peut-être dégoûtés, mais la philo fait dire à beaucoup d'autres que toute leur vie en a été marquée positivement.

Nous serions tentés, pour conclure sur cette question un peu ironiquement, de dire que, si la plupart des psychothérapies ont un effet positif, c'est qu'elles ont quelque chose de philosophique ! C'est l'établissement d'une relation humaine dans laquelle la parole et les échanges libres font revenir le sujet à la vie.

Quelle réponse donner au sociologue ? Sommés de répondre aux finalités de leur science, les sociologues sont obligés de donner des réponses philosophiques. Que disent-ils le plus souvent ? Eh bien, que leur travail révèle des mécanismes que nous subissons à notre insu et que cette prise de conscience est déjà une libération. C'est une argumentation de type spinoziste : nous sommes soumis à une nécessité et la liberté est une illusion, mais la connaissance de cette nécessité est une manière d'être libre. L'acteur social pourra ainsi agir sur des déterminations qu'il connaît. À vrai dire, on ne peut que souscrire à ce programme mais à la seule condition qu'il n'ait pas la prétention de rendre entièrement compte de la philosophie par le jeu des déterminations sociales. Il faudrait faire aussi la sociologie des sociologues !

Si les sociologues reprochent aux philosophes de ne pas vouloir voir le fruit de leurs investigations scientifiques, on pourra riposter que cette scientificité reste largement discutable. Nous en avons déjà un peu évoqué les raisons fondamentales : impossibilité de travailler dans un langage entièrement formalisé où toutes les définitions sont rigoureuses, interaction inévitable avec le milieu que l'on étudie. C'est donc au nom du rationalisme qu'on restera critique vis-à-vis de la sociologie.

Nous avons vu que la description des faits sociaux n'est pas sans incidence sur ceux-ci et on ne peut pas se draper dans la haute neutralité du savoir ! Demander au sociologue ce qu'il veut, c'est tout simplement lui faire reconnaître qu'il ne peut pas être un philosophe masqué et qu'il doit entrer dans le débat moral et politique. La sociologie est certainement utile dans ce débat, mais il reste en son fond de nature philosophique.

Prenons deux exemples : l'école et l'art. La sociologie nous apprend que l'école est largement un système de reproduction sociale et que, paradoxalement, le mérite s'hérite. Il est certainement salutaire de se débarrasser de l'idéologie un peu commode de l'égalité parfaite des chances. Reste la lancinante question : que faut-il faire ? L'école est un puissant instrument de « mise en conformité » de la société aux valeurs dominantes du moment, cela ne fait pas de doute. Mais comment nier qu'elle fut et qu'elle est encore ce qui élève la masse des citoyens et un moyen d'ascension sociale ? Il n'y a pas si longtemps que les classes dominantes étaient foncièrement hostiles à son expansion ! Sa démoralisation, du fait qu'on lui dénie sa justification, sape son autorité et ne fait que renforcer la sélection par le milieu social où les enfants vont chercher leur identité culturelle. Cette étape est peut-être nécessaire, mais celle qui consiste à proposer des réformes ou un nouveau départ n'est pas du ressort de la sociologie. Si les sociologues veulent nous interdirent de philosopher, leur travail est essentiellement destructeur et ne fait qu'aggraver ce qu'ils dénoncent et répètent avec obsession : il y a de l'inégalité sociale.

L'art serait d'après eux l'outil le plus raffiné au service de l'inégalité sociale. La beauté a toujours servi à terroriser le peuple, c'est bien connu. Qu'est-ce qu'un musée ? C'est le lieu où le peuple vient prendre conscience de son inculture et du fait que son goût n'est pas le bon. Tout cela est sans doute vrai, exactement au sens où l'on peut dire que l'école est le lieu où le peuple vient prendre acte de son incapacité à faire des études. Mais une fois que l'on a dit cela, que faire ? Fermer les musées ? Brûler les œuvres d'art ? Brimer le talent comme preuve odieuse de l'inégalité ? Une fois qu'on a dit que les goûts sont socialement codés, comment pourra-t-on rendre compte du fait qu'on préfère Schubert dans les milieux cultivés à telle musique de variétés et non pas l'inverse ? S'il s'agit de pures conventions pourquoi celles-là plutôt que d'autres ? Les sociologues n'ont qu'à faire de la musique et de la peinture, ils verront s'il suffit d'en avoir le concept pour savoir de quoi il s'agit ! Qu'il puisse y avoir des formes d'art particulièrement hermétiques dont la seule vocation semble être celle d'un système de reconnaissance sociale et non une quête de vérité universelle, c'est fort probable. Cela n'enlève rien à la puissance des chefs-d'œuvre qui ne sont pas réductibles à leur conditions sociales de production !

Quelle réponse donner à l'ethnologue ? Les philosophes ne peuvent que profiter de leurs recherches et admirer leur talent. Ils feront juste remarquer qu'un bon voyageur ne fait pas un bon ethnologue et que les meilleurs ethnologues ont su faire parler leur « terrain » parce qu'ils étaient de bons philosophes. C'est la même chose que dans le domaine des sciences de la nature : elle ne répond qu'à ceux qui savent lui poser les bonnes questions.

Quelle réponse donner à l'économiste ? Voilà plus de vingt ans que nous connaissons une crise économique et de graves maux comme un taux de chômage beaucoup trop important et pourtant, nous n'avons jamais eu autant d'économistes et les hommes politiques ne nous parlent que d'économie ! Il semblerait qu'il ne suffise pas d'étudier l'économie pour qu'une économie se porte bien ! Cela semble certes évident, mais on peut tout de même supposer que l'économie n'est pas une science contemplative ! Les sciences de la nature permettent à l'homme d'agir sur elle efficacement, pourquoi n'en serait-il pas de même en économie ? En fait, il est assez facile d'agir efficacement sur une économie, mais rarement pour qu'elle aille mieux, l'exemple des pays le l'ex-bloc socialiste est assez éloquent en la matière ! Les solutions aux crises économiques ne sont peut-être pas d'ordre économique ! Les guerres sont parfois des facteurs de reprise décisive ! Ce qui fait la prospérité d'un pays dépend plutôt de ses richesses naturelles et de la qualité du travail de ses habitants qui dépend de toute son histoire et de sa culture et non de telle ou telle théorie économique.

Si on examine les différentes politiques économiques, il faut convenir qu'elles sont inspirées d'abord par des choix idéologiques et non strictement économiques. Une politique de relance agit d'une certaine manière sur le système économique. La demande s'accroît si les salaires augmentent, donc les entreprises ont plus de travail à fournir, donc sont susceptibles d'embaucher ; la monnaie s'affaiblit, ce qui est bon pour les exportations. Une politique de rigueur rend le coût du travail moins élevé, donc favorise l'embauche ; une monnaie forte est bonne pour les importations... On pourrait multiplier les exemples où on observe des phénomènes de compensation. L'économie est donc très utile pour observer, gérer, pas pour décider. Et seule une argumentation philosophique peut servir à justifier ses choix dans ce domaine.

Même un pur libéralisme économique, qui consisterait à penser que le marché est une sorte de nature où tout se régule pour le mieux, repose sur une conception de l'homme et de la société qui ne va pas de soi. Margaret Thatcher a dit un jour : « La société n'existe pas ! » La formule a le mérite de bousculer les idées reçues ! Elle exprime un libéralisme radical qui nie que la société soit autre chose qu'un agrégat d'individus isolés les uns des autres et qui poursuivent à la fois consciencieusement et fiévreusement la quête de leurs intérêts privés. Le problème de ce genre de philosophie est qu'au nom d'un « laissez faire la nature », on aboutit à des positions parfaitement doctrinaires qui nient l'évidence des faits. Tout repose sur l'ambivalence du concept de nature : il signifie à la fois ce qui existe sans l'homme mais peut aussi s'appliquer à la « nature humaine ». Et si, l'homme, par nature, refusait de voir sa vie réduite au « libre jeu » des forces économiques ? Les libéraux purs et durs ont alors la tâche harassante de convaincre les hommes qu'ils n'ont absolument rien compris à leur véritable nature de purs acteurs égoïstes ! Ils se font aussi les chantres des merveilles créatrices du « tout compétition », mais trouvent vraiment scandaleux qu'on entre en compétition avec eux dès qu'il s'agit de savoir comment vivre en société. L'approche économiste du monde ne peut décidément pas nous dispenser de philosopher !

Au terme de cette confrontation entre philosophie et sciences humaines, nous pouvons faire un bilan de ce que nous avons appelé une tentative de déconstruction externe de la philosophie. Cette déconstruction procède de l'idée selon laquelle les sciences de l'homme videraient progressivement la philosophie de toute nécessité dans la mesure où elles apporteraient enfin des connaissances là où il n'y avait qu'errances.

Il nous semble que si l'on ne peut qu'admirer le travail accompli, on ne peut que déplorer la confusion entre le fait d'accumuler des connaissances **sur** l'homme et le fait d'avoir une connaissance **de** l'homme. Kant disait que la question « qu'est-ce que l'homme ? » résumait toute la tâche de la philosophie. Cette tâche ne peut pas se fermer sur elle-même ou prétendre à son achèvement, puisque l'homme n'en finit pas d'ouvrir devant lui une histoire et de lutter contre la pesanteur des nécessités qu'on peut – et qu'on doit – livrer au travail de la connaissance scientifique. *Dire ce qui est, voilà une chose ; dire ce qui sera ou ce qui devrait être en est une autre.*

La réponse philosophique au scientisme issu des neurosciences

Les sciences humaines ne sont pas le seul défi externe auquel la philosophie doit faire face. Il existe, à la fin du XXe siècle tout un secteur de la recherche scientifique, en neurobiologie et sciences cognitives, à partir duquel se développe un nouveau scientisme qui n'a plus cours ailleurs. Ces nouvelles avancées scientifiques sont bonnes en elles-mêmes et c'est même en leur nom que nous faisions une critique de la psychologie comme science humaine. Ce qui est critiquable en revanche c'est le réductionnisme qui prétend pouvoir, au nom de la science, ramener la totalité de l'être humain à des facteurs physico-chimiques et son esprit à un ensemble de mécanismes que l'on pourra reproduire artificiellement un jour. C'est un point de vue que l'on peut développer comme n'importe quel autre, bien entendu, mais qui devient inquiétant dès l'instant qu'il dénie toute validité à une pensée ou une éthique qui n'auraient pas des fondements biologiques.

Le rationalisme, le scientisme, l'intelligence et la vie

Quels sont les arguments de cette nouvelle attitude ? Retrouvant le monisme de Spinoza (philosophie affirmant que l'univers se ramène à une seule substance selon des modalités variées), il n'y aurait que deux aspects d'une seule réalité, mais au lieu de fondre le Tout et Dieu et d'en faire une Éthique, il faudrait bien comprendre que le seul langage capable de rendre compte de cette double réalité est celui de la science et de la neurobiologie en particulier et non le langage naturel, spontanément et naïvement psychologique. Spinoza est plutôt l'aîné vénérable servant de caution philosophico-culturelle à ce qui est, ni plus ni moins, le prolongement du scientisme, c'est-à-dire un dogmatisme rationaliste des sciences positives. La démarche scientifique, au sens moderne et positif, procède d'une réduction de ce qui est à ce qui peut se montrer (au sens logique et surtout expérimental). On attend en effet d'elle de produire des modèles théoriques qui rendent compte rationnellement des phénomènes matériels et de « mécaniser » ainsi toujours plus la dimension de l'étendue. Un réductionnisme qui vient **ensuite**, par-dessus le marché, nous semble parfaitement redondant et trahit une absence de recul et de clairvoyance sur la nature même de cette démarche.

On ne peut pas reprocher aux scientifiques leur enthousiasme et leurs ambitieuses perspectives. Il ne s'agit pas non plus d'entreprendre on ne sait quel combat d'arrière-garde pour sauver on ne sait quel spiritualisme poussiéreux bouche-trou du progrès de la connaissance. Il s'agit de rester vigilant et de justement mener une critique rationnelle systématique, quand insensiblement une idéologie se pare de l'indiscutable scientificité. Comprenons-nous : la communauté scientifique se place volontiers et par définition sous le critère de la réfutabilité des théories avancées : une théorie est scientifique si elle est réfutable. La scientificité d'une théorie tient donc au fait qu'on puisse la contester et donc la discuter. Quand certains résultats ont subi victorieusement cette épreuve, c'est à partir de ce moment-là qu'ils deviennent justement « indiscutables » et qu'on peut glisser dans une idéologie autoritaire. On pourrait remarquer que l'épreuve n'est close qu'en fait et non en droit et rien n'empêche qu'une théorie soit tardivement infirmée ou au moins relativisée. Il faut essayer de comprendre comment, paradoxalement, l'attitude scientifique peut engendrer un dogmatisme étroit : ses racines sont logiques et psychologiques.

Logiquement, l'optimisme rationaliste est fondé sur une idée métaphysique selon laquelle le réel est rationnel et que tout, **en droit**, peut être élucidé à défaut de l'être **en fait** aujourd'hui. C'est la grande thèse des Descartes, Leibniz et Spinoza malgré leurs divergences profondes : l'inconnu n'est pas de l'ordre du secret et du mystère mais du non encore connu. Il est simplement scellé par la faiblesse et la jeunesse de l'humanité pensante qui rejoint néanmoins petit à petit Dieu (Raison de l'univers et intelligibilité totale) dans le dévoilement progressif de la vérité. C'est ce que Merleau-Ponty appelait le « grand rationalisme » des métaphysiciens savants du XVIIe siècle qui se gardaient bien de penser que l'intelligibilité totale en droit puisse être un jour effective pour les hommes. Celui qui nous occupe est plutôt le « petit » rationalisme positiviste et scientiste qui croit s'être débarrassé de toute métaphysique dans l'adoration des faits. Dans la série : jadis les Anciens croyaient que le tonnerre était la colère des dieux, nous savons aujourd'hui que... Les pauvres, étaient-ils bien naïfs et bien bêtes ! Ou encore : ce grand naïf d'Aristote pensait que le cerveau servait à refroidir le corps, cet ignorant de Descartes parle d'esprits animaux et de glande pinéale, etc. On pourrait multiplier les exemples à l'infini et qui proviennent tous d'une conception de l'histoire et de la pensée extrêmement pauvre et réductrice (déjà !). La vie ne serait qu'un vaste problème technique à résoudre, de l'art du feu à la conquête spatiale, et la connaissance, l'ingrédient nécessaire à cette aventure. Vision simple et progressiste dans laquelle on se prend généralement pour le point le plus avancé vers lequel tout doit converger et continuer dans le même sens. Philosophie d'un certain type de touriste américain : les Égyptiens savaient **déjà** construire des pyramides assez hautes mais ils ne savaient pas **encore** construire le World Trade Center !

Le scientisme est fondé sur une induction : ce qui est connu aujourd'hui était jadis ignoré, ce qui sera connu demain est aujourd'hui ignoré, ce qui est aujourd'hui ignoré sera nécessairement connu demain, tout ce qui est ignoré sera connu un jour, donc rien n'existe d'autre que ce qui peut être connu. Si on donne à l'existence le sens strict de ce qui surgit et se tient hors de soi et qu'on peut constater dans l'évidence sensible (à l'aide d'un microscope ou d'un télescope si besoin est), le scientisme a certainement raison. Exprimons l'induction d'une manière plus directe : ça a marché une fois, deux fois, trois fois ; donc ça marchera toujours ! « Ça a marché », c'est-à-dire ? Jadis on croyait que, mais nous savons aujourd'hui que... En un certain sens, tout scientifique doit être scientiste dans l'exercice même de sa science et il est parfaitement sain de parier sur ses conquêtes à venir. Il suffit de se mettre au travail et on comprend bien que pour cela, il faille un minimum de foi psychologique ! Mais il faut reconnaître que l'induction qui est la forme la plus commune du raisonnement et que nous accomplissons en permanence dans les conjectures de notre vie quotidienne n'est pas pour autant parfaitement rigoureuse, n'est pas une déduction et encore moins une confirmation expérimentale puisqu'elle augure d'un avenir qui, par définition, n'est pas encore là.

Psychologiquement encore, le scientisme déborde le cadre de la légitimité rationnelle quand il se transforme en phobie. C'est souvent au nom de « l'âme », pour prendre un symbole, que l'on s'est opposé tout à fait illégitimement aux progrès du mécanisme scientifique et les vérités religieuses ont longtemps cru pouvoir régenter celles de la nature. Aux martyrs de la foi, il ne faut pas oublier de joindre ceux de la connaissance, ni oublier le temps où le matérialisme était un péché impardonnable et l'impiété condamnée. Par un phénomène de confusion psychologique et non logique, lié à la sympathie ou à l'antipathie à l'égard d'ennemis de combats anciens, le scientisme déclare *a priori* fausses toutes les thèses de ceux qui s'étaient opposés, à tort, à ce qui est aujourd'hui scientifiquement établi. Tout ce que dit le pire des criminels ou celui qui a commis la plus grossière erreur n'est pas nécessairement faux, parce que c'est un criminel ou quelqu'un qui s'est jadis trompé qui le dit !

Le scientisme proclame donc toujours, du XIXe siècle jusqu'à nos jours, la fin de l'âme et de l'esprit (comme entité distincte) et leur relégation au musée des âneries préscientifiques. Pour prendre un exemple dans un autre domaine : on entend toujours dire que l'obscurantisme de l'Église catholique ne pouvait pas supporter Galilée, preuve donc de sa mauvaise foi et de la fausseté de son message. À vrai dire, l'Église ne fut pas prise en flagrant délit de bêtise (la plupart des astronomes de l'époque étaient des clercs !), mais allait subir simplement une défaite politique salutaire. On voulait simplement faire dire à Galilée que ses théories avaient certes une belle cohérence mais que les choses ne se passaient pas réellement telles que l'héliocentrisme l'impliquait, parce que l'Église se mêlait à l'époque, par abus de pouvoir, de dire le réel. Reconnaître ses erreurs (ce qui ne posait aucun problème sur un plan abstrait et purement intellectuel), c'était perdre une autorité revendiquée dans le domaine de la « philosophie naturelle » et donc un certain poids politique dans la société. Renversement de la situation aujourd'hui : la question est posée de la **légitimité** de la science à pouvoir tout dire sur tout comme de son poids dans la société.

Pour en revenir à ce qui nous occupe, la neurobiologie d'aujourd'hui pense réduire à néant tout spiritualisme ou tout ce qui résisterait au réductionnisme matérialiste, comme la biologie moléculaire est sensée avoir réduit toute trace de doctrine vitaliste.

On voit la thèse : ce qui s'est passé sur un champ de bataille se reproduira sur un autre et dans le même sens. Ce qui est arrivé à l'âme comme principe vital arrivera à l'esprit comme principe de l'intelligence. Nous serons amenés à nous poser les questions suivantes : tout vitalisme est-il réduit à néant, le mécanisme physicochimique a-t-il réussi à percer l'énigme du vivant ? En d'autres termes, la première réduction a-t-elle bien eu lieu et au nom de quoi annoncer la seconde ? Le dualisme se situe-t-il en contradiction avec le matérialisme scientifique et n'y a-t-il point là une confusion des plans ?

La spécificité du vivant

De toutes les preuves de l'existence de Dieu et qui n'en sont pas, Kant reconnaissait que la « physiologique » était la meilleure car la plus suggestive. Nombreux furent les hommes d'Église savants à apporter de l'eau au moulin d'un certain « romantisme biologique ». Comment ne pas s'émerveiller en effet de la vie et de l'extraordinaire variété de ses manifestations à travers la pluralité des êtres vivants ? Comment ne pas penser que la nature « fait bien les choses » et particulièrement bien les êtres vivants ? Comment ne pas croire à une idée directrice, un plan, un souffle unique et général, un vaste principe éveillant la myriade des âmes comme le soleil ses reflets sur la mer ? Non, décidément, le hasard est une idée de rabat-joie et la nécessité matérielle, l'austère morale de ceux qui ont l'enthousiasme froid. La grande horloge de l'univers est déjà admirable, que dire de cette merveille du poisson qui se trouve dans l'eau comme... un poisson dans l'eau ! Le vivant recèle des trésors de complexité et des prodiges d'adaptation au fur et à mesure que la biologie les révèle. Tout se passe comme si, en effet, la vie était un principe indubitable poursuivant sa tâche en certains points de la nature, réglant inlassablement et intelligemment l'harmonie des organes à l'intérieur des corps et celle des corps avec le milieu. Écologie universelle si l'on veut.

La vie est-elle un fait objectif ? Non et à vrai dire pas plus qu'on ne trouve une âme en disséquant un corps. Mais il y a tout de même un faisceau de présomptions étrangement convergentes. Il y a des corps naturels qui présentent un certain nombre de phénomènes dont la physique aurait bien du mal à rendre compte. Pour aller au fait et éviter les énumérations fastidieuses assez connues, retenons cette définition que donne François Dagognet [1] et dont la réflexion inspire la nôtre : « Le vivant est une matière qui s'oppose, à l'aide de moyens strictement matériels, à la matière même et parvient à la tourner, l'obligeant autant à s'individualiser qu'à perdurer comme telle. » S'il s'agit de définir ce que l'on constate et non d'interpréter ou de donner un compréhension générale, ces moyens ne peuvent être que strictement matériels en effet. Victoires sur l'espace et sur le temps, le vivant réalise le double tour de force de la cohésion et de la conservation. Mieux, la conservation est double : pour l'individu dans le temps de sa vie et pour l'espèce dans ce que Schopenhauer appelait l'« immortalité temporelle ». Le corps vivant est **un** et **dure** en tant que tel. Solidité dont l'autre face est l'inévitable fragilité. Son unité est-elle atteinte, c'est sa durée qui prend fin. Comment donc aborder un tel objet, si courant et si fuyant ? La tâche est rendue très ardue, non seulement à cause de l'extraordinaire complexité du vivant mais aussi à cause de sa difficulté essentielle.

Le mécanisme cartésien, c'est-à-dire l'esprit scientifique moderne, a surtout levé un immense tabou sur le temple sacré de la vie et préparé, plus qu'il n'a vraiment commencé, l'essor de la biologie moderne.

C'est avec Claude Bernard, sans doute, que le mécanisme, c'est-à-dire la capacité de trouver des systèmes de causalité matérielle, a vraiment pris son essor. Loin du finalisme, il cesse de se demander **à quoi** sert le foie mais cherche plutôt à comprendre **comment** il fonctionne. Ce qui suppose surtout une nouvelle méthodologie et de nouveaux concepts expérimentaux. Le biologiste doit tenir compte, dans sa démarche expérimentale, de la spécificité des formes

1. In *Le Vivant*, p. 53.

vivantes, de la diversité des individus, de la totalité de l'organisme et de l'irréversibilité des phénomènes vitaux. Le mécanisme allait connaître une nouvelle et éclatante victoire : la biologie moléculaire. La génétique fit rendre à la matière intelligente un secret dont on parle en des termes empruntés à la théorie de la communication : le « code » génétique, supporté par la fameuse molécule d'ADN. Cette capacité à garder et à transmettre de l'information n'existait qu'en fonction d'un substrat matériel. Nouvelle révolution méthodologique aussi : la biologie est devenue biologie de laboratoire, manipulation de l'infiniment petit sur des « modèles » ou des échantillons cultivés.

En ce qui concerne plus particulièrement notre question, la neurobiologie présente des enjeux considérables dans une meilleure compréhension du cerveau dans ses fonctions et de l'activité neurale (la physiologie de la synapse et le rôle des neurotransmetteurs). Le livre de François Dagognet *Le Cerveau citadelle* nous servira de guide en ce domaine. Nous essaierons de tenir une ligne de crête extrêmement fine et donc extrêmement difficile parce que relevant de sa double exigence : scientifique et philosophique.

Scientifique, dans le refus de la séparation entre fonction et organe même s'il n'y a pas, bien sûr, une fonction pour un organe et un organe pour une fonction. Ce qui revient au refus du mentalisme (qui est justement la séparation ou la disjonction) et du parallélisme psychophysiologique (comment imaginer ce doublement en miroir sans influence réciproque ? L'hypothèse d'une harmonie préétablie sortant bien sûr du cadre scientifique).

Philosophique, dans le refus du cérébralisme : comme si nos pensées ne dépendaient que du seul cerveau (au mépris de l'individu et de l'environnement).

De même qu'il y a une spécificité du vivant par rapport aux autres corps naturels, il y a une spécificité du cerveau par rapport au reste du corps. Le « vrai » corps est dans le programme chromosomique des gamètes et dans le cerveau qui est un centre de coordination de toutes les fonctions vitales. Il convient de connaître le rôle du cerveau à cause de ce rôle privilégié.

Voilà pourquoi il convient de le mettre à part, méthodologiquement parlant, comme objet biologique d'étude (comme ce fut le cas pour la biologie en général) et de trouver une méthode propre pour ce qui concerne la jonction entre le neural et le mental.

---

1. Éd. Delagrange.

Comme réalité biologique :

– Le cerveau varie avec les espèces, comme s'il avait traversé, plus que les autres appareils, une importante évolution (différentes strates cérébrales, de la végétative jusqu'au néo-cortex humain hyper-développé).

– Il y a une auto-plasticité du cerveau. Le milieu ne cesse de l'imprégner et les structures innées (le dedans) consistant à incorporer le milieu, l'acquis (le dehors).

– La cérébralité est inachevée et auto-constitutive. Pas de délocalisation des fonctions mais pas de localisation restrictive non plus.

En ce qui concerne le rapport neural/mental d'un point de vue médical, traitement médicamenteux sans psychothérapie ou l'inverse sont à rejeter car cela rompt le principe de la solidarité entre le substrat et la fonction. On ne peut en effet aujourd'hui négliger le formidable essor de la neuro-pharmacologie et nier l'efficacité et la puissance de ces molécules. Mais leurs effets ne sont-ils pas contradictoires et délicats à doser, comment calmer et tonifier à la fois ? D'un autre côté, le cerveau est un appareil perméable qui s'est constitué en fonction de l'histoire du sujet et il est donc capital de prendre en compte cette dimension individuelle de l'existence qui ne doit pas être confondue avec la dimension générique de la vie.

S'il fallait tirer un bilan de la manière par laquelle la biologie s'est constituée et a pris son essor, nous aboutirions à ce curieux résultat : plus la vie livre ses secrets et nous ouvre la matérialité de ses entrailles et plus l'émerveillement est grand ! Rien n'autorise à proclamer le mystère agissant (et on voit mal d'ailleurs comment une démarche scientifique pourrait le faire !) mais rien n'autorise non plus à proclamer l'énigme résolue et la complexité résorbée en une loi plus générale de la nature dont elle ne serait qu'un cas particulier. L'énigme de l'esprit dans la chair ne doit pas nous faire oublier l'énigme de la chair elle-même. On peut bien faire des machines qui calculent, mais des machines qui vivent ? Nous ne penserions certainement pas sans notre cerveau, cela ne veut pas dire purement et simplement que c'est le cerveau qui pense. Il est un organe à part mais un organe faisant partie d'un tout et il n'est rien hors de ce tout. La question de savoir ce qui fait la totalité de ce tout reste posée. Cette question en elle-même n'est peut-être pas pertinente d'un point de vue strictement scientifique, mais **à vouloir dépasser le cadre de ce que l'on sait dans l'élan du dernier réductionnisme, on a oublié ou l'on fait oublier que le premier n'est pas acquis !**

Le cognitivisme

La psychologie cognitiviste, quant à elle, suppose telle ou telle capacité et conçoit des expériences pour la mettre en évidence. On quitte le purisme behavioriste, mais tout en restant attaché au principe fondamental de la démarche expérimentale et non introspective. On suppose une intériorité qui permet de mettre en place une stratégie qui saura la « déplier » et la faire apparaître dans le comportement et la révélera ainsi comme une extériorité.

Jacques Mehler et Emmanuel Dupoux se proposent [1] de mettre de nouveau la nature humaine au programme des sciences de l'homme, mais dans un esprit cognitiviste et matérialiste : « La science cognitive... se propose de déterminer les propriétés psychologiques qui, par-delà les différences culturelles ou individuelles, sont communes aux êtres humains. » Strictement déterminé par ses états mentaux, il s'agirait, pour élucider enfin le comportement humain, de vaincre cette idée que l'esprit humain résisterait à la nature, de percer sa complexe mécanique et de montrer qu'il n'a d'unité que de nom, de même que l'intelligence n'a aucune réalité substantielle : « Les divers systèmes qui constituent "l'esprit" apparaissent comme des mécanismes autonomes au fonctionnement réglé par des procédures en elles-mêmes "inintelligentes". Une approche naturaliste et mécanique peut alors montrer toute sa pertinence. » L'aspect le plus positif et le plus passionnant de leurs travaux tend à montrer que les plus jeunes enfants sont déjà doués (donc génétiquement) de nombreuses capacités cognitives.

De son côté, Jacques Vauclair [2], étudiant particulièrement la psychologie animale, nous donne cette définition de la psychologie cognitive : elle étudie la manière dont le sujet « recueille des informations, comment il les code et les mémorise, comment il prend des décisions et transforme ses connaissances en actions..

On comprend tout de suite l'actualité de ces recherches : de même que l'on construit des machines de plus en plus intelligentes, on peut comparer l'intelligence animale ou humaine à un mécanisme, extrêmement complexe certes, mais à un mécanisme tout de même. On ne peut évidemment pas contester que nos opérations mentales soient effectivement des opérations, c'est-à-dire des œuvres qu'il faut accom-

---

1. In *Naître humain,* éd. Odile Jacob, p. 8.
2. In *L'Intelligence de l'animal,* éd. du Seuil.

plir, qui se font dans le temps et qui ne peuvent se faire sans le substrat organique déterminant qu'est le cerveau. On a établi ainsi, et Jacques Vauclair travaille actuellement sur ce type de phénomènes, qu'il y avait une relation proportionnelle entre la capacité à reconnaître un signe caractéristique (une lettre, par exemple) suivant le degré d'inclinaison qu'on lui a fait subir par rapport à l'axe qui est habituellement le sien (et qui lui donne l'aspect sous lequel un sujet a appris à l'identifier) et le temps que prend cette opération de reconnaissance. Le temps croît donc jusqu'à une inclinaison de 180 degrés par rapport à l'axe vertical initial et décroît ensuite jusqu'à 360 degrés qui est le retour à la position d'identification initiale. Comme si, littéralement, le sujet devait faire accomplir une rotation à son image mentale de l'objet. Troublant parallélisme qui tend à établir la physicalité, dans ce cas-là au moins, de la cognition.

Que les machines soient capables d'accomplir des tâches cognitives avec une puissance de calcul déjà infiniment supérieure à celle de l'homme est un fait. On peut même supposer que la façon dont l'homme accomplit lui-même ces tâches n'est pas essentiellement différente (pas d'instantanéité miraculeuse d'un esprit désincarné au moins, pour tout ce qui concerne la pensée qui calcule). Comparaison ne fait pas raison cependant et cela suffit-il à réduire l'homme à une machine, si complexe soit-elle ? Si étonnantes que soient les capacités « intellectuelles » d'un ordinateur, ne sont-elles pas extraordinairement rudimentaires par rapport à celles d'un organisme ? Les trésors de l'intelligence ne sont-ils point plutôt dans la sagesse animale du corps ? Le propre de l'intelligence humaine n'est-il point dans le fait qu'il est un être vivant, d'une part, et un être de parole, d'autre part ? La vie comme la parole supposent un échange avec le monde extérieur ou une communication avec autrui. L'erreur du cognitivisme n'est-elle point de considérer l'intelligence comme un système en soi, fermé et non comme une relation, une ouverture ? Pour répondre à toutes ces questions, nous allons examiner les relations entre la pensée et l'action et celles entre la parole et la cognition.

Pensée et action, l'homéostasie

Le matérialisme neuro-scientifique débouche inévitablement sur la question du statut du langage, comme marque distinctive de l'homme, et sur celle de la base nécessairement biologique de tout système mental.

Jacques Hochmann et Marc Jeannerod, l'un psychiatre psychanalyste et l'autre neurophysiologue, mènent un remarquable débat sur ces questions [1]. Remarquable dans la mesure où il montre la possibilité d'avoir un accord profond dans l'expression de points de vue différents qui divergent et convergent, suivant l'approfondissement qu'on leur donne. Jacques Hochmann apporte la contribution d'un thérapeute ainsi que les données pratiques et théoriques de la psychanalyse. Alors que celui-là insistera sur la discontinuité (mais non la séparation) entre le biologique et le mental, Marc Jeannerod, médecin lui aussi de formation, insistera sur la continuité (mais pas sur la pure et simple identité !). Comme ils le diront eux-mêmes en épilogue : la neurologie fixe et classe des systèmes de causalité, alors que la psychanalyse plonge le sujet dans le flux de la vie. Deux approches d'une même vérité.

Le débat qui nous semble capital est celui de l'origine et de la nature de la représentation.

Si un désir a besoin de la représentation d'un but pour être mis en mouvement, est-ce que toute représentation n'a pas un désir pour origine ?

Psychanalyse et neurologie ont ceci de commun qu'elles s'enracinent au départ dans un innéisme biologique et Freud n'a cessé de répéter cet ancrage premier, qu'un jour peut-être la science pourra enfin élucider. La pulsion est première et dépend de la structure organique qui est donnée. C'est son destin qui dépendra de l'histoire du sujet et de toutes ses acquisitions. Le mental serait une conséquence dynamique du substrat vivant et la forme transformée, métaphorisée, métabolisée du corps animé.

Reprenant le débat ancien sur le rapport entre l'âme et le corps dans le phénomène du mouvement, Marc Jeannerod cite Stahl qui pense que les mouvements poursuivent le but de l'âme « soit en insistant dans une tendance constante vers ce but, soit, après l'avoir atteint, en cessant d'agir, avec une satisfaction manifeste et un contentement parfait ». Pour lui, ces intuitions préfigurent ce qui sera en biologie la notion de régulation et de milieu intérieur (principe de la tendance au maintien de la constance) que nous devons à Claude Bernard et qui dit : « La fixité du milieu intérieur est la condition de la vie libre, indépendante ». Véritable appareil de justice, l'organisme

1. In *Esprit où es-tu ?*, éd. Odile Jacob.

ne cesse de régler son équilibre interne ainsi que l'équilibre dans ces relations avec le milieu. Il y a une interaction dialectique entre les organes (processus de rétroaction), comme entre l'organisme et le milieu extérieur. Marc Jeannerod dit : « Aussitôt qu'un changement survient dans l'équilibre, un autre arrive pour le rétablir. » Il n'y aurait pas un principe vital intérieur, affranchi des conditions physico-chimiques mais un mécanisme régulateur qui déclenche les actions de l'organisme. Sagesse du corps que cette vaste homéostasie. Comment la vie psychique pourrait-elle en être affranchie ? N'en est-elle pas, au contraire, l'expression ?

Le désir n'est-il pas force pulsionnelle sous sa forme organique et représentation de l'objet du désir ? Le désir est justement ressenti, c'est-à-dire physiquement éprouvé et mentalement représenté quand la satisfaction n'est pas obtenue faute de l'objet du désir dont je ne fais pas ce que je veux, puisqu'il appartient au monde extérieur. Il y aurait bien un innéisme massif des savoir-faire préformés (motricité endogène de l'embryon, qui n'est donc pas réactionnelle) qui anticipent la présence de leurs objets et ainsi « il s'introduit entre le stimulus et l'action une désirabilité (une représentation) ». La vie mentale naît donc à l'interface de la pression intérieure et de la résistance du milieu extérieur, soit que l'action ne peut atteindre son but (en ce sens, la pensée est bien la conséquence d'un entravement de l'action), soit qu'une action soit lancée pour atteindre un but (en ce sens, l'homme n'agit vraiment, et *a fortiori* d'une manière élaborée, que parce qu'il pense).

Sur ce point, le biologiste et le psychanalyste se rejoignent et Jacques Hochmann indique que l'écart, le déplaisir sera comblé et compensé par l'activité de pensée qui peut devenir une activité de représentation d'un but à atteindre et dont la construction donne du plaisir. L'homme est assurément l'animal en manque, mais qui peut trouver du plaisir à se représenter ce manque. N'est-ce point là ce qui fait la vie spirituelle de l'homme, signe de son dénuement et de sa richesse inépuisable ?

Parole et cognition

Activité neurologique hautement spécialisée : l'être humain parle. Mais que se passe-t-il quand il parle par libres associations, modalité expressive chère à la psychanalyse. Comment comprendre ce doux délire ou ce rêve éveillé qui apparaissent dès que l'on se laisse aller à ses « pensées » ? Comment rendre compte matériellement de ces associations qui, pour chaotiques qu'elles soient, n'en sont pas moins caractéristiques d'un sujet en particulier. Il n'est pas un mot ou une image qui n'évoquent, quels que soient les points d'accord négociés laborieusement par la communication sociale et scientifique, quelque chose de différent chez chacun. Par quelles contiguïtés synaptiques ces liaisons se font-elles ? Pour Jacques Hochmann, ces liaisons se font par des procédures linguistiques (métonymie, métaphore, etc.) irréductibles, en tant que productrices de sens, à des fonctions et encore moins à des structures organiques. Mais comment cela peut-il se faire effectivement ? Nous proposerons une hypothèse de recherche. Chacun n'a-t-il point fait un jour cette curieuse expérience d'oublier ce qu'il avait à l'esprit un instant auparavant, mais de garder un sentiment désagréable, comme si restait, non pas la représentation, mais le signe qui l'affectait (au sens de sa charge affective aussi !) : en l'occurrence le signe moins. Cela peut arriver pour une idée agréable, mais moins souvent. Le contenu refoulé ou perdu reste la valeur relative de plaisir ou de déplaisir. Tout événement, y compris l'événement mental le plus fin, n'est-il pas interprété dans le cadre de l'**homéostasie** générale décrite plus haut ; en termes de plaisir ou déplaisir, selon qu'il favorise ou non l'équilibre ou la cohésion du sujet. De telle sorte que les libres associations sont des microphénomènes en rapport avec l'organicité globale du sujet et qu'il n'y a pas de sauts ou de passages d'un mot à un autre qui s'effectueraient horizontalement ou « au-dessus » du système cérébral, mais plutôt deux trajets verticaux accomplis à grande vitesse. Un mot serait décodé en termes affectifs (et l'on peut imaginer une sorte de numérisation qui donnerait un résultat quantitatif avec un degré de précision très élevé), un peu comme le ticket de métro dont la validité est analysée par un terminal central loin du guichet. En retour, un deuxième trajet renverrait vers un mot de valeur affective très proche ou compensatoire, toujours en fonction de sa valeur affective.

Voilà peut-être ce qui fait comprendre le rapport entre l'inconscient cognitif et l'inconscient affectif. Il n'y a pas un niveau conscient et cognitif et un niveau inconscient et pulsionnel, mais un système appétitif **et** cognitif aux modalités conscientes **et** inconscientes. Jacques Hochmann suggère d'ailleurs que l'inconscient conflictuel (affectif) gère les tensions, les résistances, etc. et anime ainsi l'inconscient cognitif, peut-être comme le courant électrique l'ordinateur.

L'intérêt de telles hypothèses, qui ne sont que des hypothèses bien sûr, c'est de conserver la nécessaire dimension organique du sujet, mais de comprendre aussi qu'il s'est façonné par son histoire et que ce façonnement continue. Ces associations que nous connaissons tous, cette circulation et animation de la pensée que nous constatons, plus que nous ne la dirigeons, n'est peut-être pas sans rapport avec la succession des événements que nous avons vécus. Il y aurait des séquences associatives comme des séquences événementielles : voilà le montage cinématographique qui raconte notre histoire et continue de la faire. Ne peut-on pas comprendre par là la part de notre liberté ? Socrate, pour la pensée, parlait du vol du hanneton retenu par un fil à la patte. Dans nos actions, comme dans nos fantasmes, nous pouvons toujours stopper une série ou la commencer, mais nous sommes toujours emmenés, malgré nous, au-delà de ce que nous pensions ou voulions. Sagesse de l'artisan et de l'artiste qui savent que l'on peut commander aux choses quand on accepte de se laisser commander par elles. On n'agit pas contre les lois mais avec elles. Le vent souffle et ne veut rien, le moteur tourne et ne veut rien non plus. Le marin ne peut rien par lui-même mais il veut aller quelque part. Dépourvu, il se met alors à comprendre et, comprenant, il pourra aller où il veut en sachant naviguer. De même, nos pensées nous emmènent et nous emportent, mais nous pouvons les orienter. Notre esprit est peut-être notre cerf-volant, pour la beauté de ses figures et notre plaisir à le conduire. Ce n'est pas nous, cependant, qui le mettons au ciel et faisons souffler le vent.

D'où l'inquiétude que l'on peut avoir quand Jacques Mehler déclare : « Nous adoptons la position selon laquelle la motivation et les émotions sont aux sciences cognitives ce que le courant électrique est aux ordinateurs, à savoir une dimension que nous pouvons provisoirement laisser de côté. » Marc Jeannerod fait remarquer de son côté, à la suite de toute sa démarche de biologiste, que « l'homéostasie ne peut s'appliquer qu'à des systèmes ouverts sur le milieu extérieur, des systèmes qui, en d'autres termes, ont besoin du milieu extérieur pour assurer leur propre régulation ». Ainsi, « le principal défaut de la psychologie, surtout dans sa version cognitive, est de ne s'intéresser qu'à la description et à la modélisation des règles de fonctionnement mental et d'en ignorer la finalité », et encore : « Ce système cognitif désincarné est un objet d'étude et de contemplation mais sa fonction est dans la tension qui se crée entre les règles qu'il définit et les matériaux sur lesquels ces règles s'exercent». Le péché du cognitivisme serait justement d'oublier la spécificité de la réalité biologique, alors même que son matérialisme devrait l'y contraindre ! L'être vivant est toujours en relation et le sujet humain en communication, voilà pourquoi Jacques Hochmann précise : « La construction de l'appareil mental sur le modèle d'un ordinateur, qui semble actuellement très en vogue chez les cognitivistes, me fait dire souvent que l'intelligence dont ils parlent est plus celle d'un autiste que celle d'un sujet normal. »

Comment résumer tout ce que nous venons de dire à propos de ce nouveau défi des neurosciences qui semblent ôter toute légitimité à la philosophie en tant que telle ? Premièrement la philosophie n'a rien à opposer aux neurosciences en tant que telles, si elles sont capables de produirent des connaissances scientifiques. C'est à leurs présupposés métaphysiques ou à l'idéologie qu'elles sont promptes à engendrer que la philosophie doit s'attaquer. Deuxièmement, nous pouvons remarquer qu'il n'y a pas de réponse toute faite qui serait contenue **dans** la philosophie et qu'il faudrait opposer à ces neurosciences. Au risque de dire une énorme évidence, il faut rappeler que la philosophie consiste essentiellement à philosopher, ce qui signifie que c'est en prenant connaissance des sciences elles-mêmes qu'elle peut trouver des arguments contre le scientisme. C'est ce que nous avons essayé de faire vis-à-vis du nouveau scientisme neuro-cognitiviste.

Les tendances suicidaires de la philosophie

Nous entendons par «déconstruction interne», le fait que c'est au sein même de la philosophie que s'est accomplie la critique radicale de la philosophie et que s'y manifestent donc ses tendances suicidaires. La critique de la philosophie est certes aussi vieille que la philosophie elle-même, chaque philosophe veut en général proposer une philosophie qui soit enfin la bonne et de toute manière l'activité critique est le propre de la philosophie. On serait donc tenté de déclarer qu'il n'y a pas de quoi s'alarmer et qu'il n'y a rien de bien nouveau sous le soleil de la philosophie.

Bien au contraire, il nous semble que cette déconstruction qui commence sans doute à partir de l'œuvre de Kant est plus radicale que celles qui ont pu exister par le passé. Nous ne sommes pas en présence de l'éternel retour du scepticisme, mais de vastes édifices théoriques qui tendent tous à ruiner, avec des points de vue différents mais convergents, et la métaphysique comme telle et la notion de sujet qui lui est liée. La métaphysique correspond exactement à la philosophie dans sa tradition la plus haute et la plus caractéristique. Les deux mots seront donc pour nous synonymes dans cette partie.

Les joutes du passé consistaient à vouloir remplacer une métaphysique défectueuse par une autre qui ne le serait pas, de trouver enfin la vérité globale qui résisterait à tous les assauts. Les pensées du XXe siècle ont voulu ruiner le sens de toute métaphysique, ou bien, en partant de la tradition métaphysique, « dépasser » la métaphysique. On reconnaît là les deux grandes familles qui se partagent la tunique de la métaphysique au XXe siècle. La première est appelée « philosophie analytique », « empirisme logique », « néo-positivisme », elle est dominante dans tout le monde anglo-saxon, même si des germanophones comme Wittgenstein, Carnap, Popper y jouèrent un rôle déterminant. La seconde, plus européenne et continentale, est l'héritière de Nietzsche. Elle invite à une pensée et un langage nouveau. Elle tend à abolir les frontières entre poésie et philosophie, ou en tous les cas à se tenir dans une grande proximité avec la poésie. Heidegger en est sans doute le représentant le plus emblématique.

Vers une déconstruction de la métaphysique durant le XIXe siècle

Kant avait qualifié la métaphysique de « champ de bataille ». Au soir de sa vie, au début du XIXe siècle, elle n'est plus qu'un champ de ruines ! Et cela du fait de l'extraordinaire puissance de son entreprise « critique ». Il y aura certes d'autres métaphysiques au XIXe siècle et Kant lui-même considérait sa philosophie critique comme une métaphysique. Mais il n'y aura plus de métaphysique dogmatique qui pourrait se présenter comme science. Le divorce est à jamais consommé entre le modèle des sciences de la nature qui parlent la langue mathématique et peuvent être confrontées à l'expérience et celui de la métaphysique qui est purement spéculatif.

Les deux déconstructeurs de la métaphysique ou de la philosophie traditionnelle seront au XIXe siècle Marx et Nietzsche, l'un naît en 1818 et l'autre en 1844.

L'entreprise de **Marx** peut être qualifiée de déconstruction interne puisqu'elle vient d'un philosophe, mais elle ne consiste pas à rester longtemps sur le terrain propre à la philosophie. Voulant « remettre sur ses pieds » la dialectique hégélienne, c'est-à-dire donner la primauté aux processus matériels sur la vie spirituelle, Marx s'est très tôt tourné vers d'autres centres d'intérêt. C'est du côté de l'histoire, de l'économie et de la politique qu'il chercha à élaborer sa conception « scientifique » de l'Histoire et le dépassement de la philosophie par sa « réalisation ». Si on définit cette réalisation comme la liberté de l'esprit, elle ne sera possible que lorsque les « damnés de la terre » auront nié le monde qui les niait eux-mêmes, inaugurant ainsi et cette fois-là réellement (c'est-à-dire pour chacun de ses membres) l'avènement du genre humain. Continuer à philosopher d'une manière abstraite sans s'engager dans la lutte révolutionnaire revient à soutenir l'ordre établi, c'est-à-dire à distribuer dans le cadre scolaire et universitaire, l'opium du peuple dont la religion s'était faite la grande spécialiste.

Marx interprète les philosophies en fonction de leurs conditions historiques et sociales de production, c'est-à-dire essaie de les expliquer par autre chose qu'elles-mêmes. **Nietzsche**, lui aussi, essaie de prendre à revers l'attitude philosophique pour en rendre compte et la critiquer. Mais il le fait d'une tout autre manière, en « généalogiste », en cherchant à savoir quel « type » d'homme, quelle morale, quelle appréciation générale de l'existence se cachent derrière les constructions de la métaphysique. On pourrait synthétiser son attaque en deux points principaux. Selon lui, la métaphysique, c'est-à-dire toute la philosophie ou presque depuis Parménide et Platon, a produit deux funestes fictions : celle d'un monde « vrai » derrière les apparences du devenir et celle de l'existence substantielle d'un sujet conscient qui construirait le « moi ».

Voyons la première « erreur ». Elle est issue d'une illusion ou d'une confusion de perspectives. En effet, l'humanité s'est façonnée peu à peu, à des fins de commodité parfaitement anthropocentriques, des catégories rationnelles qui lui permettent de ramener la confusion de ce qui se passe en permanence autour d'elle, à des représentations simplifiées. On retrouve la philosophie de la connaissance de Kant, ainsi que ce que tous les scientifiques, qui ont pris la peine de réfléchir à ce qu'ils font, disent de la science. Nous ne connaissons pas le réel en lui-même, mais nous pouvons nous le représenter de telle ou telle manière en fonction de la perception que l'on en a. Nos catégories, notre raison ne sont qu'un **moyen** intelligent de se tromper au sujet du réel, pour nous le rendre maniable et nous en rendre maîtres.

L'erreur funeste des métaphysiciens consiste à prendre ces catégories pour une critérium de la réalité. Le monde se divise alors en un monde « vrai », stable, permanent et un monde « apparent » et **ce** monde (le seul qui soit pour Nietzsche) dans lequel l'homme avait inventé sa raison pour mieux y habiter devient soudain **discrédité**. En nous illusionnant sur l'existence d'un « autre monde » pour nous dérober à celui-ci : en lui refusant notre curiosité – comme s'il y avait ailleurs une part plus intéressante du réel, notre résignation – comme si ce monde-ci n'était pas une nécessité dernière, en lui refusant notre sympathie et notre respect – comme si ce monde-ci ne les méritait pas.

Mais pourquoi une telle interprétation des choses ? Pourquoi affirmer qu'il existe un monde immuable éternel, etc. qui serait la « vérité » ? D'après Nietzsche c'est la fatigue et la décadence qui parlent ici : il s'agit d'un choix purement moral contre l'affirmation de la vie. Vouloir la vérité (ainsi entendue), cela pourrait être secrètement vouloir mourir.

L'autre grande illusion de la philosophie métaphysique est la croyance à l'âme et à son immortalité, attesté dès cette vie par la présence de notre conscience. Cette conscience n'est pour Nietzsche qu'un moyen de plus au service du déploiement et de l'accroissement de la vie. C'est un phénomène de surface par rapport à cette « grande raison » qu'est le corps. Nous faisons de ce qui prédomine momentanément le « moi total ».

Intéressante est à ce propos l'analyse que fait Nietzsche du fameux « je pense donc je suis » de Descartes. D'abord, je constate que quelque chose pense. Ensuite je crois que c'est moi qui pense. Or, dit Nietzsche, la première constatation contient déjà une croyance : que penser ait besoin d'un sujet, ne fût-ce que quelque chose. Il n'est donc pas étonnant d'arriver au « donc je suis », puisqu'il était pour ainsi dire contenu dans la première constatation faussement naïve. Tout provient en fait de notre croyance au concept de substance. Pour Nietzsche, il n'y a qu'un jeu de forces, dans le monde comme en nous. Quant à l'âme, point n'est besoin de la supprimer comme le font les naturalistes, il suffit de la penser en tant « qu'édifice collectif des instincts et des passions ».

Cette conclusion sur l'idée que se fait Nietzsche de l'âme nous oblige à penser à la psychanalyse freudienne. Freud savait tellement que Nietzsche l'avait précédé sur sa propre voie qu'il s'était même interdit de le lire afin de ne pas être trop influencé dans ses travaux !

Lui aussi travaille incontestablement à la déconstruction de la métaphysique. Il est en quelque sorte « à cheval » entre ce que nous avons appelé la déconstruction interne et la déconstruction externe (dans le cadre des sciences humaines notamment). Sa propre métaphysique – qu'il aurait du mal à admettre comme étant une métaphysique – est le rationalisme à tendance scientiste. Freud envisage la vie de l'âme (Freud lui-même emploie ce mot sans qu'il ait une signification métaphysique ou religieuse) dans la perspective globale d'une science du vivant. Pour lui, comme pour Marx, les constructions métaphysiques et religieuses sont le produit d'une illusion mais dont il éclaire la genèse d'un point de vue plus psychologique que social. Le point commun entre les deux perspectives est de déduire ces représentations, d'un manque, d'une déficience. C'est la force du désir d'un sens global donné à l'existence, comme l'enfant l'éprouve auprès de ses parents, qui finit par faire croire à la réalité de l'objet de ce désir.

La déconstruction de la métaphysique au XXe siècle

Nous allons envisager maintenant, les grandes tendances de la philosophie au XXe siècle, mais toujours dans la perspective d'une déconstruction de la métaphysique. Nous discernerons trois tendances différentes : le néo-positivisme ou empirisme logique, la pensée de l'être selon Heidegger, la phénoménologie de Husserl. Toutes les tendances philosophiques ont certes existé durant ce siècle, nous ne retenons donc que celles qui lui sont absolument propres et entrent dans ce que nous avons appelé la déconstruction.

Le positivisme logique

On pourrait placer sous cette dénomination toute une constellation d'auteurs assez différents et qui ont bien sûr évolué au cours de leur vie. Le cercle de Vienne (1926-1935) regroupe des chercheurs dont le plus célèbre représentant est Rudolf Carnap (1891-1970). Leur travaux sont inspirés de l'Autrichien Ludwig Wittgenstein (1889-1951) dont le *Traité logico-philosophique* (1919) finit par ces mots : « ce qui est au-delà des mots, il faut le taire ». C'est surtout en Angleterre et plus tard aux États-Unis que ce style de philosophie s'implantera durablement.

Il est probable qu'une de ses motivations, dans les pays germanophones au moins, fut de réagir à la vague romantico-obscurantiste dont on pouvait craindre à juste titre l'évolution fanatique dans l'entre-deux-guerres. Son but fondamental est de faire un partage strict entre discours sensé et discours insensé, d'établir une méthodologie qui distinguerait un discours scientifique (commun aux sciences de la nature et aux sciences de l'homme) d'un discours qui ne le serait pas. Le « mauvais » discours est jugé comme potentiellement dangereux et sans doute antidémocratique. Malheureusement, cette attitude fondamentale ne se révélera guère séduisante face aux exaltations fanatiques et le positivisme logique restera une philosophie technique sans influence sur la population. Paradoxalement, sa réussite dans les pays anglo-saxons est certainement due au fait que la culture universitaire y est depuis toujours fortement élitiste : la philosophie y est un exercice strictement réservé aux spécialistes.

Mais en quoi consiste vraiment cette philosophie et pourquoi l'appelle-t-on aussi bien « empirisme logique » ou « philosophie analytique » ?

Dans ses premiers temps son but fut de supprimer toute métaphysique. À la question de savoir pourquoi, la réponse sera toujours un peu vague ! Nous en avons déjà esquissé une en introduction, nous pourrions ajouter que cette philosophie pense que tous les malentendus et toutes les vaines querelles viennent d'un usage non critique du langage et d'idées métaphysiques qui ne peuvent subir aucune vérification expérimentale. « Philosophie analytique » veut donc dire que son travail va consister à analyser le langage et « empirisme logique » qu'il n'y a que deux seules sources de vérité : les propositions analytiques déductives de type logico-mathématique et les propositions synthétiques qui décrivent le monde de l'expérience. Nous voyons donc que ce courant de pensée contemporain prolonge des questions qui étaient déjà celle de la philosophie classique, surtout au XVIIIe siècle : on retrouve l'opposition entre les empiristes et la métaphysique dogmatique.

Comment se formule plus précisément cette humeur anti-métaphysique ? C'est chez Carnap que nous le saurons le mieux. Il s'agit de réduire toute espèce de discours sur le monde extérieur à un discours en termes de données des sens. Dans « Le dépassement de la métaphysique par l'analyse logique du langage [1] » il déclare : « Un énoncé ne dit que ce qui est en lui vérifiable. C'est la raison pour laquelle il ne peut affirmer, s'il affirme vraiment quelque chose, qu'un fait empirique. Une chose située par principe au-delà de l'expérience ne saurait être énoncée, pensée ni questionnée. » Qu'on parle de Dieu, de

1. In *Manifeste du Cercle de Vienne et autres écrits,* éd. PUF, 1985.

l'être, de l'inconscient, le positiviste répond : montrez-moi ce que vous voulez dire par là, si vous n'y arrivez pas en termes d'observation, taisez-vous ! On serait tenté de penser que sur le plan pratique au moins, le positivisme est contraint à l'échec à moins de mettre un policier derrière chaque locuteur !

On trouve un état d'esprit assez proche chez Wittgenstein à l'époque de son « traité », pour lui, comprendre le sens d'une proposition veut dire savoir comment on doit arriver à une décision sur la question de savoir si elle est vraie ou fausse. L'inconvénient de ce genre de critère de vérité, c'est qu'il exclut les propositions universelles ou les lois générales, y compris celles de la physique. La méthode ne peut alors être que celle de l'observation et de l'induction (dire que ce qui a été constaté plusieurs fois, se constatera toujours). Carnap devra d'ailleurs admettre qu'on peut tout au plus **confirmer de plus en plus** une proposition.

Karl Popper (1902-1994) partage avec le cercle de Vienne le souci d'établir une démarcation entre science et métaphysique. Cependant, il n'y a nulle volonté chez lui de supprimer la métaphysique, puisqu'elle fait partie des *a priori* et des intuitions du chercheur. Pour lui, toute connaissance procède d'une élaboration théorique et il n'y a pas moyen de revenir aux « données observationnelles de base ». Au **principe de vérification**, cher aux empiristes logiques, il opposera celui de **réfutabilité** ou de **falsifiabilité**. Cela signifie qu'une théorie sera jugée scientifique si on a la capacité de produire les conditions de sa réfutation expérimentale. Cela ne va pas non plus sans poser certains problèmes. Ainsi, la proposition, « il existe au moins un éléphant rose » est vérifiable en droit, puisqu'il suffit d'en rencontrer un, mais elle n'est pas falsifiable par un nombre fini d'expérimentations.

Quelle réflexion tirer de ce mouvement philosophique ? Le positivisme « pur et dur » semble difficilement tenable. On ne peut pas à la fois dire que la métaphysique n'est que du vent et passer sa vie à lutter contre du vent ! De quelle vérification empirique tire-t-on cette idée selon laquelle tout doit être vérifié empiriquement ? Il semble par contre très sain de faire la part entre ce qui est scientifique et ce qui ne l'est pas, car cette tâche est à reprendre sans cesse et correspond à une sorte d'hygiène intellectuelle salutaire. On ne voit pas pourquoi, par contre, il serait interdit de tenir des discours autres que scientifique. Ce qui est visé ce sont les discours normatifs. Il n'y a en dernière analyse qu'une réponse politique à ce genre de problème : cela consiste à lutter pour la démocratie ou à lutter dans le cadre de la démocratie. C'est d'ailleurs le point de vue de Popper et son plaidoyer pour ce qu'il appelle la « société ouverte », le rationalisme critique doit aussi s'appliquer au débat d'idées dans la société : il n'y a pas de vérité définitive, en attendant de nouvelles solutions provisoires.

Revenons pour finir au fameux silence dans lequel il faudrait tenir « ce qui est au-delà des mots ». N'est-ce pas déjà une manière de reconnaître qu'il y a quelque chose au-delà des mots ? Un tel programme ne peut que nous laisser dans une ambivalence de sentiment : il y a là la forme la plus haute du respect et du recueillement, on songe à Pascal disant que seul Dieu parle bien de Dieu ou à la voix de l'être qui nous parle doucement au travers du simple fait que les choses soient. L'œuvre de Wittgenstein évolua d'ailleurs vers un style aphoristique passablement mystique. Il y a là aussi une sorte de frustration imposée, d'autant plus imposée et frustrante que nous ne parlons et ne philosophons sans doute que pour atteindre cet au-delà des mots. Et c'est parce que nous n'y arrivons pas – reconnaissons-le – que nous n'en avons jamais fini !

La pensée de Heidegger

Nulle volonté de supprimer ni même de dépasser la métaphysique chez Heidegger. Son ambition serait plutôt de retrouver quelque chose d'**antérieur** à la métaphysique, quelque chose qui serait aux origines de la pensée occidentale et que la métaphysique aurait ensuite recouverte.

Heidegger se situe lui-même dans l'héritage de la métaphysique occidentale qu'il réinterprète totalement à sa manière. On lui doit, notamment, d'avoir été le premier à prendre Nietzsche vraiment au sérieux, c'est-à-dire à le considérer comme la pointe ultime de la métaphysique occidentale. Nous avons vu un peu plus haut, la critique radicale que faisait Nietzsche de la métaphysique. L'originalité de la lecture qu'en fait Heidegger consiste à le voir **encore** prisonnier de la métaphysique. Il faut entendre par là que sa pensée est encore essentiellement une ontologie et une théologie. L'essence de tout ce qui est, se nomme selon Nietzsche « Volonté de Puissance » et la forme la plus haute sous laquelle se manifeste l'étant (ce qui est) est l'Éternel retour. La « Volonté de Puissance » n'est pas une volonté psychologique de pouvoir, elle ne doit pas avoir une signification anthropologique, elle est présente partout, même si elle se manifeste surtout chez l'être vivant en général et l'être humain en particulier. S'élever à la pensée de l'Éternel retour indique qu'il n'y a nulle sortie ni échappatoire, c'est le point d'où apparaît l'éternelle nécessité d'un monde chaotique soumis à la Volonté de Puissance.

Cette ultime étape de la métaphysique pense l'être, d'après Heidegger, comme « **Volonté de Volonté** ». Peu avant cette étape, le matérialisme de Marx est vu par Heidegger, comme le fait que tout ce qui est soit livré au **travail**. Autrement dit, la métaphysique n'est pas cette élucubration pour savants bizarres, mais elle est peu à peu devenue notre monde. Pour dire les choses autrement, notre monde n'est plus qu'une colossale entreprise de **domination**. Cette entreprise n'a pu prendre une telle ampleur que parce qu'elle est soutenue par toute l'histoire de la métaphysique occidentale. Cet « **arraisonnement** » de l'être et du monde n'est pas dû au déferlement de la technique. Il faut dire inversement que le déferlement de la technique n'est qu'une conséquence de la Technique en tant qu'elle est une métaphysique de l'arraisonnement (dans le sens de conquête et de calcul) du monde.

Penser l'essence non technique de la Technique, voilà une tâche que se donne Heidegger. Son déploiement tout au long de l'histoire occidentale n'est qu'un oubli progressif de l'être. Cet « oubli de l'être » n'est certes pas une faute d'inattention, il est consubstantiel à l'être lui-même puisqu'il se retire en donnant l'étant. La métaphysique, en voulant se constituer en science et en système, s'est concentrée sur la nature de l'étant et fini par oublier l'oubli de l'être.

L'intention de Heidegger n'est donc nullement de produire une métaphysique de plus mais de se laisser requérir par la question de l'être. Et c'est seulement à partir de cette requête que la parole humaine peut retrouver un sens, libérée de l'entreprise de domination technique. On comprend alors mieux pourquoi la pensée de Heidegger devint de plus en plus une sorte d'accompagnement de la parole des poètes et de celle de Hölderlin en particulier. Son propre langage devint lui aussi de plus en plus « poétique » (bien qu'il se défendit de vouloir confondre pensée et poésie), voulant sortir du cadre d'une grammaire reçue qui est toujours celui d'une pensée toute faite. C'est en ce sens que l'on peut dire que, lui aussi, a pris une part non négligeable dans la « déconstruction » de la philosophie. Nous nous demanderons dans notre conclusion si la philosophie reste aujourd'hui « déconstruite ».

La vigilance spirituelle de Husserl

Nous souhaitons conclure notre troisième partie « Philosopher aujourd'hui » par un rapide exposé de la conférence que le philosophe Husserl a donnée en Allemagne en 1934 : « La crise de l'humanité européenne et la philosophie ». Pourquoi ? Elle est un modèle de dignité, de lucidité et de courage de la part d'un grand professeur, privé de sa chaire en raison de ses origines juives. Elle éclaire la nature et la mission de la philosophie en général et, pour le XXe siècle en particulier, elle contient aussi une réponse aux tentatives de déconstruction de la philosophie, aussi bien « externes », qu'« internes ». Elle s'inscrit donc bien dans le prolongement naturel des débats que nous avons présentés tout au long de cette troisième partie.

1934 en Allemagne : Hitler est déjà parvenu au pouvoir, inutile d'insister sur le contexte politique. Rappelons succinctement le contexte philosophique qui lui est en partie lié. Il y a d'un côté un rationalisme matérialiste (marxisme) et scientiste (positivisme et néopositivisme) et de l'autre une réaction antirationaliste représentée par le vitalisme de Nietzsche (même si Nietzsche ne peut se réduire à ce genre d'étiquette et à sa propre caricature) et par la pensée de Heidegger qui veut faire retour sur l'aube pré-rationnelle de la pensée occidentale.

Husserl essaie de se dégager de cet étau qu'il pressent comme mortel en indiquant ce qu'il entend par l'identité spirituelle de l'Europe.

Cette identité, selon lui, provient de la philosophie en tant qu'elle est la science unique qui se ramifie en une diversité de sciences particulières. Ce qui est né en Grèce il y a vingt-cinq siècles n'est pas tant quelque chose de réel qu'un **idéal que l'on peut poursuivre à l'infini**. Une nouvelle communauté d'hommes apparaîtra alors, dont les intérêts sont ceux liés à l'universalité de la connaissance et non aux dieux de la nation. Dès le départ, les philosophes devront affronter le mépris et la persécution, mais, selon l'expression même de Husserl, les idées sont plus fortes que toutes les forces empiriques.

Il définit la philosophie comme prise de conscience et réflexivité : même si la philosophie débute sous forme de cosmologie et tente de comprendre la nature, Socrate opère une sorte de rupture et réfléchit sur l'homme dans son humanité spécifique. Cette science ouvre un horizon infini à la vie de l'homme et arrache les peuples à toute « téléologie zoologique », puisque maintenant le « télos » (la finalité) est à l'infini, appartient à tous les peuples et les dépasse tous. La vie de l'esprit transcende donc les données empiriques de la vie des peuples et on voit bien par là que Husserl vise le nationalisme fondé sur un naturalisme raciste.

Pour lutter contre le néo-paganisme ambiant, plus ou moins encouragé par Heidegger, Husserl en appelle au discernement. Il dit ainsi : « Je reconnaîtrais déjà volontiers l'exigence logique à ceci que la religion se réclame, sur le plan théologique, de l'évidence de la foi comme d'un type propre et ultime de fondation de l'être vrai, tandis que les dieux de la nation sont là, sans critique, comme des faits réels du monde environnant. » Il n'y a donc pas d'opposition naturelle entre Dieu et les dieux, puisque les dieux sont là (ce sont les croyances imposées par le groupe) alors que Dieu est toujours à chercher, se tient au-delà.

Mais le néo-paganisme n'est pas la seule cause de la détresse européenne, il en est une autre d'après Husserl : l'objectivisme qui considère l'esprit comme une annexe du corps. C'est ce qu'il appelle encore la « tentation psychophysique » de type déterministe matérialiste. C'est cette forme de rationalisme qui finit par jeter un discrédit sur la raison et peut entraîner des dérapages dangereux. Pourquoi ? Parce que l'on veut à tout prix construire les sciences de l'esprit sur le modèle des sciences de la nature. Et comme on n'y parvient pas, l'irrationalisme est tentant.

Où est donc l'erreur fondamentale du naturalisme ? Il ne voit pas que la « nature vraie » est l'œuvre de l'esprit, que l'apparition des sciences de la nature sont, en elles-mêmes, **un événement historique** et relèvent à ce titre des sciences de l'esprit. En d'autres termes, c'est l'esprit de la philosophie qui a engendré les sciences de la nature et on voudrait soumettre celle-ci aux critères de celles-là. Nous retrouvons bien le débat que nous avons largement exposé entre la philosophie et les sciences, quelles soient naturelles ou « humaines » puisque ces dernières veulent, elles aussi, faire apparaître un déterminisme.

Ce que le naturalisme ne saisit pas, c'est l'activité créatrice de l'esprit, que seul l'esprit lui-même peut comprendre en revenant chez lui.

Husserl conclut d'une manière saisissante en évoquant l'ombre de la barbarie qui ne sera dissipée que grâce à un héroïsme de la raison qui fera renaître l'Europe de l'esprit de la philosophie. Il est sans doute bon de se rappeler ces paroles prononcées en temps de détresse, alors qu'il est question de « faire » l'Europe !

Conclusion

Tout au long de notre troisième partie, nous avons tenté de prendre la mesure des problèmes philosophiques de notre temps ainsi que des défis que la philosophie doit relever.

Paradoxalement, jamais la philosophie ne semble avoir été aussi nécessaire et jamais elle n'a été autant attaquée, y compris par elle-même !

Nous avons essayé de montrer en quoi elle est nécessaire : elle est un principe politique de conjugaison entre différentes tendances qui risquent toutes d'être hégémoniques en dehors de sa vigilance critique. Nous avons essayé de montrer aussi qu'elle ne pouvait être légitime que dans la mesure où elle renonçait à représenter la totalité de l'expérience humaine. C'est ce que nous avons appelé le « principe d'incomplétude de la philosophie ». Si elle est liée par principe à une politique du dialogue et de la coexistence, elle est liée historiquement à la démocratie. Nous avons essayé de montrer que la démocratie est un processus en constante évolution, jamais définitivement installé et toujours fragile. Veiller à ce que ce processus ne se fige pas et soit toujours possible, c'est une de ses tâches essentielles.

Elle est aussi nécessaire pour comprendre les conséquences des deux tendances majeures qui, selon nous, travaillent l'Histoire : émancipation de l'esprit par rapport à la nature et affirmation de l'individu dans la société. Cette évolution rend problématiques les relations de l'homme et de la nature, les relations entre les sexes et le « vivre ensemble ». La faiblesse de la philosophie est de ne pas proposer des solutions simples et radicales qui pourraient faire l'objet d'un assentiment général, voire d'un enthousiasme populaire. C'est aussi toute sa force et sa vertu d'**expliquer pourquoi** il y aura toujours une tension par exemple entre l'individu et le groupe, pourquoi un individualisme extrême entraîne des tentations de réaction violente de la part du groupe. En ce sens la philosophie se contente de rester fidèle à son esprit de sagesse, de mesure, de « juste milieu » qui n'est pas déterminé et localisé une fois pour toutes. La philosophie doit nous apprendre à retrouver toujours cet esprit dans des situations différentes.

Elle est nécessaire pour comprendre la nature des malentendus et des conflits qui nous guettent à cause du choc des cultures issu de la coexistence (dans un monde rétréci par le progrès technologique) de sociétés n'ayant pas du tout le même type de développement.

Et l'humanisme dans tout cela ?

Quelles leçons tirer maintenant de toutes les attaques dont la philosophie fait l'objet ? Le point commun de toutes ces attaques, qu'elles soient externes ou internes, est de vouloir détruire la réalité du sujet humain.

Les sciences humaines et le marxisme veulent nous montrer que nous subissons des structures ou des lois dont nous sommes les jouets, les neurosciences que nous ne sommes qu'un complexe chimique, le positivisme que toute métaphysique est dépourvue de sens, Nietzsche et Heidegger que l'humanisme soutenu par la métaphysique est à bout de souffle.

La question qu'il faut donc se poser est de savoir si cette destruction est incontestable ou, mieux encore, de savoir exactement quel sujet ou quel homme est détruit par la convergence de ces entreprises.

Dans un texte célèbre qui n'est pas un exemple de modestie, Freud évoque trois grandes révolutions scientifiques qui connurent, selon lui, de vives oppositions, non pour des raisons intellectuelles, mais à cause du fait qu'elles affectaient le narcissisme de l'humanité. La première humiliation, dite cosmologique est celle de Copernic puisqu'il décentre notre planète en en faisant un satellite du soleil. La seconde est biologique, celle de Darwin, puisqu'elle ravale l'homme au rang de simple espèce animale. La troisième est psychologique, celle de Freud lui-même, puisqu'elle ravale la conscience au rang de phénomène superficiel par rapport à l'inconscient. La science rencontrerait donc comme obstacle principal l'homme lui-même dans certaines de ses dispositions psychologiques fondamentales. Comme c'est l'homme qui fait la science, on est obligé de constater un conflit au sein de l'homme lui-même.

Pour quelqu'un comme Freud, ce conflit est celui de l'enfant et de l'adulte, celui de la croyance et de la raison, celui de l'illusion et de la lucidité. Donc, au moment même où il faudrait admettre que nous sommes perdus sur une poussière de l'univers, que nous ne sommes que des animaux et que nos instincts dominent notre psychisme, il faudrait reconnaître **aussi** que nous sommes capables d'une étonnante **prise de conscience** !

D'une manière générale, il est difficile de ne pas se demander « ce qui » ou « qui » tient absolument à prouver que le sujet n'a aucune réalité ! N'est-ce pas une preuve supérieure du fait que l'homme n'est pas purement et simplement immergé dans la nature ? Il ne s'agit pas de vouloir gommer toutes les avancées scientifiques des siècles derniers ou de refuser la pertinence de toutes les déconstructions critiques, il conviendrait d'aller **plus loin**.

Il est incontestable que la mentalité traditionnelle au nom de laquelle certains ont pu s'opposer à la modernité, procède de l'immaturité. Une certaine conception théologique du monde, où tout semble tourner autour de la terre, où l'homme y représente Dieu et s'enorgueillit de sa souveraine conscience, semble en effet quelque peu narcissique. Les grandes déclarations sur les preuves de l'existence de Dieu, sur l'impérieuse nécessité de se soumettre à un ordre immuable des choses, ne furent bien souvent que des entreprises de soumission de l'homme à l'homme. Considérer Dieu comme une évidence indiscutablement présente en nous, c'est peut-être nous faire beaucoup d'honneur et ramener Dieu à bien peu, c'est-à-dire à l'idée qu'on s'en fait. C'est toute cette vanité, cette fatuité théologique que la modernité a fait voler en éclats.

Kant dit que toute la philosophie se ramène à la question : qu'est-ce que l'homme ? Cela peut paraître bien surprenant et on s'attendrait plutôt aux questions traditionnelles de la métaphysique sur l'existence de Dieu, l'immortalité de l'âme, etc. La modernité serait-elle une exagération de l'importance donnée à l'homme ? Il s'agit au contraire d'une **défiance** quant à ses capacités de connaissance qui doivent devenir l'objet d'un examen critique. Dans l'ancienne conception, pour simplifier les choses, Dieu était au centre du discours comme objet mais il s'agissait d'un discours naïvement centré sur l'homme comme sujet. Dans la conception moderne, c'est l'Homme qui devient le centre du discours comme objet tandis qu'il est disqualifié comme sujet du discours.

Voilà donc le paradoxe de la modernité qui est aussi le paradoxe de l'évolution historique de la philosophie. C'est une montée de l'humanisme associée à un anti-humanisme. Jamais l'homme ne s'est montré aussi puissant pour se débarrasser de tous ses dieux et de toutes ses croyances au nom de l'Homme et de ses capacités, jamais l'homme n'a été autant destitué de ses privilèges.

L'humanisme est le fait de reconnaître en l'homme une dimension et une dignité spécifiques. La philosophie porte en elle-même le projet humaniste et on pourrait même dire que l'Homme est une invention récente dans la déjà longue histoire de l'humanité. Il naît avec l'universalisme antique, s'affirme avec l'universalisme monothéiste et culmine à l'âge classique. Le XVIIIe siècle est le siècle pivot, celui de la fameuse Déclaration des droits de l'homme, le XIXe et le XXe consacrent le déclin de l'Homme se prenant pour le centre du monde, mais libèrent sa puissance comme acteur technique. Faut-il regretter cette évolution et désirer une sorte de retour en arrière ?

Il est difficile d'évaluer la signification du XXe siècle qui vit une libération sans précédent de la pauvreté et de la maladie pour une partie de l'humanité, des « progrès » saisissants dans tous les domaines, mais aussi des guerres d'une violence inouïe, et le fait concentrationnaire qui est une négation de l'homme entreprise par l'homme lui-même. Les camps furent une négation de l'**H**omme par l'**h**omme et une négation de l'**h**omme par l'**H**omme. Nous voulons dire par là que c'est l'essence humaine que certains hommes ont essayé de nier, mais aussi que des hommes réels ont été niés au nom d'une certaine idée de l'Homme, raciale ou sociale. Bref, ce siècle donne lieu à s'enthousiasmer et à s'horrifier tout à la fois.

On comprend que certains soient tentés de voir dans la modernité une œuvre diabolique qu'il faudrait expier. Mais tout le monde sait bien que les retours en arrière n'ont guère de sens et les intégrismes religieux montrent bien, dans leurs manifestations les plus pathologiques, leur haine des hommes (et surtout des femmes !) au nom de Dieu.

Comment s'y retrouver parmi tant de tendances contradictoires ? Il nous semble que la philosophie comme l'humanisme qui lui est lié ont parcouru un cycle au bout duquel ils sont morts d'une certaine manière. Mais cette mort n'est pas une destruction totale, c'est plutôt la condition d'une renaissance particulière.

La « mort du sujet », la » mort de l'homme » ont en effet quelque chose d'absurde et de radicalement contradictoire puisque c'est l'œuvre de la pensée humaine dans ses manifestations les plus élaborées. Ce qui est mort, ou qui montre ses limites radicales, c'est peut-être justement le sujet de la science conquérante. Celui qui s'abstrait du monde et de tout ce qui est pour tout réduire à un mécanisme sur lequel on pourra ensuite travailler. Ce qui est mort, c'est l'homme qui veut s'ériger en dieu pour l'homme. Ce qui est vivant est encore à naître et nous ne pouvons qu'en donner une esquisse à partir de tout ce que nous développons dans ce livre. Si on pouvait purement et simplement le décrire, cela prouverait qu'il n'y aurait là aucune véritable nouveauté.

L'UTILE ET L'INUTILE

Si l'on entend parfois que la philosophie est l'art des spéculations inutiles, peut-être ne serait-il pas inutile de construire quelques pages de réflexion autour de ces deux adjectifs : l'utile et l'inutile !

Nous proposons une petite trousse à outils pour une morale de tous les jours. Nous savons bien qu'il n'y a pas une morale pour les grands jours et une autre pour le reste du temps, nous savons aussi qu'à tout moment nous n'avons rien d'autre à faire que notre devoir, mais reconnaissons que nous avons parfois du mal à le discerner. Nous savons encore depuis Kant que l'exigence morale se suffit à elle-même et qu'elle ne nous dicte pas nos actes en vue d'une fin extérieure qui nous serait utile. Mais comment enseigner la morale, comment guider ceux qui en ont besoin (c'est-à-dire nous tous !) ? La technique de la carotte et du bâton est universelle et sans doute inévitable. Elle a beaucoup d'inconvénients. Un excès de bâton n'est souvent que le moyen de satisfaire les pulsions sadiques de l'éducateur et dégoûte de toute morale au point que, dès qu'il n'y a plus de bâton, on en profite. Quant à la carotte, c'est elle que l'on aime et non la morale ! Que faire ? L'éducation silencieuse de l'exemple qu'on donne est sans doute la meilleure, mais il n'y a pas un seul homme sur la terre qui soit sans défaut. Nous avons besoin d'être soutenu et notre petite morale utilitaire y contribuera peut-être !

Il nous faut donc faire le point : si nous sommes insatisfaits par notre environnement, notre travail, nos politiciens ou nos conditions de vie, la première urgence est de réfléchir à ce qui nous convient. C'est une autre façon d'exprimer qu'il faut distinguer l'utile de l'inutile.

Si nous ne procédons pas à cet exercice, rien d'étonnant à ce que nous soyons ballottés entre des aspirations contradictoires, que nous cherchions à avoir à la fois le beurre et l'argent du beurre et que nous désespérions de ne pas être tout à la fois beaux, riches, intelligents, puissants et en bonne santé.

Alors que les médias nous offrent une information surabondante qui devrait nous permettre d'orienter nos choix, nous répugnons, semble-t-il, à exercer notre liberté. Pourtant la liberté est un produit de consommation : elle est faite pour qu'on s'en serve ! Nous devons choisir à tout instant entre ce qui nous convient et ce dont nous ne voulons pas, entre ce qui nous est utile et ce dont nous n'avons rien à faire.

Puisqu'il s'agit de rendre notre existence plus supportable, il n'y a rien d'abstrait ni de rébarbatif dans cette réflexion. Nous proposons de l'articuler en dix chapitres puisque le nombre dix a la double vertu d'avoir produit le système décimal et les dix commandements :

1. Il est utile d'entretenir son corps.
2. Il est utile d'entretenir son intellect.
3. Il est utile d'avoir une vie spirituelle.
4. Il est utile d'écouter les autres.
5. Il est utile de faire des projets.
6. Il est utile de faire confiance.
7. Il est utile de rechercher la beauté.
8. Il est utile d'avoir de l'humour.
9. Il est utile de se dépasser.
10. Il est utile de réussir sa vie.

Il est utile d'entretenir notre corps

Si nous n'avons pas de tendance névrotique ou suicidaire, nous trouvons tout naturel de manger, de boire ou de dormir quand nous en avons besoin.

Il est déjà moins fréquent d'être un scrupuleux de l'entretien de la « forme » : faire du sport pour se maintenir en bonne condition physique est à la mode, mais le faire régulièrement est plus rare.

Attention cependant : si nous passons tout notre temps à nous bichonner, nous n'aurons plus assez de temps pour agir, sans, pour autant, éviter les effets du vieillissement. Cela fait penser à ces gens qui entretiennent si soigneusement leur voiture qu'ils se gardent bien de la faire rouler. Le souci de l'entretien peut conduire à rechercher des satisfactions qui relèvent de fantasmes ou de l'artificiel : on finit par s'imaginer des besoins qui ne deviennent réels que par l'idée qu'on s'en fait. S'il est sage d'entretenir son corps, n'est-il pas encore plus sage de l'entretenir en fonction de l'usage que nous voulons en faire ?

À vrai dire ce qu'il faut entretenir ce n'est pas un paquet d'os et de muscles, c'est l'intelligence de notre corps. Le mouvement, la coordination des membres sont des choses extraordinairement complexes. Le simple fait de jouer avec un ballon suppose des compétences complexes où le cerveau prend une grande part. Pratiquer une discipline physique, c'est mieux appréhender l'espace, développer la confiance en soi. Le philosophe Alain faisait souvent l'éloge de la gymnastique et voyait dans le corps de l'athlète le « tombeau des dieux ». Il voulait dire par là que toute superstition procède d'une anticipation craintive de l'avenir et que cette disposition psychologique est celle d'un homme au corps non exercé.

Il est utile d'entretenir son intellect

De même que la motricité est une forme d'intelligence, l'exercice de l'intellect est une forme de motricité ! Nous espérons même que ce livre en sera une bonne occasion !

On dit parfois qu'il vaut mieux se fier à la transpiration qu'à l'inspiration et il semble que cela soit vrai aussi pour tout ce qui est intellectuel. L'intelligence a besoin de s'exercer sur un objet et ne peut « tourner à vide ». Dans ce domaine, comme dans le sport, il n'y a pas de performance sans entraînement.

L'exercice d'une profession plutôt intellectuelle est généralement la garantie d'un bon entretien des facultés cérébrales mais peut aussi comporter un aspect routinier qu'il convient de corriger en multipliant les lectures, les rencontres et les activités de tous ordres. Certains pratiquent des jeux qui sont sensés être une « gym du cerveau ». Cela peut être utile, à condition de ne pas y voir une fin en soi.

On oppose souvent la mémoire et l'intelligence. Il est vrai qu'on peut trouver des individus capables de retenir le contenu d'un annuaire de téléphone, sans pour autant être en mesure d'apporter grand-chose à l'humanité. Si l'on peut concevoir une mémoire sans grande intelligence, il est cependant impossible de concevoir une intelligence sans mémoire. Si l'intelligence passe son temps à mettre en relation des faits ou des concepts les uns avec les autres, encore faut-il avoir la capacité de les avoir, selon la belle expression dont on ne soupçonne pas la profondeur philosophique, « présents à l'esprit ». Il faudrait donc faire une distinction, pour emprunter le vocabulaire de l'informatique, entre « mémoire morte » et « mémoire vive ». Il y a toutes sortes de techniques pour ne pas trop s'encombrer l'esprit, l'écriture étant la plus importante, ce « remède à l'oubli » comme dit Platon. Cette fonction est plutôt celle de la mémoire morte, elle n'est pas la plus importante, encore qu'il en faille un minimum. Pour traiter des problèmes complexes qui supposent le maniement de nombreux paramètres, il faut une grande mémoire vive comme les ordinateurs ont besoin d'un microprocesseur puissant pour mettre en œuvre des logiciels très performants. C'est cette forme de mémoire qui donne de la présence d'esprit et, on peut l'espérer, à l'esprit toute sa présence !

Il est utile d'avoir une vie spirituelle

Cette affirmation est provocatrice puisque la vie spirituelle ne dépend pas entièrement de notre volonté. Il ne s'agit pas d'adhérer à une croyance particulière mais de simplement constater que la vie de l'esprit (c'est en ce sens qu'est pris le mot « spirituel ») confère à l'homme l'expression de son unité et de son unicité. Sans la vie spirituelle, l'homme peut n'être qu'un numéro dans un goulag, sur une chaîne de montage ou dans les registres de la Sécurité sociale.

L'esprit permet à l'homme de s'affranchir de toutes les frontières, de dépasser toutes les conditions. Le corps peut devenir inerte, être paralysé, l'esprit reste porteur de la vie et la mort véritable est celle qu'indique un encéphalogramme plat. Ainsi la vie spirituelle peut être de plus en plus riche, alors que l'exercice du corps ou de l'intellect se ralentit inéluctablement avec l'âge.

Tout cela, nous le sentons intuitivement sans toutefois être capables de savoir ce qu'est l'esprit. Certains chercheurs contemporains soutiennent même qu'il n'y a pas plus d'esprit qui souffle en nous que d'âme qui nous anime. Ils veulent dire par là que nous avons « substantialisé » l'esprit, par ignorance et commodité, là où il n'y a que des fonctions complexes, un peu comme dans un ordinateur. Laissons de côté ce vaste et difficile débat théorique que nous avons d'ailleurs abordé dans notre livre.

Il s'agit plutôt d'une question pratique. En quoi peut donc bien consister une vie spirituelle ? Il faut d'abord insister sur le fait que l'exercice du corps et de l'intellect y prépare. Le moine bouddhiste zen qui pratique l'escrime ou le tir à l'arc cherche une telle perfection d'exécution dans le geste qu'il atteint un état dans lequel tout semble s'accomplir dans l'unité de l'esprit. La réflexion philosophique conduit à la méditation métaphysique, où l'esprit n'est plus que le reflet de l'être (le simple fait qu'il y ait quelque chose).

Cette sérénité dans l'action, cet étonnement ou cet émerveillement dans la contemplation n'est pas réservée au « croyant ». On peut même se demander à cette occasion si le monde moderne n'a pas commis une grave erreur d'interprétation ayant de grandes conséquences sur l'éducation. S'il est nécessaire de prendre ses distances à l'égard des religions, on a cru que la vie spirituelle y était attachée et on a ainsi condamné l'accès à ce qu'il y a de plus précieux pour un nombre incalculable de jeunes esprits.

La méditation en silence, la prière sont des exercices aux vertus irremplaçables. L'acte de prier est un rassemblement de soi : on ramène toutes nos pensées dispersées sur l'essentiel. La mauvaise réputation de la prière auprès de certains vient du fait qu'on la réduit parfois à demander à Dieu ce qu'on a la paresse de faire soi-même et que c'est un refuge dans l'inaction. Plus essentiellement, elle est pour le croyant un moment de dialogue avec Dieu, une réponse à une Parole. Ce ressourcement doit se traduire par une meilleure capacité d'action. Dans une perspective différente de celle de la foi monothéiste, elle peut être un travail de la conscience sur elle-même, un contrôle de ses émotions, une manière de rétablir le calme et la lucidité en soi. Le bouddhisme, par exemple, invite à un travail de méditation spirituelle en vue d'une transformation de soi, d'un éveil après un sommeil de l'esprit plein de rêves et d'illusions. S'il rencontre un certain succès en Occident c'est justement parce qu'il invite à une pratique spirituelle et que beaucoup d'Occidentaux ont oublié leurs propres traditions.

Il est utile de faire confiance

Étymologiquement la confiance est croyance réciproque ; le mot s'apparente à « foi », « fiançailles », « fidélité » ou « confidence ». Se confier s'oppose à se défier ou se méfier. La confiance implique une anticipation de l'avenir. Nous prévoyons telle ou telle chose et sans même en avoir conscience nous comptons sur les autres. Le fou est celui sur lequel on ne peut compter et qui ne peut même pas compter sur lui-même. Le sage représente la figure opposée.

La confiance n'est pas une naïveté mais plutôt un pari sur l'avenir, non pas une crédulité mais une volonté de croire que les choses se passeront bien. La confiance est le carburant de l'amour, de l'amitié et même de la vie économique. S'il est vrai qu'on ne peut être trahi que par ses alliés, le plus sûr moyen d'être trompé un jour ou l'autre est cependant de ne jamais faire confiance.

Les sociétés sans confiance, fondées sur la surveillance, deviennent dogmatiques et autoritaires et ne peuvent se développer. Le développement est le fruit de la société de confiance qui parie sur la liberté individuelle. La confiance qui mêle à la fois assurance et espérance est sous-tendue par une philosophie qu'on ne remarque pas toujours. C'est un optimisme ou une croyance au progrès qui pense que la vie n'est pas un jeu à somme nulle où ce qui est gagné quelque part est perdu ailleurs. C'est un optimisme qui pense qu'il n'y a pas forcément un gagnant et un perdant dans un échange mais qu'il peut y avoir deux gagnants.

Il est utile d'écouter les autres

Avec la confiance, l'autre n'est pas d'abord un ennemi potentiel mais un partenaire, l'écouter ne brouillera pas l'esprit mais l'éclairera. Nous l'avons répété maintes fois, il ne peut y avoir de philosophie sans dialogue et pas de dialogue sans écoute. Le dialogue est chose extrêmement rare et il est fréquent de se trouver embarqué dans ces conversations pénibles où chacun suit son idée pour raconter ses misères où vanter ses mérites.

Écouter c'est plus qu'entendre, c'est l'effort doux de l'attention que l'on applique au plus spirituel de tous nos sens. Contrairement à la vue que l'on dirige où l'on veut, notre oreille reçoit tous les sons et nous ouvre sur le monde malgré nous. Trier ce que l'on entend pour se concentrer sur le message de l'autre, voilà ce qui différencie entendre et écouter.

La psychanalyse procède de l'idée qu'il est important de simplement écouter ceux qui souffrent. Cette vérité n'est sans doute pas réservée au domaine médical : les mauvais Princes sont ceux qui ne savent pas ce qui se passe dans le peuple et qui ne tendent l'oreille qu'à leurs courtisans. Dans une entreprise, les dirigeants devraient souvent être ceux qui écoutent le plus et parlent le moins lors des réunions. C'est le cas au Japon qui ne passe pas pour être un modèle d'inefficacité économique.

Écouter est la façon efficace de capter les informations que l'extérieur nous envoie, c'est une façon de nous enrichir, de nous cultiver, de nous ouvrir à l'amour et à la vie spirituelle.

Il est utile de faire des projets

Certes on peut vivre dans l'insatisfaction permanente, la fuite en avant et l'incapacité de trouver un peu de sérénité. Mais la sérénité n'est pas donnée, ce qui est donné c'est la vie et le désir. Cette vie et cette capacité de désirer sans cesse ne nous rendent pas toujours heureux et il faudra avoir le désir ou le projet de parvenir à une certaine sérénité. Les bouddhistes parlent même de la nécessaire extinction du désir de non-existence ! De toute manière nous voilà embarqués dans le cycle de la vie et placés devant la responsabilité de notre avenir. Il y a certes des moments d'éternité et comme un avant-goût d'une délivrance totale, mais ils sont comme des clairières dans la forêt, des temps de repos dans l'effort.

Aucun projet ne peut nous assouvir mais l'absence de projet désole vite une existence. Il ne peut y avoir de détente sans tension et de paix sans combat. Le désir n'est une prison que s'il est mesquin, la déception touche ceux qui croient pouvoir entièrement atteindre ici-bas l'objet de leur désir.

Il est utile de rechercher la beauté

Il n'y a de laideur que du fait de l'homme. Cette laideur est parfois le fruit de la négligence, elle est parfois le reflet d'un orgueil hideux. L'homme s'affranchit de la nature par son art, c'est là qu'il peut tomber dans la laideur ou faire advenir au monde une beauté redoublée. Nous avons déjà évoqué ce problème en parlant d'architecture. Une des questions majeures de notre temps est de savoir si nous pourrons réaliser une civilisation authentiquement urbaine.

Sans même nous en rendre compte, nous subissons notre environnement qui influence notre comportement. Pour éviter que ne soient dégradés des bâtiments, il faut sans cesse les entretenir, l'expérience montre que plus un quartier se dégrade et plus les vandales s'y acharnent comme pour souligner encore plus le caractère insupportable de l'environnement dans lequel ils vivent.

La beauté inspire au contraire le respect et suggère un ordre supérieur qui se cache dans les choses, elle dispose l'âme humaine au bonheur et à l'humanité.

Frustrés de cette beauté de la nature qui passait inaperçue, nos contemporains tombent dans un romantisme écologique qui agace facilement les ruraux. Ce que la civilisation rurale a réussi en aménageant la nature et en lui conférant une autre forme de beauté, la civilisation urbaine devra s'efforcer de le réussir elle aussi. Faute de quoi cette pollution de la sensibilité aura des effets ravageurs. Si le goût de la beauté correspond à une disposition naturelle de l'homme, il est aussi le fruit d'une éducation qui est une exigence à laquelle notre école est loin d'avoir répondu.

Il est utile d'avoir de l'humour

Bien sûr, l'humour a un certain effet vasodilatateur qui doit être bon pour la santé, mais son utilité nous paraît bien plus profonde. La nature, peuplée des animaux aux mœurs les plus baroques, semble ne pas manquer d'humour. S'il n'y a pas d'humour sans imagination et fantaisie, cette faculté n'est pas en elle-même de l'humour.

Le condamné à mort qui dit à son bourreau le lundi à l'aube que la semaine ne commence pas très bien, donne un exemple d'un certain humour. Cette « politesse du désespoir » est le refus d'être sérieux dans le tragique, une manière de se moquer du malheur et de tirer de cette aptitude un certain dédommagement moral et psychologique.

Les intégristes religieux ne savent pas ce qu'est l'humour, les tyrans de tous poils le haïssent et savent bien qu'il est un moyen de résistance, presque un mode de vie pour supporter l'insupportable.

L'humour dégonfle la mécanique de la comédie sociale où tout le monde joue un rôle en se prenant très au sérieux sans voir l'aspect dérisoire de bien des actes. L'humour peut aussi tomber dans un excès qui consiste à tout tourner en dérision, auquel cas il est une forme de fuite. Sous sa forme la plus utile, il est comme la voix du fou du roi qui lui chuchote à l'oreille pendant la cérémonie : continue à te battre pour ce que tu crois être vrai et juste mais n'oublie pas que toi et le grand prêtre, vous n'êtes que des vieillards gâteux restés des gosses capricieux.

L'humour est le moyen le plus utile pour chacun d'entre nous de garder ses distances par rapport à l'immédiat permettant ainsi plus d'imagination et de créativité.

Il est utile de se dépasser

Tout sportif connaît les joies et les peines de l'entraînement. Joie d'éprouver ses propres forces, peine et souffrance quand il s'agit de les éprouver plus que d'habitude. C'est d'ailleurs un principe physiologique : soumis à de nouvelles conditions de vie qui l'agressent, le corps répond en s'adaptant et en développant certaines facultés. C'est ainsi que ce dépassement permanent de soi permet de progresser.

Un problème se pose cependant rapidement : jusqu'à quel point peut-on se dépasser ? Courir le marathon en une heure est impossible : l'homme a donc des limites. Le dépassement de soi doit donc être accompagné d'un principe de modération.

Quelle est sa vertu essentielle ? Il doit surtout nous apprendre que nous étions autre que ce que nous croyions être, qu'il existe un autre cadre que celui que nous percevions de prime abord.

Le dépassement de soi peut continuer toute la vie, mais à condition de changer de plan. Si un sportif est vieux à 40 ans, il n'en va pas de même pour le travail intellectuel et la vie spirituelle. Le dépassement de soi est utile car il nous fait sentir que notre vie n'est pas qu'un déclin et qu'elle peut être un progrès continue.

Il est utile de réussir sa vie

Cela paraît être une évidence de dire qu'il vaut mieux réussir sa vie ! Mais en quoi cela consiste-t-il ? Avoir une famille nombreuse peut être considéré comme une bénédiction dans un certain contexte culturel. Pour d'autres, lecteurs de magazines ou spectateurs des séries américaines de télévision, c'est être riche et célèbre, mais demande-t-on leur avis à ceux que l'on admire ?

Il est curieux de voir que beaucoup de jeunes expriment aujourd'hui leur désir de « réussir ». Mais réussir quoi au juste ? On oublie que ce verbe est transitif ?

Si nous défendons l'idée qu'il est utile de réussir sa vie, c'est sans doute à condition d'y faire quelque chose et il n'y a pas qu'un modèle de réussite.

Au lieu de partir du point de vue selon lequel « on n'a pas demandé à venir au monde » et qu'on a rien à y faire de particulier, on pourrait prendre le parti opposé. On a désiré venir sur la terre et on y est pour y faire quelque chose. Ce n'est bien sûr qu'un point de vue, mais qui nous paraît fécond dès qu'on l'adopte.

Lorsque l'on ne vit pas son désir, lorsqu'on n'a pas le courage de donner à sa vie le sens que nous pressentons comme devant être le meilleur, on ressent une sorte de culpabilité. Le fameux commandement : « Tu honoreras ton père et ta mère », veut peut-être dire : « Tu réussiras ta vie » (et tes parents en seront fiers) et non pas : « Tu te contenteras de répéter la tradition du groupe. »

Pour réussir sa vie, il faut peut-être se débarrasser de l'état d'esprit de ceux qui disent « qu'ils ont raté leur vie », que si les circonstances avaient été différentes ils auraient fait tout autre chose, etc. On n'a pas d'autre passé que le sien et c'est en essayant d'aimer sa propre vie qu'on peut lui ouvrir une perspective de réussite pour l'avenir.

Réussir sa vie : quelle variété de solutions possibles ! Chacun en fonction de ses dons et de sa volonté peut construire sa vie et inciter les autres à chercher leur voie et leur être ainsi utile !

Annexes
Les grands philosophes occidentaux

Introduction

Ce qui distingue le philosophe de quiconque, ce n'est pas tant la recherche de la sagesse, c'est le soin qu'il met à formuler sa pensée, chercher la cohérence dans une expression globale de la vérité.

Il n'est donc pas possible, bien évidemment, de philosopher sans liberté de pensée et cette liberté conduit à une pluralité de positions philosophiques, partiellement en contradiction les unes avec les autres.

La question des rapports de la philosophie et de la religion se pose alors immédiatement. Si une religion impose une explication du monde et une manière de s'y comporter (une morale) rattachées au divin, la liberté ne peut s'exercer que dans le cadre limité que lui laisse cette religion. Si, au contraire, la vie religieuse est synonyme de liberté de l'homme participant à l'œuvre inachevée de la Création, elle laisse philosopher librement et encourage même cette attitude.

Historiquement, on constate une étonnante prolifération philosophique en Occident depuis la Grèce antique. La pensée occidentale s'est formée au cours des siècles, façonnée par Rome et le christianisme. Elle baigne dans l'Atlantique mais aussi dans la Méditerranée ; elle a ses racines « païennes », qu'elles soient grecques, latines ou nordiques et ses racines sémitiques moyen-orientales. Très ancienne, la diaspora juive, accentuée par la destruction du Temple de Jérusalem en 70, a fait de cette communauté un acteur européen. Quant à la civilisation islamique, sa présence multi-séculaire en Andalousie ne permet pas de l'écarter de la scène « occidentale », même s'il y eut une longue rivalité entre la chrétienté et l'islam.

Pour ce qui est des philosophes, nous avons pris le parti suivant : il y a certes des philosophes juifs et des philosophes musulmans, fortement marqués par leur culture et leur religion au point d'avoir surtout réfléchi aux rapports entre philosophie et Révélation (il faut entendre par là la vérité révélée aux croyants monothéistes), mais dès qu'ils philosophent en reprenant l'héritage grec, ils sont ni plus ni moins des philosophes occidentaux et appartiennent de plein droit à cette tradition au même titre que les philosophes chrétiens. C'est pourquoi nous parlons ici d'Avaroès et de Maïmonide.

Il est d'ailleurs bien connu que la philosophie païenne de l'Antiquité a trouvé dans la civilisation islamique un refuge qui fut un temps beaucoup plus accueillant que ne le fut la chrétienté.

Pour faire saisir la diversité et, dans une certaine mesure, la complémentarité des philosophes qui ont marqué la pensée occidentale, il nous a fallu faire un **choix**. Les philosophes que nous avons retenus sont parmi les plus importants et les plus connus mais d'autres auraient tout aussi valablement pu être joints à cette liste.

Socrate et Platon
ou l'ironique ignorant et le prince savant

Platon est un philosophe grec d'Athènes, né en 428 av. J.-C. et mort en 348 av. J.-C. Jeune aristocrate, l'avenir politique auquel il était destiné est perturbé par sa rencontre avec Socrate (408) et l'histoire agitée d'Athènes. Il fonde une grande école de philosophie (387) : l'Académie, il tente sans succès d'influencer l'action des tyrans, il écrit de nombreux dialogues qui mettent souvent en scène son maître Socrate qui est condamné à mort par la cité en 399 pour « impiété » et « avoir corrompu la jeunesse ». Socrate, qui n'a rien écrit, est né en 470, il est le fils d'un sculpteur et d'une sage-femme et avait coutume de parcourir Athènes, grossièrement vêtu, interrogeant toujours ses concitoyens. Les principaux dialogues de Platon sont : *Gorgias, Ménon, L'Apologie de Socrate, Le Banquet, La République, Parménide, Sophiste...*

Deux destins liés

L'un a écrit, l'autre pas ; l'un a fondé une école, l'autre a inauguré un style de vie. C'est par le disciple qu'on connaît le maître ; Platon nous a laissé la première grande œuvre philosophique qui garde encore aujourd'hui toute sa force, son maître Socrate nous a laissé un exemple héroïque.

Socrate est un des très rares hommes qui ait marqué par sa pensée l'histoire de l'humanité, sans pourtant avoir écrit la moindre ligne et il a eu la chance de trouver un disciple talentueux et bienveillant qui eut la gentillesse d'écrire pour lui. Platon, secrétaire de Socrate ? Trop simple sans doute. Au contraire, Socrate a-t-il été un artifice littéraire commode pour un Platon soucieux de transmettre sa doctrine ? Trop simple encore.

Les historiens de la pensée platonicienne s'accordent le plus souvent pour distinguer une période de jeunesse, de maturité et de vieillesse. La première serait nettement socratique et la suite ne serait qu'un dégagement progressif de l'influence du maître. La reconnaissance de cette évolution, la plus naturelle et la plus prévisible qui soit entre maître et disciple, suffit-elle à faire comprendre la singularité de ces deux destins et surtout la nature de leur croisement ?

Que s'est-il passé entre ces deux hommes qui avaient quarante-deux ans d'écart, entre le jeune Platon, issu d'une des plus illustres familles d'Athènes et le rustique Socrate, passant sa vie à interroger ses concitoyens au lieu d'augmenter sa fortune ? Comment comprendre la puissance d'attraction d'un homme qui prétendait ne rien savoir et cependant pouvait mettre en difficulté quiconque prétendait détenir un savoir : la vertu, le courage, la beauté, l'amour, la justice...

Socrate l'accoucheur d'âmes

Platon n'est pas le seul à avoir parlé de ce fameux Socrate mais c'est dans ses dialogues qu'il faut puiser l'essentiel de ce qu'il faut comprendre de lui. Son père était, dit-on, sculpteur et sa mère sage-femme. Peut-être a-t-il hérité des qualités de l'un et de l'autre. Certes, le sculpteur semble imposer la forme à la matière et l'accoucheuse tirer l'enfant du ventre maternel. Le bon sculpteur n'est-il point cependant celui qui exhausse le désir de la matière, qui est attentif aux veines de la pierre ou du bois, aux vœux secrets de la terre ? Une femme qui accouche n'a-t-elle pas besoin d'une assistance de la part de la sage-femme qui ne crée ni la naissance et encore moins l'enfant ? Sans eux la matière reste brute et une masse informe, la mère et l'enfant peuvent mourir.

Socrate veut que l'âme prenne sa forme la plus haute et nous délivre la vérité dont elle est capable, en même temps que cette vérité nous délivre de l'ignorance et de la méchanceté. C'est de cet accouchement-là que Socrate s'est fait le maître, son art s'appelle la maïeutique qui signifie l'art d'accoucher l'esprit. Maître et anti-professeur :

on n'apprend jamais rien à personne, peut-être peut-on, tout au plus, être l'occasion pour quelqu'un d'apprendre de lui-même et par lui-même ce qu'il ignorait savoir.

Si Socrate poursuivit avec autant de zèle ses contemporains, tantôt pour les réveiller, tantôt pour les paralyser par ses critiques et ses questions, c'est qu'il avait assez confiance en eux pour penser que cela leur ferait sentir ou entrevoir une autre dimension d'eux-mêmes. Ce travail, dans tous les sens du terme, pénible et libérateur, s'il l'imposait à ses interlocuteurs, c'est qu'il se l'imposait à lui-même ou plutôt qu'il lui était imposé. Socrate mystique et raisonneur, inspiré et dialecticien : voilà ce qu'il était.

S'il fait faire de la géométrie à un jeune esclave pour prouver que les semences du savoir sont dans l'âme sans la moindre éducation, on peut y voir, pourquoi pas, un brin de sadisme qui consiste à contraindre doucement et à faire accepter par le disciple une recherche dont il ne comprend pas très bien la finalité ; on peut y voir aussi la projection de la condition de ce sage paradoxal qui semble être guidé par une voix intérieure et qui a commencé à philosopher à la suite d'un oracle prédisant qu'il était l'homme le plus sage. Si Socrate s'en va par les rues accoucher les esprits des vérités qu'ils ignoraient posséder, c'est qu'il espère ainsi trouver le sens de sa propre vie et la nature de cette sagesse au regard de laquelle il aurait plus de valeur que tous les autres hommes.

Le mystère entoure la vie de Socrate, à son commencement parce qu'il lui est révélé quelque chose qu'il a en lui sans qu'il le sache, à sa fin parce qu'il se sent une âme de musicien plutôt que de dialecticien et qu'il meurt dans une tranquillité quasiment surnaturelle.

Interrogeant les uns et les autres sur la question de savoir ce qu'ils font et surtout s'ils savent ce qu'ils font, notre sage va de découvertes en découvertes. Savoir faire quelque chose et savoir ce que l'on fait en la faisant, voilà sans doute deux choses bien différentes ! Socrate trouve deux sortes d'homme fiables : les artisans et les géomètres. Le menuisier sait faire une table et sait expliquer comment la faire, avec un peu de pratique l'apprenti pourra apprendre avec succès son métier comme le jeune esclave découvre ou reconnaît les propriétés du carré, connues du géomètre. Mais comment le guerrier pourra-t-il enseigner le courage, le poète la beauté, le prêtre la piété, l'homme d'État la vertu et le philosophe la sagesse ? Savent-ils même très exactement de quoi ils parlent ? Peuvent-ils seulement définir l'objet de leur «métier»? Sont-ils capables d'enseigner et de transmettre ce qui leur revient en propre ?

Socrate ne nie pas qu'il y ait de grands soldats, de grands poètes, des hommes pieux et de grands hommes d'État, mais comment ne pas constater les erreurs et les égarements qui conduisent les cités aux désastres et aux malheurs ? Délaissant les questions touchant à la nature, Socrate se soucie du comportement des hommes dans la cité. Comment être juste, voilà la question ! Et surtout comment faire pour que la justice soit durable dans la cité. Les périodes de crise sont aussi créatrices, mais elles posent toujours le problème de l'éducation à donner.

Un dialogue de Platon : le Ménon

Le dialogue intitulé le *Ménon* est essentiel pour comprendre Socrate mais aussi et surtout sa relation avec Platon. Ménon est un jeune Athénien de bonne famille qui fréquente ceux qui enseignent ce qu'est la vertu ou en parlent avec une certaine force de conviction. Ce jeune homme est attiré par la philosophie mais sans doute aussi par les responsabilités politiques. Comment ne pas penser à la personnalité de Platon lui-même ? L'objet du dialogue est la question : la vertu peut-elle s'enseigner ? Au fur et à mesure du dialogue, proche d'un processus psychanalytique, Socrate montre que le jeune Ménon n'a cure de cette question et qu'il désire seulement posséder la vertu ou plutôt posséder puissance et honneurs qui lui semblent en être les effets. C'est comme une définition en creux de la vertu : elle n'est pas le contraire de la puissance et des honneurs, mais elle ne les cherche assurément pas. Comment Socrate procède-t-il ? Au lieu de bâtir une thèse pour la faire triompher, il veut savoir de quoi l'on parle et demande à Ménon une définition de la vertu. Ménon ne peut lui donner qu'une succession d'exemples de toutes sortes de vertus, selon les fonctions sociales, les professions, etc. Voilà un essaim de vertus lui répond Socrate, mais tu ne me dis pas ce qu'il y a de commun à toutes les vertus qui nous permet de les dénommer ainsi comme on reconnaît que toutes les abeilles de l'essaim, toutes différentes les unes des autres, sont néanmoins toutes des abeilles. Socrate fait sentir que la véritable vertu ne coïncide pas avec la réalité des pratiques sociales, qui assignent une place à chacun et définissent ainsi la vertu de la femme, de l'homme d'État, etc. La philosophie ne nie pas les coutumes et les cultures mais elle prend toujours ses distances par rapport à elles.

Faute de bonne définition de la vertu en elle-même, Socrate propose de changer de méthode et demande si elle peut s'enseigner et si, en connaissant la façon dont elle s'enseigne, on peut en connaître la réalité. Nombre de grands hommes d'État vertueux ont eu des fils qui n'ont pas égalé leurs pères et force est de reconnaître que si la vertu était un savoir susceptible de s'enseigner, il n'en serait pas ainsi. Conclusion de Socrate : il y a des hommes qui, par un don divin, ont une opinion droite de ce qu'est la vertu sans pour autant en avoir une science. Socrate lui-même conduit souvent fermement des dialogues... qui échouent et qu'on appelle pour cette raison « aporétiques ». Si l'on ne peut définir l'essence de la vertu, ni l'enseigner avec la certitude de réussir, on est tout de même tenté de répondre que la vertu ne s'enseigne pas d'une manière abstraite et théorique mais par le contact direct avec un maître et par l'exemple. L'entraîneur sportif enseigne par le geste qu'il sait accomplir sans forcément savoir l'analyser, mais le geste se transmet. N'en est-il pas de même pour Socrate dont la vie même est un enseignement, dont le questionnement est comme un geste. Ménon en a plus appris en une séance avec Socrate sur la vertu que par mille définitions toutes faites dont il ne se serait plus souvenu le lendemain. Il a appris quelque chose, car il a appris quelque chose sur lui-même : non seulement Ménon a appris à chercher les vérités qu'il ignore, mais il a compris que sa manière initiale de chercher était aux antipodes de la vertu. De multiples indications dans le texte montrent un Ménon impatient, un peu arrogant, irrité si on le contredit, acceptant difficilement d'être conduit par plus clairvoyant que lui. Sa quête du savoir est mue par le désir de supériorité et l'orgueil, il confond la quête de la vérité avec le désir de faire triompher son opinion, c'est-à-dire de triompher lui-même au travers d'une opinion. C'est sans doute tout simplement humain et Socrate ne le blâme pas violemment. On pense encore une fois à celui que fut sans doute le jeune Platon, paré de toutes les qualités, naturellement fait pour gouverner, avec un orgueil à la mesure de ses dons ?

Socrate le séducteur

Les dialogues socratiques de Platon montrent bien le génie singulier de l'accoucheur d'âmes qui allait pieds nus dans les rues d'Athènes chercher la belle jeunesse et l'élite de la société pour leur faire sentir leurs insuffisances. Platon en a sans doute fait les frais lui-même ! Le maître disparu et la stupeur laissée par sa mort comme par sa vie ayant un peu passé, Platon n'a pas résisté à la tentation de faire de celui qui l'avait sans doute déstabilisé, son héros et dans une large mesure son porte-parole philosophique.

Quel fut donc le secret de la séduction socratique qui détourna Platon de sa trajectoire prévisible, troubla suffisamment la jeunesse et le conformisme social pour que la cité le fasse mourir ? Un homme, qui ne cesse de démolir les thèses d'autrui avec autant d'assurance sans pour autant proposer de solution lui-même, pose problème. Ou bien il sait la vérité et ses aveux d'ignorance ne sont que mensonges, ou bien il ne la connaît pas plus que les autres et ses recherches sont vaines. Dans le premier cas il nous trompe et refuse de donner ce qu'il sait, dans le deuxième il ne sait que détruire. Peut-être que ses contemporains ne sont jamais tout à fait sortis de ce cercle vicieux. Mais là où le discours s'arrête, l'homme continue de vivre. On prouve la marche en marchant, la sagesse par les actes. Soldat courageux, citoyen intègre, Socrate était sans taches. Mais surtout il devait fasciner par son extraordinaire maîtrise de lui-même et sa robustesse légendaire. Socrate est l'homme qui partait de bon matin faire sa prière au soleil pour bien commencer sa journée, alors qu'il avait philosophé et bu toute la nuit. Le dialogue du *Banquet* est indispensable pour saisir le cas Socrate. Il y fait comprendre à ses interlocuteurs que l'amour est une quête qui renaît sans cesse, qui n'en finit pas et qui a pour objet l'infini, pour employer un terme qu'il n'emploie pas lui-même. On est amoureux des beaux corps parce qu'on aime la beauté qui est l'éclat de l'être dans un corps. On aime la beauté parce qu'on aime la vérité. Nous aurons l'occasion de revenir sur la conception platonicienne de la vérité. Et pourtant le bel Alcibiade brûle d'amour pour le laid Socrate qui ne se laisse pas séduire par sa propre séduction. Dans l'échange il considère qu'il y perd, que la jeunesse du corps ne vaut pas la maturité de l'âme, que l'éclat extérieur ne vaut pas l'or intérieur. Socrate se fait désirer parce qu'il est un maître du Désir. Il n'arrête pas le Désir, il le relance toujours comme il ne se satisfait pas des réponses qu'on lui fait ou que lui-même ferait. Il est attirant parce qu'il est **vide** et non comme ceux qui ont toujours à vendre une opinion sur tout. Ceux qui croient aimer Socrate ne font qu'éprouver à son contact leurs propres plénitudes, leurs capacités à chercher plus loin, plus haut, vers l'absolu de l'Idée de ce qu'il y a à définir et qui renvoie enfin à l'Absolu tout court. Socrate est le premier qui nous apprend que le plus grand péché est de ne pas désirer assez, de ne pas désirer toujours, de s'arrêter en route, de se refuser à l'infini qui est en l'homme.

Socrate, celui qui sait mourir

Ceux qui prétendent savoir ne savent pas mourir car il sont encore attachés à leur savoir, ceux qui savent mourir prouvent qu'ils savaient peut-être moins mais mieux. La mort est une épreuve de vérité pour celui qui appelle à se détacher des réalités sensibles, à tourner les yeux de l'âme vers l'intelligible et fortifier en elle ce qu'il y a d'immortel. Interrogé par ses juges, Socrate déclare qu'il préfère mourir plutôt que de vivre sans philosopher, subir l'injustice plutôt que d'y participer. Pourquoi ne craint-il point la mort ? N'envisageant pas une damnation étrangère à la mentalité antique, il n'y voit qu'un sommeil sans représentation ou la perspective de retrouver ses amis pour... continuer à philosopher ! Mais l'essentiel n'est pas là. S'il ne craint point la mort, c'est qu'il n'en sait rien ! Il se démarque ainsi du commun des mortels qui craint justement ce qu'il ignore. La vie après la mort est un absolu dans la mesure où, sauf expérience mystique à laquelle Socrate n'était peut-être pas totalement étranger, nous n'en savons absolument rien ! L'ignorance de Socrate n'était certainement pas l'ignorance de ceux qui n'ont jamais cherché, mais l'ignorance de ceux qui ne cessent de chercher. La vertu ne peut s'enseigner que par l'exemple et la vacuité de l'âme vidée de ses préjugés est l'objet d'un entraînement qui fait qu'elle peut tout accueillir et n'éprouve aucun vertige au seuil de la mort. Socrate buvant tranquillement la ciguë, sachant mourir au milieu de disciples craignant ne plus savoir vivre, voilà la signature qui authentifie le chef-d'œuvre de sa vie, l'acte final réussi qui donne sens à toutes les paroles qui ont échoué ! Nietzsche a eu raison de dire que cette mort du sage, cette mort qui prouve enfin la sagesse, a sans doute emporté la conviction de la jeunesse athénienne et derrière elle, celle de toute la postérité. Pour mourir ainsi, Socrate savait bien quelque chose, même si ce quelque chose ne peut s'apprendre comme un théorème. Socrate cesse d'être une énigme (comment peut-on savoir que l'on ne sait rien ?) au moment où sa mort exemplaire en fait un mystère.

Platon écrivain

On dit que Platon était malade, au moment des adieux à Socrate. Il consacra toute son œuvre au choc de sa rencontre avec Socrate. Celui qui allait écrire en faisant parler celui qui se refusa d'écrire ne pouvait être qu'un géomètre doublé d'un écrivain. Géomètre par défiance des réalités sensibles, écrivain pour fixer sans figer une pensée faite dans et par la souplesse de la parole. C'est la souplesse qui est fidèle et rigoureuse car elle épouse tous les contours, c'est la rigidité qui est infidèle et vague car elle simplifie. Le dialogue sera donc le genre littéraire privilégié de Platon. Non pas le « faux » dialogue où un des interlocuteurs représente la vérité devant des faire-valoir laborieux, accumulant sottises et contresens, mais le dialogue où il y a une progression partagée et où la solution n'apparaît pas toujours à la fin. Ces dialogues peuvent échouer comme le *Ménon* dont nous avons parlé plus haut, mais ils ne sont pas vains car le lecteur est capté par le choc contradictoire des thèses d'où la vérité doit éclore dans son propre esprit au lieu de la bouche d'un des protagonistes. Cette réflexion sur le statut littéraire de l'œuvre de Platon n'est pas sans importance. On peut faire un parallèle entre la différence artisan/artiste et la différence philosophie/poésie. L'artisan poursuit un modèle conceptuel général pour réaliser une table, tandis que l'artiste fait apparaître petit à petit une œuvre unique en son genre et sans modèle préétabli. Le poète découvre petit à petit son œuvre en l'écrivant, Valéry disait « je ne suis jamais que mon premier lecteur » et Mallarmé qu'un poème ne se fait pas avec des idées mais avec des mots. Et la philosophie ? Son objectif est certes conceptuel et non verbal, mais comment se pourrait-il que le concept soit avant l'exercice de la pensée alors même que c'est lui qu'elle vise ? Ménon demandait à Socrate : comment peux-tu chercher ce que tu ne connais pas ? Ce que l'on connaît on ne le cherche pas, et ce que l'on ne connaît pas on ne peut pas l'identifier si jamais on le trouve. La réponse de

Socrate est dans la théorie de la réminiscence, notre âme aurait jadis connu la lumière des vérités éternelles, elle en garde le souvenir malgré l'obscurcissement de la vie terrestre dans un corps, connaître c'est toujours reconnaître. Cette théorie n'est certes pas une explication « scientifique », elle est une façon de comprendre et de mettre un nom sur une expérience, un fait que l'on peut toujours reconduire. C'est le sens de l'épisode du jeune esclave qui se révèle géomètre sans avoir appris la géométrie. Cette doctrine antique de la vérité, liée à toute une mythologie de l'âme dans la variété de ses séjours peut faire sourire aujourd'hui, mais on peut se demander si le rationalisme du XVIIe siècle, qui a fourni la matrice de notre idée moderne de science, ne puise pas à la même source. On parle alors de « lumière naturelle » pour désigner la raison comme don fait à l'homme pour saisir l'intelligibilité d'un monde façonné par la grande Raison de Dieu. Ainsi l'écriture philosophique, en particulier celle de Platon, est en elle-même un processus de réminiscence, une maïeutique (procédé faisant accoucher l'âme de la vérité qu'elle portait en elle). C'est à ce prix qu'elle touche au but, c'est-à-dire qu'elle devient une maïeutique pour le lecteur. Platon savait-il toujours exactement où il voulait en venir quand il rédigeait ses dialogues ? Le dialogue véritable n'est-il pas celui qui nous arrache des pensées qui n'étaient pas nôtres, qui nous emmène ailleurs que là où nous voulions aller ? Les meilleurs dialogues de Platon ne sont-ils pas ceux qu'il maîtrise le moins, les plus socratiques, les plus aporétiques, les plus poétiques en somme ? Platon est un auteur qui donne à son lecteur un sentiment ambivalent : d'un côté, un émerveillement dû au sentiment de participer au processus de la pensée abstraite en train de se faire et, de l'autre, le sentiment désagréable d'être un peu manipulé par une écriture particulièrement artificielle où les erreurs et les errements sont feints.

Platon lui-même condamne l'écriture comme un poison qui tue la pensée, qui fabrique des « philodoxes » plutôt que des philosophes, des « savants » qui collectionnent les opinions et ont oublié que la pensée d'autrui doit servir à exercer la sienne. « Pharmacon », en grec, est un mot qui peut vouloir dire aussi bien poison que remède. Il faut donc se résoudre à ce remède dangereux mais efficace contre l'oubli qu'est l'écriture. Se résoudre à transformer en doctrine philosophique la quête d'absolu du divin Socrate.

La République : *philosophie et politique*

Le dialogue *La République*, le plus « classique », nous servira de guide. Le sous-titre de ce dialogue est « de la justice ». Il n'est pas indifférent que l'exposé de la doctrine philosophique de Platon soit aussi un dialogue politique. Alors que le « démon » de Socrate était une voix qui lui disait de s'abstenir de faire de la politique, le démon de Platon, toute sa vie, sera la politique. Il y était porté naturellement par ses origines sociales, mais la rencontre de son maître eut deux conséquences. Il devint philosophe bien sûr mais ne put admettre que la cité condamnât à mort l'homme le plus juste. Quelle cité construire qui, cette fois-ci, prenne l'homme juste comme modèle et non comme victime ?

L'allégorie de la caverne

Cette invention pédagogique de Platon figure des hommes enchaînés au fond d'une caverne, la tête tournée contre la paroi. Derrière eux un feu est allumé et entre ce feu et eux des hommes passent chargés de divers objets fabriqués, statues, etc. Un petit mur le long de leur chemin fait apparaître les objets qu'ils portent comme des marionnettes dans un théâtre. On peut imaginer la danse des ombres portées contre la paroi de la caverne et qui constitue leur seul univers. Ses effets changeants sont leur seule réalité et ils peuvent tout au plus faire des conjectures sur leur nature ou sur leur succession dans le temps. Qu'arriverait-il si l'un d'entre eux décidait de quitter cette prison ? Il aurait beaucoup de peine à marcher et ses membres seraient engourdis, ses yeux éblouis. Il verrait d'abord des statues et non leurs ombres seulement, il verrait ensuite la lumière du feu. Prenant courage et expérience il déciderait d'aller plus loin et de sortir de la caverne elle-même. S'habituant petit à petit à la lumière du jour, il verrait alors des hommes et des animaux vivants. Tournant enfin son regard vers le soleil, il serait aveuglé mais percevrait la source de la lumière du jour. Parvenu au terme de son ascension, va-t-il simplement se contenter de contempler tout ce qu'il peut voir grâce au soleil et jouir de sa chaleur ? Mû par une sorte de compassion, il décide d'aller chercher ses compagnons et leur révéler que leur condition n'est pas la seule qui soit. Il faudra alors que ses yeux s'habituent de nouveau à la pénombre puis à la quasi-obscurité. On imagine facilement qu'il rencontrera l'incrédulité et même l'hostilité de ceux qui ne veulent pas faire l'effort de sortir de leur condition. Trop gênant, ils s'en débarrasseront.

Quelle lecture peut-on faire de cette petite histoire ? Un découpage de la réalité suivant son degré de vérité tout d'abord. Il y a quatre degrés : les ombres, les statues, les modèles des statues, le soleil enfin. Les deux premiers degrés sont issus de la lumière d'un feu allumé par des hommes : ils représentent le monde sensible qui donne lieu à des opinions soit totalement hasardeuses et erronées, soit probables et vraisemblables. Les reflets sont en effet des réalités trompeuses et personne ne s'est jamais reposé sur l'image d'un lit par exemple. Un lit que l'on peut toucher dans ses trois dimensions sensibles est plus vrai : il reste le même et unique par rapport à l'infinité de copies ou de reflets auxquels il peut donner lieu. Les deux derniers degrés sont dans la lumière du jour : ils représentent le monde intelligible qui donne lieu à la véritable connaissance, soit discursive et hypothétique, soit intellective et anhypothétique. L'idée du lit en soi est plus vraie que tel ou tel lit. Les bons esprits feront remarquer que personne ne s'est jamais reposé non plus sur l'idée du lit ! De meilleurs esprits encore feront remarquer qu'il ne s'agit pas de reposer son corps mais de faire progresser son âme dans la connaissance de la vérité ! Tous les lits de la réalité sensible sont en effet tous différents les uns des autres, seul le lit en idée, celui que le menuisier « regardait » pour faire un lit réel, reste identique à lui-même et unique. De même, ne dit-on pas que le bon géomètre est celui capable de raisonner juste sur une figure fausse ? Cela vient du fait qu'il raisonne sur le carré en soi, d'où il peut déduire un certain nombre de propriétés, et non sur celui qu'il trace avec la main qui n'est que la copie de l'original qu'on ne voit que par la pensée. Pour ce qui concerne le dernier degré de la vérité, le soleil, on comprend qu'il n'est pas tout à fait exact de dire qu'il baigne dans la lumière du jour, puisqu'il est lui-même la lumière du jour. Il y a donc un saut qualitatif, une différence de nature et non seulement de degré pour l'atteindre. De même qu'on ne peut regarder le soleil en face mais qu'on peut tout voir grâce à lui, l'idée du Bien ou de l'Un ne se saisit pas dialectiquement en la comparant à telle autre idée. Le lit est un par rapport à ses copies, l'idée du lit est une par rapport aux lits, l'idée du Bien est une par rapport à toutes les idées. La pensée discursive qui se détache de la croyance sensible commence avec les mathématiques. Voilà pourquoi il était écrit au fronton de l'école de Platon : « Que nul n'entre ici s'il n'est géomètre. » Mais cette pensée procède à partir d'une hypothèse (on suppose telle ou telle figure, tel ou tel axiome) pour ensuite en tirer des conséquences. Au lieu de partir d'un donné, Platon essaie de remonter à un premier Principe, dont l'existence ne suppose pas d'hypothèse. Ce principe n'est pas donné ou supposé (sens étymologique d'hypothèse) par l'homme, mais c'est lui qui **donne** tout ce que l'homme peut penser. La saisie de ce terme de la recherche intellectuelle n'est pas en elle-même intellectuelle mais une sorte d'illumination. On imagine aisément pourquoi les monothéistes les plus mystiques ont pu sentir une affinité profonde avec la philosophie platonicienne.

Nous n'avons pas encore tiré tous les enseignements de l'allégorie de la caverne. Si le prisonnier avait été soudainement emmené au grand jour, il n'aurait rien vu, l'ascension ne peut être que progressive et elle ne porte ses fruits que pour celui qui la mène lui-même. L'éducation ne peut donc être que l'art de diriger ou d'encourager un progrès que l'éduqué mène lui-même. Il est remarquable que Platon parle, pour désigner le terme de l'ascension, du « Bien » ou de « L'Un », comme si la recherche intellectuelle ne pouvait être, en elle-même, qu'une bonification morale. « Nul n'est méchant volontairement », disait Socrate. La philosophie est comme une purification du mal par une élimination de l'ignorance, la méchanceté est une conséquence de la soumission de l'âme aux valeurs du corps qui entraîne fatalement des excès. Nous sommes de ce point de vue aux antipodes d'une philosophie de l'innocence naturelle que viendra pervertir le désir de connaître.

Mais la philosophie n'est pas une quête strictement privée, un retrait dans la contemplation de l'au-delà de l'essence, source de toutes les essences. Vient le retour dans la caverne et la phase descendante. Là aussi il faut respecter un certain rythme et un certain temps d'accommodation. Le plus dur reste alors à faire : « libérer » les autres prisonniers. On peut imaginer un geôlier ennemi mais la résistance des prisonniers eux-mêmes n'est pas négligeable. Le destin de Socrate en témoigne, les tentatives manquées de Platon à Syracuse aussi.

La cité juste

Quel est le modèle de la cité idéalement juste que nous propose Platon. L'homme peut être comparé à une cité et la cité à un homme, il y a une analogie entre le microcosme et le macrocosme. Platon inaugure la métaphore de l'individu pour parler de l'équilibre de la cité et réciproquement. Cette métaphore sera très courante dans l'histoire de la philosophie politique et en psychologie, Freud emploie encore la métaphore politique, comparant l'inconscient au peuple, etc. La philosophie est une médecine de l'âme comme de la cité, un homme comme une cité juste se porte bien, c'est-à-dire selon le bien.

L'homme juste sera donc le modèle de la cité juste. On peut en quelque sorte décrire une morphologie de ses qualités morales, elle-même analogue à la morphologie du corps. La tête est le sommet du corps et le siège des fonctions les plus hautes, sa faculté est de penser et sa vertu est la sagesse. Le thorax est le siège du cœur, sa faculté est de vouloir et sa vertu est le courage. Le ventre est le siège des appétits, sa faculté est de désirer et sa vertu est la tempérance. Voilà donc trois « étages » et trois vertus correspondantes. On peut se demander où est la vertu de justice ? Elle est dans l'harmonie des trois premières. La justice ne procède pas dans ce cas d'un principe d'égalité mais d'une distribution harmonieuse où chacun reçoit selon ses mérites et ses fonctions. C'est la solidarité des vertus et la subordination des unes aux autres qui fait que les vertus sont des vertus. Le courage de la « tête brûlée » n'est pas un courage. Celui qui sait vouloir quand la sagesse préoccupée du devoir le commande, au mépris du danger, celui-là est courageux puisque le point de vue de l'âme l'emporte sur celui du corps. Thorax sans tête ne fait pas bonne volonté. Ventre sans tête ni thorax ne désire pas bien, trop ou même peut-être pas assez. C'est le haut qui détermine le bas, comme l'idée du Bien permet la dialectique descendante, mais il faut savoir descendre. Le courage et la tempérance ne valent que dans la perspective de la sagesse, l'inverse est vrai aussi. Tête sans thorax ni ventre, tête impossible ou folle. L'idéal platonicien ne vise pas l'extinction des passions (l'apathie au sens strict) mais leur maîtrise.

La cité devra donc comprendre analogiquement, des sages à sa tête, des guerriers pour la défendre et des producteurs pour la nourrir. Tous, dans cette totalité organique, peuvent être déclarés également justes, parce qu'ils exercent des fonctions spécifiques. Tout cela n'est pas sans rappeler les trois grandes fonctions de la culture indo-européenne d'après Dumézil.

Tout cela est bien beau mais on peut se demander comment y parvenir. Platon propose essentiellement un effort d'éducation en vue de constituer la classe des gardiens de l'État, qui serait dévouée corps et âme à l'intérêt de la cité et non à son intérêt privé. Cette classe est constituée des guerriers et des philosophes. L'éducation vise à sélectionner les meilleurs, pour ne pas dire le meilleur enfin, en vue du gouvernement. Si l'on compte la somme des connaissances à assimiler et l'expérience à acquérir auprès de plus anciens, notre philosophe n'est formé que vers 50 ans. L'éducation physique retient des sujets vigoureux et de bons guerriers habiles. Ceux qui peuvent aller plus loin vont étudier les sciences, principalement astronomie et mathématiques, ceux qui peuvent aller plus loin encore la dialectique des idées. Le « philosophe-roi » sera capable de diriger la cité en temps de guerre comme en temps de paix, il est passé par toutes les étapes de l'éducation. Cette éducation des gardiens donne lieu à quelques idées peu conformistes et qu'on peut juger ainsi encore maintenant. Les filles seront éduquées comme les garçons, pratiqueront la gymnastique comme les garçons, etc. Mais ce qui peut paraître choquant dans la perspective de ce qu'il est convenu d'appeler la famille, c'est la communauté des femmes et des enfants. Le but est de forger un type d'homme qui se comprendra lui-même comme un enfant de l'État et non de tels ou tels parents. Ce communisme d'État va jusqu'au bout d'une logique d'éradication de toute contradiction, pour les gardiens au moins, entre l'individu et la collectivité. Chacun doit tenir rigoureusement sa place et les guerriers n'ont que le droit d'écouter de la musique « militaire », de peur que leurs mœurs ne s'amollissent !

Cette rigidité théorique fera dire à un auteur contemporain comme Popper que Platon est le père de la « société fermée » et l'ancêtre du totalitarisme. De toute façon la difficulté insurmontable de ce genre d'utopie, c'est le commencement de sa mise en œuvre. Qui juge en effet au départ ? Qui a le pouvoir d'imposer seul son seul jugement ?

Quel intérêt peut-on donc trouver à méditer ces considérations politiques ? Il nous semble qu'il y en a au moins deux. Le premier, déjà évoqué, concerne le lien entre morale et politique. Alain disait qu'il fallait lire *La République* comme un traité du gouvernement de soi-même. Faute de pouvoir installer l'ordre dans la cité, il n'est peut-être pas tout à fait vain de le souhaiter en nous. Faites ce que vous voulez, mais sachez d'abord obéir à vous-même ! L'idéal de la maîtrise de soi ne procède pas d'une manière moralisatrice par l'interdiction mais parie que l'homme maître de lui-même se détourne naturellement de nuire. D'autre part, quand la loi n'est respectée que par le seul effet de la contrainte, la loi n'est plus respectée en esprit et en droit mais en pratique et en fait non plus car la panne d'électricité, inhibant les systèmes de sécurité, engendre les pillages. La théorie de la décadence de la cité est aussi d'un grand intérêt et c'est peut-être à partir du modèle idéal qu'on peut comprendre les réalités multiples. La cité juste n'existe pas mais fait apparaître les vices et les vertus de celles qui existent.

Les régimes décadents

Le premier des régimes décadents, c'est-à-dire le moins décadent d'entre eux, est la **timocratie** (mot construit sur le mot qui désigne le cœur en grec). C'est le régime où les guerriers gouvernent. On fait beaucoup d'exercices militaires mais plus de philosophie. On y a le culte du courage et l'intérêt de l'État est supérieur. Comment ne pas penser à Sparte et à toute les dictatures militaires ? Mais l'homme courageux qui ne cultive plus la sagesse peut être irritable et sa vertu se change petit à petit en vice de colère. Le butin amassé à la guerre deviendra petit à petit l'objet de la convoitise des chefs. Cela annonce le régime suivant. C'est l'**oligarchie** (gouvernement d'un petit nombre de possédants). C'est l'unité de la fortune qui est désormais poursuivie. Nous sommes passés à l'étage des appétits et la vertu de tempérance se change en avarice. Plus grave : l'unité de la cité est menacée, le bien de ceux qui possèdent est convoité. Comment ne pas penser à tous les systèmes censitaires ou à ce qu'on appelle la ploutocratie. Comme le fait de posséder est la seule valeur cultivée par cette cité, tout le monde veut être servi ! Nous voilà alors en **démocratie** où tout le monde peut exercer n'importe quelle responsabilité à condition de savoir flatter le peuple. C'est la dépense et la démagogie qui règnent. La cité est alors gravement malade. Si son bien est l'unité, son mal est la guerre civile qui menace. Les riches veulent protéger leurs biens, les pauvres veulent s'en emparer et le seul sentiment commun devient la peur et la convoitise. On ne pratique plus aucune vertu, les enfants ne respectent plus les adultes. Surgit alors un homme « providentiel » qui prétend pouvoir ramener l'ordre et la sécurité. Après l'anarchie démocratique se profile l'ombre de la **tyrannie**. C'est le pire et le dernier des régimes décadents. Le tyran est essentiellement un homme avide du pouvoir, tout son vouloir est tendu vers lui. Parvenu au pouvoir par la force, il ne sait plus quoi exactement vouloir. Victime de ses passions personnelles, la cité est la proie de son désordre. Le citoyen est alors l'esclave d'un esclave. L'Europe des années trente, et peut-être d'aujourd'hui encore, devrait méditer ce passage de la démocratie à la tyrannie, décrit il y a près de vingt-cinq siècles !

Platon est-il platonicien ?

La philosophie politique de Platon montre bien à quel point le philosophe ne peut être un ascète qui fuit le monde. Il convient de préciser ou de corriger l'image traditionnelle d'un Platon ennemi de l'art et du corps, ne nous laissant plus pour vivre que de pauvres et sinistres amours « platoniques » !

Il ne fait aucun doute qu'il existe de nombreux passages dans son œuvre qui alimentent le crédit d'une vulgate platonicienne, largement pillée par la vulgate de l'Église et qui est l'objet de la rancune de Nietzsche. L'art n'est qu'une imitation trompeuse, la beauté une séduction dangereuse ; le corps est un fardeau pesant dont il faut se débarrasser au plus vite, un « tombeau » pour l'âme qui n'a de cesse de retrouver les hauteurs célestes, etc. D'autres passages au contraire montrent un esprit beaucoup plus fin et nuancé, une intelligence plus pénétrante de l'intimité complexe du corps et de l'âme.

L'art et la beauté

L'art nous éloigne de la vérité, mais la beauté nous en rapproche. Nous avons vu en effet la théorie selon laquelle les représentations ne sont que des imitations d'imitations et en ce sens un double mensonge. Soit. Il n'en reste pas moins que par leur beauté les œuvres d'art, au lieu de nous éloigner de la vérité, nous en rapprochent au contraire. C'est même comme cela que Platon définit la beauté, c'est ce qui en un sens ne peut pas ne pas se voir (pour une âme un tant soit peu éveillée), ce qui fait qu'un étant particulier resplendit de **l'éclat de l'être**. Voilà le paradoxe de l'œuvre d'art : comme chose sensible et *a fortiori* comme représentation d'une chose sensible, elle ne peut être que **particulière, individuelle** ; et pourtant elle dépasse ces limitations. Les statues grecques représentent bien l'individu, mais c'est l'individu en général ; un homme, mais c'est l'homme. La gravure de Dürer représentant un lièvre ne représente-t-elle pas **l'essence** du lièvre ? Un grand portraitiste n'est-il pas celui capable de saisir justement une âme dans un visage ? L'art ainsi conçu fait œuvre de vérité et le monde sensible fait signe vers l'intelligible.

Le corps

La vie humaine n'est pas seulement la vie d'une âme. La question du plaisir est donc intéressante pour départager le corps et l'âme. Si le désir est éprouvé dans le corps, peut-on dire pour autant que c'est le corps seul qui désire. Non, pense Platon car c'est encore l'âme qui fournira la représentation de l'objet du désir et qui éprouvera – via le corps – le plaisir. C'est cette grande participation de l'âme au corps justement, qui fait que l'âme doit particulièrement s'en occuper et devenir en quelque sorte son médecin. L'essentiel n'est pas de prendre la santé du corps comme une fin en soi comme si cette condition était suffisante pour bien disposer l'âme, mais au contraire de bien disposer le corps autour d'une bonne âme. Un vie toute de science et d'ascèse et sans plaisir est invivable, il faut donc savoir user des plaisirs et ne s'enivrer d'après Platon qu'à l'occasion de rares fêtes. La philosophie comme médecine de l'âme et par là même médecine du corps, les analogies de *La République* en donnaient déjà une idée. Le philosophe de l'éternité de l'être et de l'idée, de l'éternité de l'idée, etc., se révèle être un partisan convaincu du **mouvement**. Il déclare en effet que celui-ci est le bien aussi bien dans le corps que dans l'âme. Misère de l'âme puissante dans un corps chétif et immobile, misère de l'âme débile dans un corps vigoureux livré au chaos des appétits. Dialectique, musique et gymnastique, voilà l'ordonnance du docteur Platon !

Conclusion

Socrate et Platon : la philosophie prend son démarrage décisif, trouve son style entre son « saint martyr » et son « prince ». Que nous ont-ils laissé ?

Socrate est peut-être le premier **individu** (celui qu'on ne peut diviser), celui qui donne un sens à la vie en donnant un sens à **sa** vie. Il respecte la nature, fait sa prière au soleil, obéit aux lois de la cité. Mais la voix de sa conscience est un absolu qui échappe au devenir universel de l'univers, qui ne plie pas devant la force des coutumes humaines et l'ordre de la tribu.

Platon nous laisse une œuvre considérable et nous apprend que si la philosophie est fille du ciel, elle ne peut ni ne doit oublier la cité. La recherche de la vérité dans l'ouverture du dialogue est indissolublement liée au souci politique. Celui qui voulut que l'âme discipline le corps et le philosophe la cité échoua dans ses expériences politiques mais accomplit cependant une partie de son programme en fondant une école de philosophie – « l'Académie » – en 387 avant J.-C., qui ne ferma qu'en 529, soit neuf cent seize ans plus tard !

Aristote
ou le professeur omniscient

Philosophe grec, né à Stagire en 384 avant J.-C. Son père est le médecin du roi de Macédoine, grand-père d'Alexandre le Grand dont Aristote sera plus tard le précepteur. Il devient l'élève de Platon à l'Académie d'Athènes pendant près de dix-huit ans ! À la mort de celui-ci en 348, il part en Asie mineure fonder une école, puis retourne à la cour de Macédoine. S'installant de nouveau à Athènes, il fonde le Lycée en 335 qui devient rapidement une petite université avant la lettre. À la mort d'Alexandre, en 323, il préfère fuir Athènes où on lui préparait un procès pour cause d'impiété. Il meurt à Chalcis en 322 avant J.-C.

De son œuvre fort abondante il ne reste pratiquement que les parties qui étaient destinées au Lycée, on les appelle acroamatiques ou ésotériques, c'est-à-dire réservées à un public averti. Il est très difficile de les dater, d'autant que ces textes ont été sans doute repris, augmentés sur de longues périodes. On peut distinguer parmi les principales : *Les Parties des animaux*, *La Physique*, les *Analytiques*, la *Métaphysique*, l'*Éthique à Nicomaque*.

Aristote est une sorte de monument impersonnel qui a longtemps fait figure de Temple inviolable de la Vérité, avant d'être considéré comme la source archaïque de toutes les bévues. Comment rendre compte du destin si peu commun d'une telle œuvre ?

En réalité nous ne connaissons Aristote qu'à travers une œuvre tronquée qui, de plus, n'était pas écrite pour une large diffusion. Il ne s'agit pas de simples notes de cours, mais plutôt de cours rédigés. L'impression que ces textes dégagent a de quoi rebuter le lecteur : ils sont le plus souvent abruptement techniques. Peut-être est-ce pour cela qu'Aristote a été pris très au sérieux et considéré comme le Professeur par excellence ! Il est d'ailleurs significatif de noter que l'enseignement d'Aristote au Lycée (c'est le nom de l'école qu'il a fondée) était plutôt constitué de cours magistraux, alors que Platon privilégiait le dialogue. C'est sans doute pour se détendre un peu que ses disciples se promenaient en bavardant, d'où le nom de « péripatéticiens » (ceux qui se promènent) qui est resté pour qualifier les aristotéliciens.

Cicéron parle d'un « fleuve d'or » au sujet du style d'Aristote dans ses dialogues exotériques que nous avons perdus. Nous aurions sans doute une tout autre image de lui si nous les avions conservés.

Comment cette œuvre devint-elle par la suite une sorte d'encyclopédie du savoir jusqu'au XVIe siècle ? Les premiers grands traducteurs d'Aristote furent les philosophes syriaques, dont la langue est très proche de l'araméen. Ce sont eux qui transmirent ce patrimoine culturel au monde arabe vers le IXe siècle, qui le transmit à son tour à l'Occident en Espagne où les trois monothéismes furent en contact. Le grec d'Aristote était donc passé auparavant par deux langues différentes avant d'arriver au latin ! Les philosophes musulmans avaient investi et adopté la pensée d'Aristote, Averroès l'appelait même « le philosophe ». Les chrétiens ne pouvaient pas rester dans l'ignorance et, à leur tour, ils partirent à l'assaut de cette citadelle intellectuelle pour en faire leur propre place-forte. Toute l'œuvre de Thomas d'Aquin est consacrée à cette entreprise : sa *Somme théologique* fut placée sur l'Autel, à côté des Écritures, au concile de Trente ouvert en 1545. Le destin de cette œuvre fut donc fortement marqué par le fait que l'Église catholique en a fait, via Thomas d'Aquin, sa philosophie officielle pendant très longtemps et jusqu'à aujourd'hui pour certains auteurs catholiques. Ce fut une bénédiction, si l'on veut, qui lui a assuré une diffusion absolument exceptionnelle, dans les collèges et les universités notamment. Ce fut aussi une sorte de malédiction dans la mesure où cette œuvre fut l'otage d'une Église qui supportait mal que la recherche en physique vienne troubler l'ordre établi (Galilée) ou que la philosophie entende ne plus répéter les mêmes choses (Descartes). Après avoir été la philosophie obligatoire, religieusement correcte, elle devint l'archétype condamnable des ratiocinations scolastiques face au progrès des sciences positives. Cette philosophie n'est évidemment ni l'une ni l'autre et nous essaierons d'en montrer la cohérence propre.

La Nature

Nous choisissons d'écrire Nature avec une majuscule dans la mesure où il s'agit justement de comprendre que la « Physis » d'Aristote ne correspond pas à ce que nous appellerions aujourd'hui la « nature ».

En soulignant l'importance de la Nature pour la pensée d'Aristote, c'est aussi une manière d'indiquer la différence de « tempérament » entre le disciple et son maître Platon. Il y a certes des passages cosmologiques dans l'œuvre de Platon mais il a sans doute gardé l'influence de son propre maître, Socrate, qui avait décidé de se détourner de toutes recherches physiques au profit de la fréquentation des citoyens d'Athènes et des questions morales et politiques. Platon était un mathématicien, un « idéaliste », un ascète mystique et un utopiste ; Aristote sera plutôt un logicien, un physicien, un savant et un réformateur. Au lieu d'opposer les deux grands philosophes, il nous semble qu'il s'agit effectivement de deux tempéraments typiques qui ne se situent pas sur le même terrain : Platon est épris d'absolu et de ce qui doit être, Aristote du réel et de ce qui est. Cela n'empêche pas le premier de nous permettre de voir la réalité et de savoir y vivre, cela n'empêche pas le second de nous élever jusqu'à la contemplation de l'Intelligence divine dans un esprit de justice, d'amitié et de modération.

La Nature donc. Il faut se défaire de notre conception moderne purement mécanique de la nature, même si la physique contemporaine ne s'en satisfait plus.

Pour Aristote, elle est le lieu de tout ce qui prend naissance (l'étymologie du mot latin « natura » renvoie d'ailleurs au verbe naître), cherche à croître et à s'épanouir. Elle est tout le contraire d'un jeu de forces aveugles, tout en elle est finalisé, même le mouvement dont elle est la condition de possibilité. Nous avons d'ailleurs étudié cette théorie du mouvement dans notre chapitre consacré à la science.

Pour comprendre ce qu'Aristote entend par Nature, il faut renverser nos habitudes cartésiennes. Le tout n'est pas une somme de parties simples qui existent par elles-mêmes, le vivant n'est pas une énigme qui se résout par l'intelligence de la complexité, le corps n'est pas une machine. Il nous dit dans *Les Parties des animaux* : « ...dans l'étude de la Nature, c'est la synthèse, la substance intégrale, qui importe, et non des éléments qui ne se rencontrent pas séparés de ce qui fait leur substance ». Le corps vivant fait bien comprendre cette antériorité du tout sur ses éléments constitutifs. La main n'est une main que lorsqu'elle peut remplir sa fonction et être à la hauteur de sa vertu qui est l'habileté. Le cadavre n'est plus un corps mais une matière qui va perdre sa forme. C'est ce qu'il y a de plus élaboré, de plus fini, de plus formé qui fait comprendre ce qu'est la Nature en tant qu'elle ne cesse de faire passer des étants de la puissance à l'acte.

Nous venons d'évoquer deux couples conceptuels qui reviennent sans cesse dans la conception aristotélicienne de la Nature : **matière** et **forme**, **puissance** et **acte**. Pour mieux les comprendre servons nous d'un autre couple classique : **naturel** et **artificiel**. Que fait la technique humaine ? Elle imite la nature et peut même avoir l'ambition de prolonger, d'achever son travail.

Considérons le bloc de marbre. La statue y est-elle ? Nous répondrons non, car nous ne voyons aucune forme de statue. Quand le sculpteur se met au travail, il informe la pierre, il fait surgir la statue qui est alors une matière qui a trouvé sa forme. Rétrospectivement, on se dit que tout ce qui constitue la statue était déjà présent dans le bloc de marbre initial, la statue y était donc bien ! Il suffit de reconnaître qu'elle y était en puissance, du point de vue de sa matière et qu'elle n'y était pas en acte, du point de vue de sa forme. Le travail de l'art ne fait donc qu'imiter ce qui se passe sans cesse dans la nature, lieu de la génération et de la corruption, pour reprendre une expression d'Aristote lui-même. La matière y prend forme, des animaux y croissent et parmi eux, certains (les hommes), y réfléchissent.

La beauté d'un être naturel vient de sa conformité à sa finalité. L'expression populaire « être en forme », si courante aujourd'hui, est profondément aristotélicienne ! Quand le sculpteur grec taille la statue du dieu ou de la déesse, il se met en profondeur à l'écoute de la Nature pour trouver la forme idéale qu'il ne trouve pas dans la nature. C'est en ce sens que l'on peut dire que l'art achève le travail de la Nature, qui est formatrice par rapport à la nature qui serait l'ensemble de ce qui est formé. Mais il y a une continuité entre les deux : l'intention de l'artiste fait comprendre que la Nature est animée, finalisée.

La théorie des quatre causes fait aussi comprendre la conception aristotélicienne de la nature. La cause **matérielle** est ce dont une chose est faite et y demeure immanent (la pierre est la cause de la statue). La cause **formelle** est bien sûr sa forme ou sa « quiddité » (la forme de la statue, ce qu'elle est). La cause **efficiente** est l'agent du changement produit (le burin du sculpteur). La cause **finale** est la fin du changement (l'intention du sculpteur). Or de toutes ces causes, celle qui est déterminante, c'est la dernière : la cause finale vient paradoxalement la première. On n'a guère de mal à comprendre pourquoi la pensée monothéiste fut séduite par l'aristotélisme.

La science moderne s'est construite et continue de le faire en se débarrassant méthodiquement de tout finalisme. Cela vient sans doute de ce qu'elle n'est pas motivée par la contemplation de la vérité des choses, mais par la puissance technique qu'elle peut acquérir sur elles. Il est donc idiot de trouver la « physique » ou la « biologie » (ce mot n'existe pas chez Aristote et n'aurait aucun sens) aristotéliciennes insatisfaisantes, puisqu'elles procèdent d'une manière de penser que la science moderne doit commencer par abolir pour commencer à progresser. S'il n'y a pas de « biologie » chez Aristote ce n'est pas au sens où l'on pourrait ramener le vivant à ce qui ne l'est pas (comme le pensent la plupart des scientifiques contemporains), mais au contraire parce que le vivant est le modèle de ce qui est naturel. Au lieu de dire que le vivant n'est que de la matière compliquée, il faut dire que toute matière est, en puissance, un embryon de vie.

Le point culminant de la physique d'Aristote est donc sa théorie générale de la vie et le point culminant de sa théorie de la vie c'est sa psychologie ou théorie de l'âme.

L'âme

Voilà un mot qui suscite bien des malentendus aujourd'hui. Il a pris une connotation religieuse et le fait même d'en parler semble impliquer une déclaration de foi en l'Au-delà. Tout le monde a vaguement en tête une sorte de catéchisme sommaire à la sauce judéo-chrétienne : il y aurait en nous du bon et du mauvais, du pur et du corrompu, de l'immortel et du mortel ; bref, une âme et un corps. L'âme serait immatérielle, « monterait au ciel » après la mort tandis que l'enveloppe charnelle, ayant délivré sa belle et chaste prisonnière, retournerait à sa poussière originelle. Vision simpliste et moralisatrice qui ne nous éclaire guère sur ce qu'est une âme ou un corps !

Vision d'autant plus courante qu'elle semble attestée et renforcée aussi bien par la philosophie antique avec Platon que par la philosophie moderne avec Descartes. Il y a effectivement chez le premier une sorte d'ascèse qui se confond avec la philosophie et qui consiste à faire un partage entre ce qui est passager et ce qui est durable, entre ce qui est relatif et ce qui est vrai au sens de ce qui demeure toujours. D'où le privilège accordé aux mathématiques et à ses vérités exactes, d'où la dignité accordée à cette partie de nous-mêmes capable de saisir de telles vérités. Nulle horreur du corps là-dedans mais plutôt un programme d'entraînement à l'abstraction. Le dualisme chez Platon est en quelque sorte terminal et comme le fruit du travail philosophique, le dualisme chez Descartes est initial et épistémologique. L'âme signifie chez lui l'esprit capable de penser au sens de la capacité de refuser toutes les croyances et les habitudes. C'est de ce refus que procède la distinction de l'âme et du corps, l'une est purement pensée et l'autre purement étendue.

L'âme semble donc être assez loin de la vie pour ne pas dire en opposition avec elle. La vie selon le corps lui brouille la vue avec Platon ; la vie est union de la pensée et du corps et c'est cette union qu'il faut commencer par briser si l'on veut connaître valablement avec Descartes. Là-dessus, le christianisme doloriste ne s'est pas privé de mener la guerre à la vie au nom de l'âme.

Et pourtant la plus élémentaire étymologie nous apprend qu'un animal est un être qui est animé, qui possède une âme ! De même dans la tradition judéo-chrétienne profonde, selon l'hébreu, l'âme est le souffle de vie. Comment donc comprendre ce glissement et même retournement de sens ?

La conception aristotélicienne de l'âme est justement celle qui peut éclairer tout cela et démêler tout cet écheveau de contradictions.

Elle est pour lui principe des animaux, c'est-à-dire **principe de vie**. c'est-à-dire ce qui met en mouvement la vie dans un être naturel. Elle relève donc de plein droit de la physique, c'est-à-dire de l'étude de la Nature. Mais comment définir cette vie qui se manifeste dans la Nature ? Ce terme reçoit plusieurs acceptions selon Aristote. Elle est nutrition, accroissement et décroissement, capacité de mouvement et de repos, sensation, intellect. Il y a donc une sorte de hiérarchie des êtres vivants : les végétaux, les animaux, l'animal homme. Tous possèdent la vie mais à des degrés divers.

L'âme sera donc la forme d'un corps. À condition bien sûr de ne pas prendre le mot « forme » en un sens morphologique et extérieur. Il s'agit plutôt de ce qui **informe**, de ce qui donne forme. Comme si, paradoxalement, cette conception naturaliste de l'âme, qui peut sembler archaïque, était rejointe par la notion moderne de programme génétique ! L'âme ainsi conçue est en quelque sorte le logiciel de développement d'un matériel pour parvenir à un corps organisé. Une âme de géranium est moins élaborée que celle d'Aristote !

La définition exacte que donne Aristote de l'âme est la suivante : « ... l'âme est l'entéléchie première d'un corps naturel organisé [1] ». L'expression paraît certes un peu barbare... Le mot « entéléchie » désigne une activité ayant atteint à la fois son achèvement et sa perfection. Cela signifie que le corps parvient à se former et à vivre dans toutes les acceptions de ce terme parce qu'il possède en lui une âme qui est le principe de son achèvement et de sa perfection. C'est la raison pour laquelle Aristote affirme que l'âme ne peut être ni sans un corps ni un corps car elle n'est pas un corps mais quelque chose du corps. Autrement dit, on ne peut concevoir pour l'âme une existence séparée du corps, qu'en ce qui concerne sa partie « dianoétique » (la pensée discursive), c'est-à-dire l'intellect. En fait la psychologie d'Aristote n'est pas essentiellement préoccupée par la nécessité de prouver l'immortalité de l'âme, cette dernière est seulement indiquée comme possible dans sa partie la plus abstraite.

Nul mépris du corps donc chez Aristote où l'esprit n'est que la pointe avancée de la vie. En ce sens il est le penseur grec le plus proche de la pensée sémitique et c'est peut-être la raison pour laquelle il est devenu la voie royale pour faire communiquer ces deux cultures.

Soyons attentifs sur un point encore : puisque c'est dans l'âme que se trouvent les facultés les plus élevées, la philosophie « première » qu'on appellera plus tard « métaphysique » est donc une activité de l'âme. C'est la raison pour laquelle l'étude de l'âme est de la première importance et apporte une contribution essentielle à la vérité tout entière et pas seulement à la physique.

Si nous avons choisi de commencer notre exposé par une réflexion sur la Nature c'est parce qu'il nous semble que la cohérence de la pensée d'Aristote vient d'une attention d'abord portée au réel qui l'entoure. Il y perçoit une finalité à l'œuvre (particulièrement chez les êtres vivants), s'élève à l'étude de l'âme (pointe avancée de la Nature) et enfin aux entités métaphysiques (pointe avancée de l'âme). C'est ce que nous allons voir maintenant.

---

1. *De l'âme,* II, 1, 412 b.

La métaphysique

Avant d'en venir à la définition du mot « métaphysique », voyons la distinction que fait Aristote entre la **« praxis »**, la **« poïésis »** et la **« théoria »**. Nous n'avons gardé le plus souvent de tout cela que la pauvre opposition entre la pratique et la théorie. La tripartition d'Aristote est plus fine. La praxis concerne l'action, la vie économique et politique. La poïésis (d'où vient d'ailleurs notre mot de poésie) concerne la fabrication, le travail de l'artiste que nous appelons aujourd'hui par un léger abus de langage, la création (le mot ne s'applique, à l'origine, qu'à Dieu : faire surgir quelque chose à partir de rien). La théoria est l'activité spéculative de l'âme, les sciences théorétiques (le mot « théorique » est trop vague) sont dites contemplatives car, avec elles, il ne s'agit que de savoir.

Ces dernières sciences sont au nombre de trois : les **mathématiques**, la **physique** et la **théologie**. Notons au passage que la physique est chez lui contemplation de la Nature et aucunement moyen de s'en rendre maître. La théologie est la plus haute des sciences théorétiques et a pour objet la nature séparée et immobile, cause de tout ce qui existe et connaît le mouvement. Cette théologie est science du divin (il faudrait dire théiologie), de l'Étant suprême, c'est-à-dire de l'Être en tant qu'être sous sa forme parfaite. En ce sens la théologie est la philosophie première, c'est-à-dire ce que la philosophie est la seule à étudier. On peut donc dire que la philosophie, dans son acception la plus haute, est rigoureusement identique à la théologie.

Cette affirmation a de quoi surprendre, d'autant que nous n'avons pas encore dit ce qu'est la métaphysique. Ce terme ne se trouve pas chez Aristote lui-même. Il vient de l'arrangement des écrits d'Aristote dans l'édition d'Andronicos parce qu'ils venaient **après** (du grec « méta » qui signifie « après » ou « au-delà ») les ouvrages de physique : on les appelait « méta ta physica ». Le terme « métaphysique » en un seul mot apparaît pour la première fois au VIe siècle et c'est Averroès qui est le premier à s'en servir couramment, à partir du XIIe siècle donc.

Qu'est-ce donc que la métaphysique ? C'est la science de l'Être en tant qu'être. Cet être se dit en de multiples sens, mais l'être au sens premier est le « ce qu'est la chose », le « ceci que voici », on donnera au cours des siècles plusieurs termes pour rendre la même notion : « quiddité », « substance », « essence ». Cette étude du sens premier et universel de l'être, cette étude de l'étant en tant qu'il est, voilà ce que l'on a appelé plus tard la « métaphysique générale » ou **ontologie**. Quant à la « métaphysique spéciale », elle est l'étude de l'Étant suprême ou **théologie**.

Nous voici donc devant une difficulté à résoudre puisque nous avons dit dans un premier temps que la philosophie était la théologie et dans un deuxième temps que la philosophie était la métaphysique dont la théologie n'était que la branche spéciale par rapport à la branche générale qui était l'ontologie.

La difficulté se résout de la manière suivante : la science de l'étant dépend de la possibilité de voir un Étant pleinement réalisé, c'est-à-dire le divin. Nous avons conscience que tout cela n'est guère aisé à comprendre et que nous aurions besoin de métaphores pour apprivoiser ces considérations métaphysiques passablement insaisissables. Disons que tant qu'on n'a pas vu jouer un grand tournoi de tennis, on ne sait toujours pas **ce qu'est** le tennis en tant que tel. C'est la statue grecque du dieu qui nous apprend ce qu'est un homme. Ce sont les natures mortes de Cézanne qui nous apprennent ce qu'est une pomme. C'est dans la considération de Dieu que tout dans la nature, y compris le simple caillou, peut briller de la splendeur de l'être.

Qu'est-ce que le Dieu d'Aristote ? Moteur immobile, premier principe et première cause, certes. Mais il est surtout Intelligence pure qui éclaire notre intelligence qui nous fait comprendre toutes choses comme la lumière du jour fait que les couleurs potentielles deviennent des couleurs effectives.

Nous avons médité sur les choses de la Nature, ce faisant nous avons médité sur la nature de l'âme, nous y avons trouvé la faculté de philosopher qui est la faculté d'étudier l'être en tant qu'être, ce qui n'est possible d'après Aristote que dans la perspective théologique. La boucle est en quelque sorte bouclée ; la nature est conçue comme finalisée, son étude permet alors de découvrir cette Fin (ou cette Cause) qui confirme alors la perspective initiale dans laquelle on s'était placé.

Éthique et politique

Abordons maintenant les sciences « pratiques », celles qui doivent diriger l'action. Nous sommes habitués à nettement distinguer l'éthique et la politique, la première étant plutôt la recherche de la perfection morale dans la sphère privée et la seconde étant de diriger les affaires publiques. C'est un lieu commun de reconnaître qu'un gouffre les sépare souvent dans la pratique et que les philosophes s'en plaignent dans la théorie. Or, Aristote veut éviter la position platonicienne qui consiste à avoir échoué dans la pratique d'un côté et à avoir décrit la cité idéale de l'autre. Il souligne que dans le domaine pratique, c'est l'exécution qui compte et non la connaissance comme fin en soi.

Il fait preuve à ce sujet d'un pessimisme certain (ou de lucidité ?) et affirme qu'en matière de vertu, les raisonnements sont tout à fait impuissants à convaincre les hommes déréglés, ou ceux qui ne peuvent se consacrer à la réflexion : il n'écrit que pour des citoyens qui sont, si l'on peut dire, vertueux de naissance et déchargés du vil souci de gagner leur vie. La cité est supportée par ses esclaves. Cette vision des choses peut paraître cruelle mais elle ne manque pas de vérité : si nous avons le sentiment d'avoir fait des progrès depuis l'Antiquité en reconnaissant l'humanité en tout homme, ce n'est pas sans rapport avec le fait que le développement économique permet de créer de la richesse pour construire un système éducatif et de libérer du temps pour se cultiver. D'ailleurs, Aristote insiste sur l'importance de l'éducation qui doit être un souci pour l'autorité publique, de même qu'il n'y a pas d'éducation vertueuse possible quand la cité est corrompue et qu'on n'a pas été élevé sous de justes lois.

Éthique et politique sont donc indissociables, mais tout autrement que sous la forme d'une théorie pure venant donner des leçons à la pratique. L'éthique est en fait, pour Aristote, une branche de la politique définie comme la science qui doit nous dire ce qu'est le souverain Bien pour l'homme et nous dire comment l'atteindre. Précisons que nous employons le mot « science » pour traduire « épisteme » et qu'il s'agit en fait d'une connaissance pratique, d'une **prudence** seulement. Voici la définition qu'en donne Aristote : « La prudence est une disposition accompagnée de règle vraie, capable d'agir dans la sphère de ce qui est bon ou mauvais pour un être humain [1]. » La vérité de cette règle est attestée par **l'expérience** des choses de la vie et non par la démonstration qui ne touche que les choses nécessaires et non celles qui « peuvent être autrement qu'elles sont ». Il y a donc une part de contingence et d'incertitude en « science » politique puisqu'elle raisonne sur l'expérience et poursuit une fin qui lui est extérieure : l'action.

1. *Éthique à Nicomaque,* VI, 5.

Quel est donc le souverain Bien pour l'homme ? Conformément à son finalisme naturel sur lequel nous avons insisté, Aristote se demande quelle est la fonction de l'homme, comme celle du pied est de pouvoir marcher. Ce ne peut être le simple fait de vivre, car les plantes, elles aussi, vivent ; c'est le fait de vivre en vue du Bien, se préparer à la vie bonne. Cela vient du fait que l'homme est le seul animal à posséder la raison dont il doit se servir en accord avec la vertu. Le souverain Bien de l'homme est donc le bonheur. Celui-ci ne peut être que conforme à la finalité de l'homme qui s'exprime chez ceux d'entre eux qui sont les plus achevés : il est la contemplation du divin.

Ce bonheur parfait ne peut être atteint que par l'éthique qui indique à l'homme la **tempérance** pour maîtriser ses passions. La vertu sera donc, en toutes choses, un **juste milieu**. Le courage est un milieu entre la lâcheté et la témérité, la modestie entre la timidité et l'impudence, etc. Cette notion ne doit pas négliger les cas particuliers et le juste milieu en matière de nourriture était, selon la légende, d'un bœuf par jour pour l'athlète Milon de Crotone ! On peut néanmoins douter qu'il excellait en théologie !

Ce bonheur parfait ne peut être atteint que par la politique (au sens strict) car c'est dans la cité, contrairement aux bêtes et aux dieux, que l'homme réalise son essence d'animal politique. Plusieurs types de constitutions sont possibles et il faut éviter que la monarchie ne dégénère en tyrannie, l'aristocratie en oligarchie et la république en démocratie (au sens de laisser-aller démagogique).

Conclusion

Nous voilà arrivés au terme de ce petit voyage au travers d'une œuvre encyclopédique et difficile. Nous n'avons pas parlé de la logique, science instrumentale utile à toutes les autres et développée systématiquement par Aristote. Rappelons au moins ce qu'est un syllogisme : certaines chose étant posées, une autre chose différente d'elles en résulte nécessairement, par les choses mêmes qui sont posées. Donnons l'exemple traditionnel : tous les hommes sont mortels, Socrate est un homme, donc Socrate est mortel.

Retenons pour l'essentiel qu'Aristote a abordé tous les domaines du savoir dans le cadre d'une mentalité générale qui n'est plus celle de l'esprit scientifique moderne. Il ne faut donc pas juger de sa pensée en fonction de celui-ci, comme on jugerait de l'aptitude d'un poisson à vivre en terrain sec.

Peut-être marqué par un père médecin, qu'il a pourtant peu connu, il ne s'est pas intéressé qu'aux sciences abstraites et avait tout particulièrement le souci des êtres vivants. C'est peut-être ce souci qui a déterminé son intérêt pour notre monde qu'il appelait « sublunaire », autant et sinon plus que pour les sphères célestes et les perfections géométriques que chérissait son maître Platon.

Dans ce monde inexact, il a cru voir une finalité à l'œuvre. Dans la vie, il a cru voir l'âme de ce monde qui se reflète dans celle de l'homme, toutes deux se rejoignant ainsi à leurs sommets.

Les stoïciens
ou les ascètes cosmopolites

Le nom que l'on donne à ces philosophes vient du mot grec « stoa » qui signifie « porte » ou « portique ». Cela fait simplement référence à un lieu à Athènes où les stoïciens avaient coutume de se tenir.

Le premier stoïcien est **Zénon** (335-264 av. J.-C.). Il vient de Chypre et fonde son école à Athènes vers 300. Ses principaux disciples furent **Cléanthe** (331-232 av. J.-C.) dont il ne nous reste qu'un hymne à Zeus et **Chrysippe** (vers 281-vers 205 av. J.-C.) dont on a tout perdu.

Les stoïciens les plus connus et dont il nous reste le plus d'œuvres appartiennent à une période plus tardive. **Cicéron** (106-43 av. J.-C.) est célèbre aussi bien comme politique et juriste que comme philosophe. Il sera assassiné par ses ennemis politiques. **Sénèque** (4 av. J.-C.-65 ap. J.-C.) connaît une vie assez agitée puisqu'il sera exilé pendant neuf ans par l'empereur Claude et rappelé par Agrippine en 49 pour être le précepteur de Néron. Les leçons ne furent guère profitables et le tyran le contraint au suicide. **Épictète** (50-125 ap. J.-C.) est un esclave affranchi de langue grecque et dut subir les mauvais traitements de son maître. Il doit quitter Rome en 93 et s'installe en Grèce. L'essentiel de ce qui nous est parvenu de lui est l'œuvre de ses auditeurs *(Manuel, Entretiens)*. **Marc Aurèle** (121-180 ap. J.-C.) est l'empereur-philosophe puisqu'il régnera de 161 à 180. Remarqué par l'empereur Hadrien, celui-ci adopte Antonin qui adoptera à son tour Marc Aurèle. Son œuvre principale est *Pensées pour moi-même*.

Nous sommes cette fois-ci en présence de toute une école de pensée, d'une constellation d'auteurs dont il ne nous reste bien souvent que des fragments ou des notes prises par leurs élèves. Le stoïcisme s'étend du IVe siècle avant Jésus-Christ avec Zénon à l'empereur Marc Aurèle au IIe siècle après Jésus-Christ. Il couvre donc une longue période et passe de la culture grecque de la période dite « hellénistique » à la culture romaine de la période impériale.

On connaît parfois l'adjectif « stoïque » sans savoir quelle est son origine. Rester « stoïque » signifie rester **impassible**, ne pas être affecté par l'adversité. Cela correspond aussi aux expressions courantes : « se conduire en philosophe », « réagir avec philosophie ». Cela suppose une certaine acceptation des choses comme elles viennent, sans que l'on sache vraiment s'il faut prendre cela comme le signe d'un grand courage ou celui de la résignation. Réfléchir à la signification du stoïcisme est donc réfléchir à la signification de la philosophie comme attitude pratique devant la vie.

Le contexte historique

Le stoïcisme se développe en des temps troublés de l'éclatement des anciennes cités grecques. L'épopée d'Alexandre fit communiquer l'Orient et l'Occident, la conquête romaine fit aussi son œuvre. Comme par un clin d'œil symbolique le mot stoïcisme vient de « stoa » qui signifie porte ou portique, lieu à Athènes où les adeptes de cette philosophie avaient coutume de se tenir. Le stoïcisme se tient donc aux portes de le cité, philosophie non plus réservée à une élite de citoyens en vue de la prise en charge des **affaires publiques** mais philosophie qui s'adresse à **tous** les hommes qui se demandent simplement comment gouverner leur **vie**.

On peut parler « d'idéologie », de « conception du monde » qui peut toucher un nombre considérable d'individus, par opposition à une philosophie plus technique et donc plus ésotérique comme le platonisme ou l'aristotélisme. Le stoïcisme aussi a pu prendre l'aspect d'une dialectique ou d'une physique subtiles, mais ce n'est qu'en vue de justifier une **option existentielle** fondamentale que tout le monde n'est pas censé approfondir en tant que spécialiste.

Une distinction fondamentale qui nous sauve

Quelle est cette option existentielle, ce choix de vie qui a fait la notoriété des stoïciens ? Il s'agit de savoir distinguer entre **les choses qui dépendent de nous et celles qui n'en dépendent pas**. Il faut encore comprendre tous les bienfaits qui découlent du fait de ne s'occuper que de ce qui dépend de nous et non du reste.

Qu'est-ce qui ne dépend pas de nous ? Ou plus exactement, qui ne dépend **pas seulement** de nous ? Tout ce qui arrive, toutes les choses **extérieures** ! Cela fait beaucoup ! Et qu'est-ce qui dépend **seulement** de nous, d'après les stoïciens ? Ce sont nos **représentations**, notre capacité de penser selon la raison et donc la possibilité d'agir justement en fonction de représentations justes.

Impuissance et toute-puissance de l'homme : il est en permanence le jouet de circonstances qui lui échappent, il est soumis aux rigueurs de la nature, aux assauts de la maladie et aux caprices des tyrans. Il ne peut l'éviter, mais il peut avoir empire sur l'idée qu'il s'en fait et par là même résister mieux.

Le stoïcisme est un dualisme radical qui soutient que seul un corps peut agir sur un autre corps et que seule une idée peut agir sur une autre idée. Si je vois ma maison brûler, le stoïcien ne me conseille pas de rester les bras croisés à ne rien faire, mais il se peut qu'il n'y ait pas d'eau ou quoi que ce soit qui permette de lutter efficacement matériellement. La question sera alors de savoir ce qui se passera dans mon âme : aura-t-elle le sentiment d'avoir brûlé elle-même, ou réussira-t-elle à tenir cet événement à l'extérieur d'elle-même ? Ce sont nos jugements sur les choses qui nous troublent et non les choses elles-mêmes. « La maison brûle » est un jugement objectif, tandis que « c'est un grand malheur » est une appréciation morale qui a besoin de mon assentiment. Je peux donc lui refuser et décider de ne pas m'affecter de l'événement. On a bien sûr envie de sourire et de dire : facile à dire mais pas à faire ! Ce sur quoi les stoïciens seraient bien d'accord ! La sagesse ne se réduit pas à un discours pour eux, mais s'approche par une longue **pratique**. C'est donc une **ascèse**, ce qui signifie un exercice, un entraînement. Certains moines renonçant de l'Inde font penser à cette attitude. Il s'agit de se détacher de tout, de tout endurer, de prendre l'habitude d'une vie qui se détourne du bien-être, du confort, de son intérêt immédiat au profit d'une morale de l'universel qui doit faire de l'âme une forteresse devant les séductions et les malheurs du monde.

Il s'agit donc de se **sauver** d'un mal qui est toujours un mal moral puisqu'il découle d'un mauvais usage de nos représentations et de notre volonté en conséquence. C'est donc une perspective assez différente de celle d'une longue dialectique qui conduirait l'âme à la contemplation du Bien. Un homme peut se noyer à quelques centimètres de la surface de la mer aussi bien que s'il était immergé jusqu'au fond : il faut donc qu'il comprenne la liberté souveraine qu'il a sur lui-même à partir de la distinction entre ce qui dépend de nous et ce qui n'en dépend pas. S'il a compris cela, l'essentiel est acquis ; à condition de mettre en pratique cette doctrine. Tout homme est appelé à cette forme de salut : voilà l'universalisme du stoïcisme. Le bonheur n'est pas à chercher dans les biens qui ne dépendent pas de nous : beauté, richesse, honneurs, pouvoir ; mais dans la faculté de bien vouloir qui s'appelle la vertu et qui procure la véritable béatitude.

Vivre en accord avec la nature et suivre le Destin

Le stoïcisme est à la fois une philosophie de la liberté – intérieure – absolue et une philosophie du Destin. Comment cela est-il possible ?

Le Destin dont il s'agit n'est pas quelque tragique décret divin mais l'ordre **cosmique** des choses qui se déroule avec **nécessité**. Nos stoïciens sont bien physiciens en ce sens qu'ils se font une idée générale de la nature en tant que telle, obéissant à une Loi unique. L'homme occupe en elle la place la plus haute et peut par sa raison se mettre en harmonie avec la Raison de l'univers. Il y a une Raison formatrice et une raison qui a la capacité de comprendre, d'accepter ou de refuser. Mais comme le rappelle Sénèque dans une lettre : « Les destins guident celui qui les accepte, ils forcent à le suivre celui qui leur résiste [1]. » La liberté du sage consiste donc à vouloir les choses telles qu'elles arrivent et non telles qu'on désireraient qu'elles arrivent. Peut-on alors parler de fatalisme, voire de paresse ?

Les stoïciens connaissaient bien sûr cet argument de celui qui se demande alors pourquoi se lever le matin ? Il est peut-être plus révélateur de l'humeur de celui qui le soutient que de la nature du Destin ! Vivre en accord avec la nature suppose au contraire un effort perma-

1. *Lettres à Lucilius,* 107, 10.

nent sur soi-même qui fera dire à Nietzsche que derrière cet idéal « harmonieux » se cache en fait l'auto-tyrannie ! Mais parlons justement du tyran qui est une figure classique en face de celle du sage. La légende raconte qu'Épictète, philosophe stoïcien et esclave affranchi, aurait eu la jambe cassée par un maître auquel il disait crânement qu'il ne tenait que sa jambe et non lui-même ! Le pouvoir du tyran se mesure très exactement au pouvoir qu'a la peur de mourir sur l'âme des hommes. Cette peur lui a donné de tout temps un pouvoir considérable, mais ne comble pas ses manques pour autant. Le tyran aura besoin d'un pilote pour traverser la mer, sa tyrannie ne lui donne aucune compétence, il passe son temps à dépendre des autres et à entretenir la terreur faute d'obtenir estime et respect. Il faut donc le traiter comme une chose ou une maladie, le combattre si on le peut et le supporter stoïquement comme on le doit. Humiliation suprême que d'être ravalé au rang de chose pour un homme assoiffé d'être reconnu comme le premier parmi les hommes.

Conclusion

Philosophie de temps difficiles où l'individu doit trouver des forces en lui-même, le stoïcisme est la première philosophie explicitement **universaliste et cosmopolite** (le fait d'être citoyen du monde). Elle est à ce titre l'univers culturel qui favorisera l'expansion du **christianisme**. Il apparaît même de mieux en mieux, à la faveur des travaux exégétiques, à quel point les grands propagateurs du christianisme étaient eux-mêmes largement pénétrés des grands thèmes de cette philosophie. On pense par exemple au texte de l'évangile de Jean et sa référence au Logos et à l'universalisme de l'apôtre Paul.

L'attitude du stoïcien force l'admiration, mais laisse un peu dubitatif. Il considère son propre corps comme faisant partie des choses qui ne dépendent pas (entièrement) de lui. La chose est facile à admettre, mais beaucoup moins celle qui consiste à soutenir que tout ce qui lui arrive peut être tenu à distance au point que nous n'en soyons point affectés ! Il est vrai que l'histoire témoigne que des hommes ont résisté à la torture. N'est-ce point l'exception ? Est-ce le fruit de convictions stoïciennes ?

Descartes, qui était nourri de morale stoïcienne, soutenait cependant que l'âme dépendait si fort de la disposition des organes du corps, qu'il fallait se préoccuper d'abord de faire des progrès en médecine. Nietzsche, quant à lui, voyait dans le philosophe stoïcien une sorte d'athlète de foire s'imposant une discipline inhumaine s'accordant finalement à une nature un peu fruste et commune, au lieu que la philosophie doit développer la sensibilité et parvenir à l'individu d'exception. Une chose est sûre, cette philosophie n'est peut-être pas bonne par tous les temps et pour tous les jours ; mais il est des circonstances, qui ne peuvent pas manquer de se présenter un jour, où, à défaut d'avoir été stoïcien toute sa vie, il faudrait pouvoir être stoïque !

Épicure
ou le jouisseur délicat

Il est né à Samos ou Athènes en 341 av. J.-C. et mort à Athènes en 270 av. J.-C. Il suit l'enseignement de plusieurs maîtres et décide de fonder sa propre école philosophique vers 306 av. J.-C. à Athènes. Cette école, dite du « Jardin », accueille des disciples pour le maître qui y mène une vie retirée, frugale et tournée vers le culte de l'amitié. Sa doctrine connut une très large diffusion dans tout le monde méditerranéen et durant plusieurs siècles.

La plus grande partie de son œuvre s'est perdue et il ne nous reste que trois lettres : à Hérodote, à Pythoclès et à Ménécée.

Nous préférons développer cette philosophie sous le terme générique d'épicurisme, compte tenu du fait qu'elle représente une morale pour ainsi dire « classique » et dans laquelle se reconnaissent de nombreux esprits à travers les siècles. Comme pour le stoïcisme, nous sommes en présence d'une doctrine qui nous a laissé un adjectif : « épicurien ». Mais sans doute aussi, un malentendu à son sujet ! En effet on a tendance à dire d'un homme qu'il est épicurien s'il est un « bon vivant » dans le sens le plus vulgaire du terme : boire et manger beaucoup. La personne d'Épicure et sa doctrine tendent plutôt à la **frugalité** pour ne pas dire, paradoxalement, à l'austérité. Avant de tenter de rendre raison de ce paradoxe, notons que l'épicurisme est un **matérialisme** sur le plan théorique et un **hédonisme** (morale qui consiste à penser que le bonheur réside dans le plaisir) sur le plan pratique. Comme le stoïcisme dont il est le contemporain, il insiste avant tout sur la sagesse pratique.

Un matérialisme

Ce n'est peut-être pas le premier matérialisme, car Démocrite en avait été le précurseur. La nature n'est donc que matérielle et la matière est constituée d'atomes (particules élémentaires qu'on ne peut pas diviser), doués de pesanteur et qui ont la propriété de se rencontrer en fonction d'une infime déclinaison qui les fait sortir de la ligne droite. Les commentateurs n'auront pas de mal à trouver ce type d'explications insuffisant où la part de hasard et de déterminisme n'est guère clarifiée. Il est cependant remarquable que cette physique, dans son principe même, anticipe l'esprit de la science moderne : il n'y a rien au-delà de la nature, il faut donc chercher à la comprendre uniquement à partir d'elle-même et la connaissance humaine n'a pas à se fixer d'autres bornes que celles que la nature pourrait lui fixer.

La théorie de la déclinaison des atomes, pour expliquer la formations des êtres vivants, et donc des hommes aussi, répond à une contrainte interne à toute philosophie : comment penser un ordre de la nature tout en reconnaissant une certaine liberté à l'homme. Sinon, tout en lui ne serait pas déterminisme. Lucrèce, représentant latin de l'épicurisme dira : « Si l'esprit n'est pas régi par la nécessité dans tous ses actes, s'il échappe à la domination et n'est pas réduit à une totale passivité, c'est à cause de cette légère déviation des atomes, en un lieu, en un temps que rien ne détermine [1]. »

Une morale du plaisir

Il est vrai que l'on est un peu surpris de voir la morale et le plaisir aller ensemble. La morale nous semble toujours liée à un certain effort pour nous détourner de nos fins immédiates au profit d'une rationalité plus universelle. Quant au plaisir, est-il besoin d'une morale pour en jouir ?

---

1. *De la nature des choses,* 2, 289-293.

Faire du plaisir une morale nous conduit en fait à reconsidérer la nature de ce fameux sentiment qui, par le moyen de nos sens, est capable de tant nous satisfaire. Mais le plaisir est-il satisfaisant justement ? Il est en fait toujours lié à la douleur, il est une chose relative. L'intensité du plaisir de boire dépend de l'intensité de notre soif. Il est une chute de tension, retour à l'état d'équilibre. La course aux plaisirs est donc sans fin. Voilà qui ne peut convenir au philosophe qui recherche **l'ataraxie**, c'est-à-dire un état qui se caractérise par l'absence de troubles. Les stoïciens cherchaient plutôt **l'apathie**, l'absence de passions. L'ataraxie épicurienne correspond à l'état d'un homme ne souffrant d'aucune douleur, repu sans excès, entièrement livré aux sensations procurées par un monde amical. L'amitié est d'ailleurs indispensable à l'état d'esprit épicurien et l'on raconte que le maître recevait et enseignait ses disciples comme des amis dans son jardin. Si l'ascète stoïcien cherche à se rendre la vie dure, l'épicurien est un être délicat et raffiné, réglant avec précision son régime de vie pour ne jamais s'éloigner de l'état d'équilibre. Il est intéressant de noter que les êtres les plus sensibles sont parfois les plus « matérialistes », tandis que des natures plus grossières et brutales se sentent disposées aux envolées « spiritualistes ». Le plaisir que vise Épicure abolit les frontières entre le monde extérieur et le monde intérieur, c'est tout à la fois une extase et une entase, il n'y a plus de tension entre le corps et l'âme. D'une manière plus concrète, on peut trouver trois sortes de plaisirs : ceux qui sont naturels et nécessaires, ceux qui sont naturels mais non nécessaires, ceux qui ne sont ni naturels ni nécessaires. Les premiers comme manger et boire doivent être satisfaits avec le plus grand soin, les deuxièmes comme les plaisirs de l'amour doivent être satisfaits modérément, les troisièmes sont un luxe qui doit être banni.

Cette absence de troubles ne doit pas être seulement recherché sur le plan physique et l'épicurien recherche une sérénité morale qui ne manque pas de dignité. On la remarque tout particulièrement en ce qui concerne l'attitude à avoir en face de la mort. Le raisonnement est assez célèbre : puisque tout se réduit à la sensation, ou bien la mort est là et je ne suis pas ou bien je suis vivant et elle n'est pas là. Dans tous les cas **la mort n'est donc rien pour nous**, il n'y a rien de plus faux et malsain que de vouloir y penser. On en tire aussi la conclusion qu'il n'y a rien de plus bête que cette banalité selon laquelle il appartiendrait à la jeunesse de bien vivre et à la vieillesse de se préoccuper de la sagesse. Il est très stimulant au contraire de comprendre qu'il n'y a rien de plus sage que de bien vivre et qu'il n'y a rien qui rende plus heureux que la sagesse.

Conclusion

Fruit du hasard et de la nécessité, notre monde doit être contemplé pour lui-même. Nous ne sommes nous-mêmes qu'une partie de ce monde et nous devons d'autant plus nous soucier de nous épargner la douleur et d'entretenir l'amitié que nos vies sont passagères. Voilà le sens profond du fameux « **carpe diem** » (profite du jour). On imagine Épicure assis sur un banc de pierre, à l'ombre d'un cyprès, mangeant quelques olives. Il respire doucement et médite sur les noces du temps et de l'éternité.

Averroès
ou l'art de survivre en des temps difficiles quand on est un philosophe arabe

Philosophe né à Cordoue en 1126 et mort à Marrakech en 1198. Il a occupé de hautes fonctions à Cordoue mais fut aussi persécuté pour sa liberté de pensée. On lui doit de nombreux commentaires d'Aristote, et notamment : le *Discours décisif,* Incohérence de l'incohérence *Tahāfut al-Tahāfut.*

Ibn Ruchd, ou Averroès (son nom latin), fut à la croisée de beaucoup de chemins. C'est un Andalou, c'est-à-dire un musulman occidental ; c'est un philosophe, un juriste, un théologien ; c'est en grande partie à partir de lui que l'Occident chrétien accéda à la philosophie au travers de ses commentaires d'Aristote, accompagnés des textes du maître.

Il connut grâce et disgrâce auprès des autorités politiques de son temps, il fut le champion de la défense de la philosophie dans une civilisation marquée par la Révélation du Coran dont l'interprétation est décisive pour les questions métaphysiques, morales et juridiques.

Nous choisirons d'aborder sa pensée au travers de l'un de ses plus célèbres textes, le *Fasl al-maqal*, c'est-à-dire le *Discours décisif*, « où l'on établit la connexion existant entre la Révélation et la philosophie », pour donner son titre complet.

Il ne s'agit pas à proprement parler d'un texte philosophique, mais d'une tentative de justification juridique de la légitimité qu'il y a à pratiquer la philosophie dans un contexte musulman. Autrement dit, c'est dans ce contexte précis (de toute façon notre philosophe n'a pas le choix !) que la pratique de la philosophie peut être justifiée par lui.

Le statut légal de la philosophie

Quelle est sa méthode ? La pensée juridique musulmane dispose de quelques sources ou fondements dans le Coran lui-même (rappelons que la codification légale ne représente qu'une petite partie du Coran). Devant la multiplicité de cas qui se présentent dans la vie concrète, les juristes musulmans essaient de déduire des solutions adaptées à partir de quelques principes contenus dans la Révélation. C'est un raisonnement de type syllogistique. Rappelons que la forme la plus connue du syllogisme pour reprendre l'exemple d'école est : tous les hommes sont mortels, Socrate est un homme, donc Socrate est mortel. Il s'agit donc bien d'un jugement, c'est-à-dire d'appréhender un objet particulier pour le ranger dans une catégorie ou sous une règle générale. Sans entrer dans des détails techniques on peut dire que toute pensée juridique consiste justement à faire entrer le particulier dans le cadre général de la loi.

Comment savoir quel est le statut légal de la philosophie, compte tenu du fait que le Coran n'en parle pas explicitement mais qu'on peut sans doute le déduire des sources coraniques.

À vrai dire, cette question est très vite réglée dès le début du discours. Averroès choisit les versets coraniques suivants : « Réfléchissez donc, ô vous qui êtes doués de clairvoyance » (109, 2), « Que n'examinent-ils le royaume des cieux et de la terre et toutes les choses que Dieu a créées » (7, 185), ou encore : « N'ont-ils point examiné les chameaux, comment ils ont été créés ? Et le ciel, comment il a été élevé ? » (138, 17-18).

Il en déduit que la philosophie qui signifie tout simplement le travail de la connaissance dont l'homme est naturellement capable est non seulement licite mais **obligatoire** ! Si l'on reconstituait le syllogisme, on obtiendrait à peu près ceci : le Coran dit que tous les véritables croyants cherchent la connaissance, la philosophie est la recherche de la connaissance, donc cette activité est indispensable pour être un véritable croyant.

Il déploie encore un autre argument, moins juridique et déjà plus philosophique, voire téléologique (chercher la finalité des choses pour remonter vers leur cause première). Étudier tout ce qui existe, donc tous les Étants, y compris les raisonnements logiques de la philosophie, c'est étudier l'Œuvre pour connaître l'Auteur. Cette remontée des étants vers l'Être, c'est, par excellence, le travail de la philosophie, comme le syllogisme démonstratif, nous faisant aller des prémisses certaines aux conséquences, peut nous faire remonter des conséquences aux prémisses. La philosophie est donc d'après Averroès, la plus digne et la plus noble des occupations pour un authentique musulman.

Le cadre « juridique » de ce *Discours décisif* une fois posé, il faut bien reconnaître que son contenu nous fait quand même entrer dans la philosophie d'Averroès (qui n'est guère différente de celle d'Aristote), c'est-à-dire dans une confrontation entre la raison naturelle et la Révélation.

Les différents types de relations à la vérité et les différents types d'hommes

Il y a trois voies pour produire l'assentiment, c'est-à-dire persuader un esprit qu'une chose est vraie, les voies démonstrative, dialectique et rhétorique en suivant un ordre d'éminence décroissant. Suivant Aristote, la première est un syllogisme qui part de prémisses vraies et premières, ou encore de prémisses telles que la connaissance que nous en avons prend elle-même son origine dans des prémisses premières et vraies. Le syllogisme dialectique part de prémisses probables, c'est-à-dire admises par la plupart des sages. La voie rhétorique plaide en faveur d'une idée sans apporter d'autres preuves que l'ardeur de la conviction qu'on y met.

La première voie est logico-mathématique, la deuxième est employée dans le domaine éthique et politique et la troisième sert à inculquer des principes à la foule.

À ces trois voies correspondent trois types d'hommes pour Averroès : le véritable philosophe, l'homme cultivé et enfin le plus grand nombre. On reconnaît là les préoccupations aristocratiques des deux plus grands philosophes grecs, Platon et Aristote. On pourrait y retrouver la marque d'une organisation sociale en castes qui est typique de la pensée indo-européenne plutôt que sémitique. L'idée que la philosophie puisse être interdite est donc insupportable à

Averroès puisque c'est la voie royale pour accéder à la connaissance de Dieu et à la conduite juste qui en découle. Mais pour pratiquer la philosophie il faut remplir deux conditions : avoir une intelligence innée, d'une part, ne rien faire d'illicite et être inspiré par la vertu morale, d'autre part.

La philosophie est donc la meilleure des choses, mais pour les meilleurs hommes seulement. À partir de là Averroès est obligé d'effectuer un certain nombre de contorsions où il explique que « l'infidélité » de certains philosophes (n'oublions pas la définition commune du philosophe, fixée par ce qu'on disait de Socrate : corrompre la jeunesse et ne pas croire aux dieux de la cité) n'est imputable qu'à eux-mêmes et non à la philosophie. Il va même jusqu'à dire qu'elle doit être absolument réservée à une petite élite et que certaines vérités, notamment certaines interprétations du Coran, ne doivent surtout pas être divulguées n'importe où. Ce type de plaidoyer pour un ésotérisme de la philosophie se situe dans un débat qui a toujours existé compte tenu de la nature paradoxale de la philosophie : elle est la liberté de la pensée sans autre norme et elle est très abstraite et difficile par nature. On pourrait objecter à Averroès qu'il sera difficile de savoir reconnaître ceux qui sont aptes ou non à philosopher et comment il faudra juger ! D'autre part, le *Discours décisif* n'est pas un discours ésotérique mais au contraire une « Fatwa », c'est-à-dire un avis juridique qui doit convaincre le plus possible de monde de la légitimité de la philosophie. Dire dans ce discours même que la philosophie doit être réservée à une toute petite élite, c'est en dire trop ou pas assez !

Et le Coran dans tout cela ! Le Coran est la vérité et la philosophie la recherche de la vérité : à partir de ces deux postulats indiscutables selon Averroès, il en déduit que la vérité ne peut être contraire à la vérité. Un « littéraliste » borné, pour reprendre une expression d'Averroès lui-même, dirait cependant que puisque le Coran est la vérité, il n'est nul besoin de la chercher ailleurs ! C'est là que les vraies questions commencent et que la partie entre philosophie et Révélation s'engage dans l'esprit de notre philosophe musulman.

L'interprétation du Coran

S'il y a trois voies pour produire l'assentiment, il y a deux voies pour la production de la représentation : soit celle d'un accès direct à la chose dont il est question, soit celle du symbole, de l'image. Rien n'est plus facile que d'accéder aux choses mêmes lorsqu'elles appartiennent au monde sensible, mais lorsqu'il s'agit de l'existence de Dieu ou de la vie après la mort, c'est une autre affaire.

Qu'est-ce que la Révélation sinon cette voie d'accès à ce qui n'est pas facile d'accès ? La grandeur du Coran et son caractère inimitable qu'Averroès réaffirme tient au fait qu'il y en a, si l'on peut dire, pour tous les goûts : ce texte parle à tous les hommes qu'ils soient démonstratifs, dialectiques ou rhétoriques.

Il arrive cependant que le sens évident du verset soit en contradiction avec un autre, il peut même arriver qu'il y ait une contradiction avec une démonstration philosophique et le sens évident d'un verset.

Dans le premier cas, cela prouve pour Averroès que le véritable sens du Coran n'est pas le sens évident ou premier mais un sens lointain qu'il appartient justement au philosophe de trouver. Dans le deuxième cas, cela prouve qu'il faut nécessairement interpréter le sens premier du texte. Interpréter cela signifie passer du sens propre du mot vers son sens « tropique » (sens vers lequel il peut tendre) où on peut désigner une chose par son analogue, sa cause, son effet...

Si l'on prend l'exemple de la vie de béatitude après la mort, nier son existence est effectivement une infidélité au dogme selon Averroès, mais on peut discuter de sa qualité ou de sa nature. Les délices sensibles décrits dans le Coran sont sans doute destinés aux esprits les moins abstraits.

L'interprétation est aussi une question de lecture ou de ponctuation. Un passage du Coran (3, 7) le montre à merveille puisqu'il y a deux façons de le lire, l'une favorable aux philosophes et aux herméneutes (celle que choisit Averroès) et l'autre, aux fidéistes fondamentalistes.

Citons ce passage : « C'est Lui qui a fait descendre sur toi le Livre. On y trouve des verset univoques, qui sont la Mère du Livre, et d'autres équivoques. Ceux dont les cœurs inclinent vers l'erreur s'attachent à ce qui est équivoque, car ils recherchent la discorde et sont avides d'interprétations, mais nul n'en connaît l'interprétation sinon Dieu et les hommes d'une science profonde. Ils disent : nous croyons en Lui ; tout vient de notre Seigneur ! Mais seuls les hommes doués d'intelligence s'en souviennent. »

Nous venons de donner la lecture qu'en fait Averroès avec toute une tradition exégétique. L'autre lecture consiste à mettre la pause après le mot « Dieu ». Dans ce cas, Dieu seul comprend le sens de certains versets, quant aux hommes intelligents ils s'en remettent à lui et se contentent de répéter leur profession de foi.

Conclusion

Averroès eut une importance considérable dans l'univers des religions monothéistes qui devaient tôt ou tard se confronter à la rationalité philosophique. Il influença profondément le judaïsme andalou et la théologie catholique avec Thomas d'Aquin se constitua en partie contre lui, c'est-à-dire en un certain sens, grâce à lui. Sa pensée reste étonnamment au cœur de nos propres débats. Il fournit le modèle d'une théologie naturelle qui prend acte de la Révélation tout en donnant à la philosophie la prééminence comme mode d'accès à la vérité. Le miracle andalou est à ce prix : voilà pourquoi dès le XIIe siècle des juifs, des chrétiens et des musulmans pensaient sincèrement avoir le même Dieu.

D'un autre côté, on est tenté de voir en lui un penseur peu original par rapport à Aristote et qui en adopte les positions fondamentales (refus de la création *ex nihilo*, éternité du monde à côté de la « pré-éternité » de Dieu). Sa philosophie ne serait alors que l'habileté dialectique et politique à survivre en terre d'islam malgré son hostilité profonde à la Révélation et aux comportements qu'elle entraîne. Il serait alors une sorte de précurseur caché d'un certain athéisme/panthéisme dont Spinoza serait le continuateur, quelqu'un qui aurait délibérément choisi le Dieu des philosophes et des savants contre celui d'Abraham.

Il est difficile de trancher des questions aussi difficiles et essentielles, même pour notre temps ! Reconnaissons qu'Ibn Ruchd, à près de dix siècles de distance nous parle encore !

Maïmonide
ou l'art de survivre en des temps difficiles quand on est un philosophe juif

Mosheh ben Maymon, dit Maïmonide, est né à Cordoue en 1135 et mort à Fustat en 1204. Son père était un juge du collège rabbinique de Cordoue. À partir de 1148, sa famille vécut dans des villes sous la domination des Almohades musulmans, en Andalousie ou à Fez, au Maroc. En 1165, ils s'installèrent à Fustat près du Caire. Il fut médecin, talmudiste et philosophe. Il écrivit un code rabbinique, intitulé *Mishne Tora* (1180), qui fit rapidement autorité, le *Guide des égarés* (1190) destiné à résoudre la contradiction apparente entre la philosophie et la Révélation, ainsi que diverses *Épîtres*.

Maïmonide est sans doute la plus haute figure du judaïsme médiéval ou encore le plus grand philosophe juif de cette période. Ce vocable même de « philosophe juif » est bien sûr déjà un problème en soi. Cela ne signifie pas seulement qu'il s'agit d'une personne juive qui philosophe, mais d'un auteur dont la substance même de la pensée aura été de tenter de concilier la foi juive et la philosophie, particulièrement celle d'Aristote. Il a été très influencé par le philosophe arabe Avempace (Ibn Bajja) et influencera à son tour Averroès. Il s'inscrit donc dans une grande tradition qui est née dans l'Andalousie musulmane : très rationaliste, cherchant par l'étude de la métaphysique la divinisation de l'homme qui participe par la partie la plus intellectuelle de son âme à une essence immuable et impersonnelle. Il écrira lui-même beaucoup en arabe.

On ne peut cependant pas l'assimiler à cet intellectualisme métaphysique et sa pensée reste dans le cadre religieux du judaïsme, beaucoup plus que ne le restaient celles des philosophes arabes dans le cadre de l'islam. Cela peut s'expliquer par la nature même du judaïsme, religion essentiellement minoritaire et de ce fait même essentiellement persécutée. Il nous semble même que ce problème de la persécution du judaïsme est une excellente introduction à la pensée de Maïmonide, puisqu'il y a beaucoup réfléchi et qu'il connut le marranisme, c'est-à-dire le fait de pratiquer la religion juive en secret.

De la persécution

On a beaucoup dit que l'Andalousie fut une terre où les trois monothéismes connurent l'harmonie. Ce fut sans doute vrai pour quelques philosophes issus des trois communautés, les antagonismes religieux n'en furent pas abolis pour autant. On le comprend très nettement quand Maïmonide parle des différentes catégories de contestation de sa religion qui peuvent entraîner certaines persécutions.

La première catégorie est celle des agresseurs idolâtres, les païens. Ils peuvent agir par la violence pure et simple ou par l'argumentation. Vient ensuite celle des imitateurs qui est sans doute, d'après notre philosophe, la plus retorse : elle concerne les chrétiens et les musulmans. Les premiers introduisent dans le cœur des juifs la confusion et une Torah étant le contraire de l'autre, toutes deux étant orientées vers un même Dieu. Les seconds, toujours d'après Maïmonide, voulurent modifier la religion juive en suivant un homme qu'il appelle « le dément » et qui voulait en fait conquérir le pouvoir temporel. On voit que nous sommes loin du « dialogue inter-religieux » !

Plein de sagesse, Maïmonide argumente aussi pour affirmer qu'un juif qui a subi une conversion forcée n'est pas impur aux yeux du Dieu de ses pères du fait qu'il n'agit que sous l'effet de la contrainte.

Où se trouve le bien pour les hommes ?

Maïmonide dresse une sorte de typologie philosophique où l'on peut reconnaître différentes catégories d'hommes.

Dans la première, on trouve ceux qui pensent que le bien est dans le paradis terrestre, dans l'Éden : on y jouit de tous les bonheurs sensibles.

Dans la deuxième, on trouve ceux qui pensent que le bien sera atteint dans les jours où le Messie viendra.

Dans la troisième, on trouve ceux qui attendent la résurrection des morts pour connaître le véritable bien.

Dans la quatrième, on trouve ceux qui pensent que le bien est à notre portée grâce à l'accomplissement des commandements, ce qui ne manque pas d'entraîner prospérité et longévité.

Dans la cinquième, on trouve ceux qui mettent le bien dans l'association de tout ce que nous venons de voir.

Reste une sixième catégorie, celle dans laquelle se range sans doute Maïmonide, et qui nécessite que l'on raconte une parabole pour comprendre ce qu'elle est.

C'est l'histoire d'un maître avisé qui connaît le cœur humain et les faiblesses de la jeunesse. Il encourage son disciple à lire la Torah en lui promettant des noix et des figues, ensuite de beaux vêtements, ensuite de l'argent ; mais son esprit s'affinant, il désirera encore autre chose. Il étudiera alors pour la gloire, pour être considéré comme un homme sage, pour être appelé Rabbi. Pour recevoir enfin une récompense dans le monde à venir.

Mais l'erreur est de déplacer la finalité de la sagesse hors de la sagesse elle-même et Maïmonide nous donne le conseil suivant : tout ce que vous faites, ne le faites que par amour, il en va de même pour la lecture de la Torah. La joie spirituelle échappe à l'espace et au temps. Notons cependant, une fois encore, la sagesse de Maïmonide : l'homme doit toujours se consacrer à la Torah, même si ce n'est pas pour elle-même, cela finira par l'être.

Comment lire la Torah et les paroles des maîtres

Là encore, nous allons rencontrer une typologie qui permet d'établir une hiérarchie entre les hommes.

Il y a d'abord les littéralistes qui n'ont pas d'intelligence rationnelle et qui lisent sans la moindre interprétation. Ceux-là mettent la Torah de Dieu à l'envers de ce qu'elle vise puisqu'ils ne font pas du tout passer Israël pour une nation sage et intelligente.

Il y a ensuite ceux qui sont toujours littéralistes mais qui finissent par calomnier l'Écriture et les maîtres parce qu'ils croient y discerner des contradictions et des invraisemblances. C'est une catégorie maudite qui fait beaucoup de mal.

Viennent enfin ceux qui voient dans les écrits des allégories et des énigmes, un sens exotérique mais aussi ésotérique.

Les treize principes de la foi juive

Nous les présentons bien sûr sous une forme résumée.

1. – Croire à l'existence du Créateur. L'existence de tous les existants dépend de lui et sa propre existence ne dépend de rien d'autre que de lui.

2. – Unicité de Dieu : il n'existe aucune unicité semblable à la sienne.

3. – Il n'est pas un corps ni une force dans un corps. Le monde spirituel n'est pas comparable au monde physique, alors que la Torah est obligée de parler le langage figuré des hommes.

4. – Éternité et antériorité absolue de Dieu.

5. – Lui seul doit être servi. Refus de toutes les idoles.

6. – Il y a des prophètes dont l'intelligence exceptionnelle se lie avec l'intellect-agent (ce qui est une manière philosophique de parler de l'esprit de Dieu).

7. – Moïse est le prophète indépassable, celui qui parlait directement avec Dieu.

8. – La Torah vient des cieux, Moïse n'a fait que la graver. Elle vient tout entière des cieux, ainsi que la Torah orale.

9. – Il ne faut rien ajouter à la Torah ni rien en retrancher.

10. – Dieu connaît les actions des hommes.

11. – Dieu récompense celui qui applique les commandements et punit celui qui les transgresse.

12. – Croire à la venue du Messie sans vouloir lui assigner une date.

13. – Croire à la résurrection des morts.

Conclusion

Maïmonide est apparu aux yeux de bien des religieux juifs comme un dangereux philosophe qui, tout compte fait, relativise l'importance des pratiques cultuelles. Elles ne sont en effet chez lui que le moyen d'un moyen. Elles permettent d'accéder à la pureté morale qui n'est elle-même qu'un moyen pour accéder à la contemplation de Dieu, qui est une joie purement spirituelle. Cette contemplation ne peut être atteinte, à la fin, que si l'on passe par la voie philosophique (de ce point de vue, il n'innove pas vraiment par rapport à Aristote). Cela ne signifie pas non plus que la connaissance philosophique soit le but ultime, mais plutôt ce qui nous met au bord de ce qui est au-delà de l'esprit humain et qui est l'objet de la foi religieuse.

Il reste donc tout à fait religieux et on peut dire qu'il est un des pères du judaïsme tel qu'il est encore pratiqué aujourd'hui.

Thomas d'Aquin
ou le sumo théologique

Philosophe et théologien né en 1228 près de Naples et mort en 1274 à Fossanova. Il fait ses études au monastère du Mont-Cassin et à l'université de Naples où il découvre la philosophie. Sa vocation religieuse l'attire vers l'ordre des dominicains. Sa famille fera tout pour contrarier cette vocation, jusqu'à l'enlever pour le séquestrer, mais en vain. Il part enfin pour Paris en 1245 et y devient l'élève du théologien Albert le Grand. Après avoir enseigné à Cologne, il est professeur de l'université de Paris. Il refuse au pape Urbain IV d'être archevêque de Naples pour continuer sa vie de recherche. Il meurt sur le chemin de Lyon où devait se tenir un concile, appelé par le pape Grégoire X.

Son œuvre principale est la *Somme théologique.*

Voilà un philosophe qui fut canonisé en 1323 et déclaré « Docteur de l'Église » en 1879. On le nomme d'ailleurs souvent « saint Thomas ». Mérite-t-il d'être rangé parmi les philosophes ? Son œuvre principale n'est-elle pas une « somme » **théologique** ? Il est cependant la figure classique du « philosophe chrétien » dont tout le système de pensée tend à concilier raison et Révélation, philosophie et foi. Il n'était sans doute pas le premier à son époque et il ne fut pas le dernier. Sa tentative est cependant celle qui a le plus d'ampleur.

Nous préciserons le contexte historique et intellectuel dans lequel il a travaillé avant de retenir plus particulièrement sa conception de

Dieu. Nous constaterons qu'à partir de la même problématique des rapports de la raison et de la Révélation, ses positions sont assez différentes de celles d'Averroès.

Le contexte historique

Le siècle de Thomas d'Aquin est celui du bouillonnement intellectuel médiéval. Les jeunes universités se développent et, bien sûr, la philosophie païenne commence à pénétrer massivement l'Occident chrétien, notamment via les philosophes et commentateurs musulmans. Ce siècle voit aussi un système ecclésiastique et féodal partiellement remis en question par l'émergence des deux grands ordres mendiants que sont les franciscains et les dominicains, Thomas d'Aquin étant l'un de ces derniers. Sa vie prit d'ailleurs un tour décisif lorsqu'il décida, non seulement d'être religieux, mais encore un « frère prêcheur » et non père abbé d'un riche monastère semblable à une seigneurie, comme l'y prédisposait sa naissance.

Il affronta toute sa vie deux tendances : l'une qui voulait bannir de la théologie la philosophie païenne et l'autre qui voulait donner à la « faculté des arts » et donc à la philosophie leur autonomie par rapport à la théologie. Il est curieux de voir, pour ne pas dire amusant, qu'avant d'être canonisé, Thomas d'Aquin a été un auteur dont la lecture fut interdite par un collège de théologiens. Sa pensée est encore aujourd'hui considérée par nombre de théologiens comme étant la plus conforme à la doctrine générale du catholicisme.

Son état de dominicain l'obligeait à prêcher, enseigner, pratiquer la controverse. Il dirigeait des « disputes » où devaient s'affronter des thèses antagonistes il écrivait beaucoup, aidé par de nombreux secrétaires. Tout cela a fait de lui une figure capitale de l'autorité intellectuelle et spirituelle de l'Église dans une période extrêmement féconde mais aussi troublée.

Le Dieu de Thomas d'Aquin

Si l'intelligence ne s'élève pas tout de suite vers de telles hauteurs dans la vie d'un homme, c'est néanmoins par Dieu que la *Somme théologique* commence car il est ce qui a le plus de dignité ontologique.

Thomas d'Aquin nous dit qu'il y a cinq voies qui conduisent à affirmer l'existence de Dieu. La première consiste à dire qu'il ne pourrait pas y avoir de mouvement dans le monde s'il n'y avait pas un premier moteur. La seconde qu'il y a nécessairement une première cause qui rend compte de l'enchaînement des causes et des effets. La troisième que si tous les êtres étaient contingents, ils auraient commencé à exister et ainsi le néant aurait précédé l'être. Mais comme rien ne saurait sortir du néant, il y a donc un être éternel et nécessaire. La quatrième consiste à dire que si l'on juge de la plus ou moins grande qualité des êtres finis, c'est en fonction d'un être parfait qui nous sert d'échelle de valeur. La cinquième consiste à dire qu'il y a nécessairement une intelligence supérieure qui gouverne la nature et explique son ordre.

À vrai dire toutes ces « preuves » ne sont pas ce qui fait l'originalité de la pensée de Thomas d'Aquin. Pour la comprendre il faut se demander ce qu'est Dieu dans la pensée de Thomas. Le mieux est encore de lire son petit traité intitulé *L'Être et l'essence*. Il y reprend l'héritage de la métaphysique d'Aristote mais ne se contente pas de répétitions, il conçoit à partir de cet héritage le Dieu du monothéisme. En disant cela on semble accréditer la thèse selon laquelle Thomas ramène purement et simplement le Dieu de la Bible à une idée philosophique. Nous verrons qu'il s'agit plutôt de s'approcher avec les outils de la philosophie de ce dont on ne peut avoir qu'une connaissance négative.

Qu'est-ce que l'essence d'une chose ? C'est ce qui fait qu'une chose est ce qu'elle est, c'est ce qui fait qu'on peut la définir et qu'elle est ainsi un objet pour l'intelligence. On peut aussi employer d'autres mots : l'essence d'une chose c'est sa forme, sa nature, Thomas dit encore sa « quiddité ». Or, comme le fait remarquer Thomas dans son chapitre V de son traité *L'Être et l'essence* : « Toute essence ou quiddité peut être conçue sans que soit conçue son existence : je puis en effet concevoir ce qu'est l'homme ou le phénix, tout en ignorant si cela existe dans la nature des choses. » Il faut donc distinguer l'essence et l'existence. On peut en effet se demander à propos d'une chose, ce qu'elle est et si elle est ou non. La première question concerne son essence et la seconde son existence.

Toutes les choses de la nature ou les « étants » **ont** donc l'existence et **sont** ceci ou cela : l'existence et l'essence sont donc également présentes en elles. Si leurs essences ou forme sont par définition différentes, elles ont nécessairement reçu l'existence qui leur est commune. C'est cette existence qui vient de Dieu, mieux encore : Dieu est cette existence ! Mais, en Dieu, existence et essence coïncident, il est l'acte pur d'exister, l'être subsistant par lui-même.

Cette démarche philosophique, pour le moins difficile et abstraite, mérite qu'on s'y arrête encore un peu car elle recèle une originalité et une profondeur qu'on ne discerne pas toujours. Il y a sans doute dans la pensée de Thomas d'Aquin des « preuves de l'existence de Dieu » que nous avons indiquées rapidement, mais la plus puissante découle sans doute de cette tentative de définir philosophiquement ce qu'est Dieu. Elle est la plus puissante et la plus profonde parce qu'elle renverse justement le procédé habituel : **au lieu de vouloir prouver l'existence de Dieu, il s'agit de comprendre que l'existence prouve que Dieu est !** En effet, dès que l'on parle de l'existence de Dieu on ne se préoccupe guère de savoir ce que signifie le mot « existence ». Étymologiquement cela signifie « ce qui surgit, ce qui se tient hors de... ». Je dis avec assurance que cette table existe, car elle se tient hors de moi, elle m'apparaît avec sa forme que je peux voir, son bois que je touche, etc. Thomas d'Aquin dirait qu'elle a une quiddité ! Or Dieu lui-même n'a pas de forme extérieure, il n'a jamais l'existence particulière d'une chose particulière, il est Esprit. La pensée de Thomas dans ce qu'elle a de meilleur et de plus aiguë rejoint paradoxalement la pensée mystique d'un côté et la pensée grecque de l'être de l'autre, auxquelles, pourtant, on l'oppose souvent. En concevant Dieu comme « pur exister », Dieu se retire et se cache dans le don d'existence qu'il fait à toute chose. En lui-même il n'est **rien** de tout ce qui existe autour de nous, sans être non plus tout ce qui existe autour de nous.

Là où sans doute il se sépare de la pensée grecque, c'est dans sa foi religieuse qui lui fait croire que si Dieu n'existe pas comme les choses existent, il entre dans notre existence par la Révélation et par Jésus-Christ en particulier. Là où il se sépare de la pensée mystique, c'est dans sa volonté de montrer qu'il y a une voie d'accès à Dieu par la raison naturelle. Il n'y a donc pas une double vérité mais une double voie d'accès à une vérité unique. Si chacune des voies mène à la Vérité, il est bon d'emprunter les deux.

Conclusion

Il est difficile de ramener à une signification unique une œuvre aussi abondante, comme de saisir une personnalité aussi complète et sans doute complexe. Partagé entre la béatitude philosophique obtenue par la contemplation théorique et la perspective d'une béatitude plus grande encore en rejoignant Dieu après la mort, Thomas a essayé de pratiquer l'une tout en se préparant à l'autre.

Son assurance de l'existence de Dieu est nettement plus convaincante que celle qui consiste à dire que Dieu existe puisque j'en ai l'idée (ce qui est une manière ramassée de présenter « l'argument ontologique » qui veut que l'existence soit contenue dans la perfection). Quand on cherche au contraire à savoir ce qu'est vraiment l'existence, on découvre **quelque chose dont on n'a pas idée** (l'idée est ce qui saisit une essence) et c'est cela Dieu.

En imposant l'étude de la philosophie aux théologiens chrétiens, il a sans doute contribué d'une manière décisive à la naissance d'une civilisation hybride douée d'une étonnante vitalité intellectuelle et qui n'est autre que la civilisation occidentale. On peut aussi le voir comme un penseur essentiellement conservateur qui mit toute son énergie au service de l'Église de son époque pour maîtriser et dominer une raison et une université qui prendront plus tard leur essor en dehors de tout cadre religieux.

Sur le plan moral et politique, on retrouve cette volonté de soumettre la loi des hommes à une « loi naturelle », elle-même soumise à la loi surnaturelle de Dieu.

Interprétée au meilleur d'elle-même, cette pensée nous invite à philosopher jusqu'à concevoir une pure existence sans forme et recevoir par la foi l'effet de sa bonté infinie et éternelle. Au pire elle risque de ne pas convaincre les rationalistes sceptiques ni non plus pouvoir parler au cœur des hommes souffrants.

Nicolas Machiavel
ou le politique devenu conseiller

Philosophe et homme politique florentin, né en 1469 et mort en 1527. Issu de la petite noblesse, observateur privilégié des grands comme du peuple il exerce de hautes fonctions dans la République florentine de 1498 à 1512. Il connaît alors l'exil. Il reprend des fonctions en 1525, mais est à nouveau écarté du pouvoir l'année de sa mort en 1527. Homme d'action et historien, Machiavel puise sa sagesse dans l'expérience et non les spéculations. Philosophe désenchanté du pouvoir, Machiavel fait, depuis, les délices de lecture de tous les hommes d'État. Ses œuvres principales sont : *Le Prince* (1513), *Les Discours sur la première décade de Tite-Live* (1520).

Voilà un homme qui, avec quelques autres, eut le génie de nous laisser un adjectif. Sans trop savoir qui était Machiavel, tout le monde comprend presque intuitivement le sens du mot « machiavélique ». Il rimerait volontiers avec « diabolique », il évoque de froids calculs inspirés par la méchanceté. Nous verrons pourquoi, si Machiavel n'a que faire de la bonté, il n'est pas non plus « méchant ».

Quel homme fut-il ? Né à Florence en 1469, il est donc un homme de la Renaissance. Il est universellement connu pour son petit livre intitulé *Le Prince*. C'est dans la dédicace de ce livre que l'on comprend, en quelques mots, son identité. Il s'adresse à Laurent de Médicis et espère gagner sa bienveillance alors que lui-même connaît un revers de fortune. Il nous assure qu'il est le mieux placé pour comprendre les choses du gouvernement car il est à mi-chemin entre le Prince et le peuple. Ce sont là, d'après lui, deux entités éternelles que l'on retrouve à toutes les époques, malgré les variations de forme. Il faut être un peu Prince pour comprendre les princes et un peu peuple pour comprendre le peuple. Machiavel fut donc un conseiller du Prince, situation très particulière qui offre les perspectives les plus profondes sur la réalité des choses du pouvoir mais qui est aussi très exposée à ses perpétuelles révolutions. S'il connut une position sociale intermédiaire, il fut aussi bien homme de réflexion que d'action. Ce sont là les deux grandes sources de sa sagesse : une longue pratique des affaires ainsi qu'une grande connaissance historique. Ces deux sources, on le remarquera, ramènent à **l'expérience**.

Le ton est donc donné : nulle spéculation sur **ce qui devrait être** mais méditation sur **ce qui est**, afin d'en tirer des leçons. C'est ce que l'on appelle du réalisme. Nous allons voir, dans un premier temps, en quoi consiste la sagesse de son « Prince ».

Le Prince

Entre le Prince et le peuple le conflit est toujours latent, mais il ne met pas aux prises deux forces de même nature. Le Prince veut dominer, le peuple ne veut rien. L'un agit, l'autre subit mais il peut résister. Si le peuple se contente de vouloir vivre, il ne veut pas être opprimé et le Prince, tôt ou tard, opprime. La paix et la tranquillité ne sont donc pas pour demain, sans parler de la rivalité entre les princes. Prince et peuple sont peut-être même des tendances qui existent dans tout individu, ce qui indique à quel point, le monde de Machiavel est un monde qui n'arrive jamais à s'abstraire de la tension et des rapports de force.

Comment se hisser au pouvoir et comment y rester ? Voilà donc les deux grandes questions du Prince et auxquelles notre Florentin prétend répondre. Notre Prince doit être lion et renard, user de force et de ruse. Pas de bon pouvoir sans bonnes armes. Mais les armes ne suffisent pas, il faut aussi savoir lutter dans et par les lois. On voit par là que les lois ne sont pas la recherche d'une justice parfaite ou d'une norme métaphysique, mais la continuation de la lutte sous sa forme civilisée. La ruse consiste à passer sans cesse des armes aux lois et inversement.

Machiavel donne un exemple de combinaison de force et de ruse qui correspond tout à fait au sens que l'on donne habituellement à l'adjectif machiavélique. Tel Prince enverra une brute sanguinaire pour pacifier une province en révolte par la force, s'y rendra ensuite, compromettra l'exécuteur des basses œuvres et le fera exécuter en place publique. L'ordre est installé et les passions purgées. Le Prince n'hésite donc pas à « entrer au mal », mais il ne le commet que dans la mesure où il lui est utile. Il faut savoir le faire et savoir en sortir : il doit se faire craindre mais non haïr.

La qualité qui résume le mieux le Prince selon Machiavel est la fameuse **« virtu »** qu'il vaut mieux ne pas traduire en « vertu » pour éviter les contresens. Il s'agit en effet d'une virtuosité amorale qui reste très proche de son sens premier de « force ». Cette « virtu » est une force de caractère qui, au lieu de nous permettre de nous abstenir du monde, nous permet d'en saisir toutes les bonnes occasions et de transformer les défaites en victoires. Le monde dans lequel vit le Prince n'est pas un monde imaginé ou idéalisé, il est agité de toutes les passions et soumis à un perpétuel changement. Tout n'y est pas prévisible, rien n'y est certain. Y règne ce que notre auteur appelle la **fortune**, c'est-à-dire ce qui arrive, ce qui est fortuit, ce qui ne dépend pas de nous. Malgré cela Machiavel propose une philosophie de l'action volontaire qui ne doit jamais renoncer quelles que soient les circonstances, qui doit savoir les faire tourner en sa faveur.

Nous nous apercevons petit à petit qu'il y a derrière tout cela une cohérence générale, une conception du monde. Machiavel est le contraire d'un philosophe s'il s'agit d'élever l'homme moralement ou de travailler à un monde meilleur. Son réalisme et son cynisme peuvent être impitoyables, sa pensée n'échappe cependant pas à la philosophie si elle cherche à atteindre un certain degré de généralité. Dès que l'on prend la plume, on peut récuser l'effort vers le bien mais non vers le vrai ! Voyons donc sa conception du monde.

Une conception du monde

La Providence ou la Grâce pouvaient déchirer le cours des choses humaines pour les perdre ou les sauver. L'homme devait s'humilier et/ou s'enthousiasmer, il doit maintenant **s'affirmer** et dompter la fortune. Le monde de Machiavel est déjà un monde désenchanté (c'est-à-dire libéré des enchantements), livré au seul jeu des forces naturelles. Il est peut-être le premier à traiter de la seule pratique du pouvoir et non en liaison avec la question de l'autorité, de la justice, etc. Il veut nous en montrer la **mécanique**. Le mot est lâché. Un autre Italien viendra bientôt après : Galilée. La nouvelle physique ne sera plus que quantitative et le monde perdra définitivement son centre absolu : l'immobilité n'est plus qu'un cas particulier du mouvement. Machiavel accomplit une révolution mentale dans le domaine politique : la paix et la concorde ne sont que des cas particuliers de la guerre et de la discorde. Les ententes ne sont pas durables, les alliances renversées, les promesses non tenues.

Cette mobilité permanente ne décourage cependant pas toute tentative d'intelligibilité. C'est en ce sens que sa démarche peut être rapprochée de celle du scientifique. Il y a peut-être, à défaut de lois, au moins des **régularités**. On peut parler d'une certaine forme d'**immutabilité** du monde chez Machiavel puisqu'il déclare que les sommes de bien et de mal sont toujours égales malgré les déplacements constants du bien et du mal dans le monde. Au fond ce qui ne change jamais c'est le **cœur humain** ! Craignant pour leur vie et avides de gloire, les hommes apparaissent dans les mains de Machiavel comme des pantins dont les rouages n'ont plus de secrets.

On pourrait se demander ce qui est « bien » pour notre historien désabusé. Ce qui est bien c'est la **santé** des États, assurée par la **durée** du Prince. Ici encore il y a presque une « physique » politique, une entropie des gouvernements, une théorie des cycles et de la décadence, sans doute largement inspirée par un auteur comme Platon. Tout régime sain, quelle que soit sa forme constitutionnelle, finit par se corrompre et engendrer le désordre et appelle un jour le retour d'un monarque énergique et ainsi de suite. C'est à cause de cette dégradation universelle et nécessaire que la vertu politique finit par se confondre avec la pure et simple durée.

Quelle valeur accorder à la sagesse machiavélienne ?

Il conviendrait plutôt de parler d'une **prudence** que d'une sagesse. Machiavel ne cherche pas du tout à nous éclairer sur les fins dernières ou à donner à l'ensemble de nos actions une cohérence rationnelle. Il prétend donner des conseils au Prince pour qu'il parvienne à ses fins et ce, on s'en doute, quels qu'en soient les moyens ! En voyant la mobilité universelle du monde il en décèle par là même un trait qui ne change pas ! Cette vision reste donc toujours valable et sa lecture – oserait-on dire – toujours profitable ! Nulle intelligence cependant de ce qui fait la spécificité historique d'une époque : un petit tyran en herbe voulant appliquer mécaniquement les conseils de Machiavel se verrait sans doute bien dépourvu ! L'humanité a tout de même accompli des progrès juridiques même si sa nature reste en profondeur inchangée.

Il convient enfin de méditer sur l'homme qu'on peut au moins essayer de deviner. Qui sont les plus machiavéliques ? Ne sont-ce point les infatigables prometteurs de bonheur parfait sur la terre ? Ne sont-ce point les redoutables optimistes de la nature humaine ? Avouer que Machiavel dit au moins une part de la vérité, n'est-ce point déjà détromper, faire une brèche dans ce jeu des **apparences** qu'il a identifié comme étant le jeu même du pouvoir ? Laissons au moins à Machiavel d'avoir été dans sa vie, sans doute, plus machiavélien que machiavélique.

Thomas Hobbes

ou l'ennemi de la guerre civile

Philosophe anglais né en 1588 et mort en 1679. Sa vie, exceptionnellement longue pour l'époque, lui fait traverser une période politique extrêmement troublée dans l'histoire de l'Angleterre. Il voyage en Europe et préfère résider en France durant la guerre civile anglaise. Il sera protégé par la famille Cavendish.

Impressionné par la rigueur des *Éléments* d'Euclide, il cherche à construire un système philosophique où la raison des actions humaines soit connue avec la même évidence. Sa préoccupation essentielle sera de trouver un fondement rationnel à l'autorité.

Ses œuvres principales sont : *De corpore (Du corps), De homine (De l'homme), De cive (Du citoyen)* et *Le Léviathan*.

Qui a dit que l'homme était un Dieu pour l'homme ? Eh oui, c'est bien Thomas Hobbes ! Par la justice et la charité qui sont les deux vertus de la paix, l'homme accède ainsi à la ressemblance avec Dieu. Mais notre philosophe anglais précise que cela n'est vrai qu'entre des concitoyens dignes de ce nom. Entre les cités et les nations, malheureusement, règne le plus souvent l'état de nature et dans ce cas **l'homme est un loup pour l'homme**. Cette vieille formule latine trouva un écho formidable dans l'œuvre de Hobbes, alors qu'elle n'apparaît que dans une épître dédicatoire au comte de Devonshire en préambule au traité intitulé *Du citoyen*.

La fortune de cette formule tient sans doute à sa cruelle vérité ! D'autant qu'elle semble vraie à l'intérieur même de la cité qui est toujours guettée par le pire des maux : la guerre civile. Si Descartes, à la même époque, est célèbre pour ne pas avoir écrit de philosophie politique, Hobbes le restera pour son œuvre majeure, *Léviathan* dont le sous-titre est : « Traité de la matière, de la forme et du pouvoir de la république ecclésiastique et civile ». Descartes se référera d'ailleurs à Hobbes comme étant le meilleur dans ce domaine.

Le contexte historique et intellectuel

Il ne fait point de doute que la terrible instabilité politique que connaît l'Angleterre dans la première moitié du XVIIe siècle, marqua profondément l'esprit de Hobbes. La guerre civile qui éclata en 1642 et fut remportée par Cromwell et ses « Têtes rondes » en 1645, fut certainement le point culminant de ces troubles.

La grande préoccupation de Hobbes allait être de dégager une « science du gouvernement », fondée sur une conception rationnelle du Droit naturel qui pourrait enfin établir une paix civile durable.

Le climat intellectuel dans lequel vit Hobbes est à la fois marqué par le rationalisme et l'empirisme. Il a été lui-même très impressionné par la lecture des *Éléments* d'Euclide et rêve de pouvoir comprendre les passions humaines avec autant d'évidence et de raison. Il a rencontré Galilée à Florence et aurait aimé exposer les rouages de l'État avec autant de rigueur que le mécanisme du physicien en est capable. Les doctrines matérialistes des Anciens sont redécouvertes et Hobbes penche plutôt pour une doctrine empiriste ou sensualiste de la connaissance.

La cohérence de l'œuvre

Petit à petit, c'est un véritable système philosophique que Hobbes bâtit. Il s'agit de comprendre le monde comme un vaste mécanisme où tout n'est que mouvement des corps les plus simples aux plus complexes que sont les citoyens. Il est difficile de ne point rappeler une phrase extraite de l'épître dédicatoire citée plus haut, tant elle éclaire les ambitions intellectuelles de Hobbes : « Si la raison des actions humaines était connue avec une certitude égale à celle avec laquelle est connue la raison des quantités et des figures, l'ambition et l'avarice, qui sont suscitées par les fausses opinions que se fait le vulgaire sur le juste et l'injuste, s'apaiseraient et l'espèce humaine jouirait d'une paix à ce point constante qu'elle ne pourrait être attaquée. »

Il faut donc comprendre la nature humaine après celle des corps et avant celle du citoyen. L'homme est capable de deux sortes de connaissances. La première est une prudence qu'il acquiert par l'expérience du témoignage de ses sens ; la seconde est une science de la vérité des propositions et des noms que l'on donne aux choses, elle vient de l'esprit. Dans les deux cas cependant, la connaissance vient primitivement d'une expérience, c'est-à-dire du souvenir de la succession d'une chose relativement à une autre.

Nature et raison sont donc pensées en continuité, la raison n'étant qu'une abstraction de l'expérience. Cette raison n'est donc pas une quelconque présence du suprasensible en nous, mais la capacité de calculer des moyens adéquats aux fins que nous poursuivons et qui sont toujours intéressées. L'homme est ainsi fait d'une cupidité naturelle qui le pousse à s'approprier des biens et d'une raison naturelle qui cherche à lui éviter la mort violente dans cette quête cupide. Au-delà de cette cupidité, les passions fondamentales de l'homme sont le désir de gloire et la crainte, passions qui ne sont aucunement entravées par la raison qui, au contraire, les réfléchit. C'est à partir de cette conception mécaniste et désenchantée de la nature humaine que l'on peut trouver le type d'autorité à laquelle on pourra soumettre le citoyen.

Le Léviathan

Il s'agit là du nom d'un monstre mythologique à la seule vue duquel on est terrorisé. Ce monstre symbolise l'État et en dit déjà assez long sur ses qualités principales ! La force publique pour être respectée doit être plus forte que toute coalition de forces au sein de la cité. Les pactes sans armes sont toujours trahis et c'est la paix à l'ombre des épées qui doit être instaurée.

Le Léviathan est un homme artificiel constitué de l'ensemble des citoyens. Hobbes utilise lui-même cette métaphore qui mérite d'être exposée dans ses détails.

– La souveraineté est une âme artificielle en tant qu'elle donne la vie et le mouvement à l'ensemble du corps.

– Les magistrats (fonctionnaires) préposés aux tâches judiciaires et exécutives sont les articulations.

– La récompense ou les châtiments qui meuvent chaque articulation et chaque membre en vue de l'accomplissement de la tâche sont les nerfs.

– La prospérité et la richesse de tous les membres particuliers sont la force.

– La sauvegarde du peuple est son occupation.

– Les conseillers sont sa mémoire.

– L'équité et les lois lui sont raison et volonté.

– La concorde est sa santé.

– Les troubles civils sont sa maladie.

– La guerre civile est sa mort.

La matière et l'artisan de cette créature artificielle est l'homme lui-même : il s'agit donc d'une doctrine de la souveraineté parfaitement laïque, même si Hobbes s'efforcera de montrer, mais *a posteriori*, que ses conceptions ne sont pas contraires à l'Écriture.

Quelle est la justification d'un tel édifice et comment peut-il voir le jour ? Hobbes commence par répondre que les questions qu'il débat ne sont pas de fait mais de droit. Il raisonne donc sur l'essence de la société et de la loi à partir de sa conception immuable de la nature humaine.

Au commencement était l'état de nature, c'est-à-dire l'état dans lequel tout le monde suit la loi de nature et dans lequel il n'y a rien d'injuste selon elle. Mais cet état est celui de la guerre de tous contre tous : rien ne s'opposant aux désirs des uns et des autres, les conflits sont permanents. Aucune industrie ne peut se développer dans une telle insécurité. Les hommes sont donc poussés par leur raison à passer un pacte entre eux pour mettre fin à un tel état de fait. Il ne s'agit pas de considérations morales ou spirituelles mais de la possibilité de poursuivre tranquillement ses fins égoïstes. En lisant un auteur comme Hobbes, on se dit qu'il n'est guère étonnant que la pensée économique libérale se soit plutôt épanouie en Angleterre !

Quel est la nature de ce pacte ? Une fois encore, le mieux est encore de citer Hobbes lui-même dans son *Léviathan* :

« Il est donc tout à fait clair à mes yeux, tant d'après la raison que l'Écriture, que le pouvoir souverain, qu'il réside en un seul homme comme dans une monarchie ou dans une assemblée comme dans les Républiques populaires ou aristocratiques, est tel qu'on ne saurait imaginer que les hommes en édifient un plus grand... Quiconque jugeant trop grand le pouvoir souverain, cherchera à le diminuer, devra s'assujettir à un second pouvoir capable de limiter le premier et donc encore plus grand. »

L'indifférence que Hobbes manifeste à l'égard de la forme constitutionnelle que le pouvoir peut prendre est assez remarquable. Le point décisif est que la souveraineté ne puisse être contestée. Hobbes veut souligner la relation mutuelle qui existe entre protection et obéissance. Pas de liberté et de sécurité sans une abdication d'une part de sa liberté selon la loi naturelle.

Conclusion

Si Machiavel est le premier penseur moderne du pouvoir, Hobbes est le premier penseur moderne de l'État. Il l'est en ce sens qu'il fait découler de la seule raison (c'est-à-dire, selon lui, les principes naturels trouvés vrais par l'expérience ou rendus tels par l'accord mutuel touchant l'usage des mots) les droits du pouvoir souverain et le devoir des sujets. Il consacre de nombreuses pages à l'accord de ses conceptions avec la Bible mais la nouveauté de sa démarche tient plutôt à son strict rationalisme juridique.

On a pu reprocher à Hobbes d'être un penseur du totalitarisme d'État, compte tenu du fait qu'il insiste sur le caractère essentiellement coercitif de celui-ci. On oublie qu'avec lui on prend un tournant libéral décisif. En effet, il n'y a plus qu'une définition négative du juste, c'est-à-dire tout ce qui ne va pas contre la loi. La société et ses lois n'ont pas à me dire ce que je dois faire, elles indiquent tout au plus des limites que je ne dois pas dépasser, en dehors de cela je suis entièrement libre.

La nature humaine, telle que Hobbes la dépeint, le range tout naturellement dans le camp des « réalistes », c'est-à-dire ceux qui disent les choses comme elles sont et non telles qu'elles devraient être. Il est cependant un « idéaliste » dans sa méthode même de pensée, puisqu'il raisonne sur la société en général, au lieu d'étudier des sociétés particulières et que la thèse d'un passage conventionnel et brutal de l'état de nature à l'état civil n'a évidemment aucune validité historique. Cette théorie du contrat fait de lui non un historien mais un philosophe idéaliste du droit.

René Descartes
ou l'ingénieur stoïcien

Philosophe, mathématicien et physicien français né en 1596 et mort en 1650. Issu de la petite noblesse, il fait ses études au collège jésuite de La Flèche et à la faculté de droit de Poitiers. Il s'engage en Hollande dans l'armée de Guillaume de Nassau. Il se consacre à la vie intellectuelle à partir de 1628 et passe le plus clair de son temps à Amsterdam où il trouve une liberté propice à ses recherches. Il entretient une correspondance abondante avec les reines Élisabeth de Bohême et Christine de Suède. Ses œuvres principales sont : le *Discours de la méthode* qui précède des essais scientifiques (1637), les *Méditations métaphysiques* (1641), le *Traité des passions de l'âme* (1649).

Être cartésien

Descartes fait partie du club fermé de ceux qui ont laissé un adjectif : on peut connaître le mot « cartésien », sans avoir lu une ligne de Descartes, ni même peut-être savoir qu'il vient du nom de ce philosophe. « Cartésien » qualifie un comportement particulièrement rationnel, passionné d'exactitude rigoureuse, à l'excès peut-être. On fustige souvent l'attitude cartésienne typiquement française de vouloir construire des modèles théoriques éblouissants et bien réglés, avant tout contact – ou peut-être pour l'éviter ! – avec les réalités empiriques. Le jardin à la française, en somme, contre la broussaille naturelle.

L'importance de Descartes va bien au-delà de ces clichés.

Non seulement il a laissé un adjectif mais il a encore, à l'instar de Socrate, tracé une ligne de partage entre un avant et un après lui. Certes, Descartes s'inscrit dans une longue tradition. Il n'empêche qu'avec lui on ne philosophera plus comme avant, c'est-à-dire qu'Aristote ne sera plus à la philosophie ce que la Bible est à la révélation judéo-chrétienne. Descartes est bien le contemporain de Galilée qui disait que, jusqu'à l'aube du XVIIe siècle, si un corps disséqué montrait le cœur à gauche et Aristote écrivait dans l'un de ses traités qu'il est à droite, on donnait aisément tort au premier !

« La » science

Descartes eut fatalement la tentation d'être l'Aristote des temps modernes, de révolutionner entièrement la manière de philosopher, de trouver des fondements et une manière assurée de progresser dans la connaissance « scientifique » telle que nous l'appellerions aujourd'hui. Cet adjectif mérite qu'on s'y arrête un peu. La science est le propre de celui qui sait. Mais le verbe savoir peut s'entendre de différentes manières. Si je sais quelle heure il est ou qu'il y a un lit dans telle pièce, mon savoir repose bien sur quelque connaissance (lire une montre, reconnaître la position du soleil) ou expérience (je vois ce lit) mais la scientificité de mon savoir est maigre. Si je sais nager ou jouer du piano, mon savoir désigne alors une aptitude, un pouvoir qui ont nécessité un apprentissage plus ou moins long. Les savoir-faire qui engagent le corps d'une manière évidente font comprendre qu'il s'agit bien d'un pouvoir et non d'une simple adjonction ou addition inerte de connaissances. Il en va de même pour l'activité de l'esprit où je peux savoir tracer la courbe d'une fonction mathématique, appliquer la loi d'Ohm en physique, parler telle langue étrangère, exposer les conceptions économiques de Keynes ou l'importance de la mer Méditerranée dans la poésie de Paul Valéry.

Cette idée d'aptitude ou de pouvoir ne suffit pas néanmoins à définir une démarche scientifique. Celui qui vient de traverser la Manche à la nage ou celui qui sait parler l'arabe n'ont rien de « scientifique » par là même ! Le scientifique n'est pas celui qui sait beaucoup de choses et le terme significativement désuet de « savant » convient mieux. Si Descartes n'emploie pas encore cet adjectif et ne le connaît pas *a fortiori* comme substantif, c'est sans doute à partir de lui qu'il prendra tout son sens, de même que l'on pourra parler de « la » science, par rapport à d'autres modes de savoir ou de connaissance.

Détruire pour reconstruire

Le chevalier Descartes est donc celui qui a voulu mettre à bas tout l'édifice du savoir de son temps qu'il jugeait branlant, inutile et même dangereux. Détruire certes, mais pour tout reconstruire entièrement « à neuf » et recommencer depuis les premières fondations. Douter à fond, mais pour être enfin sûr et certain. Descartes est le héros de la rupture, le champion de la révolution intellectuelle. À tel point qu'il éprouvera le besoin d'écrire son célèbre *Discours de la méthode* qui n'était à l'origine qu'une préface à des essais scientifiques qui sont aujourd'hui oubliés tandis que le *Discours* est resté comme un chef d'œuvre universel. Étrange texte que cette préface qui n'est autre qu'une autobiographie où se mêlent la vie et les pensées de l'auteur qui veut nous faire comprendre quel fut son chemin (c'est-à-dire sa méthode). Étrange en effet car l'attitude cartésienne, pour être bien comprise, ne peut faire l'économie de l'homme et nous fait découvrir une vie bien singulière que l'on aurait du mal à qualifier de cartésienne ! Étrange encore parce que Descartes propose une nouvelle universalité scientifique prenant les mathématiques et leurs « longues chaînes de raisons » comme modèle théorique et l'efficacité pratique comme but. Il déclare en même temps que son itinéraire philosophique n'est au fond que le sien et qu'il ne le donne à connaître que pour éclairer le lecteur et l'inviter à se mettre lui-même en chemin. Son maître fut sans doute Montaigne dont on mesure mal l'influence sur les meilleurs esprits à cette époque. Les *Essais* avaient durablement donné le ton de la confidence personnelle mêlée à l'exercice du libre examen philosophique. Le « je pense donc je suis » comme vérité première indubitable à partir de laquelle Descartes pense pouvoir lancer son entreprise de reconstruction de la philosophie était donc inscrit dans « l'air du temps ». L'homme des temps modernes affirme sa subjectivité et pense à partir de l'ego, de même que l'ego trouve sa réalité indestructible dans l'exercice libre de la pensée.

Fallait-il être Descartes pour prononcer la formule « je pense donc je suis », qui semble être tellement banale ? D'autres l'avaient dite avant lui, au passage et comme distraitement peut-être. Il fut sans doute le premier à penser cette vérité et à en faire la première vérité de sa pensée. Bien sûr elle n'est pas première chronologiquement, car il y a l'enfance avant l'âge adulte et l'éveil de l'intelligence d'abord. Elle est première ontologiquement, comme un diamant ayant résisté à l'épreuve du doute. Comment ce « je », fût-il le plus spirituel, pourrait-il passer avant l'être et/ou Dieu ? Voilà la question à laquelle l'homme moderne ne songe plus et cependant capitale sur le plan métaphysique, voilà pourquoi Descartes fut révolutionnaire et le reste peut-être secrètement encore aujourd'hui. Descartes serait-il un « égoïste métaphysique », le tout des choses et la vérité devraient-ils d'abord être ramenés à l'ego ?

Descartes : un déçu de l'école

La vie de Descartes révèle que notre philosophe est essentiellement un déçu de l'enseignement qu'il a reçu, pourtant le meilleur de son époque au collège jésuite de La Flèche. Il laisse poindre une ironie féroce quand il dit qu'on discernait déjà parmi ses condisciples ceux qui allaient un jour prendre la place de leurs maîtres, sous-entendant ainsi ceux qui allaient le mieux répéter ce qu'on leur avait dit et reconduire ce que l'on appellerait aujourd'hui un système de « reproduction institutionnelle ».

En dehors des vérités religieuses que Descartes place au-dessus des capacités seulement humaines et de la poésie pour laquelle il faut avoir quelque don personnel, seules les mathématiques trouvent grâce à ses yeux. Le reste n'est qu'un fatras de complications et de querelles sans fin. Mais que trouve-t-il donc dans les mathématiques et nulle part ailleurs ? La capacité théorique d'avancer avec certitude et assurance. Qu'est-ce que certitude et assurance, en dernière analyse, sinon l'expérience psychologique de **tenir** quelque chose, que ce sentiment est durable et non fugitif, qu'on peut le retrouver, bref qu'on a **pouvoir** sur lui. De plus, ce sentiment et ce pouvoir, on peut les **partager**, au moins en droit, avec ceux qui s'exercent aux mathématiques.

Nul ne conteste que les mathématiques puissent procurer ce sentiment, ni que cette science soit merveilleusement cumulative, sans remises en question perpétuelles. Toute la question est de savoir quelle **valeur** leur accorder. C'est sans doute de cette extrême valorisation des mathématiques que découle toute la philosophie cartésienne et tout son style. Si la déduction est reine en mathématiques («les longues chaînes de raisons»), le fondement de leurs vérités n'est qu'une expérience indémontrable à partager : celle de **l'évidence**. Voilà donc le critère de vérité essentiel pour Descartes. Encore une fois, il ne s'agit pas d'une vérité imposée autoritairement d'en haut mais éprouvée en soi-même (venant de soi ou d'ailleurs, c'est une autre question) et confirmée chez l'autre. Cependant ce critère est valable à «hauteur d'homme» et ne peut revendiquer une valeur absolue.

Je pense donc je suis (cogito ergo sum)

Ne pouvant admettre qu'on n'obtienne pas ailleurs, notamment en philosophie, ce que l'on trouve en mathématiques, Descartes décide de douter de tout, espérant trouver au bout de l'obscurité quelque Vérité baignée par la lumière de l'évidence. C'est le fameux «je pense donc je suis» qu'il écrira même ensuite «je pense, je suis», puisqu'il ne s'agit pas d'un raisonnement mais d'une intuition, d'une perception directe d'une réalité vraie. Un syllogisme normalement construit aurait donné : «tout ce qui pense est, je pense, donc je suis». Sa validité formelle est incontestable; mais est-ce sous cette forme que Descartes cherchait l'expérience de la vérité fondamentale? Non, car ce qui fut pour Descartes sa grande découverte n'est pas tant d'être, mais que, par un **certain exercice** de la pensée, il **est indubitablement**. Tout homme est un «je» pensant qui prend conscience de lui-même par le seul acte de douter de tout, jusqu'au point paradoxal de douter de son propre doute.

On a bien sûr beaucoup critiqué ce «cogito», croyant voir en Descartes un subjectiviste enfermé en lui-même et faisant découler l'être de la pensée, l'homme-créature usurpant la place et la dignité du créateur. Descartes reconnaît volontiers que pour penser il faut être et que la pensée est bien en ce sens seconde par rapport à ce que nous pourrions appeler un don initial. Le «cogito» est plutôt un exercice, qui n'est vrai que chaque fois qu'on veut bien le tenter et nous ajouterions, qui n'est vrai que le temps de l'exercice. Voilà sans doute pourquoi il recommande de le faire une fois pour toutes et il préconise la métaphysique, c'est-à-dire l'intelligence de vérités qui ne requiert que l'entendement seul, que quelques heures par an ! « Penser c'est dire non », dira-t-on plus tard, l'esprit se manifeste en l'homme par sa puissance de négation, de refus. La vie est adhérence, adhésion, croyance, opinion, passion ; l'esprit est détachement, décollement, écart, envol. Ce n'est pas un hasard si Descartes fera figure de philosophe de la modernité puisqu'il est un philosophe de la liberté, non plus du tout au sens théologique mais au sens d'une liberté humaine en acte, qui se trouve et s'éprouve en l'homme et par l'homme. Le « je » du « cogito », accessible librement et donc toujours possible, est celui de la certitude intellectuelle, enfin pleinement éprouvée pour elle-même alors qu'elle n'a été rencontrée qu'à l'occasion de l'application de l'entendement aux réalités mathématiques.

La chose pensante (l'âme) et la chose étendue (le corps)

La première découverte de Descartes est donc l'âme (qu'il ne distingue pas explicitement de l'esprit) qu'il appelle substance pensante car la pensée est son essence. Elle a été obtenue par une sorte de distillation, tout le reste demeurant dans le monde douteux des corps. Mais ce qui est commun à tous les corps et que l'entendement conçoit hors de toute imagination, c'est la pure étendue. Le morceau de cire approché de la flamme perd toutes ses qualités sensibles mais il est évident pour nous qu'il n'en demeure pas moins un corps. Voilà donc l'existence de l'autre substance : l'étendue. Ce qui nous semble de la plus haute importance dans l'histoire de la pensée, c'est que cette substance comprend également **tout** ce qui n'est pas l'âme. Puisque l'âme pensante est une réalité intérieure, cela suppose que la totalité du monde extérieur est désormais « étalé » devant l'homme, sans secret ni qualités occultes. C'est le fameux dualisme cartésien dont on se rend rarement compte qu'il est au fondement même de notre « matérialisme » moderne (inversement on se rend rarement compte que le matérialisme est une métaphysique) : celui des sciences positives comme celui de notre comportement ordinaire ne voit dans les choses qu'une matière que l'homme peut travailler à sa guise. C'est ce **dualisme** qui est le fondement de ce que nous avions appelé « la » science. Il fait du monde une réalité numérique que la technologie, héritière de cette pensée, fait appréhender concrètement. Qu'est-ce que la réalité virtuelle sinon une réalité numériquement reconstituée ?

La philosophie morale

Si les racines métaphysiques de la pensée cartésienne sont un dualisme pensée/étendue, âme/corps, sa cohérence générale vient de la recherche de **l'unité**. On ne peut pas ne pas évoquer la métaphore de l'arbre que Descartes emploie lui-même. Les racines sont la métaphysique, le tronc la physique et les branches médecine, mécanique et morale. Il est donc remarquable que le savoir soit un et pourrait-on dire parcouru par la même sève depuis les premiers principes les plus simples (le premier est le « cogito ») jusqu'aux sciences les plus complexes. Cette progression du simple au complexe est un des grands principes épistémologiques de notre philosophe champion de l'esprit analytique. Les principes doivent être féconds, autre critère de « scientificité », et pour ce qui concerne les sciences de la nature, le critère de la vérité doit être l'expérience.

Mais la morale ? Elle est la dernière des sciences ou la plus haute branche de l'arbre car la plus complexe. Comment donc se conduire avant l'élaboration de cette science ? Cette difficulté nous conduira peut-être à apprécier en profondeur la philosophie cartésienne. Il nous propose en effet, en attendant mieux, une morale « par provision » où se révèle bien ce que nous pouvons appeler le caractère de Descartes : conformiste et original, révolutionnaire et traditionaliste à la fois.

Il conseille en effet d'adopter les coutumes qui ont cours à un endroit et un moment donné (toute sa vie il cherchera la tranquillité pour ne pas dire un certain secret), de savoir continuer un chemin longtemps plutôt que d'en changer continuellement et finalement de « changer l'ordre de ses désirs plutôt que l'ordre du monde ». Conformisme, discrétion, persévérance et résignation : rien là de bien excitant ! Sous cette grisaille revendiquée, il y a peut-être bien autre chose ! « Tout ce qui est profond aime le masque », disait Nietzsche ! Le conformiste est celui qui croit que ses coutumes sont vraies et bonnes, etc. Descartes nous conseille le conformisme parce qu'il n'y a pas de coutumes vraies (Descartes lecteur de Montaigne), quant à sa résignation elle n'est qu'une maîtrise de soi individuelle nécessaire pour pouvoir travailler à une immense entreprise de révolte collective contre la fatalité et l'impuissance humaine : construire une science qui ne serait plus scolaire et spéculative mais dont les applications nous rendraient comme « maîtres et possesseurs de la nature ». Le stoïcisme de Descartes est éternel et provisoire, sa morale est là, à la racine de sa vie et de sa pensée. Éternel, tel qu'il s'exprime dans ses lettres à Élisabeth où il rappelle qu'une vie bienheureuse ne peut être qu'une vie vertueuse dans laquelle on désire ce qui est en notre pouvoir et non dans laquelle on passe son temps à poursuivre une fortune passagère qui ne nous contente jamais. Provisoire néanmoins dans la mesure où cette fameuse science essentiellement technique, qu'il a rêvée et dans laquelle notre civilisation baigne aujourd'hui, consiste justement à s'occuper de « ce qui ne dépend pas de nous », c'est-à-dire du monde extérieur que les stoïciens nous exhortent à supporter dans le mépris et l'impassibilité. On l'oublie trop souvent, la préoccupation de Descartes fut essentiellement la **médecine**. Notre santé morale dépend tellement de la santé de notre corps, selon lui, qu'il convient de faire porter tous nos efforts sur le réglage de cette machine – car pour lui tous les corps, y compris celui de l'homme, sont des machines, c'est-à-dire sont des composés purement étendus – afin que l'âme ainsi soulagée puisse s'adonner à sa fonction essentielle qui est de penser. Notre philosophe qui n'était pas médecin est sans doute le père de la médecine occidentale dans sa radicalité mécanique et l'inspirateur de ce choix de société fondamental qui consiste à chercher par tous les moyens à allonger la vie humaine.

Et Dieu dans tout cela ?

Que dire de la pensée religieuse de Descartes ? Il entend certes « prouver l'existence de Dieu », mais ce Dieu n'est que le « Dieu des philosophes et des savants », c'est-à-dire l'idée de perfection qui est sans doute une structure de notre esprit et non le Dieu vivant qui s'est révélé aux hommes. Selon Descartes l'ego pensant se découvre avant l'idée d'un Dieu parfait, alors que selon la Bible Dieu s'adresse le premier à l'homme. Faut-il en conclure que Descartes est intellectuellement convaincu de l'existence d'un être parfait qui n'est que la projection de ce dont l'esprit humain est capable mais religieusement athée ? La situation est beaucoup plus complexe et l'homme beaucoup plus profond sans doute.

Là encore c'est le dualisme qui fait la modernité. Notre philosophe disjoint ce que la religion peut enseigner de ce que la raison peut nous apprendre, quitte à affirmer par la suite que la raison établit par ses propres moyens ce que le scepticisme veut attaquer. Les théologiens de la Sorbonne ne s'y trompaient pas cependant et percevaient très bien leur perte de pouvoir dès qu'il s'agissait de bannir définitivement l'argument d'autorité en philosophie et d'établir l'autonomie de la raison. On pourrait établir un parallèle entre la distinction de l'âme et du corps et celle du discours religieux et de la philosophie. Pour la première, elle permet une conception matérialiste du corps et pour la seconde une conception rationaliste de la philosophie. Si Descartes ne peut expliquer valablement l'union de l'âme et du corps, c'est qu'elle ne peut être l'objet d'une approche théorique, elle est une réalité **vécue**. N'en est-il pas de même de la foi religieuse ? Certains aspects de la vie de Descartes peuvent témoigner dans ce sens. À l'instar de Socrate, il eut le sentiment d'une inspiration divine à l'origine de son idée fort rationaliste de la science et manifesta à plusieurs reprises de la dévotion religieuse. Le cogito n'est pas un commencement absolu ou le seul possible, il est simplement ce par quoi il faut commencer si l'on veut construire une science une et utile. Cette attitude ne prétend donc pas épuiser les possibles. Sa philosophie ne conduit pas à la foi religieuse puisqu'elle s'en écarte à son origine, mais elle ne la rend pas impossible et la **libère** même, oserions-nous ajouter, de tout ce qui n'est pas elle.

Conclusion

Descartes est le philosophe de la modernité car il est le philosophe dualiste par excellence. Ce dualisme est une séparation de l'âme et du corps, de l'homme et de la nature. La conséquence de ce dualisme est que les corps sont conçus purement corporellement et que la nature est purement naturelle. Le dualisme cartésien vide les corps et la nature de toute dimension spirituelle et ouvre ainsi la voie à l'entreprise de domination technique. Ce dualisme est aussi bien ce qu'il y a de meilleur comme ce qu'il y a de plus critiquable dans cette pensée. Ce qu'il y a de meilleur au sens où il permet la rupture de toute fascination de l'homme vis-à-vis de la nature, qu'on peut voir ainsi comme le prolongement de la pensée judéo-chrétienne pour laquelle l'être humain seul est sacré et non pas la nature. C'est ce qu'il y a de plus critiquable car il est absurde de se séparer totalement de la nature et de la considérer froidement comme d'en haut ou d'ailleurs. Cette difficulté se retrouve comme concentrée dans la question du statut du corps humain. Comment ne pas voir dans la conception mécaniste du corps la condition décisive de développement des connaissances et simultanément de la médecine ? Notre époque ne nous fait-elle point sentir, *a contrario*, les limites d'une médecine qui n'a aucune considération pour la dimension psychologique du malade ? La contradiction que la pensée cartésienne ne saura pas résoudre est celle de l'union de l'âme et du corps puisqu'il faut bien que ces deux dimensions se rejoignent en l'homme.

Quant à la pensée politique de Descartes, elle brille par son absence. Il a eu cependant le mérite d'écrire le *Discours de la méthode* en français et non en latin et de proclamer que « le bon sens est la chose du monde la mieux partagée ». Les esprits malicieux en déduiront que c'est la raison pour laquelle chacun en a si peu !

Blaise Pascal

ou le géomètre du cœur

Philosophe, mathématicien et physicien français né en 1623, mort en 1662. Son père, lié aux plus grands savants du temps, lui donne une éducation qui fera éclore précocement ses aptitudes intellectuelles. Il partage un temps sa vie entre recherches scientifiques et vie mondaine, mais ce sont les préoccupations religieuses qui l'emportent à partir de 1654, date de son extase mystique. Outre ses travaux scientifiques, ses œuvres principales sont *Les Provinciales* (1656-1657) où il prend le parti du jansénisme et les *Pensées* (à partir de 1658) qui est une apologie inachevée de la religion chrétienne.

La singularité de l'homme

Difficile de penser à Pascal sans penser à l'enfant Blaise. Enfant exceptionnel dont les dispositions exceptionnelles furent mises en valeur par l'éducation exceptionnelle que lui a donnée son père Étienne. Rien ne semble avoir été vraiment « normal » dans cette vie et dans cet homme qui passe pour une figure exceptionnellement géniale et tourmentée de l'histoire de la pensée.

D'une santé et d'un caractère trop difficiles, le petit garçon n'est jamais allé à l'école. Cette particularité – dont on ne sait trop si elle est cause ou effet de son génie ! – est non seulement intéressante du point de vue de sa formation intellectuelle mais aussi du fait que le jeune Blaise a échappé à la formation religieuse des bons Pères ! Celui qui prônera l'obéissance et la soumission en bien des domaines, politique et religieux notamment, manifestera en fait, toute sa vie durant, une irréductible liberté d'esprit qui avait d'abord présidé à ses années de formation. De quoi ont-elles été faites ? On dit que son père lui avait interdit les livres de géométrie, pensant devoir d'abord l'initier aux langues anciennes. L'attrait du fruit défendu fut peut-être une incitation à développer des dons précoces en la matière et les *Éléments* d'Euclide furent la douce lecture de ses sept ans. Quoi qu'il en soit, son éducation fut celle d'un authentique humaniste, au sens historique du terme, « nourri » aux lettres anciennes mais aussi abreuvé de tous les savoirs de son temps. Cet apprentissage développa l'aptitude universelle de son esprit et fit de lui un chercheur de vérité indépendamment de toute école. Il est important de rappeler cela, ne serait-ce que pour le situer par rapport à ses deux interlocuteurs majeurs : Montaigne et Descartes. La pensée d'un grand esprit se forme effectivement dans un dialogue avec deux ou trois autres grands esprits. Même si ce dialogue n'est pas toujours explicite ou que les auteurs ne se soient pas connus (comme c'est le cas pour Montaigne et Pascal). La référence à Montaigne est omniprésente, ne serait-ce que par cet « humanisme » partagé et cette fréquentation des anciens. Elle l'est surtout à cause du fait que Pascal reviendra toujours sur la relativité des coutumes et le caractère essentiellement changeant des hommes, tentera toujours de lutter contre la conséquence logique qu'on peut en tirer : une certaine forme de scepticisme de Montaigne. Dans son œuvre majeure, les *Pensées*, c'est à ceux qui doutent que Pascal veut s'adresser, plutôt que de prendre part à des querelles d'écoles philosophiques ou théologiques. C'est aux « Pyrrhoniens » (de Pyrrhon, philosophe ancien réputé pour douter de tout) et aux libertins qu'il parle. Même si Montaigne n'est pas réductible au pyrrhonisme et au libertinage, c'est tout de même lui qui secoua beaucoup de doctes et fanatiques certitudes. Quant à Descartes, il fut, lui aussi, un lecteur de Montaigne et pratiqua le doute méthodique pour mieux en sortir. Pascal, plus jeune de vingt-sept ans, s'éveilla donc à la recherche de la vérité, alors qu'il ne commençait à être question que de cette nouvelle philosophie qu'était le cartésianisme et de cette nouvelle attitude qui consistait surtout à rechercher la vérité dans les sciences.

L'éducation de Pascal le mit donc au contact de l'Antiquité « païenne », d'une part, et de la science moderne, d'autre part. C'est cette double contrainte que subira sa personne et sa pensée, c'est d'elle qu'il essaiera de s'échapper pour mieux plaider pour la seule utilité de la vérité chrétienne.

Mais revenons encore un peu à sa jeunesse. Grâce à la culture de son père et à l'étendue de ses relations, le jeune Blaise fut très tôt au contact des idées nouvelles et introduit à l'intérieur des cercles scientifiques de l'époque. On imagine facilement le bienfait de ces contacts et le plaisir qu'un aussi jeune garçon put tirer d'une situation où il était, de fait, l'un des pairs d'une société de savants parmi les plus réputés de son temps. Nous pourrions à ce sujet risquer une hypothèse psychologique selon laquelle ce fut aussi pour son malheur. Surpassant parfois par sa clairvoyance scientifique des savants accomplis, l'adolescent Pascal dut connaître, bien malgré lui, une sorte d'expansion du moi par le jeu des comparaisons qui est l'origine de l'amour-propre. Il vécut ainsi, après une petite enfance maladive, une période euphorique durant laquelle il tirait de l'exercice de ses formidables capacités rationnelles la source de son bien-être et le fondement de son identité personnelle qui ne pouvait pas aller sans un certain orgueil. Cependant, avec la maturité, vers l'âge de 20 ans et jusqu'à la fin de sa vie, il devint un homme souffrant, à la santé souvent défaillante et à l'âme tourmentée par la question religieuse du salut.

Il est bien évident qu'il faut se méfier de tout « psychologisme » réducteur qui consiste à aller chercher les clés d'un auteur dans sa vie plutôt que dans son œuvre. Il n'en reste pas moins qu'il est des penseurs plus ou moins existentiels et que Pascal fait partie de ceux dont la forme même de la pensée est incompréhensible si on ne la relie pas sans cesse au parcours de leur existence. On pourrait objecter qu'il y a de toute façon une relation étroite entre la pensée et l'existence quel que soit l'homme concerné. Il faudrait alors dire qu'il y en a certains chez qui leur existence même a quelque chose de problématique, contrairement à d'autres où ce problème semble réglé une fois pour toutes, à partir d'un certain âge. Prenons l'exemple du philosophe Kant : son existence apparaît comme un déroulement régulier qui soutient le déroulement régulier d'une œuvre. On pourra toujours objecter que cette régularité est une illusion rétrospective et qu'elle cache toujours quelques conflits intérieurs ou crises surmontées. Mais justement ! Ces crises sont surmontées et l'essentiel se joue dans le développement de l'œuvre et non dans la vie de l'homme. Il est intéressant de voir que Kant voit justement en Pascal, le type même de l'illuminé déséquilibré qui n'a pu s'empêcher de tomber dans la seconde moitié de sa vie dans ce qu'il appelle la « misologie », c'est-à-dire la haine de la raison. D'un point de vue psychologique Pascal a peut-être vécu une sorte d'amour fou avec la raison, puis une déception qui fut à la mesure de ses attentes. « Les principes se sentent, les propositions se concluent », « Le cœur a ses raisons que la raison ne connaît pas », etc. On pourrait multiplier les citations de Pascal qui visent toutes à établir l'impuissance de la raison ! Impuissance théorique à saisir les premières causes et les fins dernières mais aussi et surtout impuissance pratique à rendre plus heureux dans une perspective profane et à assurer le salut dans une perspective religieuse. Grisé par son hypertrophie rationnelle, l'enfant prodige aurait laissé la place à un homme brutalement confronté à l'abîme de tout ce qu'il ne sait pas et ne peut pas savoir ainsi qu'à sa misère face à tout ce qu'il est incapable de faire. Si Pascal s'est fait le penseur de la misère de l'homme sans Dieu, c'est qu'il l'a sans doute éprouvé lui-même, cette misère humaine, après avoir cru à la divinité de l'homme doué de raison. S'il s'est fait le héros de la haine du moi, c'est parce qu'il l'a sans doute trop aimé. L'orgueil fait le prix de l'humilité.

Toutes ces considérations sur la personne de Pascal et sa jeunesse nous révèlent quelque chose de disproportionné, comme si les temps de développement de l'individu n'avaient pas été respectés. Faute d'avoir connu une croissance « en stature et en sagesse » progressive et harmonieuse, Pascal semble n'avoir jamais été chez lui dans la simple et seule condition humaine. D'où sa souffrance générale mais aussi son exceptionnel point de vue sur la condition humaine. Ses mauvaises relations avec la nature l'ont sans doute prédisposé aux fulgurances surnaturelles, c'est à la grâce qu'il s'exposait.

Ce qui fit en effet la substance même de la vie de Pascal c'est le lent, long et parfois brusque travail de la conversion religieuse. La foi fut pour lui ce que nous oserions appeler une affaire personnelle, une transformation profonde de son être même. En ce sens-là, Pascal est un authentique mystique, sujet à une expérience directe de Dieu (ou en tous les cas subjectivement éprouvée comme telle). Impossible de ne pas signaler le fameux « mémorial », billet cousu dans la doublure de son manteau où il consigna son extase de la nuit du 23 au 24 novembre 1654. Nous reviendrons plus loin sur le contenu de ce billet. Ce que l'on sait moins, c'est qu'il ne correspond pas au début de sa conversion, mais plutôt à sa conversion définitive après déjà quelques années de lutte intérieure. Il prit connaissance du courant janséniste en 1646, à l'âge de 23 ans. Ce n'est pas tant le contenu théologique de ce mouvement qui importe que la ferveur de ses adeptes qui appelaient à un rigoureux et vigoureux renouvellement spirituel de l'individu au lieu d'un christianisme formel. Ce mouvement retrouva le contact avec l'Écriture et avec des auteurs anciens comme saint Augustin qui l'influença beaucoup, notamment en ce qui concerne la doctrine du Péché originel.

Pour comprendre son itinéraire intellectuel et spirituel, il faut savoir qu'il est passé progressivement des mathématiques et de la physique à l'étude de l'homme. Et pour comprendre ce passage, il faut comprendre son évolution religieuse qui lui fera abandonner petit à petit ses travaux scientifiques au profit de ce qui reste son grand œuvre, une apologie de la religion chrétienne, restée inachevée, et que nous possédons sous la forme de fragments appelés les *Pensées*. Cette apologie n'a rien d'un catéchisme ou d'un traité de théologie et mériterait bien de s'appeler une philosophie si celle-ci est censée répondre à la question : qu'est-ce que l'homme ?

Avant de tenter d'exposer les thèmes essentiels de sa pensée, que peut-on dire de sa relation avec la philosophie. Elle est plutôt conflictuelle, à l'image de sa relation avec Descartes, jugé selon son mot fameux « inutile et incertain ». Il s'est toujours tenu dans les marges de la philosophie mais avec une variété de talents si complète qu'on pourrait presque dire qu'il l'entoure et en dessine ainsi, en creux, parfaitement la figure. Scientifique, mystique, polémiste, il s'est intéressé à tout : la nature, la société, l'homme. C'est bien le propre du philosophe, à cela près que celui-ci cherche à rendre compte de la réalité globale par un système rationnel dont la partie « première » est une métaphysique. Or, il n'y a pas de métaphysique ou de système pascaliens, alors même qu'il entend atteindre les objectifs de la philosophie : guérir du malheur par la connaissance de la vérité. Toute la difficulté vient du fait que, pour Pascal, le point central d'où tout s'éclaire est la personne de Jésus-Christ. Il faudrait donc faire un saut vers un autre plan de réalité accessible seulement par révélation, pour que tout prenne sa cohérence. Arrivé à ce point on pourrait croire à tort avoir à faire avec lui à une philosophie chrétienne, si tant est que la chose soit possible, voire à un philosophe chrétien. Thomas d'Aquin tente une philosophie chrétienne sous la forme d'une somme théologique,

Descartes est chrétien mais préfère s'occuper de philosophie et laisse les vérités révélées à la Révélation. C'est donc toute l'originalité du point de vue de Pascal que nous essaierons de faire comprendre. Il se tient entre une expérience mystique qu'il garde secrète (contrairement aux mystiques que nous oserions qualifier d'ordinaires !) et une pratique de l'argumentation et de l'art de persuader qui s'adressent à tout un chacun et non à un cénacles « d'initiés » ou de convaincus. Il est très philosophe parce qu'il s'adresse à tous et qu'il essaie de convaincre, mais il essaie de convaincre de la vérité chrétienne et du fait que c'est à partir d'elle que l'on voit tout autrement et que c'est par elle seulement que l'on voit juste. Nous commencerons donc par essayer de cerner le christianisme de Pascal. On pourrait objecter qu'il n'y a pas « le christianisme de Pascal », mais tout simplement le christianisme. Objection qu'il ne manquerait sans doute pas de faire, lui qui trouvait simplement ridicule les « nouveautés » théologiques. Il a cependant une manière bien à lui de présenter ce qu'est la vérité du christianisme et qui est pour lui la vérité suprême. En ce sens, il ne suffit pas de dire de Pascal qu'il est chrétien, et donc, puisqu'il s'inscrit malgré tout dans l'histoire de la pensée, nous essaierons de voir ultérieurement quels sont ses apports originaux qui lui donne sa place parmi les grands philosophes.

Le christianisme de Pascal

« Qu'il y a loin de la connaissance de Dieu à l'aimer ! » (280). Cette distance, c'est celle que Dieu seul peut parcourir et nous fait ainsi parcourir vers lui. Dans ce cas, seulement, connaître n'est pas aimer et aimer c'est vraiment connaître. De quelle connaissance peut-il s'agir ? C'est le mouvement de la **conversion** qui est une révolution. La foi n'est pas le bout de la connaissance, mais un bouleversement de tout notre être et de notre manière même de connaître.

La conversion

Naturellement, c'est-à-dire dans l'état qui est le nôtre en cette vie, le moi ou l'ego se fait le centre de tout. C'est un ego qui poursuit ses intérêts dans un monde infini, nous sommes dans le premier ordre de réalité selon Pascal, l'ordre de la chair où le monde engloutit l'homme prisonnier de son égocentrisme. Dans le deuxième ordre, celui de l'esprit; l'homme trouve sa capacité de nier, de douter, de raisonner et c'est le fameux ego pensant: je pense donc je suis. Le cogito de Descartes, que Pascal est bien obligé d'admettre dans son ordre au moins, est le renversement du rapport de domination entre le moi et le monde (l'étendue). Dans ce deuxième cas, l'homme arrive par son ego infini à engloutir le monde infini, à le comprendre, à être à sa mesure. C'est le règne de la raison et des géomètres. On passe ensuite au troisième ordre, celui de la charité et de l'amour, par un saut, une rupture. Il s'agit d'un autre ordre puisque Dieu y engloutit l'homme dans la mauvaise infinité de son ego et le monde lui-même qui devient alors fini. L'homme ne peut y parvenir tout seul et comme graduellement, car la charité humilie l'ego qui animait les deux premiers ordres et les mettait ainsi au service de l'orgueil.

Voilà donc cette révolution de la conversion: là où l'ego avait pris la place de Dieu, Dieu revient à sa place. D'un côté la logique du péché ou celle de l'amour-propre dans laquelle l'ego s'aime infiniment et tout pour soi, de l'autre, celle de la charité où Dieu peut s'aimer à nouveau en nous et nous en lui. D'un côté l'orgueil et la lutte sans répit des egos entre eux, de l'autre, l'humilité de pouvoir aimer les autres parce qu'on aime Dieu, qu'on sait qu'il nous aime et qu'on peut à nouveau s'aimer soi-même, simplement.

Si donc la révolution de la conversion va contre nous (au moins dans l'état de péché dans lequel nous sommes), on voit mal comment elle pourrait avoir lieu sans une effraction de Dieu. On pourrait alors en conclure qu'il suffit d'attendre qu'il se manifeste en vaquant tranquillement à ses petites occupations. C'est ainsi que certains disent qu'ils se convertiraient bien, s'ils voyaient un miracle. Pascal ferait alors remarquer que le travail de la conversion resterait extérieur, superficiel et ne changerait pas celui que nous pourrions appeler le «vieil homme», celui dont la source de créance la plus ordinaire est le témoignage de ses sens. Les miracles, auxquels il faut croire – ou en tous les cas qui sont, par principe, possibles à Dieu – ne peuvent d'ailleurs jamais prendre la forme d'une évidence incontestable: ce qui leur ferait manquer, de ce fait même, leur but. Dieu les envoie comme des signes qui troublent l'homme et le font ainsi basculer dans la foi, mais au terme d'un long travail.

Nous voilà donc devant une difficulté particulière. On n'entre dans la foi que par la foi, puisqu'elle est une grâce de Dieu, l'ordre de la charité est d'un autre ordre et on n'y accède que par une sorte de saut final et surnaturel. D'un autre côté, la conversion suppose la participation active du converti. On pourrait donc se demander naïvement ce qu'il faut faire pour trouver Dieu selon Pascal !

La philosophie recommande de faire usage de sa raison pour trouver la vérité. Si Dieu est la vérité, il faudrait donc faire usage de sa raison pour Le trouver.

Les moyens de croire : le cœur et la raison, la coutume, l'inspiration

Le cœur et la raison

Il est impossible de ne pas rappeler quelques-unes de ses formules les plus célèbres : « Le cœur a ses raisons que la raison ne connaît point » (277), « C'est le cœur qui sent Dieu, et non la raison. Voilà ce que c'est que la foi, Dieu sensible au cœur, non à la raison » (278).

La raison est donc disqualifiée, désavouée, bafouée, humiliée, impuissante à nous faire vraiment connaître la seule chose qui soit vraiment utile : être guéri de notre misère et non devenir des savants satisfaits. Toute la distance qu'entend prendre Pascal vis-à-vis de la philosophie en général et de Descartes en particulier se trouve sans doute là. Il travaille à réhabiliter le cœur dans sa dimension noétique, non pas pour en faire le suppléant de la raison en embrassant confusément des vérités ineffables, car c'est au contraire la raison et la discursivité qui ne sont que la suppléance du cœur. La raison est bien le signe de la provenance divine de l'homme, mais négativement, en tant qu'elle comble une impuissance à sentir la vérité tout entière, à chaque instant. Toute la dignité de l'homme est bien dans le fait qu'il pense et raisonne, mais son incapacité à pouvoir tout comprendre par intuition est le signe de sa déchéance. Le cœur se manifeste au contraire par sa fiabilité et sa robustesse et c'est sur lui que la raison doit s'appuyer. C'est ainsi que la connaissance des premiers principes comme le fait qu'il y ait espace, temps, mouvement, nombres, revient au cœur et relève du sentiment ou d'une sorte d'instinct spirituel à partir desquels la raison construit ses connaissances. Elle le fait pour pallier le peu de connaissances qui nous sont données par le cœur, à cause de la corruption de celui-ci ou de notre nature. Nous étions dans la Vérité dans l'état de Nature (avant le péché), nous l'avons perdue, bien que nous ayons gardé au fond de nous-mêmes le sentiment que la Vérité existe, bien que nous ne puissions jamais tout à fait savoir avant la mort ce qu'elle est vraiment. C'est Dieu qui est sensible au cœur, plutôt que le cœur qui est spontanément sensible à Dieu. Il faut se convertir au cœur et laisser la superbe raison, mais à condition que notre cœur se soit converti à Dieu ! Nous retrouvons là notre difficulté initiale, mais avec une précision supplémentaire.

Il faut insister sur le fait que la conception cordiale de la foi chez Pascal n'a rien à voir avec un anti-intellectualisme vulgaire et paresseux. Reconnaissons que l'éloge du cœur fait bien souvent notre affaire quand il s'agit d'éviter la peine et l'austérité du travail rationnel, quand bien même nous en tirerions quelque bénéfice d'orgueil. « Il n'y a rien de si conforme à la raison que ce désaveu de la raison. » Autrement dit, il faut abandonner la raison, à condition de s'en être servi ! Bienheureux sont en effet ceux auxquels Dieu a donné la vérité par sentiment du cœur et cela est suffisant. Mais Pascal parle-t-il pour ceux-là ? Non bien sûr, il raisonne pour faire prendre conscience aux raisonneurs des insuffisances de la raison, en attendant qu'ils reçoivent l'essentiel par grâce. De toute manière, dans sa façon hiérarchique de penser, plutôt que dialectique ou discursive, il serait à la fois ridicule et tyrannique de vouloir imposer les vérités de la foi acquises en dehors de leur ordre propre. Le cœur et la raison ne sont ni bons ni mauvais en eux-mêmes, c'est à nous d'en faire un usage juste ou injuste. Si la raison est volontiers impérieuse et les esprits forts tentés par la tyrannie, le cœur et sa cohorte d'illuminés sont parfois pires. Pascal veut emmener par le raisonnement au point où l'usage de la raison ne peut plus être d'aucun secours. Il y a donc bien quelque chose à faire pour se rapprocher de Dieu : s'appliquer à bien penser est même, d'après Pascal, toute la morale.

Mais que faut-il faire encore quand on n'est pas raisonneur et qui soit nécessaire aussi pour les raisonneurs ?

La coutume

Il ne faut pas hésiter à incliner l'automate en nous, à plier la machine, donner des postures au corps ; et tout cela dans le but d'incliner le cœur vers Dieu. Que faut-il entendre par là ? Nous avons vu que selon Pascal, tenter de convaincre l'esprit était utile mais jamais décisif ; il reste encore à agir sur l'autre partie de nous-mêmes qui n'est que mécanique, disons le corps. Nous voyons par là que Pascal pense tout de même dans le cadre du cartésianisme, dont la nouveauté est de distinguer radicalement la pensée et l'étendue et de ne voir dans le corps qu'une machine. À celui qui se plaindrait de ne pas avoir la foi, Pascal répondrait qu'il n'a qu'à faire comme s'il l'avait. Légèreté apparente de la réponse, mais qui se fonde sur la reconnaissance perspicace de la force de l'habitude. Les postures du corps disposent l'âme par le relais du cœur, c'est ainsi qu'un homme à genoux n'est pas le même que debout, etc. Prier, même sans la foi, fait venir la foi. Nous trouvons là toute l'apologie de la coutume, c'est-à-dire de la religion dans son aspect le plus formel. S'en tenir aux formalités est superstition, se passer de toute formalité est orgueilleux. Cette discipline a pour fonction de rendre plus humble.

Au point où nous en sommes nous avons donc vu que le christianisme de Pascal ne se résume pas comme une doctrine quelconque mais qu'il est une méditation sur l'écart essentiel entre Dieu et nous. D'où l'importance et la difficulté de la conversion véritable qui ne peut être qu'une préparation à une expérience mystique. Il n'y a selon lui que trois moyens de croire : la raison, la coutume et l'inspiration. Nous en sommes au troisième. Il est remarquable cependant que Pascal ne soit justement pas ce qu'il est convenu d'appeler un auteur « mystique » ; préférant sans doute, en la matière, laisser la parole à Dieu. D'où le fait d'avoir caché le billet qu'il avait écrit pour garder toujours en mémoire sa « nuit de feu ». Pour l'essentiel, Pascal écrit dans ce billet qu'il a été touché par le Dieu d'Abraham, Dieu d'Isaac, Dieu de Jacob. Non des philosophes et des savants. Ce qui marque bien, encore une fois, toute la différence entre le Dieu vivant de la Bible et l'idée de Dieu. Mais il dit encore quelque chose d'essentiel : le seul véritable médiateur entre ce Dieu et nous est Jésus-Christ.

Il nous faut donc comprendre maintenant la christianité du Dieu de Pascal qui ne se contente pas de « croire en Dieu » ou d'avoir la foi sans préciser en quel Dieu il croit. Qui est Jésus-Christ pour Pascal ? Il est Dieu incarné en homme comme pour tout chrétien, c'est-à-dire qu'il est Dieu incroyablement révélé et admirablement caché. Il est caché à cause de la modestie de sa condition, à cause du caractère ignominieux de sa mort. Jésus-Christ est le Dieu qui correspond le moins à l'image que se font les hommes de la divinité (Gloire, Puissance, etc.), de telle sorte qu'il est le mieux caché. Il ne se laisse voir qu'à ceux qui sont convertis et c'est en le regardant qu'il nous convertit. Nous retrouvons le cercle théorique que seule l'action de Dieu peut briser. Pascal voit même dans la pluralité des religions une nécessité due à la vérité parfaite du seul christianisme, qui ne peut être que cachée à nos yeux, au moins partiellement.

L'originalité de la pensée de Pascal

Selon Pascal le christianisme est la Vérité suprême et la perspective du salut ; nous aurions donc, de ce fait même, touché au port. Nous l'avons déjà signalé, Pascal n'entend aucunement présenter un christianisme original et sa théologie est essentiellement traditionnelle. Cependant son apologétique (c'est-à-dire la manière dont il défend les vérités de la foi) est essentiellement novatrice, dans sa manière de vouloir convaincre par des voies qui ne sont pas, en elles-mêmes, probantes mais à force d'ingéniosité et de style, déstabilisantes. Elles sont en effet déstabilisantes pour les esprits forts qui « croient » en la raison d'un côté et les bigots de l'autre avec leurs manies religieuses. Déstabilisantes aussi pour une certaine théologie qui entendrait prouver Dieu par la beauté de la nature ou par le raisonnement. Déstabilisantes enfin pour une philosophie qui, symétriquement, voudrait faire une place au Dieu chrétien en son sein. La pensée de Pascal n'est au fond qu'une tentative de prendre au sérieux la vérité chrétienne : infinie distance et infinie proximité entre Dieu et l'homme. Nous avons le sentiment que très peu s'y soient attelés aussi bien, malgré la profusion des auteurs chrétiens. Il donne un éclairage absolument singulier sur la nature humaine, une pensée hiérarchique et non monolithique de la réalité qui est une recherche de la justice quand toute référence à une nature normative s'est éloignée.

La nature humaine

« Sans Jésus-Christ, vous n'êtes qu'un monstre et un chaos. » Autant dire la plupart du temps ! Pascal inaugure le thème cher à Nietzsche d'un homme chaotique. Mais là où le second voit la condition de toute création, le premier voit plutôt la monstruosité. « Quelle chimère est-ce donc que l'homme ? » Il est une contradiction, un paradoxe pour lui-même. Infiniment grand dans la conscience de son infinie misère. Cette conception est le contraire même d'une conception moyenne ou médiocre de l'homme. L'homme n'est homme qu'en touchant les deux extrêmes et il faut bien trouver un principe de grandeur et un principe de misère en l'homme pour rendre compte de sa nature. C'est dans la doctrine du péché originel, qu'il présente lui-même comme une obscurité, qu'il trouve enfin de quoi éclairer. L'homme qui s'est détourné de Dieu en garde la marque. Nous n'y revenons pas, puisque cela concerne la nécessité et la difficulté de la conversion, pour ne pas dire son impossibilité puisque la grâce ne fait que lutter contre un péché qui n'est éradiqué que par la mort. Là aussi on voit toute la distance entre Pascal et le point de vue traditionnel de la philosophie qui consiste à admettre la mort comme une nécessité naturelle qu'il faut aborder avec sérénité. Elle est au contraire pour lui un combat surnaturel, depuis que Dieu lui-même l'a connue. Elle est douce en Jésus-Christ, sans lui elle est atroce et l'horreur de la nature : d'un côté la vraie vie, de l'autre la vraie perte. La vie humaine n'est donc point un tranquille voyage de la naissance vers une mort qu'il faut bien accepter puisqu'elle est certaine. Elle est plutôt une lutte entre des tendances contraires, un risque, une possibilité de salut ou de perte. Rien d'étonnant à ce que le mathématicien Pascal se soit particulièrement intéressé au calcul des probabilités ! La morale pascalienne est donc marquée par un dualisme violent : d'un côté prier dans sa chambre, de l'autre se divertir. Et surtout rien entre les deux ! Une fois de plus Pascal veut tourner en ridicule la fausse sagesse d'une philosophie naturelle : on ne peut rien trouver de bon en soi si ce n'est pas Dieu qu'on y cherche. Vanité que toutes ces occupations sérieuses qui voudraient nous faire croire qu'elles sont fondamentalement différentes des divertissements superficiels. Alors, une fois de plus, que faire ? On ne peut, ni même peut-être on ne doit, toujours prier dans sa chambre. Peu de temps avant sa mort Pascal imaginait un système de « carrosses à cinq sols », ancêtre de la RATP, preuve de préoccupations passablement profanes. Rien de plus éloigné du tempérament pascalien qu'une pensée moralisatrice qui consisterait à condamner le divertissement ! Il fait la substance même de l'homme qui passe son temps à fuir le néant qu'il est face à l'infini et à se prendre pour un tout à l'égard du néant.

Penser juste, une conception hiérarchique des choses

Le péché a donc éclaté la réalité, scindant la Nature originelle entre une nature corrompue et une surnature accessible par la grâce. Voilà qui fait comprendre ce fameux passage : « Tous les corps ensemble, et tous les esprits ensemble, et toutes les productions, ne valent pas le moindre mouvement de charité. Cela est d'un autre ordre infiniment plus élevé. » Mais la chair comme l'esprit ont leur grandeur particulière et le monde n'a pas seulement besoin de saints ! Les capitaines et les géomètres ont aussi leur rôle à jouer. Il faut savoir imposer quand il faut, assurer quand il faut et se soumettre quand il faut. Les riches et les rois ont pour objet le corps, les curieux et les savants ont pour objet l'esprit ; les sages, quant à eux, ont pour objet la justice. Les premiers sont menacés par la concupiscence, les seconds par la curiosité et les derniers proprement par l'orgueil qui prenait déjà part aux deux ordres précédents. La vraie sagesse selon lui doit être donnée par Dieu seul et la charité corrige ainsi l'orgueil en humilité.

Ces conceptions commandent la pensée politique de Pascal. La vraie justice n'est jamais tout à fait de ce monde et il remarque que si on pouvait la connaître assurément, « on la verrait plantée par tous les États ». Au lieu de cela on ne voit que relativité des mœurs et des constitutions. Si aucune solution n'est vraiment satisfaisante, que faire donc ? La force est tyrannique et critiquée, la justice sujette à dispute et impuissante, il faut donc les mettre ensemble et faute de pouvoir connaître la justice, il faut bien se contenter de justifier la force plutôt que de céder à l'illusion de donner la force à la justice. Il ne dit pas qu'il est juste d'obéir à la force mais simplement nécessaire. Il est donc partisan de dire que le seul fondement que l'on puisse trouver à la justice (celle que les hommes font régner) est la coutume, même si elle a été autrefois introduite sans raison, c'est-à-dire finalement au gré d'un rapport de force. Il faut obéir à la loi, non parce qu'elle est juste mais parce qu'elle est la loi, voilà qui garantit du pire des maux qui est la guerre civile. Rappelons que Pascal est un contemporain de la Fronde et des troubles qu'elle a entraînés.

Nous allons retrouver une division hiérarchique entre le peuple, les demi-habiles et les habiles. Le peuple croit que les lois sont justes et leur obéit, les demi-habiles veulent faire voir au peuple qu'il n'en n'est rien, les habiles savent qu'elles ne sont pas justes mais ne croient pas que d'autres le seraient plus. La pensée de Pascal est un peu paradoxale et débouche sur une authentique théorie de l'hypocrisie pour le bien de tous, y compris celui du peuple. C'est lui qui fait le plus souvent les frais des révolutions et les nouveaux maîtres sont toujours plus durs que les anciens. Il faut donc penser comme le peuple, mais avec une « pensée de derrière », et faire voir les lois établies comme justes, même si on ne le pense pas. Cette conception des choses comporte une incontestable part de vérité, mais se révèle incapable de penser le moindre progrès historique au profit d'un conformisme conscient et intelligent. La pensée moderne distingue bien le droit et la morale et crée ainsi une tension et un principe d'évolution, au lieu que Pascal pense dans le cadre de ce qu'il appelle la justice.

Sa pensée a cependant des accents étrangement modernes et nous pourrions essayer de le montrer pour ce qui concerne l'idée de nature, qui est sans doute centrale dans son œuvre. Parlant de l'homme, voilà ce qu'il dit : « La vraie nature étant perdue, tout devient sa nature ; comme, le véritable bien étant perdu, tout devient son véritable bien. » Il pense donc à partir de la Nature, mais il la pense comme étant essentiellement perdue, contrairement à toute la théologie qui veut toujours retrouver quelque morale naturelle et prétend toujours pouvoir contempler la splendeur de la vérité. Tout établissement humain est au contraire essentiellement conventionnel pour Pascal, en même temps qu'il devient naturel et qu'on est porté à le croire naturel. Il n'y a de nature qu'on ne puisse effacer, c'est ainsi que la nature n'est qu'une première coutume, comme la coutume est une seconde nature. Son conservatisme est peut-être une réaction au fait qu'il a compris que tout est en évolution ! Cette manière de voir prendra toute son importance plus tard avec la pensée biologique de Lamarck et de Darwin. Il faut considérer l'espèce et non l'individu, de telle sorte que la nature, telle qu'elle est déterminée à la naissance, n'est que le produit d'habitudes ancestrales. L'acquis fait ainsi l'inné !

Conclusion

Pascal est donc un antiphilosophe, mais avec tant d'application et de perspicacité qu'on peut dire qu'il est un authentique philosophe. Saint Paul ne disait-il pas que la folie de la croix était la véritable sagesse et la sagesse des hommes une folie ! C'est dans ce genre de retournement ahurissant qu'on trouve le style de l'homme. La foi pour lui n'est pas une certitude molle et à moitié assurée, elle est au contraire une certitude bien plus solide que celles de la raison elle-même, qui n'est que le produit de notre habitude. Mais c'est une certitude mêlée d'inquiétude, car elle n'est pas en notre pouvoir et ne peut, ni même peut-être ne doit, être permanente en nous. On raisonne quand on veut ou presque, on n'a pas une « nuit de feu » sur commande ! À libérer Dieu des conceptions humaines, notre chantre de la soumission religieuse a une sorte d'insolence décapante qui ne le fit pas toujours bien voir des autorités religieuses de son temps.

Sa vision de la misère humaine est bien noire et il faut parfois une bonne humeur singulièrement vigoureuse pour résister à une sorte de malaise profond qui nous guette quand on le lit avec sincérité. Mais à tous nous condamner, il n'y a nulle petitesse et mesquinerie qui croit toujours faire le partage à bon compte entre les bons et les méchants. Peut-être faut-il que le péché soit originel pour qu'il y ait un pardon originel ? Peut-être parvient-il à nous faire sentir, sous l'universelle accusation, un océan de charité.

Baruch Spinoza
ou le paria extatique

Philosophe hollandais né le 24 novembre 1632 à Amsterdam et mort à La Haye le 21 février 1677. Juif d'origine portugaise, il fait des études qui le prépare au rabbinat et aide son père dans ses affaires commerciales. Espoir de la communauté juive d'Amsterdam, élève du talmudiste Morteira, il prend ses distances avec le traditionalisme. Le 27 juillet 1656, le Conseil des rabbins publie l'arrêt d'exclusion de Spinoza de la communauté juive. À cette époque, Spinoza va choisir d'apprendre un métier : la taille des instruments d'optique. On dit qu'il y excellait et qu'il lui assura de quoi subvenir à ses besoins. Il fréquente beaucoup les milieux chrétiens libéraux, possède désormais la connaissance du hollandais et du latin alors qu'il connaissait déjà l'espagnol, l'italien, l'allemand et bien sûr l'hébreu. Il est protégé par Jean de Witt, grand pensionnaire de Hollande de 1653 à 1672.

Spinoza vit modestement, accueilli chez des amis peintres, jouissant d'une notoriété certaine dans les milieux intellectuels, entouré de quelques disciples, travaillant à une œuvre dont une partie sera publiée à titre posthume et qui inquiétait déjà beaucoup ses contemporains.

Ses œuvres principales sont le *Traité de la réforme de l'entendement*, *L'Éthique*, le *Traité des Autorités théologiques et politiques*, le *Traité de l'autorité politique*.

Voilà un philosophe qui est une sorte d'îlot isolé au sein de l'histoire de la philosophie. Juif hollandais d'origine sépharade, c'est-à-dire dont les ancêtres ont refusé la conversion forcée au catholicisme, il refuse à son tour une tradition juive imposée et deviendra le symbole même du philosophe irréductible et solitaire, y compris au sein de la tradition philosophique à cause de l'originalité de sa pensée. Il est encore aujourd'hui une référence quasiment mythique de la liberté d'esprit. Il est très souvent invoqué par les scientifiques athées comme leur philosophe préféré, certains voient en lui un mystique d'un genre particulier qui ne serait pas sans affinités avec le bouddhisme, beaucoup de juifs non religieux ont une affection particulière pour lui.

Nous pourrions nous risquer à faire l'hypothèse qu'une sorte de traumatisme a dû marquer profondément le jeune Baruch. Il n'a que 14 ans lorsque Uriel da Costa est flagellé publiquement au cours d'une cérémonie organisée par la communauté juive d'Amsterdam, il en a certainement été témoin. Le supplicié, d'origine juive mais d'éducation chrétienne, était revenu au judaïsme pour finalement combattre son formalisme et se tourner vers la conception d'une religion naturelle. Après son supplice dont il avait accepté la sentence, il se suicida.

Voilà qui a de quoi marquer un jeune esprit, lui faire peur peut-être, mais le faire réfléchir aussi. Toute la vie et la pensée de Spinoza consisteront, non pas à lutter violemment et à haïr, mais à se détourner de cette grossièreté de sentiment et d'esprit qui conduit les hommes à être haineux, tout particulièrement à cause de croyances religieuses. C'est la raison pour laquelle nous commencerons notre exposé par ce souci qui semble principal.

La libération par la connaissance

La nature humaine, qui n'a sans doute pas changé aujourd'hui, donnait à Spinoza le spectacle de passions tumultueuses et contradictoires, souvent amplifiées par les désaccords touchant les croyances religieuses. Comment rendre compte de tout cela et peut-on s'en libérer ?

Spinoza distingue trois genres de connaissances. Le premier correspond aux conjectures que nous faisons à partir de nos perceptions immédiates. Le deuxième correspond à l'activité de l'entendement qui cherche la cause des phénomènes. Le troisième est la science intuitive qui nous fait comprendre la nécessité interne qui lie une idée aux propriétés qu'on peut en tirer comme le font par exemple les géomètres pour les figures.

Nous nous contentons le plus souvent du premier genre de connaissance, ce qui ne peut pas manquer d'entraîner des surprises, qu'elles soient bonnes ou mauvaises. Sur le plan affectif, le premier genre de connaissance correspond à la vie selon les passions. Cela signifie simplement que nous passons notre temps à poursuivre ce qui correspond à nos désirs et à fuir ce qui les contrarie. Cet état intellectuel et affectif nous met dans un grand état de dépendance, car nous croyons que le bien et le mal sont hors de nous. Comme la conscience éclaire l'objet de nos désirs pendant que notre ignorance nous détourne d'en rechercher les causes, nous imaginons que c'est cet objet qui les attire par sa propre valeur et qu'il est la véritable raison d'être de nos désirs. Aveuglés par leur égocentrisme, nous finissons par tomber dans un finalisme naïf et par croire que tout a été fait pour nous. Comme nous ne considérons pas les choses en elles-mêmes mais comme des moyens à notre service, nous voyons bien que nous n'en sommes pas les auteurs, et en déduisons qu'un Dieu les a créées pour nous. Ainsi le sens de notre vie est d'attirer les faveurs de ce Dieu.

La démarche de Spinoza consiste donc à montrer comment la croyance religieuse ordinaire n'est pas le fruit d'une élévation de l'esprit, mais d'une projection de notre propre comportement. Dieu est alors conçu en fonction de nos préoccupations immédiates qui sont de nous procurer ce que nous jugeons bon et de fuir ce que nous jugeons mauvais. Au lieu d'être une force spirituelle de charité et de justice, il est un terrible pouvoir de faire du bien ou du mal.

Or, que se passe-t-il fatalement ? Eh bien, la fortune nous est tour à tour favorable et défavorable. Comme la connaissance du premier genre ne cherche pas les causes des choses, ce qui arrive est perçu comme une faveur miraculeuse ou une malédiction. De là vient que les hommes vivent dans la **crainte** et la **superstition**, les deux étant d'ailleurs inséparables.

Que faire ? Comment échapper à cette prison ? Spinoza montre à cette occasion toute son originalité. La condamnation des passions, l'appel à la connaissance sont en effet des lieux communs, que l'on trouve particulièrement dans les milieux religieux et philosophiques. Il s'agit de partir alors en guerre contre les passions et de tuer nos désirs, cause de tous nos malheurs. Spinoza voit cette attitude comme une exagération de ce qu'elle prétend combattre : agir dans la haine de ce qui nous fait souffrir attise la souffrance. Bientôt, il faudra faire des sacrifices, soit en trouvant des boucs émissaires, soit en se martyrisant soi-même. Les religions sont alors le creuset de toutes les haines et ceux qui ne partagent pas les mêmes croyances sont considérés comme la cause de tous les maux. Les croyances religieuses ne sont donc pas des voiles vertueux pour masquer des passions avides mais elles sont ce qui rend ces passions furieuses.

Spinoza ne condamne nullement les passions et le désir. Le désir est au contraire, selon lui, l'essence même de l'homme. Non pas au sens où l'homme serait, dans la nature, le seul à désirer mais au sens où toute chose dans la nature obéit à sa loi propre et persévère dans son être. Il n'y a donc qu'une seule voie, celle de la connaissance véritable, celle qui nous invite à passer au deuxième et troisième genre de connaissance. Mais que faut-il connaître au juste et en quoi cela peut être une libération ?

Et s'il n'y avait qu'une seule chose à connaître ?

Nous avons déjà suggéré la haute considération de Spinoza pour la connaissance géométrique. En cela, il est bien un lecteur de Descartes et un homme de son siècle. Rien de plus satisfaisant pour l'esprit, rien de plus beau en un sens que cette capacité pour l'esprit de trouver des vérités sans sortir de lui-même. Sitôt que je sais exactement ce qu'est un triangle isocèle, je peux trouver des propriétés qui le caractérisent. Elles se trouvent donc comme contenues dans l'idée de triangle. Cette idée de triangle par exemple est vraie quand elle est complète et que je peux tirer à partir d'elle toutes ses propriétés. L'idée vraie n'est donc pas ce qui correspond à quelque chose qui lui serait extérieur, c'est la plénitude véritable d'une entité. L'idée du triangle peut être **véritable** au sens où on dit que tel morceau de métal est de l'or véritable.

La vérité est certes toujours ce qu'il faut chercher, mais au lieu de penser qu'on y parviendra à la fin de l'exercice philosophique, il faut au contraire partir de la vérité pour philosopher. Voilà donc le renversement que Spinoza nous propose, reste à savoir de quelle idée vraie il faudra partir. S'il veut garder ce qu'il appelle la méthode géométrique, on ne peut rester dans la considération des figures idéales, c'est du réel qu'il faut se préoccuper.

Quelle est l'idée vraie de la substance ? Voilà la définition qu'il en donne au début de la première partie de *L'Éthique* : « Par substance, j'entends ce qui est en soi et est conçu par soi, c'est-à-dire ce dont le concept n'a pas besoin du concept d'une autre chose pour être formé. » Il faut reconnaître qu'en lisant cette définition on a un peu de mal à se représenter ce que peut être cette fameuse substance (rappelons que, selon l'étymologie, cela signifie « ce qui se tient en dessous » d'où l'on peut penser que c'est ce qui soutient tout et se trouve ainsi présent en toute chose).

Cette définition présente un intérêt si l'on se demande par exemple si l'âme et le corps sont des substances puisque la philosophie cartésienne distinguait ces deux entités comme substances fondamentales. Or on ne peut concevoir l'âme sans la pensée et le corps sans l'étendue. Comme, d'autre part, et eu égard à la définition de la substance que nous venons de donner, il ne peut pas y avoir de rapport entre différentes substances, cela signifie que la pensée et l'étendue sont les deux attributs essentiels d'une substance **unique**.

Voilà sans doute ce qu'il faut avant tout connaître dans la philosophie de Spinoza : tout ce qui existe n'est qu'une substance unique sous une infinité de modes. Cette substance unique, infinie et éternelle, Spinoza l'appelle Dieu ou bien la nature. Voilà qui est sans doute la cause de bien des malentendus. Un lecteur peu averti qui a entendu dire que Spinoza était athée sera sans doute surpris en feuilletant ses œuvres de voir à quel point il y est sans cesse question de Dieu. On peut dire aussi que Spinoza est « panthéiste ». Les deux étiquettes, « athée » et « panthéiste », ne nous permettent guère, en fait, de comprendre l'originalité du Dieu de Spinoza.

L'athéisme est souvent un cartésianisme qui aurait supprimé l'un de ses deux termes : il n'y a plus que des corps dans un monde mécanique livré à la seule volonté de l'homme. Or cette conception ne procède pas d'une intelligence de ce que sont les choses en elles-mêmes, mais de la fascination aveugle du pouvoir que nous pouvons avoir sur elles. L'athéisme ou le matérialisme de Spinoza ne vide pas les choses de leur intériorité mais la leur donne, au contraire, tout entière : le corps n'est que l'objet de l'âme.

Le panthéisme est peut-être la première forme du sentiment religieux, il s'accompagne d'effroi et invite l'homme à toutes sortes de rites et de précautions pour se faire accepter dans un univers où il n'est pas vraiment chez lui mais l'invité d'un grand Tout passablement inquiétant. L'homme de Spinoza est au contraire totalement immergé dans ce Tout et ne se sent étranger dans le monde et à lui-même que dans le mesure où il ne cherche pas la connaissance. L'âme n'est que l'idée du corps.

L'intuition intellectuelle de ce Dieu de Spinoza doit, selon lui, permettre par déduction la connaissance de toute chose adéquatement et nous libérer de l'illusion que nous sommes libres, sous prétexte que nous sommes conscients de nos désirs. La connaissance de la nature et de ses mouvements en nous que sont nos passions nous procure la vraie liberté qui est le fait d'être et d'agir par la seule nécessité de sa nature. On pourra objecter que la connaissance de nos chaînes ne les brise pas pour autant. Cependant, pour Spinoza, la connaissance n'est pas un processus neutre, mais ce qui nous libère de l'illusion que la source de nos désirs est à l'extérieur de nous. Elle nous libère donc aussi des conséquences de cette illusion et que Spinoza appelle les passions tristes.

Les autorités théologiques et politiques

Si la voie de la libération est la connaissance, la liberté de philosopher est indispensable et seule une cité qui la garantisse est tolérable. Nous avons vu à quel point Spinoza voit dans les croyances révélées le ferment de la discorde et de la violence. Ce qui ne détourne pas Spinoza de la ferveur, bien au contraire, puisque d'après lui il ne faut juger les hommes qu'à leurs actes et à leur capacité de refléter la justice et la charité.

Il ne dénie pas à l'Écriture toute valeur car elle vise par ses moyens propres les mêmes fins que ceux qui s'appliquent à chercher la vérité avec leur raison. Mais au lieu de poser la divine vérité du texte intégral de l'Écriture avant d'en faire toute lecture, il vaudrait mieux parvenir à cette conclusion après l'avoir lu. En disant que les prophètes ont dû s'adapter à la mentalité et aux croyances des hommes, il pose ce qui sera le principe de toute l'exégèse moderne qui veut faire la part entre la dimension proprement spirituelle de l'Écriture et sa dimension culturelle et passagère.

L'autorité théologique doit donc être tenue en respect par la liberté de penser qui est un droit naturel inattaquable et qui est même la garantie de la conservation de la paix.

Ce souci de paix et de liberté conditionne toute la pensée politique de Spinoza. Au lieu de construire des châteaux de vertu qui ne voient jamais le jour, il propose de partir de ce qui existe, c'est-à-dire un certain nombre de régimes connus pour voir ensuite comment on peut éviter qu'ils ne dégénèrent en tyrannie. Cette démarche a quelque chose de réaliste sans être pour autant cynique.

Conclusion

Le philosophe qui ne voulait ni rire ni pleurer mais comprendre nous a introduit à une pensée assez étrange, une spiritualité matérialiste ou une mystique sans mystère. Il renouvelle notre intelligence du désir en le pensant comme l'expression de la plénitude de notre nature et non l'expression du manque. Il est le philosophe de la joie et l'ennemi de la tristesse, même si ses biographes indiquent qu'il n'était jamais très triste ou très joyeux.

Il renverse des perspectives fondamentales : l'étonnant c'est le corps et nul ne sait encore ce que peut un corps puisque l'âme ne dirige pas le corps mais en est l'idée. Cette âme est périssable pour tout ce qui correspond à ce qui est périssable dans le corps, mais elle est éternelle comme idée de l'essence éternelle du corps. Autrement dit, il n'y a pas à opposer cette vie temporelle à l'éternité après la mort, mais l'ignorance et la connaissance. Quant à ceux qui se briment et briment les autres en vue d'une béatitude future qu'ils croient ainsi méritée, ils n'ont pas compris que la philosophie est méditation de la vie et non de la mort, que les vertus viennent de la béatitude et non l'inverse.

Gottfried Wilhelm Leibniz
ou le rationaliste euphorique

Philosophe allemand né en 1646, mort en 1716. Issu d'une famille de juristes, il exerce son esprit universel dans presque toutes les disciplines. Il travaille au service de l'électeur de Mayence et du duc de Hanovre. Il déploya une activité multiple, diplomatique, scientifique et technique et même œcuménique pour rapprocher catholiques et protestants. Son œuvre est héritière de Descartes et s'en fait la critique. Son optimisme philosophique est caricaturé par Voltaire dans son *Candide*. Outre de très nombreux opuscules et une abondante correspondance, ses principales œuvres sont : *Discours de métaphysique* (1686), *Nouveaux Essais sur l'entendement humain* (1703), *Essais de théodicée* (1710), *La Monadologie* (1714).

Le jeune Leibniz, qui passait pour avoir maîtrisé la somme de ce qu'il fallait apprendre à son époque vers l'âge de 15 ans, fut le prototype de ce que l'on appelle aujourd'hui un « surdoué ». Il le fut toute sa vie, jusqu'à la caricature. Métaphysicien, théologien, mathématicien, physicien, connaisseur de la médecine, généalogiste, philologue, ingénieur, juriste, historien, diplomate, etc. Lui qui incarne la figure du « philosophe courtisan », puisqu'il travailla au service des princes et s'efforça toute sa vie d'y rester le plus longtemps possible et dans les meilleures conditions, poursuivit tout ce qui se peut savoir en cette vie. À cette activité dont la diversité est étonnante, répond une œuvre protéiforme. Il n'y a pas de grand œuvre de Leibniz, de beau et grand système enfermé dans deux ou trois gros livres. Il y a une correspondance foisonnante, une myriade d'opuscules, quelques petits exposés d'ensemble tout de même, comme son *Discours de métaphysique*. Autre caractéristique de son œuvre écrite : elle ne progresse pas linéairement d'une question à une autre, mais revient sans cesse sur son propos, éclaire d'une autre façon et plus complètement ce qui a été déjà dit, etc. Où est la cohérence de tout cela, de l'homme comme de l'œuvre ? On peut remarquer qu'à défaut de cohérence, il y a une incontestable **correspondance** entre l'homme, la vie et l'œuvre. Il y avait plusieurs hommes en Leibniz, plusieurs vies dans sa vie, plusieurs formes dans son œuvre. Nous sommes donc en présence de plusieurs mondes qui se développent les uns à côté des autres, obéissant à leurs raisons propres et qui posent la question de leur coexistence. Comment peuvent-ils ainsi cohabiter dans le réel, exister ensemble sans vraiment se rencontrer ? Un philosophe a toujours la pensée de son caractère et inversement sans doute ; le cœur de la perception leibnizienne des choses se trouve certainement dans l'idée d'une harmonie secrète dans le désordre apparent, d'une résorption en un point final de toutes les divergences et de tous les maux, d'un regard qui voit la figure générale dessinée par l'infinité des points disséminés, d'un point symphonique où toutes les musiques du réel viennent chanter à l'unisson. Il fallait à Leibniz au moins ce Dieu, on l'aura reconnu, pour faire tenir en un seul homme et en un seul monde autant de points de vue possibles !

Un rationalisme intégral

C'est à Leibniz que l'on doit ce que l'on pourrait appeler « l'éclosion » du principe de raison. Heidegger méditera en effet sur son extraordinaire temps « d'incubation » depuis l'aurore de la philosophie grecque. Comme s'il y avait eu une retenue de ce principe, une pudeur face au déferlement de ce que nous appellerions le rationalisme intégral. « S'élevant à la métaphysique », notre philosophe nous propose de nous servir du **« grand principe »**, « peu employé » et qui veut que rien ne se fasse sans **raison suffisante**. Il faut insister sur le caractère suffisant de cette raison, car c'est en vertu de lui qu'un esprit convenablement éclairé pourrait rendre compte du fait que les choses sont **ainsi et non pas autrement**. Il ne suffit donc pas de donner des raisons qui concourent au fait que les choses soient comme elles sont (ces raisons ne seraient que nécessaires) mais de donner **toutes** les raisons qui font qu'elles ne sont absolument rien d'autre que ce qu'elles sont. Rien d'étonnant donc à ce qu'après la première question qu'on est en droit de poser : pourquoi y a-t-il quelque chose et non pas plutôt rien ; vienne la seconde : pourquoi sont-elles ainsi et non pas autrement ? En posant ce principe, c'est une perspective infinie qui nous est ouverte, celle de Dieu lui-même. Si Dieu est la réponse à la première question, c'est qu'il se trouve dans le principe à partir duquel on peut la poser, on serait tenté de dire qu'il **est** ce principe lui-même ! Ce Dieu, il le définit comme la notion que nous avons d'un être absolument parfait, or la perfection absolue ne se trouve que dans la **science** et la **puissance**, parler de la plus grande des figures ou du plus grand nombre n'a effectivement pas de sens. Il s'ensuivra que Dieu sera non seulement omniscient mais encore qu'il **agira** de la manière la plus parfaite y compris moralement parlant. Ce Dieu n'est pas uniquement une volonté toute-puissante sans autre caractère que cette toute-puissance même, il est toute-puissance vers le Bien, qu'il nous est donné de connaître et à laquelle nous devons collaborer en tant que puissance vers le mieux. Cela vient du fait que la science précède la puissance et que l'on ne peut vouloir sans **raison** de vouloir. Le rationalisme de Leibniz, avant d'être un rationalisme intégral, est donc un rationalisme principiel ou **initial**. Il oppose donc au volontarisme formel du Dieu de Descartes, un rationalisme du contenu de la volonté de Dieu. La question est d'importance. Dans sa théorie de la création des vérités éternelles, Descartes fondait l'absolue souveraineté de Dieu en tant qu'il aurait bien pu vouloir que les vérités de raison (celles de la logique et des mathématiques) soient toutes autres qu'elles ne sont, et il le peut toujours à tout moment. Ces vérités de raison sont donc, en dernière analyse, des vérités de fait ; sans quoi, pensait Descartes, Dieu ne serait qu'un vulgaire Jupiter. Ce contre quoi Leibniz s'insurge et se refuse à voir en Dieu un tyran dont l'arbitraire ferait la norme de notre entendement. Ce qui est bon et vrai ne tient pas sa bonté et vérité du seul fait que Dieu le veut, mais divine est la volonté qui cherche ce qui est absolument bon et vrai. L'idée de Dieu de Descartes, conçue comme une volonté, laisse la porte ouverte au Dieu personnel de la religion (bien que Descartes s'abstienne d'en parler), celle de Leibniz est plus conforme au « Dieu des philosophes et des savants », puisqu'elle est la vérité totale en tant que nous pouvons commencer à la connaître, dès cette vie, grâce à notre raison et en vertu du fameux principe de raison.

Le problème du miracle fait bien comprendre en quoi consiste le rationalisme intégral de Leibniz. Il dit bien que la nature et ses lois ne sont qu'une coutume de Dieu, mais que si Dieu s'en dispense parfois, c'est à cause d'une raison plus forte qui l'a poussé à ne pas se servir de ses maximes habituelles. Rien donc ne se fait et ne peut se faire qui ne soit dans **l'ordre**, qui est finalement l'autre nom de Dieu. Il y a donc une volonté générale de Dieu, à l'intérieur de laquelle certains événements nous paraissent surnaturels ou hors de l'ordre et qui ne sont que des cas particuliers de cette volonté. Leibniz ruine donc la possibilité du miracle véritable au moment même où il veut lui faire une place. Leibniz est réfractaire à la moindre idée de fracture ou de déchirure du réel. Le monde est un tissu aux plis innombrables, à la complexité infinie, mais continu et sans coutures. Il n'y a pas de saut mais une quête progressive qui nous fait découvrir la vérité graduellement, de la confusion sensible vers la distinction et l'adéquation intelligibles.

Ce qui fait bien comprendre encore son rationalisme intégral, c'est sa fameuse conception de la **substance**. Là encore, c'est contre Descartes que Leibniz pensera. Descartes opposait la substance pensante à la substance étendue privée de toute volonté et de toute pensée. Ce résultat avait été obtenu par l'ascèse du doute qui était dans son geste même un acte d'abstraction et d'arrachement de l'esprit face au monde. Le « cogito » cartésien était le fruit d'une démarche existentielle, une expérience intérieure. La conception leibnizienne de la substance sera le fruit d'une démarche **logique**. Notons tout d'abord que par substance il faut entendre substance individuelle. Ce qui est substantiel est ce qui se tient, littéralement ce qui se soutient de soi. Seul ce qui est **un** être est vraiment. Il peut y avoir des substances composées, mais on peut toujours remonter jusqu'aux substances simples, c'est-à-dire qu'on ne peut pas diviser et qu'on appelle de ce fait, individuelles. Il donne le nom de **monades** à ces substances simples. Qu'est-ce donc qu'une substance individuelle ? C'est un **sujet** qui ne s'attribue à aucun autre et auquel on peut attribuer des prédicats. On peut attribuer à Alexandre le Grand, par exemple, les prédicats (ce qu'on dit de quelqu'un ou quelque chose) d'homme et de roi. Mieux qu'un substantif, la grammaire dira que c'est un nom propre. La qualité de roi (ou ce prédicat) ne contient pas toutes les qualités d'Alexandre, au lieu qu'Alexandre contient toutes les qualités que l'on peut attribuer à la qualité de roi. Qu'est-ce donc que pouvoir être attribué à un sujet ? C'est le fait que toutes les qualités soient actuellement ou virtuellement contenues dans le sujet. Autrement dit, bien entendre le sujet, c'est aussi entendre toutes ses qualités ou tout ce qu'on peut en dire. Ce que notre entendement ne voit que confusément, Dieu, comme entendement archétypal, le voit distinctement. C'est ce qui fait dire à Leibniz que Dieu peut voir dans la notion individuelle d'Alexandre tout ce qui s'y trouve et même tout ce qui lui est arrivé et arrivera, « ...comme par exemple qu'il vaincrait Darius et Porus ». Ce qui **pour nous** n'est que vérité **de fait** et que nous ne pouvons savoir que par l'histoire, Dieu peut le savoir ***a priori***. On retrouve donc le rationalisme intégral de la raison suffisante, il y a de tout temps dans la monade (mot qui convient aux substances simples, unes) d'Alexandre (comme dans toutes les autres) les traces de tout son passé, celles de tout son avenir et même, si l'on considère bien la « connexion des choses », des traces de tout ce qui se passe dans l'univers ! Difficile de faire moins grandiose ! Par où l'on voit que le déterminisme de Laplace n'est pas nouveau comme schème de pensée ! La monade est donc un microcosme dans lequel Dieu est capable de déceler l'univers entier et toute son histoire. Il découle de cette conception de la substance individuelle des conséquences assez surprenantes. Il n'y a pas deux monades qui soient identiques, leur nombre est constant, elles ne peuvent commencer ni finir naturellement, elles déroulent leur devenir sans agir les unes sur les autres, elles sont chacune un monde entier et un point de vue particulier sur le monde entier. Elles font miroiter à l'infini la gloire de Dieu. Cette « monadologie » déroute un peu dans la mesure où ces « formes substantielles » qui la composent peuvent être à la fois matérielles et spirituelles. Les âmes humaines sont des monades simples sans étendue ni figure, douées d'intelligence, susceptibles de châtiments et de récompenses ; mais une feuille d'arbre par exemple (qu'on songe au fait qu'aucune n'est absolument identique à une autre), est aussi une forme substantielle qui ne se laisse pas réduire par les notions de grandeur, figure et mouvement. Leibniz assure en effet que dans la nature de tout corps il faut nécessairement y reconnaître quelque chose « d'imaginaire », quelque chose qui ait rapport aux âmes. Par où, il est à la fois archaïque et très moderne à la fois.

Il revient à la « scolastique » antérieure à Descartes et doute du réalisme selon lequel les choses sont tout entières à l'extérieur de nous. Ces substances individuelles ne valent rien, reconnaît-il cependant bien volontiers, quand il faut expliquer le détail des phénomènes et en rester à la physique (au moins celle de son temps). Elles s'imposent d'après lui dès qu'il s'agit de passer à la métaphysique.

Ce rationalisme intégral n'est-il pas un « nécessitarisme » et n'est-il pas gravement compromettant pour la liberté humaine ? Cela conduit à l'aspect moral de sa philosophie.

Un optimisme rationnel

Tout le monde connaît les sarcasmes de Voltaire sur ceux qui prétendent tout savoir et prétendent que tout est pour le mieux dans le meilleur des mondes. Difficile d'ignorer par ailleurs ce qui est un cri plutôt qu'un argument : comment voulez-vous justifier ce monde et lui trouver un Dieu, compte tenu de ce qui s'y passe ?

On peut parler chez Leibniz d'une sorte d'optimisme intégral, parce qu'il entend **intégrer** tout ce qui arrive, y compris le pire, dans une perspective plus vaste qui finalement justifie tout. Cet optimisme n'est pas une opinion parmi d'autres possibles, il est étroitement lié à ce que nous avons appelé son rationalisme intégral. Sur le plan logique il est même une conséquence de ce rationalisme de la raison suffisante. Pour ce qui est de l'histoire réelle de la formation de la pensée de Leibniz, on peut toujours penser que c'est l'inverse qui est vrai et que cet optimisme exprime une position initiale dans le monde, une **appréciation morale** fondamentale.

Voyons d'abord la logique de cet optimisme (le mot lui-même n'est pas de lui mais lui a été très tôt attribué pour qualifier sa philosophie). Dieu ne fait rien sans raison et tout ce qu'il fait mérite d'être glorifié. Ceux qui jugent qu'il aurait pu mieux faire, jugent trop rapidement car sans avoir une connaissance suffisante de « l'harmonie générale de l'univers et des raisons cachées de la conduite de Dieu ». Cet optimisme n'entame en rien la gloire de Dieu du point de vue des effets, mais signe – oserait-on dire – sa soumission à une rationalité qui marque nécessairement ce qui est possible et ce qui ne l'est pas. Tout est pour le mieux dans le meilleur des mondes **possibles**. Cet adjectif rend Leibniz tout de même un peu moins inhumain et insensible, et rend Dieu plus « accessible » alors même que le philosophe argue de l'omniscience et de la toute-puissance divines. Toute chose et donc tout mal a sa raison qui contribuera à un mieux futur. Arrivé à ce point on peut se demander si ce n'est pas cet optimisme qui conditionna son rationalisme : essayons de penser **comme si** tout, un jour, allait enfin trouver son sens et sa justice. Là où il y a de l'absurde, pensez qu'**en Dieu** cela a du sens ; là où il y a de l'injustice, pensez qu'en Dieu cela est juste ; là où il y a de la souffrance, pensez en Dieu pour trouver l'apaisement. Quand bien même nous ne sommes pas en mesure de **connaître** la justification de tout ce qui arrive, nous **devons** penser les choses de cette manière-là. À n'en pas douter, Kant, transposant tout cela dans un autre contexte, aura profité de cette leçon essentielle de philosophie ! Il semble qu'il y ait deux attitudes qui fassent horreur à Leibniz : la révolte et le fatalisme. Le conformisme chez Descartes et Pascal est un conformisme conscient, voulu, artificiel, une convention qui décide d'accepter les conventions : il exprime des tempéraments foncièrement rebelles et insoumis ayant un mépris sans bornes pour l'ordre social et ses grimaces. Ce mépris paraît dans l'apologie même des conventions. Le conformisme de Leibniz est absolument intrinsèque à sa personne, c'est un homme qui avance progressivement, Dieu n'a pas fait le monde dans un élan fou de passion amoureuse, il l'a fait en **calculant**, même si le calcul est absolument baroque et grandiose. L'idée même qu'on puisse ne pas se satisfaire de ce qui est et juger que Dieu aurait pu mieux faire est absolument étrangère à son tempérament comme à sa forme d'esprit. S'étant une fois élevé à ce point de contemplation où tout s'ordonne, il convient cependant, en tant qu'âme intelligente, de participer de son mieux possible à la volonté de Dieu. Ce qui est tout le contraire d'accepter sans rien faire. Nous rencontrons là un des grands problèmes classiques de la philosophie. Comment concilier un ordre du monde avec la liberté ? Cette question amène Leibniz à des développements très subtils où il fait la distinction entre ce qui est **certain** et ce qui est **nécessaire**. Se gardant de la philosophie de Descartes et de son volontarisme, il risque à tout moment de tomber dans le « nécessitarisme » de Spinoza qui lui inspire une sainte répulsion. Descartes ramenait les vérités de raison à des vérités de fait, Spinoza ramène les vérités de fait à des vérités de raison. Le Tout chez Spinoza n'est gouverné par nulle puissance extérieure et tout ce qui se produit arrive par une rigoureuse nécessité interne. On peut donc penser que l'homme, à condition de s'y appliquer correctement, puisse connaître adéquatement cette nécessité, même s'il ne peut tout connaître en même temps. Dieu, chez Leibniz n'est connaissable qu'en droit et l'intelligence humaine n'est jamais en mesure d'atteindre ce point d'intelligibilité où tout peut être distinctement perçu. Notre esprit doit et peut tout au plus s'élever à cette idée sublime que ce point de vue sublime existe.

Tout est donc prévu en Dieu, mais en Dieu seulement, qui a choisi « au mieux » le déroulement des événements. Cependant, que le déroulement des événements soit prévu ne signifie pas pour autant qu'il s'impose à Dieu comme une force qui lui serait étrangère. Dieu accompagne en effet la marche des événements où le futur n'existe que dans son entendement et non encore réellement, de telle sorte que nous ne sommes que face au **possible**, vis-à-vis duquel nous devons justement nous déterminer en tant que créatures douées de discernement. L'optimisme rationnel de Leibniz est donc un appel à notre libre arbitre qui doit, lui aussi, choisir en toute occasion les meilleures solutions possibles. Le conformisme de Leibniz (non pas seulement au sens social, mais au sens de l'acceptation de tout ce qui est) n'est donc pas un fatalisme.

Le retour de la théologie

L'optimisme de Leibniz est « téléologique », c'est-à-dire qu'il conçoit les lois de la nature comme tendant à une **fin**. Téléologique, c'est-à-dire théologique, si Dieu est non seulement la cause première de tout ce qui arrive mais aussi celui qui, par son action, se propose d'atteindre une fin qui est **la sienne**. La « nouvelle philosophie » est ici encore sa cible, qui a évacué toute cause finale de sa physique. Contrairement à ceux qui « donnent tout à la nécessité de la matière ou à un certain hasard », il entend bien reconnaître un auteur intelligent à la nature. Cela va dans le sens de la piété, ce qui est suggéré par le sentiment que l'on éprouve en voyant « l'admirable structure des animaux », mais c'est aussi faire preuve de « véritable philosophie ». Connaître la cause, c'est mieux connaître l'effet. Ainsi, telle conquête d'un grand Prince vient du fait qu'il l'a voulue et non d'un effet mécanique qui aurait fait sortir des boulets de la gueule des canons.

C'est aussi la théologie qui permet à Leibniz de se tirer des difficultés de son système. Comment comprendre que les monades qui n'ont « ni portes ni fenêtres », puissent ainsi mener leurs vies parallèles tout en semblant parfaitement réagir les unes par rapport aux autres. En tentant de résoudre cette difficulté il prétendra aussi résoudre cette autre difficulté – l'union de l'âme et du corps – sur laquelle, selon lui, Descartes « aurait quitté la partie ». Plutôt que de régler ses horloges au coup par coup et les unes sur les autres, le bon horloger les règle une bonne fois pour toutes. Il en est de même pour Dieu qui a calculé une harmonie préétablie entre toutes choses qui nous donne seulement **l'illusion** qu'elles agissent les unes sur les autres. Quant à notre corps, il n'appartient pas à notre essence, et mène sa vie parallèle à celle de l'âme selon l'harmonie préétablie. Il est cependant bien **notre** corps et non un corps quelconque de la nature, puisque nous avons le sentiment de pouvoir agir sur lui et que nous ressentons ses affections. Le sentiment de cette connexion entre les deux est le fait d'une infinité de petites perceptions confuses qui, toutes ensemble, forment un tout qui impressionne l'âme.

La théologie de Leibniz c'est aussi cette conception de la pensée comme une sortie progressive de la confusion vers la distinction divine, prélude à une félicité que ni notre esprit ni nos sens n'ont encore pu goûter et que Dieu nous prépare.

Conclusion

En s'opposant constamment à Descartes, il est arrivé à Leibniz ce qui arrive si souvent dans de pareils cas : il a fini par lui ressembler ! Non point du tout au sens d'une convergence doctrinale, mais au sens où il est aussi un père de la modernité. En quoi consiste cette modernité et quelle fut sa postérité ? C'est un penseur de l'individualité (sa conception de la substance) et un théologien rationaliste. Sa métaphysique en fait sans doute le premier penseur du progrès. Descartes était déjà sans doute un chaud « partisan du progrès », en général et des sciences en particulier, mais c'est un progrès volontariste qui n'a qu'une signification anthropologique. D'un mal peut sortir, doit sortir, un bien : l'optimisme de Leibniz par contre, est, via Dieu, dans les choses mêmes. La réalité est continue et harmonique, on passe du meilleur des mondes possibles à un monde meilleur encore. On ne peut s'empêcher de penser à la philosophie kantienne d'un progrès vers la paix universelle par la guerre et au fameux travail du négatif de la dialectique hégélienne.

Ce progrès historique, cette résorption des conflits et des contradictions n'ont pas seulement occupé Leibniz sur le plan théorique. Il a dépensé une grande énergie, non seulement dans l'art des alliances et la diplomatie mais encore dans des tentatives de rapprochement entre ses coreligionnaires protestants et les catholiques. Cet œcuménisme avant la lettre, Leibniz s'en donnait les moyens théoriques par sa conception de la substance et les moyens « politiques » par l'idée qu'il se faisait de la religion. En niant que l'on puisse identifier étendue et essence des corps (ce que fait le cartésianisme) et en cherchant l'essence des corps plutôt dans la notion de force, on peut rapprocher les deux conceptions substantielle et symbolique de la célébration eucharistique, c'est-à-dire respectivement les conceptions catholiques et protestantes. En distinguant les religions dans ce qu'elles ont de « positif » et « révélé » de la **religion naturelle**, Leibniz espère convertir tout le monde à ce que l'on peut découvrir par la seule raison, à condition de l'appliquer comme il convient aux questions métaphysiques. Il écrira à l'électrice Sophie : « Nous envoyons des missionnaires aux Indes pour prêcher la religion révélée, voilà qui va bien. Mais il semble que nous aurions besoin que les Chinois nous envoyassent des missionnaires à leur tour pour nous apprendre la religion naturelle que nous avons perdue. » Cette religion naturelle est la seule sur laquelle, tout compte fait, on puisse réaliser l'harmonie entre les croyants et même les humains. Il est catholique dans sa manière de vouloir faire concorder foi et raison, dans son insistance sur une inscription naturelle de Dieu dans l'esprit ; il est protestant dans sa manière de voir les « pratiques » religieuses comme un besoin anthropologique qui devrait disparaître au fur et à mesure des progrès de l'humanité.

Sans doute lassés de suivre ce Mozart de l'intelligence et de la diplomatie, les diverses écoles philosophiques ou religieuses, les académies, s'éloignèrent. On dit qu'après une vie flamboyante, il eut un enterrement misérable. Quoi qu'il en soit, il ouvrit de nombreuses pistes avant d'aller, on peut l'espérer, contempler la réalité suivant l'infinité de points de vue qu'il avait imaginés.

John Locke
ou l'empiriste tolérant

Philosophe anglais né le 29 août 1632 à Wrington et mort à Oates le 27 octobre 1704. Il fait ses études au Christ Church College à Oxford. Il deviendra médecin et secrétaire de lord Ashley dont il sera l'ami. Impliqué dans la vie politique de son pays, il dut s'exiler à deux reprises en France et en Hollande. Il a sans doute été un conseiller politique de Guillaume d'Orange et reviendra un temps aux affaires après la révolution de 1688. Ses œuvres principales, élaborées tout au long de sa vie, seront publiées aux dates suivantes : les *Lettres sur la tolérance* (1689), le *Traité du gouvernement civil* (1690), *L'Essai sur l'entendement humain* (1690).

John Locke est un authentique chef de file. La philosophie anglo-saxonne contemporaine le considère comme le père de la philosophie moderne, c'est-à-dire, selon elle, de l'empirisme. Mais on revendique aussi sa paternité sur le continent et Voltaire en a fait un vibrant éloge. Il est une référence pour tous les philosophes des « Lumières », il donne à la notion de tolérance ses lettres de noblesse philosophique, inspire la Déclaration des droits de 1689 *(Bill of Rights)* et doit être considéré comme un des premiers inspirateurs de la notion de droits de l'homme.

L'empirisme

Ce mot désigne tout un courant de pensée qui insiste sur l'importance de l'expérience, mieux, lui donne à la fois le premier et le dernier mot dès qu'il s'agit de comprendre le processus de la connaissance. Bref, toutes nos connaissances viennent de l'expérience et doivent être vérifiées par l'expérience. Avant de discuter du bien-fondé de ce point de vue, on peut voir qu'un choix philosophique vient d'être fait implicitement : considérer que la réflexion sur la connaissance est centrale. Certes, le désir de savoir est bien le propre de la philosophie, cependant vouloir connaître le processus de la connaissance comme on étudierait les phénomènes de la nature est une attitude très nouvelle. En effet, examiner la capacité de connaître de l'homme au lieu de se lancer sans autre précaution dans l'aventure de la connaissance, voilà qui est déjà une attitude «critique» au sens que Kant donnera à ce mot.

Tout cela est révélateur d'une certaine défiance à l'égard des constructions métaphysiques plus ou moins obscures et peu convaincantes. Comme si le génie d'un peuple et d'une culture – un certain pragmatisme – avait soufflé à l'oreille de Locke que notre affaire en ce monde n'est pas de connaître toutes choses, mais celles qui regardent la conduite de notre vie. Efficacité scientifique et libéralisme politique.

L'empirisme de Locke conçoit donc l'entendement comme une table rase qui se couvrira d'idées au fur et à mesure du contact avec le réel ou, mieux encore, comme un œil au fond duquel viendront s'inscrire des images. Il y a donc trois entités distinctes qui sont mises en jeu dans le travail de la connaissance : le réel, les idées et l'esprit. Tout vient du contact avec le réel et le travail de l'esprit consiste à mettre en relation les idées qui sont d'abord simples (sensations, solidité, espace, etc.) et qui deviennent de ce fait complexes (substance, pouvoir, relation de cause à effet, etc.). Toute la difficulté de l'empirisme consiste à pouvoir rendre compte du fait que l'esprit construit des relations logiques qui correspondent aux phénomènes réels et ne se contente pas d'être une boîte d'enregistrement passif. On ne dirait pas aujourd'hui que l'entendement est une table rase, il semble au contraire que l'enfant possède des modèles de connaissance *a priori* qu'il teste par rapport au réel. Il n'en reste pas moins que ces modèles se sont forgés grâce à l'expérience, non pas dans l'intervalle de temps de la vie d'un individu mais de celle de l'espèce humaine.

L'empirisme de Locke le conduit à une certaine défiance vis-à-vis des mots qui est une constance de la philosophie anglo-saxonne jusqu'à aujourd'hui. Si les idées sont liées aux choses par une liaison naturelle, les mots qui sont des signes sont liés aux idées par une liaison conventionnelle. Locke est ainsi tout naturellement « nominaliste » et considère qu'il y a beaucoup de mots vides de sens qui ne correspondent à rien dans l'expérience.

Le libéralisme politique

Cette doctrine politique n'est pas sans rapport avec l'empirisme : de même que la connaissance se forme petit à petit au contact du réel sans lui préexister, la société n'est qu'un rassemblement d'individus. Tout part donc de cet atomisme individualiste qui veut que les contraintes de la vie sociale n'ont de justification que pour mieux procurer, préserver et développer les intérêts personnels d'ordre civil. L'obéissance aux lois et au gouvernement ne procède pas d'un contrat de soumission mais d'un consentement (*trust,* confiance) que la communauté civile ne donne que pour son bénéfice. Si cette confiance est trahie, il existe un droit de résistance à l'oppression qui est une notion que l'on retrouvera plus tard dans les déclarations successives des droits de l'homme.

La pensée politique de Locke repose donc sur un droit naturel de l'individu défini comme une personne libre. Rien d'étonnant donc à ce qu'il prêche la tolérance à une époque où cette notion était loin d'être considérée comme « politiquement correcte ». Il distingue radicalement la société religieuse de la société civile et le ministre du culte du magistrat. Une Église est alors une société libre où l'on entre volontairement pour confesser publiquement avec d'autres sa foi personnelle. Il se méfie de toute orthodoxie et condamne la trop grande proximité entre pouvoir temporel et spirituel dans la Genève de Calvin. Toutes les religions devront donc être acceptées sauf... le catholicisme inféodé à une puissance étrangère (se reporter au contexte historique de l'époque), quant à l'athéisme... Locke le déclare inacceptable.

Conclusion

L'empirisme de Locke a ouvert la voie à ce qui allait devenir les sciences humaines (notamment la psychologie) en ramenant la métaphysique à une physique expérimentale de l'âme où il s'agit de décrire la genèse de nos idées comme des phénomènes de la nature.

Son libéralisme politique a forgé la notion même de droit de l'homme : non pas celui que le pouvoir accorde, mais celui qu'il doit respecter absolument. Mais cet homme n'est pas sans idéal, il est le fruit d'une exigence spirituelle. Si pour Locke nous avons droit à la liberté de pensée et à la liberté politique, c'est que nous avons le devoir de chercher la vérité et la justice.

David Hume
ou le sceptique qui réveille

Philosophe écossais né à Édimbourg le 26 avril 1711 et mort le 25 août 1776 dans sa ville natale. Après avoir abandonné des études commerciales, il part pour la France en 1734. Il sera par deux fois empêché d'accéder à une chaire d'université à cause de ses opinions antireligieuses. Il est élu en 1752 bibliothécaire de l'ordre des avocats d'Édimbourg. Secrétaire de lord Hertford qui fut ambassadeur à Paris, il y fera un séjour de 1763 à 1766 durant lequel il fréquenta les encyclopédistes.

Ses œuvres principales sont : le *Traité de la nature humaine* (1737), les *Essais moraux et politiques* (1741), les *Enquêtes sur l'entendement humain* (1748), ses *Dialogues sur la religion naturelle* écrits en 1751 seront publiés après sa mort.

Hume est célèbre, ne serait-ce que pour avoir tiré Kant de son « sommeil dogmatique », selon l'expression même du philosophe allemand. Il a eu une amitié orageuse avec Rousseau et incarne avec une impertinence certaine un XVIIIe siècle qui a fait vaciller les certitudes établies.

Un empirisme radical qui mène au scepticisme

Il est resté célèbre pour son analyse de la notion de causalité. Si l'eau nous paraît durablement fluide cela vient du fait que nous ne vivons pas dans un pays où il gèle. Si, dans des conditions ordinaires, l'eau devient de la glace à zéro degré, nous allons en conclure qu'il en va toujours de même et qu'il y a une relation de cause à effet entre une certaine température et le fait que l'eau gèle, de même qu'entre les nuages et la pluie. Or, le contraire d'un fait quelconque, aussi constant soit-il, étant toujours logiquement possible, nous pouvons et nous devons nous reporter au moment primitif d'ignorance où les deux possibilités, celle du fait avéré et celle de son contraire sont parfaitement équivalentes. La notion de causalité n'est obtenue que par inférence ou induction à cause de la répétition de la contiguïté de deux phénomènes. Comme notre connaissance ne vient que de l'expérience, nous ne pouvons jamais tirer des conclusions définitives et parvenir à des connaissances absolument certaines. La nécessité du lien entre les phénomènes ne tient qu'à notre **habitude**.

La nature humaine est donc notre **coutume**, comme nous sommes plongés en elle, nous avons fini par croire que notre vérité est la vérité. Le rôle de la philosophie est donc d'en faire prendre conscience et de décrire ensuite la nature humaine, cette science descriptive s'inspirant de l'exemple de Locke qui voulait exposer ce qui se passe dans l'entendement humain.

Cette fois-ci nous sommes devant un scepticisme. Que faut-il entendre par là ? Hume lui-même distingue trois scepticismes : un scepticisme « antérieur », un « postérieur » et un « mitigé » qui est le sien. Le premier est celui que Descartes a si bien présenté, il doit être le préliminaire à toute démarche de vérité et passe par le doute. Le deuxième conteste le fait qu'on puisse sortir du doute et rencontrer une certitude métaphysique. Hume partage ce scepticisme et reconnaît, qu'une fois que l'on a dépouillé la matière de toutes ses qualités intelligibles douteuses, il ne reste qu'un « certain quelque chose » (on pourrait dire qu'il s'agit de l'être, du fait qu'il y ait quelque chose) inconnu et inexplicable comme cause de nos perceptions mais qui est une notion si imparfaite qu'aucun sceptique ne jugera bon de lutter contre elle. Ayant admis le second scepticisme, il ne faut pas y rester et passer au troisième. Pourquoi ? À vrai dire, Hume se contente de remarquer que ce passage se fait sans qu'on le veuille et que le puissant pouvoir de l'instinct naturel nous délivre du scepticisme où rien n'est sûr et tout est suspendu. Hume se fait le champion de la philosophie ordinaire de l'humanité : l'homme est fait pour l'action, ce sont les sentiments qui agissent sur lui et les passions qui le meuvent, au fond les grands problèmes métaphysiques insolubles ne méritent que l'**indifférence**. Voilà sans doute une tendance philosophique extrêmement puissante et contre laquelle toute la philosophie de Kant a voulu réagir, éveillée et contrariée par Hume. C'est celle de la quasi-totalité des hommes contrairement aux philosophes qui s'adressent à l'homme comme être raisonnable et considère sa nature comme un sujet de spéculation.

Le scepticisme mitigé de Hume consiste donc à limiter nos recherches à des sujets qui sont mieux adaptés à l'étroite capacité de l'entendement humain et à mener notre vie au mieux de ce qui nous est utile.

Une philosophie des passions

La raison n'est qu'un dérivé, un système de représentation dénué de tout dynamisme propre. Elle n'est pas la marque du suprasensible en nous, mais seulement la possibilité de calculer les moyens qui sont adéquats aux fins que nous poursuivons. Quelles sont ces fins ? Ce sont nos passions que la nature humaine nous dicte en toute chose. Les mathématiques existent ? Certes, mais pourquoi en faire ? L'amour des mathématiques n'est ni vrai ni faux ! Les passions en elles-mêmes ne sont jamais mauvaises, elles ne le sont que lorsqu'elles sont accompagnées de jugements faux.

La croyance religieuse n'est que la forme exagérée de notre nature, puisqu'en elle tout est croyance. Elle est aussi une passion dont les effets les plus négatifs sont le fanatisme et la superstition. Elle est sans doute inséparable de la nature humaine, mais on peut essayer par la critique sceptique d'en limiter les conséquences fâcheuses.

L'action morale n'est pas rendue impossible du fait du principe passionnel de sympathie.

Conclusion

Voilà une personnalité assez intéressante puisque Hume correspond à la fois au type humain le plus courant (ne pas s'embêter avec la métaphysique) et le moins courant : être persuadé, avoir au moins une fois dans sa vie senti et compris, que tout ce que nous pouvons savoir n'atteint jamais une vérité absolue et éternelle. C'est la figure inversée de Pascal qui, lui aussi, voyait dans nos sens et notre raison notre simple habitude. Mais Pascal en concluait qu'il fallait assainir cette nature corrompue aveugle à la vérité surnaturelle, tandis que Hume propose simplement d'en jouir.

Jean-Jacques Rousseau
ou le promeneur nostalgique incompris

Philosophe et écrivain genevois né en 1712 et mort en 1778 à Ermenonville. Fils d'un artisan, il connut tout au long de sa vie, toutes sortes de conditions sociales. Précepteur, musicien, écrivain, vivant avec une lingère et protégé par quelques grandes familles ou une maîtresse.

Sa notoriété commença avec les dissertations qu'il rédigea pour répondre aux questions posées par l'académie de Dijon : « Si le progrès des sciences et des arts a contribué à corrompre ou à épurer les mœurs », et « Quelle est l'origine de l'inégalité parmi les hommes et si elle est autorisée par la loi naturelle ». Il va participer à l'aventure de l'*Encyclopédie*, puis se brouillera avec ceux qui en sont les principaux animateurs.

Il publie en 1762, l'*Émile* et le *Contrat social*, qui constituent une réflexion majeure sur le plan moral et politique. Les deux livres sont condamnés dès leur parution.

De plus en plus seul et amer Rousseau entreprend d'écrire au soir de sa vie ces monuments littéraires que sont *Les Confessions* et *Les Rêveries d'un promeneur solitaire*.

Un personnage controversé

Voilà un auteur fort connu ! Cette notoriété n'en fait-elle pas cependant un philosophe fort méconnu ? Il incarne merveilleusement la figure du « philosophe » des Lumières : ses talents sont éclectiques ; il a participé à la fameuse *Encyclopédie* qui devait devenir la Bible du savoir, des arts et des métiers humains ; il laisse une œuvre qui inspira directement les révolutionnaires français. Considéré comme un des meilleurs écrivains de la langue française, les lycéens le rencontrent bien avant d'aborder la classe de philosophie.

Malheureusement, on ne retient souvent de lui que l'image d'un théoricien croyant à la « bonté naturelle de l'homme », sans trop savoir ce qu'il entendait par là ; un misanthrope finissant sa vie dans l'isolement, au bord de la folie de la persécution et enfin un penseur de l'éducation qui abandonna ses cinq enfants. Tout cela n'est pas sans vérité, mais mérite d'être un peu débrouillé pour comprendre pourquoi il est tant admiré et méprisé.

Sa vie, pour commencer, fut passablement agitée et pleine de rebondissements. Il est issu d'une famille genevoise protestante, son père est artisan. Il passe son temps à franchir des frontières : il vit à Genève, en France, en Italie et en Angleterre ; il est pourchassé par la censure et comblé un temps par le succès ; modeste il connaîtra la gloire ; il oscille à plusieurs reprises entre le protestantisme et le catholicisme ; il est musicien, romancier, poète, philosophe ; il exerce plusieurs métiers pour survivre ; il connaît de nombreuses passions. Voilà un homme bien attachant et sans doute exaspérant !

Tout cela contribue à masquer la profondeur et l'unité de sa pensée philosophique. Essayons de l'éclairer sans pour autant minimiser ses contradictions. Mieux, il nous semble que c'est en insistant sur sa contradiction fondamentale qu'on comprendra Rousseau. Il est à la fois un romantique avant la lettre et un classique nourri des lettres anciennes ; il est un hommes des Lumières et un homme religieux. Nous verrons cette tension permanente en montrant les principaux domaines où sa pensée s'applique.

Un philosophe du sentiment et une conception pessimiste du progrès

La carrière proprement philosophique de Rousseau commence par la rédaction de deux discours (1750 et 1754) qui sont deux réponses aux questions suivantes posées par l'académie de Dijon : « Si le progrès des sciences et des arts a contribué à corrompre ou à épurer les mœurs ? », « Quelle est l'origine de l'inégalité parmi les hommes et si elle est autorisée par la loi naturelle ? ». Tombé par hasard sur la première en feuilletant une revue tandis qu'il allait visiter Diderot emprisonné à Vincennes, il connut une sorte d'illumination philosophique qui le mit sur la voie de sa propre pensée, en même temps que cela allait l'éloigner de ses amis encyclopédistes. Les « Lumières » ne seraient donc pas seulement celles de la raison, elles pourraient être une sorte d'**illumination**, celle du sentiment, celle du cœur.

La méthode de Rousseau, s'il en a une, est bien celle-ci : lire au-dedans de soi dans la transparence de sa propre conscience. Rousseau lit au-dedans de Jean-Jacques. On imagine aisément le scepticisme que cela peut susciter ! Et pourtant il s'agit d'une révolution comparable à celle de Galilée qui voulait lire dans la nature et non plus dans les traités de physique d'Aristote. Rousseau ne veut pas lire dans les livres des philosophes, mais dans son propre **cœur**, étant assuré qu'il y trouvera celui de l'Homme. Galilée entend que la nature lui parle dans la langue des mathématiques, Rousseau que son cœur lui découvre les premiers sentiments humains. Ils sont, selon lui, au nombre de deux : **l'amour de soi** et **la pitié**, le souci de ce qui concourt à sa propre conservation et la répugnance à voir souffrir tout ce qui vit.

L'homme naturel, le fameux Sauvage, est « bon » au sens où il est **sain**. Il est loin de toute préoccupation charitable, simplement préoccupé de son propre bien et indisposé par le spectacle de la souffrance. Ce Sauvage a-t-il existé ? Bien sûr que non ! « Commençons par écarter tous les faits », avait prévenu Rousseau dans son deuxième discours. La bêtise que l'on prête à Rousseau n'est bien souvent que celle du lecteur pressé, sans parler de ceux qui jugent par ouï-dire ! L'état de nature qu'il cherche à nous restituer est en fait un état de Nature qui n'existe qu'au fond de nous-même et non dans l'histoire. On ne peut rien comprendre aux fondements de la pensée de Rousseau si l'on n'a pas compris qu'il est essentiellement théologien. Voilà pourquoi « Nature » mérite un grand « N » selon notre penseur, il s'agit de celle qui sort des mains de Dieu et non de celle que nous constatons autour de nous. Et que constatons-nous ? Eh bien, que non seulement le progrès intellectuel et social n'a pas épuré l'homme moralement, mais qu'il donne des moyens encore plus puissants à l'égoïsme et à la tyrannie. Cet égoïsme est même le puissant stimulant qui fait faire des progrès aux individus et à la civilisation !

On voit tout de suite que Rousseau n'abonde pas dans le sens de ce que nous pourrions appeler aujourd'hui le « progressisme » ou l'optimisme béat. Cela introduit une dissonance entre lui et l'état d'esprit des encyclopédistes, ayant tendance à confondre allégrement progrès des sciences et des techniques avec progrès moral.

Mais comment comprendre la sortie de l'état de Nature, l'entrée dans l'histoire et la longue suite d'événements entraînant la corruption progressive de l'homme ? Rousseau percevait sans doute le point faible de sa démarche puisqu'il assure qu'il ne peut y avoir à ce sujet que des conjectures qui, de toute manière, ne changent rien à la question de la nature de l'homme véritable. Cette question, il ne la pose qu'en droit et selon son propre cœur. Il suggère que le premier mouvement d'orgueil naquit en l'homme quand il l'emporta par son ingéniosité sur des animaux plus forts que lui. Cette comparaison le fit passer insensiblement de l'amour de soi à **l'amour propre** et au goût de se comparer ensuite à ses semblables. La raison lui vint-elle de ces premières comparaisons, ou bien ces comparaisons furent-elles possibles grâce à la naissance de la raison en l'homme ? Difficile à dire et Rousseau ne peut éclairer ce point. Par une suite de circonstances et de hasards funestes, l'homme, par essence solitaire, vivra en groupe et l'inégalité s'installera parmi eux jusqu'à devenir institutionnelle au cours de l'histoire. Les fêtes seront l'occasion de jeux où il faudra faire des prouesses et l'amour deviendra un amour de **préférence** pour les meilleurs, les amours-propres trouveront mille occasions d'être blessés, le cycle des vengeances et des méchancetés s'installera. Un autre facteur décisif de « chute » fut la naissance de la propriété : « le premier qui, ayant enclos un champ, dit : "ceci est à moi", et trouva des hommes assez simples pour le croire, fut le véritable fondateur de la société civile... ». Cette phrase célèbre du deuxième discours, marque une étape décisive dans l'éloignement progressif de la nature originelle de l'homme, accentué par l'affirmation du moi.

Éducation et morale

L'état de Nature, originellement perdu comme le paradis terrestre, n'est pas à retrouver sinon à l'intérieur de soi, comme le « bon » sauvage qui continue d'y vivre enfoui sous tant de vices et de civilisation.

Rousseau ne se contente donc pas d'une mélancolie nostalgique : on peut encore agir pour que la nature profonde de l'homme soit préservée. Contrairement à l'animal, l'homme a perdu son instinct et le dépravement de ses sens en fait un être capable de choisir, de concourir ou de résister à ses actions. Un peu comme chez Pascal, la raison fait toute la spécificité de l'homme en même temps qu'elle est un signe de sa déchéance et une compensation du fait qu'il est devenu, à proprement parler, « insensé ». Spontanément l'homme ne sait plus qui il est, ni ce qu'il doit faire, *a fortiori* quand il est plongé dans une société complexe. Il faut donc l'éduquer. Il s'agit là d'un effort ou d'un art, mais qui consistera à ne pas défigurer la nature. L'éducateur du petit Émile devra donc déployer toute son ingéniosité et sa ruse pour permettre à celui-ci de développer toutes ces capacités naturelles. C'est en ce sens qu'on parle d'une éducation « négative » : soustraire à l'influence néfaste des hommes et soumettre à l'influence naturelle des choses. La véritable morale doit venir de l'intérieur et de l'éveil progressif de la conscience qui refusera l'état de corruption dans lequel le maître et l'esclave s'entretiennent l'un l'autre.

L'éducation religieuse, elle aussi, doit passer par la découverte du **sentiment naturel** de Dieu que le spectacle de la nature et la connaissance de ses merveilles ne peut pas manquer d'éveiller. Sur les questions religieuses la pensée de Rousseau est pour le moins difficile car elle ne se laisse pas réduire à un déisme intellectuel sur le mode du Dieu des philosophes et des savants, en même temps qu'elle s'accommode mal des dogmes et de l'autorité des Églises. Dans une lettre à Monsieur de Francquières il déclare : « J'ai cru dans mon enfance par autorité, dans ma jeunesse par sentiment, dans mon âge mûr par raison ; maintenant je crois parce que j'ai toujours cru. » Il s'agit bien du sentiment de la foi et non d'un raisonnement philosophique, d'une foi reçue et non de convictions déduites. On peut donc parler d'un esprit religieux, même s'il ne se reconnaît que dans la grandeur de la création et la pureté morale. Il éprouvait le besoin de faire partie d'une Église et se convertit plus d'une fois au catholicisme et au protestantisme au gré de sa vie mouvementée. Ce qui est peut-être encore la façon la plus radicale de se moquer des différentes autorités ecclésiastiques !

Politique

Selon Rousseau, vouloir traiter séparément de morale et de politique est s'exposer à ne rien comprendre à l'une et à l'autre. C'est la raison pour laquelle il faut lire conjointement le *Discours sur l'inégalité*, *Émile* et le *Contrat social*. Les réflexions sur la Nature humaine annoncent déjà explicitement une conception du droit naturel et donc une doctrine de la légitimité du pouvoir politique. L'éducation a pour mission de préserver chez l'individu ce qu'il y a de bon en l'homme, le contrat social doit le faire dans le cadre de la société civile. Ce n'est pas le premier philosophe du contrat politique, mais sa philosophie est nettement différente de celle d'un Hobbes par exemple. La justification du contrat n'est pas la sécurité et la paix, mais la liberté. On vit en effet tranquille à l'ombre des cachots et la tranquillité ne peut être la fin du politique. Cette liberté, on s'en doute, n'est pas la licence mais l'obéissance à la règle que l'on s'est prescrite à soi-même. Cette règle ne peut émaner que du peuple souverain, constitué en sujet juridique. La loi est l'expression de la volonté générale, principe repris par la Déclaration des droits de l'homme de 1789. Dans ce système démocratique et républicain tout le monde reste libre à tout moment, puisque la minorité qui doit se soumettre à la majorité ne le fait que temporairement et ne fait qu'obéir au principe de la volonté générale auquel tous ne peuvent que souscrire par définition. Non pas que dans les faits, tous veuillent y souscrire, mais tous, en droit, doivent y souscrire.

Avant de défendre sa conception de la légitimité, il s'attache dans le *Contrat social*, à réfuter celles qui lui semblent fausses et injustes. Il tourne en ridicule la notion de « droit du plus fort » qui est une contradiction dans les termes et qui ne peut durer que le temps de la force et ne crée point de liens durables d'obéissance et d'obligation. Il réfute aussi magistralement la notion d'un « droit d'esclavage », à une époque où la chose était tout à fait admise par les nations « chrétiennes ». Ce droit d'esclavage se présente comme un contrat ou un échange entre la liberté que l'esclave donnerait contre sa vie protégée. Souvenirs antiques du fait qu'un esclave est, historiquement, un vaincu à qui on a laissé la vie sauve. Mais Rousseau montre qu'il y a un droit de la guerre et qu'elle ne peut se faire qu'entre des États et donc des soldats. Un soldat qui se rend n'est plus un soldat et rentre sous la protection ordinaire du droit des gens au même titre que les femmes, les enfants et les vieillards. Le vainqueur n'a donc aucun droit sur la vie de ceux qui ne combattent pas ou plus. Ce qui sera plus tard les « conventions de Genève », définissant le statut de prisonnier de guerre et précisant du même coup la notion de « crime de guerre », s'inspire directement de ce type d'argumentation.

Conclusion

Rousseau fut grand et pitoyable, il en fut conscient et en souffrit. L'abandon de ses enfants le tourmenta. Que dire, sinon que tous ceux qui ont abandonné leurs enfants ne furent pas capables d'écrire un livre comme l'*Émile* ! Attaqué et incompris, il se réfugia dans une subjectivité douloureuse, mais sublime aussi, puisque ses textes autobiographiques sont dans la veine des *Essais* de Montaigne et que beaucoup les considèrent comme l'acte de naissance de la littérature moderne.

C'est lui qui insista sur la **perfectibilité** humaine, cause de ses malheurs mais qui pourrait devenir celle de son salut philosophique et politique. Kant qui pensait que le rôle du philosophe était d'éduquer pour l'avenir ne s'y trompait pas, lui qui avait dans son bureau un portrait de Jean-Jacques pour tout ornement.

Rousseau est directement l'inspirateur des rédacteurs de la Déclaration des droits de l'homme de 1789. On ne peut réfléchir au monde contemporain sans réfléchir à la signification de ces Droits. Méditer l'œuvre de Rousseau nous apprend sans doute leur origine religieuse ou en tout cas spirituelle, puisque cet Homme digne de respect, « né libre et partout dans les fers », Rousseau le trouve dans sa conscience attentive aux desseins de Dieu. On peut bien sûr hausser les épaules et parler d'utopie, mais on ne peut oublier que « Ce que l'on doit faire dépend beaucoup de ce que l'on doit croire. »

Emmanuel Kant
ou le piétiste soupçonneux

Philosophe né en 1724 à Königsberg en Prusse et mort dans la même ville en 1804. D'origine modeste, il fut élevé dans les principes du piétisme protestant. Sa vie entière fut consacrée à l'étude, il devint professeur dans l'université de sa ville où il avait été étudiant. La régularité de son mode de vie était légendaire.

Insatisfait de la tradition métaphysique d'inspiration leibnizienne qu'il a reçue, il entreprend d'écrire une œuvre placée sous le signe de la « critique ». Sa première grande œuvre paraîtra en 1781 sous le titre *Critique de la raison pure*. Elle est donc le fruit d'une longue réflexion puisque le philosophe a déjà 57 ans. Viendront ensuite la *Critique de la raison pratique* (1788) et la *Critique de la faculté de juger* (1790).

Il est vraiment un homme des « Lumières », fervent lecteur de Rousseau. Il se passionne pour la Révolution française, sans du tout approuver ses excès et l'exécution de Louis XVI. Son rationalisme critique impitoyable avec la métaphysique dogmatique est essentiellement préoccupé par l'exigence morale.

Tout étudiant débutant en philosophie s'entend dire un jour : « depuis Kant plus personne ne prétend prouver l'existence de Dieu ». Bigre ! Y avait-il donc des gens pour le prétendre avant lui ? Sans doute était-il un redoutable athée, sans doute anarchiste de tempérament et allergique à toute forme de discipline supérieure. La lecture de l'œuvre de Kant apporte généralement un dégrisement assez brutal qui peut cependant, à la longue, se transformer en un enthousiasme discret mais profond.

L'homme tranquille

Curieux homme. Curieuse plutôt la relation entre l'homme et l'œuvre. L'homme fut une sorte de moine laïque et l'œuvre une bombe critique. La régularité de sa vie est légendaire et on raconte que ses concitoyens pouvaient régler leurs montres sur ses sorties. Une vie sans frasques ni éclats, une vie sans hauts ni bas. Son goût de la règle et sa haine des excès le poussait jusqu'à se méfier des excès de la règle. On sent toujours quelque démesure, quelque délire dans les ascétismes les plus rigoureux, les privations et autres mortifications. Rien de tout cela au contraire dans la vie de Kant qui prenait bien soin de passer des déjeuners agréables avec des invités à sa table où l'on buvait du vin. Mais le déjeuner ne dépassait jamais une certaine heure, on ne buvait qu'un peu et l'on parlait de tout sauf de philosophie. L'ambiance n'était pas aux nocturnes banquets socratiques ! Après ce repas, la promenade – digestive bien entendu ! – et puis le travail jusqu'au coucher. Lever toujours à la même heure et cours à l'université le matin. Et ainsi de suite ! Jusqu'à sa mort ou presque puisqu'il enseignait encore en 1796, à l'âge de 72 ans. Il fut élève dans l'université où il devint professeur et la seule période de sa vie où il y eut un petit peu de mouvement (très relatif !) fut celle où il était précepteur dans différentes familles de Königsberg ou de ses environs, ville qu'il n'a jamais quitté bien sûr ! Plutôt chétif, il prétendait que sa longévité était son œuvre et ne se prit lui-même, assurément, jamais comme un moyen mais comme une fin, pour reprendre une expression qu'il emploie pour qualifier le comportement moral ! Cette vie sans ivresses et sans amours semble avoir été réglée opiniâtrement en vue de quelque chose d'autre. Ce quelque chose où l'homme devient le moyen et la fin à la fois, c'est l'œuvre. Travail monstrueux en quantité comme en qualité. Le sentiment d'étouffement qui prend à la gorge en lisant une biographie de Kant, comment a-t-il fait lui-même pour le surmonter ? Le vieil homme couvait peut-être en son sein quelque prodigieuse nouveauté, quelque chose comme une machine de guerre implacable contre le « ton grand seigneur » généralement employé en métaphysique, lui l'enfant d'une famille nombreuse d'un modeste sellier. Ce modèle d'égalité d'humeur, de fiabilité, montait pièce par pièce, avec un souci de systématicité redoutable de quoi bouleverser non seulement la philosophie mais la manière même de philosopher. Il est à lui seul une révolution intellectuelle à partir de laquelle se comprend la philosophie jusqu'à aujourd'hui.

Philosopher avec Kant

Philosopher selon lui, c'est tenter de répondre à quatre questions, la quatrième étant, selon lui, celle qui recoupe le domaine entier de la philosophie. Quelles sont ces questions ? « **Que puis-je savoir ?** », qui correspond au domaine de la métaphysique. « **Que dois-je faire ?** », qui correspond à celui de la morale. « **Que m'est-il permis d'espérer ?** », qui correspond à celui de la religion. « **Qu'est-ce que l'homme ?** », qui correspond à celui de l'anthropologie.

Avant de suivre ce canevas, proposé par Kant lui-même, quelques réflexions préalables s'imposent. Ce découpage qui semble si évident ne va pas de soi et peut donner lieu à discussion, Kant ne se préoccupe pas d'un exposé positif des connaissances acquises par une science comme une autre. Il y a peut-être songé à la fin de sa vie sans qu'il ait pu mener à bien cette tâche, mais cela n'aurait été qu'une composition *a posteriori* et sans doute provisoire par rapport à l'acte de philosopher lui-même. En quoi cet acte consiste-t-il ? Sans doute il ne s'agit pas de dire que l'on sait ou que l'on prétend savoir, ni de « faire la morale », ni de nous faire espérer (ou même peut-être désespérer !), ni encore de définir l'homme et par là même de le finir. Au lieu du « Que sais-je ? » désabusé de Montaigne, Kant détourne notre quête de connaissance de ses objets habituels et même de sa manière spontanée d'être. Plus question de se jeter dans le monde pour y débusquer enfin quelque vérité ultime, ni de se retirer dans ses méditations pour y trouver quelque fondement ferme et absolu. Si Descartes avait conçu de la défiance à l'égard de la philosophie telle qu'elle était pratiquée jusqu'à lui et conçu un espoir de salut à son sujet en changeant de méthode, Kant semble se défier de la philosophie en tant que telle. Entendez par là qu'il semble avoir perdu tout espoir de savoir que l'âme est immortelle, l'homme libre et que Dieu existe. À la genèse même de son œuvre, Kant semble avoir été déchiré entre d'inébranlables principes acquis lors d'une rigoureuse éducation chrétienne et l'irrésistible puissance de séduction et de conviction d'une science de la nature qui de Galilée à Newton volait de succès en succès, à l'instar des mathématiques depuis les Grecs et qui avaient tant impressionné Descartes en son temps. Non vraiment, ce siècle, le XVIIIe, doit être le « véritable siècle de la critique ». Rien n'est à l'abri de cette critique, ni l'autorité « à cause de sa majesté », ni même la religion « à cause de sa sainteté ». Si la science de son époque, représentée par Newton, est son modèle théorique, son modèle moral et politique est plutôt Rousseau, chantre des sentiments de la conscience et de la liberté civile protégée par le contrat social. Il y a donc un « retour à la nature » général qui est tout sauf une régression dans une obscure forêt primitive. La nature est ce qui obéit systématiquement à des lois comme la théorie de la gravitation universelle. Quant à la nature essentielle de l'homme, elle exige à son tour une révolution dans les mentalités afin que les méthodes d'éducation et les fondements juridiques de la société la respectent et la soutiennent dans son libre développement moral vers sa perfection.

L'empirisme refuse à la métaphysique toute validité objective, faute du point d'ancrage dans l'expérience : parce que nos connaissances ne dérivent que de l'expérience, les idées métaphysiques ne sont que des abstractions vides de contenu. Au lieu de rester sourd à ces critiques, Kant les prend en compte en montrant qu'elles n'ont pas assez réfléchi aux conditions de possibilité de la science. Cette attitude est comparable à celle d'un Descartes qui pousse le doute jusqu'au bout afin d'en sortir. La métaphysique, la plus digne des préoccupations humaines, ne s'attire que le ridicule à vouloir se draper dans une hautaine indifférence vis-à-vis de ce qui souligne ces faiblesses. L'entreprise « critique » qui donnera son nom aux œuvres principales de Kant ainsi qu'à sa philosophie en général aura pour conséquence un double sauvetage (à moins que ce ne soit son intention originelle !) : celui de la connaissance, autonome dans la sphère phénoménale (le monde de ce qui apparaît) ; celui de la pensée, autonome dans la sphère nouménale (le monde de ce qui est pensé). On pense bien sûr à la célèbre formule de la préface de la *Critique de la raison pure* : **« J'ai dû limiter le savoir pour faire une place à la foi. »** Formidable programme qui entretient une certaine ambiguïté. La foi semble être l'alpha et l'oméga de la pensée kantienne ; mais en même temps Kant a consacré toute son œuvre et toute sa vie à la construction rationnelle pour ne pas dire rationaliste de son système critique qu'il prétendait être la seule métaphysique possible.

Que puis-je savoir ?

La signification de cette question

La première question, **que puis-je savoir** ?, correspond au domaine de la métaphysique mais entendue dans un sens nouveau. Le fait même que l'on se pose une telle question suppose que l'on ne peut pas tout savoir, ou bien que, essayant de tout savoir, on rencontre quelques difficultés ! Celui qui veut tout savoir, n'est-ce point l'homme en général et le philosophe en particulier ? Kant part de ce constat simple : les sciences font des progrès éblouissants de solidité, tandis qu'en métaphysique tout est encore objet de controverses ! C'est pour cela qu'il dira qu'elle est un »champ de bataille ». Au lieu donc de se lancer à nouveau dans la mêlée, prétendant vaincre enfin comme tous l'ont cru avant lui, il s'interroge sur **notre manière de connaître** et se demande si notre « équipement » pour cela ne porte pas dans sa nature même les causes de nos défaites. Quelque peu « échaudé » par quelques siècles de métaphysique et, selon ses propres termes, « réveillé de son sommeil dogmatique » par l'empiriste Hume, on peut dire que notre Prussien va partir à la **découverte de l'homme plutôt que de Dieu ou du monde**. Curieuse introspection (pour l'espèce et non au sens de la psychologie de l'individu) qui consiste à se connaître avant de connaître. C'est une sorte d'examen de ce à quoi nous pouvons ou non **légitimement prétendre**. Il y a une réponse facile à faire à celui qui demande que puis-je savoir ? Cherche à connaître et tu auras très exactement la réponse à ta question ! Mais le pouvoir dont il est question ici ne renvoie pas à une capacité effective que l'on peut facilement mettre en évidence : la connaissance n'est pas à l'abri de l'illusion. La question est plutôt : à quelles connaissances ai-je le **droit** de prétendre ? On comprend mieux pourquoi Kant a pu dire que « penser, c'est juger » ! Toute sa pensée est d'ordre juridique voire judiciaire. La philosophie devient comme une sorte de tribunal devant lequel défilent des prétendants auxquels elle entend attribuer « ce qui de droit ». Son principal et premier client, pour ne pas dire plaignant, sera la raison. Plus exactement la « raison pure », c'est-à-dire la raison en tant qu'elle est capable par son propre pouvoir de synthèse de produire des connaissances nouvelles. On comprend bien l'enjeu : l'examen de la capacité de la raison à engendrer des connaissances *a priori* (indépendamment de l'expérience) aura des conséquences sur la possibilité de la métaphysique d'être une science puisque les objets de la métaphysique (Dieu, l'âme...) échappent à l'expérience sensible (ordinairement en tous les cas !). Voilà pourquoi la première question de la philosophie selon Kant (Que puis-je savoir ?) correspond au domaine de la métaphysique. Elle lui correspond de deux manières, puisqu'il s'agira de comprendre **jusqu'où** peut-on savoir (en d'autres termes : que vaut l'ancienne métaphysique ?) et puisqu'il s'agira de rendre compte de ce qui constitue ***« a priori »*** notre relation avec le monde et conditionne ainsi ce qu'on peut en savoir (la métaphysique au sens spécifiquement kantien de l'entreprise critique).

En méditant la première question de la philosophie selon Kant et sa manière de la poser, nous voyons déjà apparaître tout le **style** de cette pensée. C'est une lutte contre ce que Kant appelle lui-même l'extravagance, contre tout ce qui sort d'une **règle**, quelle qu'elle soit. La philosophie doit tracer des frontières, des lignes de partage et faire ainsi régner sa justice. L'exigence morale de cette philosophie est donc d'abord là, avant d'être exprimée dans son volet « pratique » (la *Critique de la raison pratique*). Descartes, par sa métaphore de l'arbre, voulait faire saisir l'unité de tout le savoir humain dont tous les fruits puiseraient à une même racine. Cela fait de lui le premier des modernes mais aussi le dernier des anciens. Il est moderne dans son strict mécanisme gouvernant l'étendue, il est ancien dans sa volonté de déduire les sciences d'une métaphysique. Il y a bien une unité de méthode chez Kant mais qui aboutit à une segmentation des savoirs ou des usages que l'on peut faire de sa raison. La construction scientifique, la vie morale, le jugement de beauté, l'entreprise critique elle-même ; tout cela correspond à autant de rationalités différentes qui doivent respecter leurs domaines de légitimité. Comme si Descartes pensait dans le cadre d'un **monarchisme épistémologique** et Kant dans celui d'une **séparation des pouvoirs de la raison**.

Indifférentisme, dogmatisme et scepticisme

Pour l'essentiel c'est dans la *Critique de la raison pure* qu'on trouve la réponse de Kant à la question que puis-je savoir ? Il y stigmatise trois attitudes, le dogmatisme, le scepticisme et l'indifférentisme. La troisième est irrecevable dans la mesure où elle feint, pour cause de déception sans doute, de se désintéresser totalement du souci métaphysique en quête des causes premières et des fins dernières. Cela ne supprime en rien le **fait** que notre raison nous impose des questions qui dépassent le domaine de l'expérience sensible. C'est un besoin naturel de l'esprit humain de chercher un sens global. Le dogmatisme est l'attitude philosophique dans laquelle Kant a été élevé. C'est le grand rationalisme officiel dans les écoles depuis le début du XVIIIe siècle. Tout est connaissable en droit sinon en fait. Ce rationalisme s'est opposé au dogmatisme religieux où il faut admettre certaines vérités sans discussion, mais il reste dogmatique dans son principe même d'intelligibilité totale en Dieu (c'est-à-dire en se plaçant du point de vue de Dieu comme entendement archétypal). La raison humaine fait de l'homme une créature à l'image de la Raison du créateur. Elle peut trouver en elle-même des idées innées, comme l'idée de Dieu justement qui lui font connaître qu'il existe puisque c'est lui-même qui les y a déposées ou y a laissé sa trace. Curieusement ce dogmatisme est encore largement répandu à l'heure actuelle comme philosophie spontanée de bon nombre d'esprits de formation scientifique et ce malgré les développements de la recherche fondamentale au XXe siècle. Ce dogmatisme est en effet un **réalisme** qui consiste à penser que la vérité est l'adéquation entre notre représentation des choses et ce que sont les choses « objectivement », en elles-mêmes. Mais comment vérifier que nos connaissances sont vraies, sinon en ayant recours à l'expérience qui ne peut nous être donnée que dans nos représentations ? Le reproche fondamental fait au réalisme rationaliste est qu'il postule une chose impossible et contradictoire, à savoir que notre esprit puisse se mettre à la place d'un esprit qui n'est pas le sien (se placer du point de vue de l'intelligence divine) et que nous puissions **sortir** de nos représentations pour appréhender les choses en soi. Cette critique est faite par l'empirisme qui considère nos représentations du monde extérieur comme issues de notre expérience. Ainsi nous constatons une connexion répétée entre deux phénomènes et nous en **induisons** la notion de cause. Il suffit que les conditions d'expérience changent ou que surgisse quelque fait nouveau pour que ce qui nous semblait être une cause cesse de l'être. Notre pensée réagit donc au gré de son environnement. Elle ne peut nous fournir de renseignement durable ayant une valeur absolu sur lui, ne peut ***« a fortiori »*** rien nous apprendre de réel sur Dieu ou sur l'âme qui ne sont que des abstractions vides issues de notre esprit. L'empirisme conduit donc au scepticisme métaphysique et même moral.

Le criticisme : les jugements synthétiques *a priori* et la révolution copernicienne dans l'ordre de la connaissance

La quatrième attitude, celle qui nous fait éviter à la fois l'écueil dogmatique et l'écueil sceptique, est celle que Kant va développer et qu'il appellera l'attitude **critique**. Il perçoit en effet la justesse du point de vue empiriste mais refuse fortement le scepticisme où il mène. On peut y voir la force d'un préjugé moral et personnel, sur lequel sont bâtis les systèmes philosophiques d'après Nietzsche qui voyait en Kant un platonicien chrétien sournois qui voulait, coûte que coûte, sauver le monde des idées « supérieures ».

La critique (au sens ordinaire cette fois) que fait Kant de l'empirisme se résume en une seule phrase de Kant lui-même : « Si toutes nos connaissances ne commencent qu'**avec** l'expérience, elles ne viennent pas toutes **de** l'expérience. » Hume admettait bien qu'il puisse y avoir des « relations d'idées » qui soient certaines comme en mathématiques et puissent être démontrées sans recours à l'expérience mais il n'avait pas vu le pouvoir de synthèse de notre faculté de connaître *a priori*. Si un jugement est le fait de relier deux représentations ou deux connaissances, on peut distinguer deux sortes de jugements, analytiques et synthétiques : dire que tous les corps sont pesants est un jugement analytique parce que la pesanteur est comprise dans notre concept de corps. Dire que cette pierre est dure ou a telle densité est un jugement synthétique dans la mesure où il nous apporte une connaissance nouvelle. La question est de savoir s'il y a des jugements synthétiques ***« a priori »*** et, si oui, quelle est leur condition de possibilité. On comprend l'importance de cette question puisqu'il s'agit de savoir si notre raison a un **pouvoir** intrinsèque de connaissance, et ne pas laisser ainsi à l'expérience le privilège de la découverte. Si ce pouvoir existe, la métaphysique, qui cherche toujours au-delà de toute expérience possible, sera peut-être fondée dans ses prétentions. La réponse de Kant est qu'il y a bien des jugements synthétiques *a priori* mais que la métaphysique n'a aucune chance d'emprunter un jour « la route sûre de la science ». Pourquoi ? Dire que

7 + 5 = 12, que la somme des angles d'un triangle est égale à deux droits, c'est apprendre quelque chose de nouveau, même si cette nouveauté est nécessairement tirée de ce qui est donné. La physique moderne, quant à elle, formule mathématiquement des lois, permet de quantifier et de prévoir et non de simplement constater et d'induire des généralités. Mais comment se fait-il que le monde extérieur soit intelligible pour nous, qu'il y ait une correspondance entre notre esprit et la nature ? C'est la réponse à cette question qui permet d'entrer dans la philosophie kantienne. C'est une **révolution copernicienne** dans notre conception des relations entre le sujet (l'homme qui cherche à connaître) et l'objet (le monde extérieur). Au lieu de penser selon le réalisme naïf que le sujet tourne autour de l'objet, il faut au contraire penser que c'est l'objet qui tourne autour du sujet et se règle sur lui. Il y a bien un renversement de perspective comme lorsque Copernic proposait l'héliocentrisme à la place du géocentrisme. Dire que l'objet se règle sur le sujet n'est bien sûr qu'une façon de parler qui ne lui accorde aucune initiative propre, cela veut dire que nous percevons les objets selon notre propre constitution, du point de vue de notre sensibilité et de notre entendement. On ne perçoit jamais purement ce que sont les choses en elles-mêmes et sans nous. Percevoir et *a fortiori* comprendre, c'est entrer en relation, c'est-à-dire dans le relatif. Une mouche ne voit certainement pas les choses de la même façon que nous ! Une rose rouge est-elle rouge dans l'obscurité ? Ce que notre main perçoit comme plein ne serait que du vide pour une particule. Cela signifie-t-il que Kant adopte la philosophie idéaliste selon laquelle la perception est la seule réalité, sans qu'il existe rien en dehors d'elle ? Non, car ce que notre perception et notre pensée ne donnent pas, c'est **le fait qu'il y ait quelque chose**, l'existence brute. La physique n'est pas subjective au sens où elle n'est pas seulement vraie pour moi. Son objectivité ne veut cependant plus dire qu'elle est extérieure à ma représentation mais universellement valable. Au commencement, Kant reconnaît que je suis **affecté par la chose en soi**, mais dès que je cherche à connaître je ramène les choses à ce que je peux en comprendre. La science libère l'homme de l'opinion et de sa subjectivité personnelle, mais l'enferme dans sa nature propre. On pourrait dire que Kant nous révèle la science comme un **ethnocentrisme de notre espèce humaine**. Ni réaliste ni idéaliste, la philosophie kantienne est **transcendantale**. Il ne faut surtout pas confondre cette notion avec la transcendance qui désigne

ce qui est au-delà de toute expérience possible. La dimension transcendantale n'est pas non plus empirique mais elle conditionne notre manière de connaître en tant qu'elle est possible *a priori*.

Esthétique et logique transcendantales

Cette philosophie transcendantale se subdivise en « esthétique transcendantale » et « logique transcendantale ». La première n'est pas une théorie de la beauté mais des formes *a priori* de notre sensibilité que sont l'espace et le temps, la seconde est une théorie des formes *a priori* de notre entendement qui nous découvre ses catégories (ou concepts purs) dans sa partie analytique et ses Idées métaphysiques (l'Âme, le Monde, Dieu) qui donnent lieu à une logique de l'apparence ou à une illusion de connaissance dans sa partie dialectique.

L'espace et le temps ne sont pas des objets mais ce qui rend possible notre entrée en relation avec eux. Ils fournissent donc la forme de **l'intuition**. Il y a donc une forme pure et non sensuelle de la sensibilité grâce à laquelle on peut se représenter des figures géométriques, ou penser le mouvement. Que la psychologie moderne montre que les notions d'espace et de temps se construisent pendant l'enfance ne change rien à l'affaire. Kant n'a jamais dit que l'enfant naissait tout armé avec ses facultés pleinement développées, mais qu'au contraire tout ne commençait qu'avec l'expérience. Passant de l'esthétique à la logique, la critique transcendantale nous montre ensuite comment le kaléidoscope de l'expérience sensible passe au travers du filtre de nos catégories que sont par exemple la causalité, la substance, la possibilité, etc. Pour situer encore une fois le point de vue kantien par rapport à d'autres, on peut dire que la causalité n'est ni dans les choses (rationalisme dogmatique), ni non plus seulement une apparence occasionnelle que prennent les choses pour nous (empirisme), mais la façon dont notre esprit **nécessairement** les conçoit. Les empiristes niaient que l'on puisse avoir le concept de triangle présent à l'esprit sans pour autant penser à un triangle en particulier. Kant sauve la généralité du concept et donc son universalité sans pour autant l'arracher de son ancrage intuitif. Un tel concept est pour lui un **schème** c'est-à-dire l'ensemble des méthodes employées dans le temps par tous pour construire un triangle dans l'espace. L'imagination trouve alors dans la philosophie transcendantale une nouvelle fonction et une nouvelle dignité : c'est elle qui travaille à faire correspondre intuitions et concepts. Le scientifique, mathématicien et physicien, devient essentiellement un **imaginatif** ! Intuitif pur en mathématique, intuitif expérimentateur en physique.

Sensibilité et entendement s'appliquent donc, aidés en cela par l'imagination, à organiser le chaos des apparences et à faire progresser une science universellement valable pour l'homme. Mais Kant ne se contente pas de voir clair dans le monde phénoménal (celui qui a le pouvoir d'apparaître), il veut aller plus loin et connaître le monde nouménal (celui qu'il a le pouvoir de penser). Si le divers sensible est unifié sous le concept, le divers des représentations devra être unifié sous l'unité du moi pensant. Nous entrons alors dans une logique de l'illusion et non plus de la connaissance. Kant reproche à Descartes de faire un raisonnement fallacieux dans son fameux cogito : je peux toujours dire que ce qui pense est, qu'il y a quelque chose qui pense et que donc ce quelque chose est. Mais qu'est-ce qui me fait moi-même connaître comme un être pensant ? Aucun syllogisme, ni aucune expérience scientifique ne peut m'établir comme le sujet de mes pensées et me dire que ces pensées sont miennes. Il s'agit sans doute d'une intuition intime (cette fois-ci au sens habituel et plus du tout kantien) ou de ce que Kant appelle une aperception originaire. À vrai dire c'est comme cela que Descartes comprenait lui-même son cogito, nous semble-t-il, et non du tout comme une connaissance scientifique. L'entendement dans son besoin de synthèse *a priori*, va donc au-delà de ce qui lui est permis et nous donne l'illusion de connaître l'Âme comme unité substantielle (la majuscule désigne le passage dans le transcendant). Après les errements de la psychologie rationnelle nous tombons dans ceux de la cosmologie rationnelle. Voulant toujours synthétiser, l'entendement produit cette fois-là le concept de Monde comme unité totale de tous les objets. Le Monde en soi, ainsi conçu, va engendrer une série de thèses qui se heurteront à autant d'antithèses engendrées cette fois-là par le point de vue expérimental. Ce sont les **antinomies** de la raison qui font que l'on peut soutenir rationnellement que le monde a un commencement et qu'il est fini, qu'il est éternel et infini ; qu'il a une cause et qu'il n'en a pas ; qu'il y a une causalité libre et qu'il n'y a que des causes naturelles.... Vient enfin la fameuse théologie rationnelle qui prétend donner des preuves de l'existence de Dieu comme principe d'unité anhypothétique de tous les objets de pensée. La preuve cosmologique consiste à penser qu'il faut une première cause, mais alors rien ne nous empêche de vouloir trouver une cause à cette cause. La preuve téléologique est suggestive (voir une finalité à l'œuvre dans la nature), mais il n'y a pas une seule fin qui veuille bien se laisser prendre dans les rets de l'expérience. Quant à l'argument ontologique qui consiste à penser que l'existence est un prédicat de la plénitude de l'être en idée, c'est toute l'entreprise critique qui s'y oppose. Si une intuition sans concept est aveugle, un concept sans intuition est vide. Or Dieu est à proprement parler **inimaginable** c'est-à-dire non schématisable.

Arrivé à ce point on voit bien le sens et la vertu de cette philosophie. C'est pour cause d'humilité que la métaphysique est irrecevable comme construction scientifique. Entendez par là l'humilité de la pensée critique et non celle de la métaphysique qui est plutôt portée à l'orgueil. Humilité parce qu'il faut d'abord **recevoir**, parce que l'être, originellement, est un **don** et non ce que l'on élabore par sa pensée. Il y a une distance infinie entre l'existence et la pensée théorique qui ne fait que donner une forme humainement utile à cette matière. Trouver des preuves de l'existence de Dieu n'en feront qu'une misérable créature des conceptions humaines. Il y a un abîme entre la foi et la science, qui les protège l'une et l'autre.

Ne pas confondre penser et connaître

Notre entendement éprouve une tendance naturelle à vouloir rendre raison de tout en élaborant des concepts. Ceux-ci ne correspondent à rien dans le monde phénoménal, Kant les appelle « Idées de la Raison ». Il n'y a donc plus seulement la raison, cette faculté de distinguer le vrai du faux, ce « bon sens » un peu trop bonasse pour être tout à fait clair. Il y a l'activité de connaissance qui requiert les concepts de l'entendement et l'activité de **pensée** qui dépasse tout usage expérimental possible mais qui est quand même une expérience intérieure de l'homme comme être intelligent. Ces idées que nous pensons ont cependant un « usage **régulateur** excellent et indispensablement nécessaire ». La raison ainsi conçue joue alors vis-à-vis de l'entendement le rôle que celui-ci joue vis-à-vis de la sensibilité. La raison vise l'unité parfaite comme point de convergence de toutes nos dispositions comme être pensant, l'entendement ne peut l'atteindre, mais ne pourrait cependant pas engager son propre travail sans cette visée supérieure. L'exemple le plus évident est que tout physicien ne peut se mettre à un travail d'une certaine ampleur théorique sans croire au «Dieu des philosophes et des savants», c'est-à-dire à l'unité systématique de la nature et à son intelligibilité totale. C'est ce que Max Planck appelle le réel métaphysique que poursuit la physique.

Mais il est un usage tout différent de ces Idées métaphysiques. C'est l'usage pratique ou moral qu'on peut en faire... Nous allons donc maintenant aborder la deuxième grande question à laquelle la philosophie doit répondre selon Kant : «Que dois-je faire ?»

Que dois-je faire ?

L'exigence morale

La morale d'une philosophie est son moment de vérité, c'est le moment où l'on perçoit où elle veut en venir ou bien d'où elle est partie. L'homme, comme être sensible plongé dans le monde phénoménal, ne peut que suivre ces lois de la nature particulières que sont ses penchants et obéir ainsi à la nécessité. De ce point de vue, il n'y a qu'à suivre le mouvement ou tout au plus chercher à en connaître les lois qui empêchent tout acte libre. La *Critique de la raison pure* cherchait à délimiter l'usage théorique ou spéculatif que l'on peut en faire, la *Critique de la raison pratique* va chercher les conditions de possibilité *a priori* d'un acte pratique, c'est-à-dire possible par **liberté**. Si l'on considère la nature comme soumise au principe de causalité où tout événement est pris dans une chaîne de raisons ou série causale, la meilleure et la plus simple définition que l'on puisse donner de la liberté est de dire qu'elle est sans cause ou cause d'elle-même et qu'elle échappe ainsi à la nature. Nous allons retrouver les deux aspects de la raison révélés dans la première *Critique* : selon le premier elle s'enferme et nous enferme dans le monde phénoménal, selon le deuxième elle part en quête de l'inconditionné et nous ouvre les portes du monde nouménal c'est-à-dire de la pensée. La rationalité *a priori* des principes de la morale kantienne ne renvoie donc évidemment pas à quelque «objectivité» que l'expérience pourrait confirmer, mais à une **exigence d'universalité**. Cela pour répondre par avance à l'inévitable objection : «C'est bien beau mais ça ne marche pas !» Ce qui est ne peut être la norme de ce qui **doit être** ! Certes oui, mais encore faut-il que ce qui doit être **puisse** être dans une certaine mesure. Nous verrons plus tard que Kant n'est pas sans réponses à cette question.

L'universalité, c'est-à-dire la rationalité de la morale kantienne, réside dans le fait qu'il faut toujours agir de telle sorte que la maxime de notre action (c'est-à-dire la règle qui l'inspire) puisse être érigée en règle universelle. Le voleur est en contradiction avec lui-même car il ne peut vouloir que les autres agissent vis-à-vis de lui comme il agit lui-même. Son acte est conforme à son intérêt (immédiat seulement) qui correspond à sa nature sensible mais non à sa nature rationnelle. L'acte immoral, s'il procède d'un manque de respect à l'égard des autres, commence par un manque de respect à l'égard de soi, c'est-à-dire de l'humanité en soi. Cette morale peut sembler un peu froide, elle a cependant le mérite de couper court aux sentiments parfois un peu troubles qui peuvent accompagner les grands élans de compassion sentimentale. On ne se conduit pas moralement **pour** ceci ou cela (obtenir un bien, une bonne réputation ou l'affection d'autrui) mais parce que c'est une **pure** exigence de quelque chose qui dit en nous **tu dois** ! C'est le fameux **impératif catégorique**. Il est catégorique parce que la fin qu'il poursuit est nécessaire et non hypothétique comme dans la vie pragmatique (à ne pas confondre avec la vie pratique) où l'on dit : si tu veux aller à tel endroit tu dois prendre le train.

L'autonomie de la volonté

La raison peut voir le Bien ou faire entendre sa voix tandis que l'homme continue de mal agir. C'est tout le problème de la philosophie pratique et non plus seulement théorique : c'est de la **volonté** que va dépendre la moralité. « Il n'est rien qui puisse sans restriction être tenu pour bon, si ce n'est seulement une bonne volonté. » Cette « bonne volonté » est plus qu'une volonté bonne. C'est sa forme qui fait sa moralité et non sa matière. Sa forme, c'est-à-dire son **autonomie**. La moralité c'est la liberté sans arbitraire, c'est le fait de se donner soi-même ses propres lois indépendamment de toute fin extérieure à poursuivre.

Ce que l'entendement ne peut connaître dans son activité théorique, la raison doit le **postuler** dans son activité pratique. Par respect pour ce qu'il y a de plus digne en l'homme et le place au-dessus de la nature, je dois me conduire **comme si** Dieu existait, l'âme était immortelle, etc. La morale conduit à l'idée d'un plus grand bien possible en ce monde mais elle n'est elle-même concevable qu'eu égard à un souverain Bien soustrait à toute dépendance vis-à-vis du monde (Dieu). Dieu ne peut qu'exister, faute de quoi la moralité ne serait qu'un simple idéal. Curieuse foi rationnelle que celle de Kant qui consiste à penser qu'il serait immoral que Dieu n'existe point et que son existence ne fait que donner de l'importance au respect qu'on doit à la morale et du courage à l'individu qui doit se hisser à la hauteur de son devoir.

Que m'est-il permis d'espérer ? La question du bonheur et du salut

Cette question vient seulement en troisième position parce que je n'ai le droit de la poser qu'à partir du moment où j'ai fait ce que je devais faire. Fût-elle venue en deuxième position et c'est toute la moralité de l'action qui eût été ruinée. L'espérance véritable ne peut commencer que lorsqu'on a renoncé à tout espoir ! Il est inévitable que l'homme en tant qu'être naturel veuille être heureux, c'est-à-dire cherche la satisfaction de tous ses penchants. La quête du bonheur ne peut donc être déclarée totalement illégitime. Kant juge cependant inacceptable que l'homme ne soit qu'un moyen par rapport à une fin liée au monde sensible. L'homme doit donc d'abord accomplir son devoir pour pouvoir ensuite jouir du bonheur – si la nature et Dieu le veulent bien – serions-nous tentés d'ajouter. Rien ne peut faire du bonheur une fin nécessaire et ne peut donc nous assurer d'une quelconque certitude quant à la façon de le trouver. On peut tout au plus se rendre **digne** d'être heureux. Sur un plan métaphysique cette fois-ci, on peut tout au plus se rendre digne d'être sauvé. Je n'ai pas à espérer mon salut éternel, ce qui rendrait mon comportement moral **intéressé et non plus libre**, j'ai par contre à espérer être **soutenu** dans mon effort pour me comporter dignement. Voilà pourquoi cette troisième question relève du domaine de la religion pour Kant. L'homme ne peut pas ne pas espérer et, en un sens, doit espérer à cause de sa **faiblesse**. La conscience de cette faiblesse et la confiance dans le fait que Dieu nous aidera à la surmonter, voilà le contenu de la foi et la seule mission de la religion pour Kant. Voilà aussi sans doute le sens de ce curieux titre d'une de ces dernières œuvres, *La Religion dans les limites de la simple raison*. Il y a de quoi être surpris de lire cela sous la plume de celui qui avait commencé par un tonitruant « j'ai limité le savoir pour faire une place à la foi » ! C'est sans doute qu'il distingue la « pure religion de l'Évangile » qui est celle de l'Amour, de la religion comme relais pédagogique imparfait et qui n'a de justification que par rapport à l'imperfection humaine. C'est en ce sens que la religion est tout à fait raisonnable. Sans excuse dans le mal, car l'homme a toujours de quoi bien penser et bien vouloir ; il est non sans mérite dans le bien à cause de sa faiblesse intrinsèque. C'est le sens que Kant donne à la notion de péché originel ou de mal radical. L'homme est naturellement corrompu, non au sens où il naîtrait méchant mais au sens où il ne peut pas ne pas faire un mauvais usage de sa liberté s'il n'est pas à la fois contraint et encouragé dès son plus jeune âge.

Éducation, histoire et politique

La morale de Kant, sublime et rigoriste, semble être faite pour des dieux plutôt que pour des hommes. Assez sournoisement, Charles Péguy a même glissé : « Le kantisme a les mains pures, mais il n'a pas de mains. » Que reste-t-il de l'impératif catégorique quand il faut se lancer dans l'action ? Kant a fait preuve d'une redoutable lucidité sur la nature humaine et l'histoire dont tout le monde admet aujourd'hui que c'est la violence qui l'accouche. Loin de tout cynisme, sa philosophie politique n'en reste pas moins réaliste. C'est la forme de l'intention qui définit la moralité de l'acte, ce qui signifie qu'on peut agir **par** devoir ou simplement **conformément** au devoir (la peur du gendarme, le désir de la récompense, etc.). La rigueur extrême de cette philosophie implique que l'on ne peut jamais tout à fait savoir si un acte est moral, puisqu'il est toujours impliqué dans une série d'événements extérieurs et une série d'événements psychologiques du point de vue du sujet qui l'accomplit. Vus de l'extérieur, les comportements humains sont donc toujours dans l'ordre de l'hypocrisie au sens strict (leurs motifs peuvent être cachés). Le **Droit** a donc pour rôle de trouver des règles rationnelles, rendant compatibles entre elles les libertés particulières sous la menace de la contrainte extérieure puisque rien ne peut nous assurer que les hommes veuillent bien entendre en eux la voix du devoir. La fin que poursuit le Droit est la paix, la morale poursuit le souverain Bien. Comme la guerre est l'occasion des pires immoralités, la paix est la condition nécessaire mais non suffisante de la vie morale. La contrainte intérieure de la morale doit être protégée, c'est-à-dire rendue possible par la contrainte extérieure du Droit.

C'est parce qu'il est sans illusion sur la nature humaine telle qu'elle se manifeste empiriquement et qu'il voit son incorrigible propension à préparer la prochaine guerre que Kant est un philosophe du progrès ! De même que des arbres rapprochés sont obligés de pousser droit et haut parce qu'ils sont en compétition pour pouvoir profiter de la lumière, les mauvaises dispositions naturelles des hommes qui les dressent sans cesse les uns contre les autres, les obligent à développer au mieux toutes leurs facultés. C'est ainsi que l'épuisement engendré par les guerres prépare la paix et fait naître de nouveaux États. L'idée d'une paix universelle et d'une sorte d'État mondial comme idéal d'une « société des nations » est née dans la pensée de Kant. Nous sommes encore loin du compte mais force est de reconnaître que les choses vont plutôt dans ce sens. Tout dépend, selon Kant, de la progression du nombre des États à avoir une constitution républicaine, c'est-à-dire dans laquelle une guerre de conquête n'est pas possible. Ce progrès historique, il le conçoit de deux points de vue. Il peut être une sorte de ruse de la nature comme facteur de dynamique historique ou le fruit d'un effort conscient de la liberté humaine. Mais ce progrès n'est qu'un progrès global et pour l'espèce : on ne peut jamais être assuré d'un progrès moral (progrès des actions faites par devoir) mais seulement d'un progrès **légal** (progrès des actions conformes au devoir). Encore faut-il qu'il y ait des hommes pour mettre en œuvre ce progrès légal, même si du point de vue de la nature c'est une nécessité due à l'insociabilité des hommes. Il faut aussi que le progrès ne soit pas comme une architecture prête à s'effondrer au moindre vent faute d'autre cohésion que la seule contrainte des individus laissés sauvages. Cet effort de et vers la liberté, c'est **l'éducation** qui doit s'en charger. La conception kantienne de l'éducation fait en même temps bien comprendre sa philosophie politique. Les deux questions sont intimement liées comme l'avait montré Rousseau. Éduquer est en effet éduquer pour **l'avenir** et non d'après l'état présent. Éduquer n'est pas dresser et on ne peut avoir le concept de l'Homme accompli. Comment préparer l'avenir alors que l'éducateur appartient forcément au passé ? De même, l'expérience n'a jamais cessé de montrer que l'homme a besoin d'un maître, alors qu'aucun homme n'est digne d'occuper cette position de maître du fait qu'il a tendance à abuser de sa liberté. L'éducation doit être un équilibre entre contrainte et confiance. L'éducateur n'est pas responsable de ce qu'il y a de bon dans l'enfant mais responsable de sa méchanceté éventuelle car il n'aura pas su lui imposer les limites nécessaires. Le jardinier ne fait pas fleurir la rose mais peut rendre difficile la floraison s'il ne soigne pas le rosier. « Dieu seul éducateur », a pu dire Kant en insistant sur le fait que le bon éducateur, bien que sachant faire preuve de la plus grande fermeté, doit savoir s'effacer pour laisser se développer les talents naturels de l'enfant et la loi morale qui est **en lui** et non dans un catéchisme extérieur qu'il faut ingurgiter de force. La liberté s'apprend en faisant soi-même usage de la liberté. En politique Kant est essentiellement **réformiste**. La question est de savoir à partir de quand on peut le devenir. Comment être réformiste sous une oppression violente ? On dit que notre philosophe a parfois détourné sa promenade pour aller au-devant des nouvelles de la Révolution française. Il en fut un partisan enthousiaste jusqu'à l'exécution de Louis XVI qui l'horrifia. Il y voyait une victoire de la violence sur le principe de la souveraineté de l'État seul garant du Droit. Pour lui, l'idéal politique est « une société dans laquelle la liberté sous des lois extérieures se trouvera liée, au plus haut degré possible, à une puissance irrésistible ».

Nature et liberté : nouveaux rebondissements

La philosophie pratique de Kant que nous venons d'évoquer pose donc le problème de l'union de la nature et de la liberté. Sa philosophie de l'Histoire indique une passerelle entre le monde des causes et le royaume des fins. Le fait que l'homme ne se comporte jamais d'une manière raisonnable engendre justement les conditions juridiques dans lesquelles le contenu de ses actes est rendu au moins conforme à la loi morale, à défaut d'avoir été inspiré par elle.

L'abîme entre la liberté et la nature, entre la finalité et le mécanisme sera surmonté dans de nouveaux développements dans la *Critique du jugement*. Il est en fait deux merveilles (en plus d'un progrès dans l'Histoire) qui exigent une autre forme de rationalité pour les comprendre : l'expérience de la beauté et l'existence d'êtres vivants. Il existe une faculté intermédiaire entre l'entendement source de nos connaissances et la raison principe de nos actions, c'est le **jugement** qui a pour fonction de penser le monde sensible par référence au monde intelligible. Il peut prendre la forme du jugement de goût ou du jugement téléologique. Dans les deux cas nous sommes sous l'emprise d'un « tout se passe comme si ». Devant la beauté, en effet, tout se passe comme si une intelligence et une volonté secrètes avaient ordonné les choses pour atteindre une mystérieuse harmonie. Devant un être vivant, on conçoit une finalité interne qui l'anime et où tout est à la fois moyens et fin.

Revenons un peu sur le jugement de goût qui nous fait dire que ceci ou cela est beau. Il n'est pas un jugement de connaissance fondé sur des concepts, son exigence d'universalité ne peut prétendre à l'objectivité. C'est une universalité subjective que chacun éprouve pour soi-même et qui parie en quelque sorte sur l'existence d'un « sens commun » que l'expérience confirme, en effet, bien qu'imparfaitement (l'accord sur les chefs-d'œuvre de l'art et les grands génies). Le jugement de goût est désintéressé, c'est-à-dire libre parce qu'il n'est pas contraint par l'inclination des sens et un plaisir physique immédiat, ni par le sentiment raisonnable du respect qui nous fait estimer le bien.

L'intérêt remarquable de cette philosophie du jugement chez Kant, c'est le fait de discerner une logique du sens au sein même du monde sensible, sans le ramener pour autant à de l'intelligible confus : nous retrouvons, là encore, la salutaire distinction entre penser et connaître.

Conclusion

Que répond enfin Kant à la question, « Qu'est-ce que l'homme ? » Un être de demain qui le devient par et vers la liberté.

Que faut-il retenir de cette pensée qui marque selon nous un avant et un après ? C'est la philosophie de l'entrée de l'homme dans l'âge adulte. Celle qui a renoncé à ses rêves les plus fous mais qui se donne du même coup des horizons de conquête illimités. Pourquoi ? À la question, « Qu'est-ce que les lumières ? » terme emblématique du XVIIIe siècle, Kant répondit : « ... la sortie de l'homme hors de l'état de minorité, où il se maintient par sa propre faute... ». La devise des Lumières est pour lui : « Aie le courage de te servir de ton propre entendement ! » Rien n'est tout à fait nouveau et le rationalisme du siècle précédent avait largement préparé le terrain. Quel est donc son apport personnel ? **On ne peut plus confondre penser et connaître**. Double libération : celle de la connaissance strictement autonome dans sa sphère propre ; celle de la pensée, marque métaphysique de la dignité humaine. Cette séparation procède d'une perte de naïveté vis-à-vis de la vérité et de notre capacité à l'atteindre. La vérité de la science n'est pas celle du réel lui-même, c'est celle de notre perception du réel au travers des formes de notre sensibilité et de notre entendement. **La finitude humaine est radicale** et non pas ce que l'on est obligé d'admettre provisoirement en attendant de parvenir à une connaissance égale à celle de Dieu. Castrée ou désespérée de l'absolu, la science va-t-elle perdre tout espoir de développement ? Tout le contraire ! Elle devient une sorte de poésie infinie ou un jeu où l'homme s'amuse selon Nietzsche à retrouver dans la nature ce qu'il y a mis lui-même. La limitation de sa portée (verticalité) est la promesse de sa puissance (horizontalité). On pourrait objecter à Kant que la constitution transcendantale du sujet a bien du se faire dans le temps de la formation de l'espèce humaine grâce au contact avec le monde extérieur et que les formes *a priori* de la connaissance ont une origine objective. La neurobiologie actuelle travaille d'ailleurs sur cette idée que le cerveau, tant d'un point de vue ontogénétique (la formation de l'individu) que phylogénétique (l'évolution de l'espèce), se structure en fonction de « ce qui marche » par rapport à un environnement donné. Encore faut-il qu'il y ait une puissance de proposition et quelque chose comme un projet que l'on appelle « vie ». Kant ne nie pas que ce que la science nous donne à connaître existe vraiment, mais il démontre que ce que nous pouvons en connaître n'est pas le réel absolu mais la **rencontre** du sujet et de l'objet. Les prétentions de la métaphysique à se poser comme science sont désormais ridicules et tyranniques mais la pensée critique ridiculise par avance le scientisme positiviste qui prétend qu'il n'y a rien en dehors des faits ou pour dire les choses d'une manière plus parlante, que l'on sait maintenant que Dieu n'existe pas. La foi n'est pas établie (ce qui serait bien absurde et ridicule) mais philosophiquement **possible**.

Doit-on en déduire que l'homme est désormais enfermé dans sa connaissance et le monde phénoménal qu'elle peut atteindre ? Non, car il y a une ouverture, mais c'est une ouverture intérieure, une ouverture vers l'intérieur. L'œuvre de Kant qui a toutes les allures d'un rationalisme austère et intransigeant se révèle être une philosophie du **sentiment** comme celle de Rousseau qu'il admirait tant. Sensibilité non sensuelle qui se révèle trois fois capable de pureté. Dans les formes *a priori* de la sensibilité, l'espace et le temps ; dans le sentiment de beauté et dans le sentiment de respect à l'égard de la loi morale. Kant, qui trouvait Pascal franchement trop maladif et misologue (celui qui n'aime plus la raison) aurait pu dire avec lui que le « cœur a ses raisons que la raison ne connaît point », mais en ajoutant qu'elle peut (et qu'elle doit !) au moins les penser.

Certes, la philosophie ne doit plus se contenter que d'un modeste : « Qu'est-ce que l'homme ? » Mais c'est un homme approfondi, celui dont Kant disait l'inépuisable émerveillement et le respect grandissant que lui inspiraient **le ciel étoilé au-dessus de sa tête et la loi morale au-dedans de son cœur**.

Georg Wilhelm Friedrich Hegel
ou l'encyclopédiste satisfait

Philosophe allemand né en 1770 à Stuttgart et mort à Berlin en 1831. Fils de pasteur, le jeune Hegel se destine naturellement à l'étude de la théologie. Il l'étudie à Tübingen de 1788 à 1793 et a comme compagnons Schelling et Hölderlin. Il ne deviendra point pasteur et se plonge dans l'étude de la philosophie tout en exerçant des fonctions de précepteur à Berne et à Francfort. Il devient en 1801 « privat-docent » (enseignant rémunéré par ses étudiants) à l'université d'Iéna, il est ensuite directeur du lycée de Nuremberg, puis nommé professeur ordinaire à l'université de Heidelberg en 1816 et enfin à Berlin où la plupart de ses cours feront l'objet d'une publication grâce aux soins de ses élèves. Il est considéré à la fin de sa vie comme le philosophe quasiment officiel de l'État. Il se maria en 1811 et sa femme lui donna deux fils qui deviendront respectivement historien et pasteur.

Ses œuvres principales sont : *La Phénoménologie de l'esprit*, *La Science de la logique* et *Précis de l'Encyclopédie des sciences philosophiques*.

On dit parfois de l'État moderne qu'il est le plus froid de tous les monstres froids. Hegel, théoricien encyclopédique d'une Histoire qui aurait parcouru son cycle, fait figure de monstre froid parmi les philosophes.

Transgressant le tabou qui fonde la tribu des philosophes, il se présente volontiers comme un sage plutôt qu'un amoureux de la sagesse, ironise sur ceux qui se complaisent dans le doute et la critique. Il voit l'histoire de la philosophie, non pas du tout comme l'éternel retour des questions sans réponses mais comme le déploiement progressif d'une Vérité qui éteint toutes les questions. De même qu'il lui arrivait de dire par boutade qu'un métier et une femme sont la solution de tous les problèmes existentiels, il semble que l'avènement de l'État moderne ait été pour lui la solution de tous les problèmes théoriques et historiques.

Il se moque par avance de tous ses contestataires et les range volontiers dans la catégorie des « consciences malheureuses » qui prennent leurs problèmes personnels pour d'insurmontables contradictions universelles.

Il fera enrager aussi bien un Kierkegaard qu'un Schopenhauer, Marx construira sa propre philosophie grâce à lui et contre lui.

L'héritage kantien

Les jeunes Allemands de la génération de Hegel reçoivent un héritage contradictoire. L'œuvre monumentale de Kant et son autorité morale sont écrasantes. Elles produisent, dans un premier temps au moins, un effet désenchantant : sur le plan théorique, la métaphysique est ruinée dans ses prétentions scientifiques ; sur le plan pratique, l'homme peut tout au plus se rendre digne d'être heureux en espérant, pour l'au-delà seulement, les noces de la vertu et du bonheur. Mais, d'un autre côté, la Révolution française embrase l'Europe en cette fin du XVIIIe siècle, le bonheur et le progrès y sont des idées neuves.

L'héritage philosophique de Kant a creusé un fossé entre la foi et le savoir, entre la volonté et l'intelligence, entre l'esprit et la nature. Ce fossé est à la fois la cause et l'effet d'une certaine manière de philosopher. Il s'agit en effet de se retirer, de douter, de procéder à un examen critique de notre manière même de connaître. Hegel reproche à cette attitude d'être une volonté de connaître avant de connaître, de vouloir apprendre à nager avant de se jeter à l'eau. Or l'élément de la philosophie, c'est la vérité. Tout au long de l'histoire, cette vérité se révèle peu à peu, c'est la conscience de soi de l'Esprit qui se saisit et se réfléchit dans et par la pensée humaine. Ce travail de la vérité est dialectique, c'est-à-dire progresse dans et par la contradiction. Cette dialectique est le mouvement même du progrès et non la « méthode » de Hegel. S'il avait une méthode, ce serait plutôt la phénoménologie comme description et révélation de la vérité.

Ce que Hegel refuse, c'est le fossé que Kant a creusé entre l'impuissance de la raison à nous donner des connaissances métaphysiques et les exigences universelles de la morale. Il y a cependant chez Kant cette idée d'un progrès historique qui se fait par et malgré les individus. Leurs éternels conflits font finalement progresser le droit et la paix : cette idée a dû certainement marquer Hegel en profondeur.

L'absolu comme sujet et l'Histoire

Si on définit la philosophie comme la science de l'absolu, on serait tenté d'y voir une éternelle répétition, puisque l'absolu ne change pas et du même coup l'histoire de la philosophie n'accomplirait aucun progrès.

Pour sortir de cette difficulté, Hegel propose une manière inédite de penser l'absolu. Au lieu de le considérer comme une éternité figée, il est lui-même sujet et pose en lui son contraire, c'est-à-dire la temporalité. L'absolu n'est pas donné au début sous sa forme déployée et parfaite, il ne l'est qu'à la fin du processus historique. Il s'agit bien de l'histoire d'une Révélation, mais qui est immanente à l'Histoire elle-même. À la fin l'esprit de Dieu et l'esprit de l'humanité n'ont plus lieu d'être distingués.

Comment un aussi vaste dessein qui échappe aux individus peut-il néanmoins se réaliser par eux ?

Hegel parle à ce sujet d'une « ruse de la raison » : en effet, les actions des hommes sont tout autre chose que ce qu'ils projettent, autre chose que ce qu'ils savent et veulent immédiatement. La Raison mène d'autant mieux le monde que les hommes sont mus par leurs passions ! Hegel a certes dit que tout ce qui est rationnel est réel (ou, au moins, le devient) et que tout ce qui est réel est rationnel, mais il a dit aussi – au grand soulagement de la jeunesse ! – que rien de grand ne se fait sans passion. Exception faite peut-être du grand homme – on dit que Hegel, en voyant passer Napoléon sous sa fenêtre à Iéna, eut le sentiment de voir passer l'Histoire – l'individu ne peut être qu'un point qui compose inconsciemment un paysage qu'on ne peut voir que de loin ou de haut. C'est précisément ce point que Hegel prétend occuper : les hommes y apparaissent passionnés et souffrants, accomplissant malgré eux une grandiose fresque spirituelle. Quant au philosophe qui contemple cette fresque historique, il est plongé dans une sorte de passion secondaire, une ivresse de l'intelligence que Hegel lui-même a qualifié de « délire bachique de la vérité ». On comprend qu'une telle attitude puisse apparaître aux yeux de beaucoup comme une fuite hors de l'existence concrète !

Pour abstraite qu'elle puisse paraître, la philosophie de l'histoire de Hegel n'en est pas moins d'une grande lucidité sur la lutte des consciences. La fameuse « dialectique du maître et de l'esclave » en témoigne. L'esclave est celui qui veut vivre et le maître est celui qui veut la liberté. Ce dernier prend le risque de la mort, combat et asservit celui qui veut bien perdre sa liberté à condition d'avoir la vie sauve. L'esclave servira le maître, sera confronté à la dure résistance de la matière, éprouvera ses forces et finira par dominer le maître amolli par son existence facile. L'aristocratie décadente de la fin du XVIIIe siècle n'est sans doute pas étrangère à ce tableau ! On comprend mieux aussi les origines de la théorie marxiste selon laquelle la lutte des classes est le moteur de l'histoire.

L'histoire telle que la conçoit Hegel est une marche vers la liberté : règne du droit et de l'État d'un côté et conscience approfondie de la liberté de l'esprit de l'autre. Les trois figures dialectiques de cette progression sont le despotisme où un seul est libre, la cité antique où seuls les citoyens sont libres et enfin la société moderne des individus égaux marquée par la Réforme protestante.

Toute pensée qui assigne à l'histoire un sens, lui assigne fatalement une **fin**. Ce thème de la fin de l'histoire, qui fut très à la mode au moment de la chute du mur de Berlin, hante les esprits depuis Hegel. Il ne s'agit pas en effet de la fin des temps et on imagine aisément que le cours des événements n'en est pas stoppé pour autant. De quoi s'agit-il alors ? À la lumière de l'évolution historique depuis la mort de Hegel, nous pouvons nous livrer à quelques interprétations. La fin de l'histoire est un temps qui n'abolit pas le tragique de l'existence, on pourrait même dire qu'il nous le fait découvrir. En effet, l'histoire est tragique, faite de guerres où les individus sont ballottés et déchirés, de misères naturelles devant lesquelles l'homme reste démuni : le malheur a finalement des **causes extérieures**. Avec la fin de l'histoire, l'individu se retrouve face à lui-même, face à ses contradictions. Le malheur apparaît alors comme intrinsèque à l'existence. La mort et la maladie sont repoussées mais sont ressenties comme absurdes, l'État protecteur et la société de consommation font ressentir le moindre désavantage comme une insupportable injustice, vivre d'Amour est toujours aussi difficile. Tout cela n'est certes vrai que dans les pays développés, dont le développement n'est d'ailleurs pas une chose acquise pour toujours. Il faut reconnaître cependant que cette idée hégélienne d'une fin de l'histoire est stimulante pour l'esprit. Alexandre Kojève, qui fit mieux connaître Hegel en France, haussait les épaules lorsqu'on lui parlait de Mai 68. En effet, le sang n'avait pas coulé ! C'est le type même de la révolution dérisoire, de la convulsion d'un temps d'après la fin de l'histoire. C'est un temps où effectivement on change la vie, selon le mot d'ordre poétique de Rimbaud, mais ce changement ne peut entrer véritablement dans les structures politiques. L'imagination ne semble pas pouvoir rester au pouvoir longtemps !

La philosophie de l'Esprit absolu

Cette expression désigne le dernier terme du système hégélien. L'Être est l'ensemble des déterminations du réel, la science qui lui correspond est la **Logique** ; la Nature est la manifestation du réel dans les êtres physiques et organiques, la science qui lui correspond est la **philosophie de la Nature** ; l'Esprit est l'intériorisation du réel, la science qui lui correspond est la **philosophie de l'Esprit**. À l'intérieur de cette dernière catégorie, la philosophie de l'Esprit absolu comprend l'art, la religion et la philosophie. Hegel parle d'Esprit absolu dans la mesure où l'Esprit cherche à se saisir lui-même au travers de l'art, de la religion et de la philosophie. On voit d'ailleurs que le terme ultime du système (la philosophie) est aussi l'ensemble du système lui-même.

Au lieu de se perdre dans l'encyclopédie des sciences philosophiques, nous proposons un bref voyage dans la conception hégélienne de l'art, afin de mieux appréhender une pensée pour le moins abstraite.

L'art est le premier moment de l'Esprit absolu, c'est la phase de l'objectivité. La religion est la phase de l'intériorité, mais dans laquelle Dieu est encore posé comme un objet hors de la conscience. La philosophie est la phase de la vérité et de la réconciliation où s'expérimente l'unité de l'humain et du divin.

Revenons donc à l'art. L'Esprit s'y manifeste au travers d'œuvres qui appartiennent au monde sensible. Il est donc une rencontre entre l'intelligible et le sensible. À partir de là, Hegel propose une classification que nous avons d'ailleurs adoptée dans notre chapitre concernant la philosophie de l'artiste. Cette classification va du plus matériel au plus immatériel des arts : architecture, sculpture, peinture, musique et poésie. L'art comme toute activité de l'Esprit est une longue et lente révélation de l'Esprit à lui-même, il a donc une Histoire. Nous voulons dire par là qu'il n'a pas qu'un passé que les historiens peuvent étudier, mais que toute son évolution a un sens.

Hegel distingue trois grandes périodes : l'art symbolique, l'art classique et l'art romantique. Dans l'art symbolique, il y a une lutte entre le fond et la forme où cette dernière domine le fond ; dans l'art classique, il y a un équilibre parfait entre le fond et la forme ; dans l'art romantique enfin, il y a à nouveau une tension entre le fond et la forme, mais cette fois-ci au bénéfice de l'intériorité. Il convient de remarquer une étonnante disproportion entre ces trois sortes d'art du point de vue de leur durée. En effet, l'art classique n'est qu'un moment d'équilibre fugitif : c'est l'art du fameux siècle d'or à Athènes (le Ve siècle av. J.-C.), tandis que les périodes symbolique et romantique couvrent d'immenses périodes. La période symbolique s'étend de la civilisation indienne ancienne à la haute antiquité grecque en passant par les Égyptiens et les Hébreux, la période romantique correspond à la chrétienté.

Chaque période voit s'épanouir tous les arts mais l'architecture sera l'art symbolique par excellence, la sculpture sera l'art classique par excellence ; peinture, musique et poésie s'épanouissent particulièrement dans la période romantique.

Prenons l'exemple de l'architecture pour mieux comprendre cette philosophie de l'art. La pyramide est un symbole idéal de l'art symbolique. Elle est une forme massive et simple, elle est une énigme et cache sa signification qui est d'être le tombeau d'un pharaon (qui est considéré comme un homme dieu), puisque les chambres mortuaires sont secrètes et sous la terre. Elle est monumentale et opaque à la lumière. Le temple grec, demeure de la statue d'un dieu, laisse partiellement entrer la lumière, il est fait pour être contemplé de l'extérieur dans sa perfection formelle et appelle en même temps à y pénétrer pour faire des offrandes. La cathédrale gothique, maison de Dieu, frappe par sa démesure, par sa hauteur qui contraste avec les habitations qui étaient initialement très proches d'elle. Même si l'homme contemporain a pris l'habitude de la regarder de l'extérieur, elle a d'abord été faite pour qu'on y entre et y prie. C'est une architecture de l'intériorité, de la lumière qui pénètre par les vitraux.

Un des intérêts majeurs de l'esthétique de Hegel est de ne faire du Beau qu'un moment particulier de l'art, l'Esprit qui se cherche lui-même est une tension permanente qui appelle plutôt le sublime. Très intéressante aussi la conséquence de cette esthétique : de même qu'il y a une fin de l'histoire, il y a une fin de l'art. La chose peut paraître surprenante mais est finalement très éclairante. Le grand art est l'expression de l'esprit du peuple, un moment dans l'histoire de l'humanité. Quand l'Esprit s'est trouvé lui-même, l'art cesse d'être une nécessité et devient une pure liberté individuelle. Cela fait bien comprendre la nature de l'art au XXe siècle : la meilleure et la pire des choses. D'un côté, libéré de toute nécessité collective, il devient une expérience mystique où l'artiste doit aller jusqu'au bout de sa propre vérité, de l'autre, il sombre dans la dérision, l'arbitraire et le discours verbeux pour palier l'absence d'œuvre.

Conclusion

Hegel est le type même du penseur systématique qui prétend pouvoir rendre raison de tout. La Vérité est pour lui le Tout et ce dont on ne prend conscience qu'à la fin d'un long processus dialectique de réconciliation. Sa sagesse est donc dans le fait de considérer la contradiction comme un moment du vrai qui nous conduira vers la résorption de toutes les contradictions, de même que tous les philosophes ne se contredisent qu'en apparence puisqu'ils sont les instruments de l'Esprit qui ne peut se révéler tout de suite dans toute son intériorité. On voit par là que Hegel se réserve un rôle dont la modestie n'est pas l'aspect le plus marquant : c'est finalement en lui que s'achève l'histoire de la philosophie et l'Histoire tout court ! Nous avons vu néanmoins le caractère pénétrant de ses conceptions historiques qui ont d'ailleurs profondément influencé les générations qui l'ont suivi et lui ont donné, en partie, raison !

Arthur Schopenhauer
ou le pessimiste hanté par le sexe

Philosophe né à Dantzig en 1788 et mort en 1860. Initialement destiné au monde des affaires dont il était issu, il reprit des études universitaires après quelques années d'apprentissage et de voyages. Dès l'âge de 25 ans il médita les thèmes de son œuvre majeure : *Le Monde comme volonté et comme représentation*, qui paraîtra à Leipzig en 1818.

Il mena une vie retirée loin de l'université qu'il détestait. Il n'avait pas apprécié Fichte dont il avait suivi les cours à Berlin en 1811 et encore moins Hegel qui enseignait à Berlin toujours à l'époque où lui-même avait tenté sans succès l'expérience de l'enseignement universitaire. Le succès ne viendra qu'à la fin de sa vie avec l'audience grandissante de son œuvre majeure.

Voilà un philosophe original à plus d'un titre et qui retient notre attention parce qu'il inaugure un style de penseur nouveau après Hegel. Destiné primitivement à une carrière de négociant, sa formation fut assez variée. Il a beaucoup voyagé, étudié de nombreuses disciplines, pratiqué la musique et plusieurs langues. Il fit bien sûr des études universitaires, mais ne devint jamais professeur, hormis un court passage à Berlin où il n'eut aucun succès. Sa doctrine ne fut reconnue que vers la fin de sa vie qu'il passa en grande partie solitaire.

Autre originalité : il fut particulièrement précoce, ce qui est l'exception en philosophie. Il a élaboré l'essentiel de sa pensée entre 25 et

30 ans, à laquelle il n'a apporté, par la suite, que des commentaires ou précisions. Cette pensée a l'aspect d'un système, mais elle n'est pas un système philosophique traditionnel qui aurait la prétention d'englober le réel par l'exercice de la raison : elle renvoie plutôt à une intuition fondamentale et à une ascèse morale qui la fait ressembler à une religion et plus particulièrement au bouddhisme.

Une intuition unique : la Volonté comme essence du Monde

Quelle tâche Schopenhauer assigne-t-il à la philosophie ? Les sciences, soumises au principe de raison laissent toujours quelque chose d'inexpliqué. Ce quelque chose est justement ce sur quoi elles travaillent : l'espace et le temps en mathématiques, la matière en physique, le genre humain avec ses facultés propres en histoire, etc. Le principe de raison explique le rapport des phénomènes mais non les phénomènes eux-mêmes, c'est-à-dire le fait qu'ils existent. Il y a deux choses inexplicables, selon Schopenhauer : le principe de raison lui-même et la chose en soi. Il faut rappeler que notre philosophe situe expressément sa pensée dans la suite de celle de Kant qui concluait à l'impossibilité de la métaphysique comme science, c'est-à-dire à l'impossibilité de connaître la chose en soi.

Comment, dès lors, faire encore de la philosophie, si son domaine propre – l'essence du monde et non pas ce qui s'y passe – n'est pas susceptible d'être réellement connu ? Schopenhauer voudra philosopher d'une autre manière, changer la forme de la philosophie et non pas seulement son contenu. Nietzsche revendiquera d'ailleurs explicitement cet héritage. En effet, le vice de tout système philosophique, selon Schopenhauer, est de ne pas voir que l'Intellect et la matière sont corrélatifs et finalement la même chose vue de deux points de vue opposés. Que vous expliquiez le monde à partir de l'Intellect ou de la matière, vous n'atteignez l'essence du monde. Tourner autour de l'objet donne des connaissances scientifiques, faire tourner l'objet autour du sujet montre, comme l'a fait Kant, que nous ne connaissons l'objet qu'au travers des formes de notre Intellect.

Il faut donc dépasser cette distinction objet/sujet et ne plus se soumettre au principe de raison, c'est-à-dire ne plus se poser la question de savoir d'où vient le monde et pourquoi il existe. La vraie question de la philosophie devient : qu'est-ce que le monde ? Pour y répondre, il faut considérer que nous faisons partie nous-mêmes du monde et suivre la voie d'une intuition intérieure qui est la seule voie vers la Vérité, affranchie de l'espace et de la causalité. Que trouve-t-on alors ? Eh bien, que la **Volonté** est l'unité de tout ce qui est. Voilà le maître mot de la philosophie de Schopenhauer. Ce n'est pas la première fois qu'un philosophe parle de volonté mais c'est sans doute la première fois qu'on lui donne une signification aussi ontologique, cosmologique et non pas seulement anthropologique. Tout ce qui est veut, le minéral et le végétal aussi bien que l'animal. Les physiciens contemporains parleraient peut-être d'énergie.

Cette volonté est pour l'homme un **vouloir-vivre** aveugle, un instinct primordial dont tout dépend. À la question : qu'est-ce que cette Volonté ? il n'y a pas de réponse, puisque la connaissance est contradictoire avec le caractère en soi des choses. La Volonté est le flux éternel du monde, le noyau indestructible de notre être. C'est là qu'il faudrait chercher une perspective d'immortalité et non dans l'Intellect qui, selon Schopenhauer, ne peut manquer de périr avec nous. Trop préoccupés de distinguer l'homme de l'animal, les philosophes et les théologiens du passé ont cru, à tort, que ce qui pouvait survivre était justement ce que l'homme avait en propre, l'Intellect, alors que celui-ci n'est qu'un effet secondaire.

Schopenhauer ne s'en tient pas néanmoins à un exposé abstrait de cette notion de volonté, il veut montrer que tout le monde sait très bien intuitivement de quoi il parle, même si cette vérité n'a pas encore été vraiment reconnue avant lui. Cela tient peut-être au fait que les hommes en ont honte et ne veulent pas reconnaître qu'ils sont les jouets, même dans leurs productions les plus élevées, d'une volonté qu'ils ne dirigent pas. C'est la **sexualité** qui exprime le mieux le vouloir-vivre, qui mène la danse et qui est au cœur de toutes les plaisanteries ou allusions. Le foyer de la volonté de vivre est l'acte de la génération et toute passion a sa racine dans l'instinct sexuel. Freud verra en Schopenhauer l'un de ses grands précurseurs. On trouve chez le philosophe une « métaphysique de l'amour » qui est intéressante dans la mesure où elle suppose toute une théorie de l'illusion et donc de l'inconscient qui régit le rapport entre l'individu et l'espèce. Ce qui attire les individus les uns vers les autres, ce sont leurs manques, en vue de la perpétuation de l'espèce et en essayant de se rapprocher le plus possible du type le plus pur. L'individu croit être amoureux par une sorte d'élection subjective, alors que c'est l'espèce qui désire en lui et qui lui fait aimer un partenaire qui apportera des qualités génétiques complémentaires pour la reproduction. Ce qui se joue dans toutes les intrigues de la vie sociale et psychologique, c'est au fond la préparation de la génération suivante qui montera sur la scène du monde pour jouer la pièce éternelle du vouloir-vivre.

Le pessimisme

Bien que Schopenhauer n'emploie pas lui-même ce terme, il est celui dont on se sert pour qualifier sa doctrine. Il ne s'agit pas là d'une humeur vaguement découragée et dépressive, mais du contraire de l'optimisme qu'il fustige expressément. Cet optimisme est soit le fait de la bêtise, soit une opinion impie qui reste sourde aux misères de ce monde. Schopenhauer en profite pour rappeler que le christianisme associe étroitement le mal et le monde. Pour lui, comme pour une certaine sagesse bouddhiste qu'il revendique, le fond de toute vie est la souffrance. Désir de ce qu'on n'a pas, déception quand on l'a, etc. Comme tout individu est tout vouloir, chacun veut tout et c'est la guerre permanente de tous contre tous. L'amour sexuel nous conduit à faire les pires bêtises et met au monde des individus qui souffriront à leur tour. À ce propos, Schopenhauer développe une conception du suicide intéressante. On serait, en effet, tenté de penser qu'il est une excellente porte de sortie dans ce tumulte douloureux. Point du tout ! Il le considère au contraire comme une forme exacerbée du vouloir-vivre qui, ne supportant la vie présente, voudrait vivre plus encore. Il est donc un comble d'illusion.

La délivrance de la volonté

Les philosophies les plus absurdes proposent cependant toujours un moyen de surmonter l'absurdité. On serait même tenté de dire, elles plus que d'autres ! Pour Schopenhauer le baume à nos souffrances se trouve dans la recherche de la contemplation. Contempler les Idées platoniciennes n'étant pas tous les jours chose facile, c'est dans **l'art** que l'on trouve le moyen de contempler. La sagesse essentielle n'est donc pas à trouver uniquement dans la philosophie, mais dans l'art qui devient une philosophie à part entière tandis que le génie devient le modèle supérieur. La distinction fondamentale n'est pas à faire entre le sujet et l'objet, mais entre la volonté et la **représentation**. L'art, c'est la représentation du monde et, de ce fait, le contempler, c'est se trouver enfin délivré de la tyrannie de la volonté. Le fruit représenté en peinture cesse d'exciter mon appétit et peut exister enfin en lui-même, pour lui-même et finalement en soi. L'art est la contemplation des choses, indépendante du principe de raison. Elles sont là, sans pourquoi ni comment.

Mais l'esthétique de Schopenhauer a une particularité : il fait de la **musique** l'art suprême, celui qui nous délivre vraiment de la roue de nos tourments. La musique est la représentation de la volonté, donc l'art qui, plus que tout autre, atteint enfin l'en-soi du monde dans lequel nous sommes pris. Elle nous révèle les mouvements les plus cachés de notre âme. Parfaitement intelligible et tout à fait inexplicable, elle exprime la métaphysique secrète du monde qui devient une incarnation d'elle-même. On comprend pourquoi Schopenhauer était le grand philosophe de Wagner !

Il y a une autre voie que la contemplation esthétique, celle de la **pitié**, de la compassion. L'homme qui a compris le fond de l'être, et donc la souffrance universelle, peut comprendre autrui et partager ses tourments qui sont de même nature que les siens. La morale proposée devient une sorte d'ascèse en vue de l'extinction du vouloir-vivre pour atteindre enfin un **néant** libérateur. La conversion de la volonté, sa négation est donc, en même temps, suppression et anéantissement du monde qui apparaît à son tour comme un néant. Ce néant, on ne peut en avoir aucune connaissance absolue, mais seulement une notion négative par rapport à l'état antérieur dans lequel on était par rapport à la volonté. Ce néant, cette libération de l'individualité que Schopenhauer n'hésite pas à appeler nirvana, est le point culminant de sa doctrine dont on ne peut rien dire de positif, tout restant à expérimenter dans ce domaine...

Pour conclure, nous dirons que Schopenhauer fut un précurseur en bien des domaines : jeter un pont entre la philosophie occidentale et la spiritualité asiatique, reconnaître dans la sexualité une préoccupation fondamentale de l'être humain, inaugurer un style de philosophe écrivain plutôt que géomètre. Son pessimisme a quelque chose d'énergique et nous pourrions citer cette belle formule : « Une vie heureuse est impossible, ce que l'homme peut réaliser de plus beau, c'est une vie **héroïque** qui consiste à lutter sans relâche, dans une sphère d'activité quelconque, pour le bien commun. »

Auguste Comte
ou le scientifique aux préoccupations sociales

Philosophe français né en 1798 et mort en 1857. Il entre à l'École polytechnique en 1814 et devient rapidement le secrétaire du socialiste Saint-Simon. Sa formation scientifique et son ouverture aux problèmes du nouveau monde industriel en font le prophète d'une régénération intellectuelle et sociale.

Il rompt avec Saint-Simon tout en élaborant sa propre doctrine « positiviste ». Il est répétiteur à l'École polytechnique et donne aussi des cours d'instruction populaire.

En 1847, la Société positiviste est fondée, c'est aussi l'époque où Comte aspire à ce que le positivisme devienne la « religion de l'humanité ».

Son œuvre principale est le *Cours de philosophie positive.*

Voilà un philosophe absolument typique du XIXe siècle qui nous a laissé un adjectif qu'on emploie parfois sans même faire explicitement référence à lui. Une personne **positiviste** est en effet férue de sciences « positives » (celles qui expliquent les phénomènes observables), amatrice de **faits** et non de fictions, quelque peu méprisante à l'égard des « divagations » théologiques ou métaphysiques. Auguste Comte est donc le fondateur du **positivisme** qui est une philosophie qui ne se contente pas de faire l'éloge de l'esprit scientifique mais qui entend bien, à partir d'une certaine conception de la science et de son histoire, tirer une authentique **philosophie**.

Il s'agit de donner une interprétation du progrès de l'esprit positif ou scientifique, classer les sciences en fonction de celui-ci, et, bien au-delà, faire une philosophie de toute l'histoire de l'humanité. La philosophie positive ne doit pas cependant s'en tenir là et développer des normes pour l'avenir de la société humaine confrontée à la modernité scientifique et industrielle.

Comte a donc un double souci, celui de tirer toutes les conséquences des victoires de l'esprit scientifique et celui de trouver un ordre social qui lui corresponde. Il faut se souvenir que Comte vécut pendant une période politique qui fut particulièrement bouleversée pour la France. L'ordre de l'ancien régime (moral et social) a disparu sans qu'un autre se soit vraiment mis en place.

Interpréter le sens du progrès scientifique et de l'histoire

Les sciences ne se développent pas au hasard mais selon ce que Comte appelle une loi fondamentale du développement de l'intelligence humaine. Cette loi décrit **les trois états** théoriques par lesquels passent chacune de nos conceptions principales et chaque branche de nos connaissances. Ces trois états sont : l'état **théologique** ou fictif, l'état **métaphysique** ou abstrait, l'état **positif** qui est vraiment scientifique.

– L'état théologique explique les phénomènes par l'intervention d'agents surnaturels. On recherche les causes premières et finales qui agiraient directement sur les choses.

– L'état métaphysique est une abstraction du premier. Les dieux sont remplacés par des entités inhérentes aux divers êtres du monde : force, cause, substance, etc.

– L'état positif renonce aux explications causales et finales et se contente d'établir des relations régulières entre des séries de phénomènes.

Les deux premiers états sont des étapes nécessaires et Comte remarque même que des théories « fictives » sont un cadre nécessaire pour se livrer valablement à l'observation.

Sa classification des sciences correspond au fait qu'elles n'ont pas atteint en même temps l'esprit positif. Viennent d'abord les mathématiques, l'astronomie, la physique, la chimie et enfin la biologie qui a le plus de mal à se débarrasser du finalisme puisque, dans son cas, la considération du tout doit précéder celle de la partie.

Nous voyons donc que son histoire des sciences est en fait une histoire générale de l'humanité dont le développement général est conditionné par la maturité de sa mentalité scientifique. Cette loi des trois états ne manque pas d'une certaine élégance simplificatrice, mais on peut justement lui reprocher d'être exagérément réductrice et victime de l'illusion rétrospective et ethnocentrique qui consiste à penser que l'activité essentielle de l'intelligence est la connaissance scientifique.

Comte ne s'en tient cependant pas là et appelle de ses vœux une nouvelle science qui ne serait plus de la nature mais humaine ou sociale et qui serait la **sociologie**. Plus exactement, il n'y aurait plus qu'une seule science qu'on appellerait humaine et où l'homme serait tout à la fois le sujet et l'objet. L'étude du monde extérieur ne serait que le préambule de ce vaste édifice.

Refondre la société et marcher vers la religion de l'humanité

Le positivisme est un **scientisme** au sens où il entend apporter des réponses satisfaisantes à toutes les questions de l'humanité et fonder sur la science une éthique qui dise aux hommes comment agir.

Toute société a besoin d'un consensus, d'une sorte d'unité organique. Les savants remplaceront les prêtres et les militaires, devront expliquer la nécessité de l'organisation industrielle, de l'ordre et de la stabilité sociale. La « statique sociale » dégagera les caractéristiques de toute société (famille, division du travail, propriété...), la « dynamique sociale » indique la marche des sociétés vers le positivisme. Au fur et à mesure de ce progrès, les relations sociales entre supérieurs et inférieurs seront de solidarité et non d'antagonisme.

L'éducation sera très importante et bien sûr fondée sur la science qui a deux vertus essentielles : être utile (philosophie d'ingénieur plutôt que de savant !) et donner des certitudes stables dont l'âme humaine a besoin (philosophie de professeur plutôt que de chercheur !).

Comme nous avons vu que Comte pense dans des catégories tout à fait universalistes, au risque d'ailleurs de passer à côté de la complexité du réel et de l'histoire, il était assez prévisible que sa vision d'une grandiose réforme intellectuelle et sociale de l'humanité ne prenne quelque accent religieux. C'est ce qui se passa en effet et la **« religion de l'humanité »** vint coiffer l'ensemble de l'édifice. C'est en même temps un symptôme d'une évolution profonde qui touche tous les esprits au XIXe siècle, ébranlés par la disparition progressive en Europe de l'ordre social fondé sur le religieux. C'est alors à l'humanité qu'on propose de rendre un culte, non pas à chacun de ses membres, mais à ce qu'il y a de meilleur en elle et aux conquêtes immortelles de son esprit.

Conclusion

Même s'il était de formation scientifique, Comte n'a pas été un scientifique, mais plutôt un idéologue de la science. On serait presque tenté de dire que le positivisme prouve – sans doute *a contrario* de ce qu'il entendait prouver – qu'il n'y a dans la science que la philosophie que l'on veut bien y mettre. Si l'on entend par « philosophie » une interprétation globale du sens de l'existence, le positivisme dans son projet sociologique et « religieux », Comte le reconnaissait lui-même, n'est rien d'autre que la réintroduction du finalisme dont l'esprit scientifique pouvait – à juste titre – s'enorgueillir de s'être débarrassé !

La loi des trois états semble assez pertinente, à condition de s'en tenir strictement à une histoire du progrès des sciences positives et non d'étendre le propos à l'histoire de l'humanité dans son ensemble. Quant à la religion de remplacement, on ne peut que sourire à l'idée qu'on ait pu croire qu'une telle réforme puisse aboutir sur un plan institutionnel. Comte ressentait cependant à juste titre l'importance de la question du destin religieux de l'humanité.

Karl Marx

ou le philosophe qui voulait transformer le monde

Philosophe allemand né 1818 à Trèves et mort à Londres en 1883. Son père est avocat. Il fait des études de droit et de philosophie, sera docteur d'université en 1841, mais n'aura jamais de chaire d'enseignement. Il deviendra journaliste à la *Gazette rhénane* de Bonn. Ce journal sera interdit quand il en prend la direction en 1843.

Il ira en France dans les années qui suivent, étudiera l'économie et découvrira les idées socialistes qui y règnent. Il y rencontrera aussi Engels duquel il ne se séparera plus et avec lequel il cosignera un certain nombre d'ouvrages dont le fameux *Manifeste du parti communiste*, paru en 1848.

Son œuvre majeure, *Le Capital*, sera rédigée en Angleterre où il est réfugié depuis 1849. Il est le fondateur en 1864 de l'Association internationale des travailleurs dite « Première Internationale ».

Tout le monde a entendu parler du « marxisme » et se représente plus ou moins précisément à quoi correspond une telle doctrine. C'est la philosophie des communistes. Malheureusement, en disant cela, au lieu de clarifier sereinement les choses, on a plutôt tendance à les obscurcir et à passionner le débat. Les communistes sont considérés soit comme de doux rêveurs qui s'imaginent qu'une société sans exploitation ni domination de l'homme par l'homme est possible ; soit comme des maîtres du totalitarisme politique, capables de faire avaler au monde entier ou presque et pendant de nombreuses années, qu'il est tout à fait acceptable de faire des millions de victimes, à condition bien sûr que ce soit pour la bonne cause ! Comment s'y retrouver et qu'est-ce qu'un certain Karl Marx, philosophe, économiste et journaliste allemand a à voir avec tout cela ?

Quel professeur de philosophie n'a pas suscité un grand étonnement de la part de certains de ses élèves, lorsqu'il leur a dit que Marx était un philosophe matérialiste ! Eux qui croyaient qu'il dénonçait cette société bourgeoise qui ne pense qu'au « fric » ! Décidément, beaucoup de choses sont à préciser.

Marx philosophe et critique de la philosophie

Le jeune Marx est l'héritier de la philosophie de Hegel et de l'athéisme vigoureux qui se développe au XIXe siècle avec Feuerbach par exemple. Il retiendra de Hegel sa conception dialectique du progrès, c'est-à-dire sa vision positive et dynamique de la contradiction, le fait que la philosophie ne peut se passer d'une philosophie de l'Histoire. Ce progrès dans l'Histoire amène l'humanité à une conscience de soi encore inédite, et beaucoup d'esprits voient pour elle l'occasion de se débarrasser de toute ses tutelles, à commencer par celle de Dieu. Feuerbach pense que l'humanité peut retrouver **en** elle ce qu'elle a pris l'habitude de placer **hors** d'elle, la religion ne serait ainsi qu'une **projection au-dessus** de soi de ce qu'il y a de **meilleur en soi**.

La philosophie de Hegel vous fait connaître l'ivresse de la vérité, pénètre les ressorts intimes de l'esprit et de la conscience, met à vos pieds le spectacle d'une Histoire qui se déroule selon des lois qu'ignoraient ses propres acteurs et qui semble s'achever dans la plénitude panoramique de votre propre regard. Mais cette forme d'exaltation laissera Marx toujours insatisfait. Le décalage est vraiment trop grand entre la contemplation et les conditions de vie réelles des individus réels. La philosophie ne peut avoir réalisé son but si elle ne le réalise que dans une ou quelques consciences.

La lutte contre la philosophie « idéaliste » et contre la religion sera donc une lutte contre un seul mal : **l'illusion**. Détruire l'illusion c'est renverser les termes : c'est la vie qui détermine la conscience et non l'inverse, c'est l'homme qui fait la religion et non l'inverse. Dire l'« homme » ou la « vie », ne signifie pas des essences abstraites, mais désigne le monde réel de l'homme : l'organisation économique et sociale, l'État. Tant que la vie économique sera une exploitation des uns par les autres, la vie sociale une lutte entre dominants et dominés et la vie politique la mise en œuvre de l'injustice, la conscience humaine sera toujours une conscience blessée, inachevée. Le remède n'est pas à trouver dans une fuite de la réalité au travers des spéculations de la philosophie ou des consolations de la religion mais dans la volonté de changer réellement les conditions pratiques de vie qui engendrent une conscience malheureuse.

La critique que fait Marx de la philosophie ne porte donc pas sur tel ou tel point de doctrine, mais sur la nature même de celle-ci à un moment donné de l'Histoire. Ce moment est celui de la contradiction entre la bourgeoisie et le prolétariat qui représente l'immense majorité du genre humain du fait du développement du capitalisme. La philosophie ne peut se réaliser sans abolir le prolétariat puisqu'il vit dans des conditions qui ne lui permettent pas d'accéder à la vie de l'esprit et le prolétariat ne peut s'abolir sans réaliser la philosophie puisqu'il incarne le genre humain. La philosophie n'est misérable que si elle s'accommode de la misère, elle reste impuissante si elle se contente de vouloir **interpréter** le monde alors qu'il s'agit maintenant de le **transformer**.

Voilà donc la tâche de la philosophie d'après Marx : dissiper l'illusion produite par la collusion idéologique entre la philosophie idéaliste et la religion. Cette tâche une fois menée à bien, conjointement à l'action révolutionnaire, il faudra que la philosophie se dissolve comme **discours**, puisqu'elle sera **réalisée** dans une humanité libérée de toutes les oppressions.

Le matérialisme de Marx

Ce serait sans doute une erreur de se représenter le matérialisme de Marx comme une philosophie où la matière serait un « en-soi » dont les lois gouverneraient l'univers. Il s'agit plutôt de penser le monde et l'homme dans le monde comme un **processus** permanent d'évolution. Le concept de **travail** est encore celui qui rend compte de la manière la plus satisfaisante de ce fameux processus. Puisque l'homme fait intégralement partie de la nature dans la perspective matérialiste, le travail ne doit pas être entendu dans un sens exclusivement anthropologique et, en retour, le fait de définir l'homme comme étant **d'abord et avant tout** l'animal qui **travaille**, ne le sort pas du vaste processus matériel de l'univers. En ce sens, le marxisme pousse à son paroxysme la valorisation judéo-chrétienne du travail !

L'animal reproduit les conditions matérielles qui sont propices à sa conservation et à sa reproduction, l'homme, au contraire, change ses conditions matérielles d'existence. Par là même, c'est toute sa vie qui s'en trouve changée, la conscience qu'il a de lui-même et de son environnement. Nous serions tentés de dire : « et ainsi de suite... ». Il y a là un matérialisme **dialectique** dans la mesure où il y a une interaction dynamique : l'homme change la nature et la nature change l'homme. Vient alors l'éternelle question : qui a bien pu commencer ! Marx dit que le travail est l'effet de la mise en œuvre des forces dont l'homme dispose, de sa constitution corporelle : ses bras et ses jambes, mais sa tête aussi. Les capacités intellectuelles de l'homme ne se développent que parce l'homme se confronte à la matière dans le travail.

Et comment Marx définit-il le travail par opposition à une activité quelconque ou à ce que font les animaux ? On peut parler de travail selon lui quand il y a un effort de la volonté et surtout une représentation mentale du but que l'on poursuit. C'est la comparaison célèbre entre l'abeille et ses alvéoles parfaites qu'elle n'a su faire que d'instinct et le plus mauvais des architectes qui a su construire sa maison dans sa tête avant qu'elle ne soit construite par les maçons. Autrement dit, Marx refuse de définir l'homme comme l'animal qui pense puisqu'il est d'abord l'animal qui travaille, mais il définit le travail humain comme étant le fruit de la pensée ! Cercle logique que le marxiste écarte du revers de la main en disant que de toute façon, tout cela est dialectique, que la contradiction est surmontée par la pratique et que ceux qui ne sont pas d'accord sont sans doute à la solde du grand capital !...

Le matérialisme de Marx ne conduit donc pas celui-ci à produire une philosophie originale de la matière comme ses deux grands aînés que furent Démocrite et Épicure. Il le conduit plutôt à l'étude des processus **économiques**. La critique de la philosophie idéaliste devait effectivement le pousser à trouver d'autres champs d'investigation. Il est très important de situer sa pensée économique à l'intérieur de ce que nous avons appelé son « matérialisme » et non pas dans la continuité d'une prétendue discipline scientifique qui s'appellerait « économie politique ». La vision marxiste de l'économie procède justement d'une critique de celle-ci lorsqu'elle prétend dégager des lois naturelles et immuables. Les économistes de son temps, anglais pour la plupart, fondent leurs conceptions sur l'individualisme et les pratiques du capitalisme libéral naissant. Ces conceptions reflètent donc les intérêts de la bourgeoisie, selon Marx.

On serait tenté d'objecter que les conceptions marxistes en économie ne font que refléter les intérêts du prolétariat. Marx le reconnaîtrait sans doute mais insisterait sur le fait qu'il s'agit de l'intérêt du plus grand nombre !

Quelles sont ces conceptions ? Il s'agit de montrer comment le capitaliste peut réaliser un profit en tirant une plus-value du travail humain. Les prolétaires, nouveaux esclaves qui sont en fait des paysans déportés dans les régions industrielles (ils le sont par une nécessité économique tout aussi violente que la force des armes), sont obligés de vendre la seule richesse dont ils disposent, c'est-à-dire leur **force de travail**. Le capitaliste qui détient les moyens de production leur donne en échange un salaire tout juste suffisant pour la reproduction de leur force de travail. Le capitaliste cherche toujours à payer le moins possible ses salariés pour deux raisons : économique et politique. La plus-value réalisée correspond en effet à la différence entre le prix de la marchandise « force de travail » et la valeur produite par l'emploi de cette force de travail. D'autre part, un prolétariat épuisé qui n'a de temps que pour manger, dormir et se reproduire est moins dangereux et moins capable de s'organiser. On voit par là que ce type d'existence correspond assez bien à l'étymologie du mot « prolétaire » qui signifie « celui qui n'a que ses enfants pour richesse » (en dehors de sa propre force de travail).

S'il fallait retenir un concept central de la réflexion économique de Marx ce serait peut-être celui de **valeur**. La grandeur de Marx tient sans doute au fait qu'il pense ce qui est en train de se passer dans les jeunes sociétés industrielles de son temps : **tout a un prix car plus rien n'a de prix**. On ne se rend jamais assez compte du nihilisme de la notion même de valeur. Le propre d'une valeur est d'être relative, de varier tout le temps, de n'avoir de valeur que parce qu'on **veut bien** lui en donner une. La valeur d'usage disparaît au profit de la valeur d'échange, tout ne dépend plus que d'un vaste Marché réglé par le désir et la spéculation. La loi profonde du capitalisme est de faire de toute chose une marchandise et de tout corps une machine à produire. Le salarié est une marchandise et l'argent accumulé constitue le capital qui est la marchandise suprême qui permet de tout transformer en marchandise.

Le matérialisme de Marx n'est que le reflet du matérialisme **effectif** de la société qu'il voit grandir. C'est pourquoi il existe chez lui une étrange ambivalence de sentiments vis-à-vis de la bourgeoisie capitaliste. Dans le fameux *Manifeste du parti communiste*, il fait son éloge de la manière la plus vibrante qui soit : elle a réalisé en quelques années sur le plan matériel ce qu'aucune civilisation n'a pu réaliser en plusieurs siècles. De même, le capitalisme n'est pas un mode de production parmi d'autres. Il est un système économique à vocation universelle et le moment du devenir de l'humanité à partir duquel la totalité de l'Histoire, dans le passé et pour l'avenir, devient intelligible.

Il convient donc maintenant d'aborder un autre aspect, et non des moindres, du matérialisme de Marx, le fameux **« matérialisme historique »**. Il s'agit d'une philosophie de l'Histoire, c'est-à-dire d'une tentative de comprendre la logique qui l'anime, son sens et donc sa fin. Cette Histoire connaît un moteur qui est la **lutte des classes** dont la forme est déterminée à chaque époque par l'évolution du développement économique.

La première forme d'organisation sociale est le « communisme primitif » ; cela signifie qu'aucune plus-value n'est dégagée et qu'il faut donc partager le nécessaire à la satisfaction du besoin. La deuxième sera l'esclavage : le développement économique, de la métallurgie notamment, permet de faire de bonnes armes, c'est-à-dire des vaincus, c'est-à-dire des esclaves qui donneront leur force de travail. Viendra ensuite le féodalisme des propriétaires fonciers et le servage. Le développement des villes, des arts et des techniques, des pratiques bancaires amènera progressivement le capitalisme qui oppose bourgeois et prolétaires. Cela n'est bien sûr qu'un résumé hâtif.

Ce qui est déterminant à chaque époque, c'est le « mode de production » économique, lui-même produit des forces de production et des rapports de production. Ces rapports sont les formes sociales dans lesquelles la production est organisée. L'accroissement des forces de production tend à faire évoluer les rapports de production, mais l'inverse est tout aussi vrai. Cette évolution dialectique du mode de production se répercute sur les structures juridiques et politiques, de même que sur l'idéologie d'une époque.

L'explication marxiste de la Révolution française permet de comprendre d'une manière plus concrète le matérialisme historique. En effet, dans la société française de la fin du XVIIIe siècle, une nouvelle classe industrieuse apparaît, l'économie cesse d'être uniquement agricole.

Cette mutation économique et sociale engendre une nouvelle idéologie qui est celle des Lumières : philosophie d'une bourgeoisie libérale naissante qui attaque de toute part l'idéologie féodale fondée sur l'alliance entre l'aristocratie et le clergé catholique. Les structures juridiques et politiques, reflet de l'ancien mode de production, sont particulièrement rigides : société divisée en ordres, privilèges de naissance, doctrine de la monarchie de droit divin. À cause de cette rigidité, la réforme n'est pas vraiment possible et c'est une révolution violente qui éclatera.

Il est remarquable de constater que cette analyse est, en gros, celle qui est la plus communément partagée ! Le peuple de Paris aura été plutôt un moyen de la Révolution, que son véritable bénéficiaire. Marx ne manquera pas de dénoncer la déclaration universelle des droits de l'homme et du citoyen, comme l'expression d'une idéologie construite autour de la liberté, de l'égalité et de la propriété, le troisième terme étant le plus important et les deux premiers restant tout à fait formels !

Liberté et nécessité

Si le matérialisme historique est une philosophie de l'Histoire, il suppose donc un certain déterminisme que les individus subissent, plus qu'ils ne le dirigent. Il suppose aussi que l'Histoire s'achemine vers une fin qui jette une lumière rétrospective sur tout le passé.

Marx dit très peu de chose sur le communisme réalisé ou la société sans classe, dans la mesure où il se veut un scientifique ayant démonté les mécanismes de l'Histoire et non un de ces socialistes utopistes qu'il méprisait tant mais sans lesquels aucun parti communiste n'aurait vu le jour. Quelles que soient les répugnances que l'on puisse éprouver à décrire l'avenir (et on comprend qu'il y a là beaucoup de prudence et de sagesse !), c'est la façon dont on pense la fin d'un processus qui engage toute la façon de penser le processus lui-même. Marx, qui met le travail au centre de toute son anthropologie et de sa philosophie de l'Histoire, y voit aussi la malédiction dont on pourra un jour se libérer. L'Histoire est l'Histoire de la liberté, cette liberté se conquiert **par** le travail et devra s'achever par une victoire **sur** le travail. Nous retrouvons là le retournement dialectique caractéristique : le long asservissement au travail finira par produire les forces et les conditions pour s'en affranchir. La faucille et le marteau, symboles de la dure nécessité, deviendront pour le communisme les emblèmes de la lutte de libération révolutionnaire.

La société communiste abolira donc la division du travail et l'homme **total** et créateur en finira avec l'**aliénation**. Plus raisonnablement et avec des accents qui rappellent une certaine actualité à la fin du XXe siècle, Marx évoquera une diminution du temps de travail et un épanouissement du temps des loisirs. Le règne de la **nécessité** laisserait ainsi la place au règne de la **liberté**.

Mais avant d'en arriver là, ce n'est pas une mince question de savoir comment se concilient liberté et nécessité. Marx prétend en effet que le capitalisme, après ses succès triomphants, sera inéluctablement conduit à la ruine par ses contradictions internes. Sa principale contradiction est de ne vivre que de l'asservissement d'une classe qui, en grandissant, ne peut que conspirer à sa perte (il n'avait peut-être pas pensé à la philosophie de Henry Ford qui fit de ses ouvriers ses principaux clients !). Voilà donc tout le paradoxe de l'action révolutionnaire : elle est nécessaire et violente, mais travaille à ce qui est de toute façon inéluctable !

Ce qui est un paradoxe théorique fut sans doute la cause de la **puissance de séduction** formidable du marxisme. Voir la fin de l'Histoire dans la philosophie de l'Histoire et dans l'histoire achevée de la philosophie, comme c'est le point de vue de Hegel, ne peut intéresser qu'une petite minorité d'universitaires. Désigner la fin de l'Histoire comme la libération des masses grâce à une entreprise révolutionnaire qui reste à mener, a, au contraire, de quoi séduire beaucoup de monde. Enfin, les noces de la théorie et de la pratique ! J'ai une philosophie qui me permet d'interpréter le monde, le sens de l'Histoire, et me dit en plus ce qu'il faut que je fasse. Mieux encore, je sais qui haïr – les oppresseurs – et qui aimer – les opprimés – voilà ma vie affective structurée, mon énergie canalisée ! En un mot, le bonheur ! Le sentiment d'avoir raison et de bien agir, une espérance folle pour cette vie et cette terre et non pour l'Au-delà. Religion sécularisée, le marxisme a drainé un nombre considérable d'adeptes, des plus démunis aux plus « intellectuels », à cause de sa capacité à parler à l'homme dans toutes ses dimensions.

Il n'est pas inutile, à ce point, de se poser la question des rapports entre Marx et le marxisme. On trouvera certes dans la pensée du grand homme une ampleur, des hésitations et des nuances qui n'ont rien à voir avec ce catéchisme mondial qui faisait que l'accès à l'œuvre même de Marx était extrêmement difficile dans les pays communistes eux-mêmes ! On a même pu dire, non sans une certaine pertinence et une élégance certaine, que le marxisme était l'ensemble des contresens faits sur la pensée de Marx ! Cependant, si la grandeur d'une pensée se mesurait à sa fécondité en malentendus et en catastrophes pratiques, il resterait à expliquer pourquoi celle de Marx écrase toutes les autres à plate couture !

Le marxisme est-il vraiment postérieur à Marx ? Un philosophe qui voulait **réaliser** la philosophie et se jeter dans la praxis ne pouvait pas se contenter de rester dans son cabinet de travail. Marx fut donc un journaliste et un agitateur politique, ce qui est d'ailleurs tout à son honneur et à porter au crédit de la cohérence de l'homme. L'athéisme, la révolte inspirée par la terrible condition ouvrière, le désir d'en finir avec l'aliénation du travail, peuvent constituer une authentique aspiration spirituelle. Le matérialisme, en l'occurrence, n'est pas une négation de la vie spirituelle mais le fait de penser qu'elle ne peut s'épanouir qu'à la faveur de certaines conditions matérielles que seule la Révolution peut remplir. Cet état d'esprit, cette foi en l'Homme, Marx les partageait avec les anarchistes de son temps, Proudhon et Bakounine par exemple. Il est remarquable de voir comment il se comporta vis-à-vis d'eux, au sein de l'Association Internationale des Travailleurs (Première Internationale) créée en 1864. Il s'agissait pour lui d'éliminer les utopistes, ceux qui s'imaginaient pouvoir détruire l'État tout de suite. Le but est d'abord de **prendre le pouvoir**, de se préparer à des rapports essentiellement conflictuels, puisque ce sont eux que Marx croit avoir découverts tout au long de l'Histoire comme le seul véritable moteur de l'évolution. Il suffit de lire les textes écrits par Bakounine dans les années 1870 pour sourire à l'idée que l'on n'a pu découvrir que tardivement les « déviations » de la belle doctrine de libération. Avant même que les pays communistes n'existent, Bakounine décrit en effet la logique d'un mécanisme qui s'est implacablement mis en marche : la constitution d'une caste de révolutionnaires « éclairés » qui confisquent peu à peu et totalement toute initiative au peuple. Au lieu de réunir les conditions de la prétendue disparition progressive de l'État socialiste – phase transitoire vers le communisme – la caste révolutionnaire n'aura de cesse de renforcer son pouvoir et celui de l'État totalitaire qu'elle sécrète.

Lénine sera donc authentiquement marxiste quand il voudra forcer l'Histoire, prendre le pouvoir par la force et constituer un parti de révolutionnaires professionnels. Bien naïfs étaient ceux qui allaient jusqu'à préconiser un développement du capitalisme en Russie pour faire naître un prolétariat nombreux qui aurait pu faire une Révolution populaire en bonne et due forme !

Conclusion

Il est impossible de présenter la pensée de Marx sans porter un jugement sur le marxisme et la réalité des pays communistes dans lesquels il était l'idéologie officielle. Cette philosophie de l'Histoire, qui ne déclare pas que la fin de l'Histoire est atteinte mais appelle à la précipiter, devait rencontrer un retentissement foudroyant. Voilà quel fut le cœur de la mentalité du militant marxiste : plus j'agis en révolutionnaire et plus mon action confirme la justesse de ma théorie ; plus je réfléchis en marxiste et plus ma réflexion confirme la justesse de mon action. Il ne faut sans doute pas aller chercher plus loin la cause de l'aveuglement acharné dont certains ont fait preuve ou font encore preuve devant l'insistance des faits, y compris les plus « monstrueux ». Reconnaître l'échec de cette manière de concevoir l'Histoire et de cette manière d'agir, c'est, au fond, tout perdre.

La terrible réalité des pays communistes est aujourd'hui **reconnue** (elle était connue depuis longtemps et, comme par miracle, depuis l'écroulement de l'Union soviétique, plus personne ne la nie). Il ne reste plus aux irréductibles fidèles qu'un étrange syllogisme : le communisme c'est la fraternité et le bonheur, les pays communistes furent monstrueux d'injustice **donc les pays communistes n'étaient pas communistes** ! Il faut ajouter un autre raisonnement non moins courant et tout aussi redoutable : les communistes se sont battus contre le nazisme donc attaquer le communisme c'est être directement ou indirectement nazi ! À partir de telles conclusions, une discussion sérieuse devient difficile.

La survivance de certains partis communistes, où les hommes sont loin d'être plus mauvais qu'ailleurs, est à mettre au compte de fidélités familiales (un père ou un grand-père ont donné leur foi et leur vie au Parti), et du simple fait que le besoin d'appartenance est très fort, surtout à une époque où les misères et les angoisses – même dans les pays riches – sont loin d'avoir disparu.

Si le jugement porté sur le marxisme et le communisme nous paraît indispensable, il n'en reste pas moins qu'il serait insuffisant pour une conclusion sur Marx. Qu'on le veuille ou non, le XXe siècle fut marxiste et l'est encore. Non seulement à cause de la Chine, mais à cause du fait que la pensée de Marx – c'est le propre des grands philosophes – est l'esprit d'un temps, plus que l'opinion d'un auteur. Il existe aujourd'hui de solides arguments pour contredire cette idée selon laquelle une société est d'abord un système économique et social, habillée ensuite par une idéologie. Cela concerne aussi toute la philosophie de l'Histoire. C'est un immense chantier théorique qui est actuellement en cours. Mais il est loin d'être achevé et Marx a certainement su voir dans le capitalisme tout autre chose qu'un simple système économique. Nous dirions aujourd'hui que le capitalisme est l'expression d'une métaphysique technicienne et matérialiste, dont Marx a subi la fascination et l'emprise en voulant combattre radicalement ses effets insupportables.

Søren Kierkegaard
ou l'esthète hanté par le péché

Philosophe danois né en 1813 et mort en 1855. Marqué par un père austère et par la mort de ses sœurs, Kierkegaard mène une existence plutôt agitée jusqu'à l'âge de 25 ans. Une série d'événements survient alors : il semble avoir eu une révélation spirituelle, reprend ses études, se fiance tout en pressentant que c'est une erreur. Il rompra effectivement avec Régine Olsen en 1841.

À part un bref séjour à Berlin pour écouter les cours de Schelling, il restera au Danemark où il sera une plume virulente contre le christianisme officiel.

Ses œuvres principales sont : *Ou bien... Ou bien...*, *Crainte et Tremblements*, *La Reprise*, *Miettes philosophiques*...

Voilà une personnalité un peu atypique dans l'univers de la philosophie, un peu « à la marge », tangente à l'univers des savants universitaires. Ce type de penseur est précieux pour faire comprendre la nature de la philosophie et faire saisir les points de rupture, annonciateurs de nouvelles époques.

Alors qu'il serait facile de les opposer, Kierkegaard et Nietzsche sont sans doute de la même famille. Le premier est plutôt considéré comme un penseur chrétien et le second comme antichrétien, mais ils partagent des origines culturelles communes (un protestantisme nordique sévère) et surtout un style de pensée où l'écriture et la vie se mêlent sans cesse pour former la trame d'une existence difficile qui est une violente contestation des systèmes et des institutions en place. Les cibles privilégiées de Kierkegaard sont la philosophie hégélienne et le christianisme officiel ronronnant.

Obligation et impossibilité de dire «je»

Il est difficile de caractériser la nature de cette obligation pour Kierkegaard. Elle est à la fois originaire et finale. Elle ne peut pas être une exigence morale, rationnelle et abstraite car elle serait impersonnelle ; elle ne peut pas être non plus une nécessité naturelle. Cette subjectivité revendiquée est le refus de fuir, de se dérober, aussi bien par le «haut» que par le «bas». Le «haut» serait le fait de vouloir disparaître dans l'objectivité du concept, les brumes de l'abstraction, où il n'y a personne pour souffrir et jouir, faire un choix, s'exposer à la faute comme à la grâce. Le «bas» serait la naturalité d'une existence brute qui, elle aussi, se dérobe à la difficile existence humaine.

Selon Kierkegaard, la subjectivité n'est donc pas une étape à dépasser, un point de vue étroit et particulier qui nous rendrait incapables d'atteindre le général. Elle est plutôt la vérité de notre condition humaine individuelle. Serait-il donc suffisant de s'y installer et de se livrer à un égotisme satisfait ? Non, bien sûr, car si Kierkegaard n'aspire pas au général, il aspire à l'absolu, au point où, ayant fait l'expérience épuisante de l'ignorance socratique, la foi peut surgir. Vérité face au système philosophique, la subjectivité devient un néant face à Dieu.

Angoisse et liberté

L'expérience de la subjectivité est donc l'expérience tragique d'une condition déchirée qui renvoie finalement à la faute originelle. Kierkegaard n'hésite pas à voir dans le récit de la Genèse l'image de ce qui est propre à l'existence humaine. Adam, dans le jardin, vit dans l'innocence et l'ignorance, mais au seul mot de Dieu : «Tu ne mangeras pas des fruits de l'arbre du bien et du mal», une sorte de doute et d'angoisse s'insinue dans son âme. Adam ne peut comprendre encore ce que signifient bien et mal ou la menace de la mort, mais il éprouve qu'il peut se passer quelque chose, qu'il peut lui-même vouloir quelque chose qui le conduira à sa perte. Avant même d'être coupable, l'homme perd son innocence, commence à sentir et à savoir qu'il est libre. L'interdit révèle en lui la possibilité de la liberté. Cette pure possibilité de pouvoir est la naissance de ce que Kierkegaard appelle l'**angoisse**. Elle est le sentiment que l'on éprouve devant quelque chose qui est et n'est pas à la fois. « Rien ne m'empêche de faire ceci ou cela », c'est ce « rien » qui génère l'angoisse et fait de l'homme la créature en permanence crucifiée par le choix (à condition de vivre la vérité de la subjectivité).

Un progrès par ruptures : les trois stades

L'homme peut choisir de vivre dans différents stades ou sphères d'existence. Entre ces trois stades (esthétique, éthique, religieux) il y a incontestablement un progrès, mais ce progrès n'est en aucun cas nécessaire et il n'y a pas de progression logique qui fasse passer de l'un à l'autre mais plutôt des sauts ou des ruptures. Ces trois stades correspondent sans doute à l'expérience personnelle de Kierkegaard même si on peut douter d'un strict enchaînement chronologique, là où il y a vraisemblablement chevauchements et juxtapositions. D'autre part, même s'il n'en n'avait eu aucune expérience, Kierkegaard n'aurait sans doute jamais parlé du stade religieux, la foi dont il parle ne peut jamais mettre l'individu dans la tranquille assurance de celui qui dit « **j'ai** la foi ».

– Le « stade esthétique » est celui du jeu perpétuel de la séduction. Pascal parlerait sans doute de la chasse, du divertissement. Cette soif de courir de moment en moment, tente toujours de goûter le bonheur du temps présent. La tâche étant – c'est bien connu – impossible, ce stade se traduit par un comportement de fuite en avant pour en rester au même point. Quête intellectuelle du savoir ou quête sexuelle des femmes, Faust et Don Juan sont des figures emblématiques du stade esthétique. Indifférents à la distinction du bien et du mal, ils vivent dans la seule perspective de vivre l'intensité d'existence que leur procure leurs nouvelles conquêtes. La mort peut interrompre ce mode d'existence, à moins de passer à autre chose.

– Le « stade éthique ». À l'opposé des séductions passagères, le mariage représente bien cet engagement dans la durée. Justement celui que Kierkegaard n'a jamais voulu prendre ! Le stade éthique est donc celui du choix, de la clarification morale.

– Le « stade religieux ». Pour entrer dans ce stade, présenté comme disjoint de l'éthique, on suppose l'intervention d'une dimension qui échappe à l'homme contrairement au comportement éthique. Il est remarquable que le stade religieux soit chez Kierkegaard justement « supérieur » au stade éthique, contrairement à toute la tradition philosophique moderne, qu'elle soit kantienne ou hégélienne. Chez Kant la vraie religion est dans la simple mais rigoureuse honnêteté inspirée par la pureté du sentiment moral. Chez Hegel, elle est une médiation symbolique dépassée en intériorité spirituelle par le concept philosophique.

Le comportement d'Abraham obéissant à Dieu en allant sacrifier son fils est en ce sens typiquement religieux aux yeux de Kierkegaard puisqu'il peut y avoir dans la foi une transgression de l'éthique à la mesure de l'exception absolue qu'est Dieu.

Pensée et existence

On a pu dire, sans doute à juste titre, que Kierkegaard était le père de l'existentialisme. Il faut donc reprendre ce terme « d'existence » si l'on veut saisir le cœur de ce que Kierkegaard a essayé de nous dire.

L'existence dont il est question n'est pas celle de n'importe quel objet qui se contente de se tenir là, hors de nous. Nous aussi nous existons comme cela, mais nous existons autrement encore. C'est l'expérience de la subjectivité dont nous avons parlé plus haut qui nous le fait comprendre : elle est une tension, un devenir confrontés au choix et à l'angoisse. Le christianisme est sans doute la seule religion dans laquelle Dieu connaît lui-même toutes les difficultés de l'existence humaine, jusqu'à l'angoisse, la peur de mourir. La tension existentielle qui fut la seule véritable préoccupation de Kierkegaard n'est peut-être rien d'autre que la réalité contradictoire de l'incarnation, telle qu'elle est donnée à croire dans l'Évangile.

Spirituel et charnel, l'individu est attiré alternativement par l'un ou l'autre de ces pôles. Devant un philosophe hégélien reconstruisant le monde et l'histoire dans sa tête ou dans ses livres, Kierkegaard lui demandait qui il était, lui, et s'il avait besoin de manger et de dormir comme tout le monde, s'il ne cherchait pas à passer pour autre chose que ce qu'il était effectivement.

Autrement dit, dès que l'on s'arrache à l'existence, on l'oublie, on la met entre parenthèses. Ce à quoi on pourrait répondre que le mieux serait alors de se taire, adoptant ainsi la sagesse animale ! Ce que Kierkegaard a essayé de penser, c'est justement ce divorce inévitable et permanent de la pensée et de l'existence. D'un côté, on ne peut pas échapper à l'existence sans mentir et, de l'autre, exister humainement parlant c'est faire un mouvement hors de son existence donnée et immédiate.

De même, il n'y a pas d'évolution sans tension ni déchirure du stade esthétique au stade religieux. Les trois stades ne font pas un système mais sont des mondes en soi dans lesquels on peut rester enfermé.

Toute sa vie Kierkegaard aura lutté contre l'esprit de système qui passe selon lui à côté de l'essentiel : l'existence humaine en devenir. Un système n'est en effet un système que s'il est capable de se refermer sur lui-même, que s'il prétend être nécessaire. Or cette fermeture et cette nécessité le bloquent dans une éternité morte. Nous remarquons ici une nouveauté très remarquable chez Kierkegaard (même si le système de Hegel était déjà, dans le style opposé, une tentative de penser l'être et le devenir ensemble) : la philosophie contemporaine tentera de penser le temps comme expérience constitutive de l'existence humaine et non plus de capter des « vérités éternelles ».

Toute sa vie, il se démarquera des « chrétiens du dimanche », des « cannibales de Dieu », selon son expression, allant assister au culte officiel de la religion officielle, dispensée par des prêtres fonctionnaires repus à des bourgeois repus. Si les accents de notre penseur danois font penser à l'existentialisme athée quand il se demande ce qu'il vient faire dans une réalité et une vie qui lui paraissent d'abord absurdes ; il serait judicieux de se rappeler en relisant Kierkegaard que l'existentialisme n'aurait sans doute jamais pu voir le jour sans avoir puisé à sa source profondément chrétienne.

Friedrich Nietzsche
ou le surhomme fragile

Philosophe allemand né en 1844, mort en 1900. Descendant d'une lignée de pasteurs, le jeune Nietzsche est professeur de philologie grecque dès l'âge de 25 ans à l'université de Bâle. L'œuvre de Schopenhauer contribue à sa conversion vers la philosophie. Ami de Wagner pendant quelques années, lui-même musicien, l'art reste au cœur de ses préoccupations. Sa santé ne lui laissant guère de répit, il abandonne son poste de professeur et devient un écrivain solitaire cherchant un lieu propice à la création. Après une crise de démence, il passe les dix dernières années de sa vie sans plus rien écrire, réfugié auprès de sa sœur à Weimar. Ses œuvres principales sont : *La Naissance de la tragédie, Aurore, Le Gai Savoir, Ainsi parlait Zarathoustra, Par-delà le bien et le mal, La Généalogie de la morale* et de nombreux fragments regroupés sous le titre de *La Volonté de puissance*.

L'énigme de l'homme et de l'œuvre

Nietzsche est-il bien un philosophe ? Plutôt que la paisible recherche de la sagesse, son nom et son œuvre évoquent la provocation et suscitent encore les passions. Comment déclarer sage un homme dont on dit qu'il devint fou et passa les dernières années de sa vie dans un quasi-silence ?

N'est-il pas plutôt un philologue (celui qui étudie une langue), un écrivain, un prophète, un misologue (qui déteste la raison) et même un misosophe (qui déteste la sagesse)? Philologue il le fut dans la première partie de sa vie intellectuelle, universitaire reconnu mais déjà helléniste iconoclaste, pourfendeur de la vision classique de la Grèce antique, ennemi de la tendance rationaliste depuis Socrate, adorateur de Dionysos, dieu de l'ivresse et de la démesure. Écrivain toujours, brillant, cadencé, caustique, jetant ses vérités par fragments et aphorismes, prétendant donner au monde un cinquième Évangile avec son Zarathoustra, admirateur des moralistes français, amoureux de la Méditerranée, styliste loin de la lourdeur systématique allemande. Prophète, il annonce de terribles effondrements, décrit «les deux prochains siècles» et attend de stupéfiantes aurores. Misologue, car il ne croit pas aux promesses de bonheur de la raison et de la science. Misosophe enfin, il voit dans l'amour de la sagesse un désir de fuite, une haine de la vie et du monde comme ils sont : violents et injustes.

Ce spécialiste de la Grèce antique ne put néanmoins résister à l'attrait de la philosophie. Il abandonna sa vie de savant courbé sur le chemin, absorbé par l'étude des détails, pour respirer l'air des cimes, séjourner sur les crêtes à des altitudes glacières. Plutôt que de nouvelles doctrines, il vit en Grèce l'émergence d'un **nouveau type d'homme**, une tentative ou si l'on veut une tentation. Que valent les vérités de la science en face de belles possibilités de vie? Combien d'autres vies sont-elles encore possibles? Combien d'autres évaluations de la vie sont-elles encore possibles? En d'autres termes, d'autres philosophes, de **nouveaux** philosophes sont-ils possibles, d'autres valeurs peuvent-elles être créées? Dans sa tentative de contestation de toute la philosophie avant lui mais surtout dans sa contestation de la **manière de vivre** des philosophes, ascétique presque toujours; c'est en cela que Nietzsche est peut-être essentiellement philosophe : il appelle un nouvel homme et un nouveau genre de vie.

Ces nouvelles perspectives, le philosophe digne de ce nom doit les payer de sa propre vie, non pas philosophe engagé mais philosophie telle qu'elle ne peut pas ne pas engager toute la vie du philosophe. Très jeune Nietzsche abandonne sa carrière universitaire et commence une vie d'errance, d'hôtels en pensions, cherchant un climat propice à sa santé et à la création. Entre l'Allemagne, les montagnes suisses,

Venise, Rome, Turin et la côte d'Azur, il ne cessera d'habiter dans son errance même le centre de l'Europe prise entre l'influence de la Méditerranée et celle des plaines du nord. Latin de cœur, hyperboréen par atavisme ; fils, petit-fils et arrière-petit-fils de pasteur protestant, esthète se promenant dans Rome et Venise ; wagnérien des premières heures pour tomber enfin amoureux fou de la *Carmen* de Bizet ; Nietzsche accueille et recueille tous les contraires et toutes les contradictions, subit toutes les « contrariétés » du cœur humain dirait Pascal.

Rien d'étonnant à ce que son œuvre ait mis un certain temps, non seulement à être reconnue mais même à être perçue ! Les raisons en sont matérielles et idéologiques d'abord. Il a en effet laissé un nombre considérable de fragments qui devaient constituer un jour l'aboutissement de son œuvre philosophique intitulée *La Volonté de puissance* avec pour sous-titre « essai de transvaluation de toutes les valeurs ». Cette œuvre ne vit jamais le jour et la publication de ces inédits fut longue et compliquée. Élisabeth Nietzsche, sa sœur, mariée à un raciste notoire, a contribué par sa mainmise sur les documents de son frère à la récupération nazie de sa pensée. Il serait vain bien sûr de nier l'existence de passages dans cette œuvre où il est fait une apologie brutale de la force vitale, des vertus de la guerre et de la « morale » des maîtres. On pourrait trouver aussi dans son œuvre des passages que la tradition anarchiste n'a pas manqué de s'approprier... C'est le propre d'une œuvre foisonnante et fragmentaire que de pouvoir donner lieu à des interprétations diamétralement opposées. Pour la comprendre, ne faut-il point l'avoir parcourue dans son ensemble ? Cette compréhension correcte n'a donc pu commencer qu'avec sa publication complète, seulement dans la seconde moitié du XXe siècle, et une mise à distance du nazisme.

Au-delà de ces causes matérielles et historiques, c'est sans doute la nature même de la pensée de Nietzsche qui résiste à l'élucidation. Il a le grand tort de bien écrire et le plaisir qu'il procure est peut-être le voile le plus efficace pour masquer la profondeur qu'il découvre. Quel adolescent n'a point éprouvé quelque enthousiasme aux paroles de Zarathoustra, ne s'est point cru philosophe pour cause d'élan lyrique ? Faiseur de paraboles, jeteur de paroles au loin, Nietzsche n'avait-il point prévenu qu'il écrivait pour tous et pour personne ? Tout grand philosophe invente peut-être une nouvelle langue pour atteindre un nouveau sens. Un Pascal par son style n'entend pas rendre prisonnière dans le discours une vérité toute faite et comme livrée au lecteur, il veut au contraire en faire sentir l'absence, il ne peut que viser et désigner ce qui pour lui est d'un autre ordre. Dans un esprit très différent et cependant dans une grande proximité de style, Nietzsche écrit pour ce qui n'est pas là mais peut venir, pour ce qui est peut-être déjà là mais jamais tout à fait en notre pouvoir : l'ivresse de la vie et le temps du Surhomme. Mysticisme de Nietzsche si l'on veut, quête des états exceptionnels mais sans au-delà, ivresse panique du corps, ici et pour toujours. **Négation ou désintérêt de toute vie future mais philosophie de l'avenir cependant** : le monde est un tout sans ailleurs ni sortie, mais il est ouvert de l'intérieur si l'on peut dire, c'est-à-dire un chaos non stabilisé, gros de belles possibilités, pouvant encore enfanter une étoile dansante.

L'humanité est une espèce non stabilisée et Nietzsche de dire qu'il est lui-même de ces machines qui peuvent exploser ! Pensée difficile à entendre donc parce qu'à l'écoute de ce qui travaille en profondeur, ce qui se trame secrètement : qu'y a-t-il donc comme instinct de vie ou de mort sous les philosophies, la grande Raison du corps n'a-t-elle point ses raisons que la conscience ignore ? L'Europe confiante dans les progrès des bienfaits de la science et du socialisme ne prépare-t-elle pas un siècle particulièrement destructeur ? Nietzsche cherche en deçà pour voir au-delà. « Les pensées qui font plier le monde marchent à pas de colombes », Nietzsche, tenté par la musique avant la philosophie a gardé l'oreille fine. Cet homme, qui a toujours dénoncé la quête d'une autre vie dans un autre monde comme signe de l'impuissance dans cette vie et dans ce monde, a mis toute sa vie dans une œuvre qui n'était pas lue ou presque, a mis toute sa nostalgie dans une Grèce tragique qui n'était plus là, a mis toute son attente dans le temps du **Surhomme** et des nouvelles valeurs qui est toujours à venir. Le prophète de **l'Éternel Retour**, de **cette** vie comme vie **éternelle**, est né, de son propre aveu, « posthume ». Cas étrange que ce Van Gogh de la philosophie. Le cas du génie méconnu dans l'histoire de l'art est, contrairement à ce qu'une mythologie romantique nous pousse à croire, fort rare ; il l'est encore plus dans l'histoire de la philosophie, Schopenhauer lui-même connut un grand succès à la fin de sa vie, la discrétion de certains comme Spinoza était voulue en des temps où il ne faisait pas bon penser librement.

La mort de Dieu

Pour comprendre mieux encore pourquoi cette pensée ne put être comprise que tardivement, il faut chercher à comprendre la signification de la fameuse **« mort de Dieu »**. S'il entendait proclamer par là que Dieu n'existe pas, le moins qu'on puisse dire est que l'on n'avait pas attendu les années 1880 pour exprimer ce point de vue !

Il s'agit plutôt d'un diagnostic sur la validité des valeurs supérieures qu'une civilisation honore, sur l'autorité effective dans la société d'institutions comme l'Église. Il dit bien que cette nouvelle fait sourire les bons esprits évolués de son époque qui ont remplacé Dieu et la religion par une philosophie de l'Histoire et leur confiance dans la science. Mais ce que voit Nietzsche, c'est que cet optimisme de remplacement ne tiendra pas, que cette philosophie de l'Histoire n'est qu'un christianisme profane (c'est le cadavre de Dieu qui empoisonne le monde), que ce scientisme n'est qu'une croyance (à courte vue cette fois-ci) sur le plan théorique et que le développement des sciences et des techniques ne suffit pas à garantir les progrès de la civilisation. D'où la fameuse prophétie de Nietzsche qui voit pour le XXe siècle une longue suite d'effondrements et des guerres comme on n'en n'avait jamais vu sur la surface de la terre. Loin d'être un esprit « positif » pour lequel Dieu n'est qu'une hypothèse dont on peut se passer et l'Église l'expression d'une morale du sous-développement, Nietzsche voit plutôt en eux la clef de voûte de la civilisation européenne. Il diagnostique certes un épuisement du christianisme – ou d'une certaine forme de christianisme, pourrions-nous ajouter – mais lui accorde en même temps une importance capitale, pour l'Europe en tous les cas. Autrement dit, c'est en cette fin de XXe siècle seulement que la nouvelle de la « mort de Dieu » parvient à toutes les oreilles, où le vide comme tous les possibles se font sentir. Celui qui ne pouvait être compris tout de suite se fait peut-être mieux comprendre que tout autre, le jour venu. Notons qu'en 1961, le thème de la mort de Dieu allait remuer la scène théologique américaine et internationale à la suite de la publication du livre de Gabriel Vahanian, *The Death of God*. Que cela ait pu susciter une quasi-école de pensée théologique prouve à quel point il s'agit de tout autre chose que d'une simple déclaration d'athéisme.

Dionysos et le tragique : l'art comme métaphysique

Quels sont les grands thèmes de la philosophie de Nietzsche, les sources de son inspiration ? Le début des années 1870, qui fut le moment de son amitié avec Wagner, vit l'extension de la puissance allemande et la parution de son premier grand livre : *La Naissance de la tragédie*. C'est l'ensemble de ce contexte historique, intellectuel et artistique qu'il faut comprendre. Wagner comme Nietzsche était fortement influencé par les thèses de Schopenhauer : seul le génie artistique nous permet de toucher l'essence des choses qui se dérobe toujours à la connaissance. De tous les arts, il en est un qui touche à l'intimité de la volonté et nous la restitue en représentation : la musique. Le théâtre de Bayreuth, voué à l'œuvre lyrique de Wagner, est le lieu d'expression d'un art enfin total. Si les élites intellectuelles allemandes vécurent à la fin du XVIIIe et au début du XIXe siècle dans la fascination de la France révolutionnaire et impériale, le pangermanisme qui suit se traduit dans les esprits par le désir d'être une nouvelle Grèce, modèle aristocratique d'équilibre entre la puissance économique et militaire et le rayonnement culturel. Modèle d'équilibre surtout entre le développement de la raison et le culte de la beauté dans les arts. Hegel avait écrit quelques pages inoubliables sur cet équilibre miraculeux de la période classique. Mais si l'Allemagne devait être une nouvelle Grèce, n'allait-elle pas dans un même mouvement vouloir découvrir un **nouveau visage** de la Grèce ? Une Grèce moins mesurée, moins latine et moins romanisée, moins classique et en un mot plus **tragique** ? On ne retenait d'elle en général que ce moment classique, cette perfection des formes et comme cet apaisement. Si Nietzsche se voulut lui-même toujours un classique, c'est peut-être lui qui nous apprit à voir la sérénité classique comme une volonté de dompter une surabondance de force, de mettre sous le joug la violence désordonnée des instincts. De même qu'on dit parfois qu'un homme sans passions est un roi sans sujets, la Grèce est classique parce qu'elle est essentiellement tragique, éprise du sens de la limite parce que travaillée par le démon de la démesure, apollinienne parce qu'en son fond dionysiaque. L'œuvre de Nietzsche débute sous les auspices d'Apollon et Dionysos, dieux de la forme et de l'ivresse que toute œuvre d'art véritable devrait, selon lui, savoir concilier. Mais si Apollon joue son rôle dans le premier livre de Nietzsche, c'est pour mieux introduire le dieu inattendu Dionysos, qui sera, lui, présent tout au long de son œuvre.

La tragédie mourra de la dialectique, quand elle cessera d'être un genre essentiellement musical et chorégraphique, quand elle ne sera plus liée aux fêtes religieuses et à l'orgiasme païen, quand Dionysos, apôtre de la souffrance et de la jouissance mêlées dans les noces éternelles du Destin et de la vie, laissera la place à l'optimisme rationnel et mortifère du hideux Socrate. Parlant des tragiques grecs, notre helléniste entre en fait en philosophie par une tentative de meurtre fondateur. Socrate n'aurait-il point mérité sa ciguë? Telle est la question qu'il ose poser et le renversement inaugural qu'il tente. Socrate, saint patron et martyr de la philosophie, détermine bien un avant et un après lui, mais ce qui vient après est une décadence, une perversion de la belle humanité grecque qui ne cherche pas à savoir **ce qu'est** la vertu parce qu'elle **est** vertueuse. Socrate accomplit bien un renversement, mais c'est parce qu'il est lui-même un homme inversé : c'est la raison qui pousse à l'action chez lui et une sorte d'instinct qui parfois le retient. C'est l'homme dialectique qui ne peut s'empêcher de s'interroger sur tout, de tout analyser et qui croit que le savoir rationnel est un bien pour l'homme et l'ignorance la source de tout mal. Il nous enjoint de nous re-souvenir, de retrouver une vérité perdue à la naissance et de la retrouver après la mort, tandis que Nietzsche nous fait l'éloge de **l'art d'oublier**, cadeau divin de la vie qui sait s'alléger de son passé et panser ses blessures. En donnant une image inversée de l'importance de Socrate par rapport à celle que donne la tradition philosophique, Nietzsche entend remettre d'aplomb le véritable apport de la Grèce antique. Au lieu de chasser les poètes qui ne savent pas expliquer exactement ce qu'ils font au profit des savants, comme Platon le préconise dans son dialogue *La République*, il déclare dans la dédicace de son premier livre à Wagner que l'art est « la tâche véritablement métaphysique de cette vie » et non un tintement de grelots qui doit accompagner le « sérieux de la vie ». Malgré cette période d'amitié euphorique avec Wagner, il s'éloignera petit à petit de lui et de tout germanisme récupérateur. L'homme comprend que la philosophie est son destin et, ayant appris néanmoins de Socrate – véritable lutteur philosophique – que ce qui détermine la force d'un homme c'est la force de son adversaire, décide de partir en guerre contre le platonisme et le christianisme lui-même.

La guerre au platonisme et au christianisme

« Le christianisme est un platonisme pour le peuple » : cette formule de Nietzsche donne le ton. Le platonisme dont parle Nietzsche est-il vraiment celui de Platon, le christianisme sur lequel il s'acharne est-il bien le christianisme ? Ces deux questions sont-elles vraiment importantes ? Deux choses nous importent ici : comprendre la pensée de Nietzsche et comprendre qu'il l'a forgée contre deux repoussoirs qu'il a peut-être forgés lui-même. À moins que ces deux antimodèles ne se soient forgés eux-mêmes mutuellement, à moins que le premier mérite de cette attitude iconoclaste ne consiste justement à secouer cet espèce de monstre mou, constitutif de ce qu'il est convenu d'appeler la pensée occidentale : de la philosophie à la sauce judéo-chrétienne, la Révélation monothéiste à la mode grecque.

Ce qu'il poursuit de ses foudres dans le « platono-christianisme » c'est un système d'évaluation morale qui consiste à dévaluer le monde sensible et la vie selon les valeurs du corps qui lui correspond. Au profit de quoi ? D'un autre monde et d'une autre vie dont ce monde-ci et cette vie-là ne seraient que les pâles reflets et les timides et douloureuses préfigurations. L'homme aspire au repos, à la permanence, à la stabilité, à une plénitude de bonheur éternel, **c'est pourquoi** cette vie, ce changement incessant, ce tumulte et ces guerres, ces douleurs qui succèdent aux plaisirs, ces désirs qui renaissent toujours, les bonheurs qui fuient et le temps qui passe, tout cela **n'est pas vraiment**. Les murs de Mai 68 conseillaient, avec une incontestable pertinence, de « prendre ses désirs pour des réalités ». Que fait donc le philosophe-prêtre selon Nietzsche ? Il prend son désir de permanence pour une réalité de la permanence, mais inversement il apprend à se défier de ses désirs réels qui sont forcément changeants. Faute d'être heureux dans la vie, au sens où l'on dit que l'on est heureux en amour ou au jeu, notre philosophe-prêtre se laissera gagner par le ressentiment ; mais faute de pouvoir vivre sans désirer et sans vouloir, il le fera d'une manière réactive en voulant contraindre et diminuer la vie en lui et chez les autres. Incapable de mener la guerre de la vie, il fera la guerre à la vie et ne cessera de vouloir punir les « bien vivants ». Nietzsche appellera cette attitude **« l'idéal ascétique »**, inspiratrice d'une morale ô combien dangereuse car elle peut séduire la majorité écrasante des faibles par rapport aux forts.

« Ma philosophie, platonisme renversé », « la vie dans l'apparence comme but ». Ces « mots d'ordre » indiquent bien le refus de toute une conception de la vérité, de type intellectualiste et qui voudrait que soit vrai un discours toujours valable, c'est-à-dire adéquat à son objet d'une façon permanente. Il n'en reste pas moins que les apparences **sont** à leur manière. La vérité peut être autre chose qu'un savoir stable, elle aussi réception et restitution de quelque chose qui se dévoile. En ce sens l'art est une entreprise de vérité et non un divertissement, on comprend alors la formule « l'art est la tâche véritablement métaphysique de cette vie ».

Peut-on se contenter de ce renversement du platonisme ? Une philosophie renversée reste la même philosophie ! Nietzsche lui-même ne le savait-il pas ? Ne dit-il pas qu'avec l'abolition du « monde vérité », on abolit du même coup le monde des apparences ? Que signifierait de même une apologie du corps qui érigerait contradictoirement la bête en idéal ?

La volonté de puissance

Imitant l'Évangile, Zarathoustra parle par images. Les métamorphoses du chameau en lion et du lion en enfant telles qu'il les enseigne nous guideront peut-être. Le chameau se charge du poids de tous les interdits et de toutes les peurs, le lion rugit et jette son fardeau, l'enfant joue. La révolte et le renversement ne peuvent être la dernière étape. Le jeu est la métaphore de l'union de la liberté et de la nécessité, il est l'esprit dans le monde. Nietzsche ne nous souhaite pas un épaississement de notre esprit mais au contraire une spiritualisation de tous nos sens. Cet aiguisement du corps et de l'esprit, Nietzsche prétend justement le devoir à sa mauvaise santé dont les aléas l'obligeaient chaque fois à changer de point de vue, de perspective et donc de philosophie. Toute philosophie tire parti d'un état de santé donné comme toute conscience n'est que la résultante du jeu des forces profondes qui constitue le corps en tant qu'il est vivant. La vie n'a donc rien de simple, elle est au contraire un phénomène complexe, une tentative d'unifier des tendances contradictoires, une tension permanente. La vie n'est donc pas le dernier mot de la philosophie de Nietzsche, elle n'est pas un facteur d'explication mais demande au contraire à être expliquée. L'essence de l'homme n'est pas un « vouloir vivre », mais, comme tout ce qui est, **volonté de puissance**. Il faut se méfier d'une interprétation trop psychologique de cette « volonté de puissance ». Il ne s'agit pas d'une volonté délibérée de quelque chose qui serait, en soi, la puissance. C'est une volonté de plus de puissance, l'intensification du sentiment de la puissance étant, pour l'homme en tous les cas, le seul moyen d'éprouver son existence, ce qui le conduit bien souvent à risquer et non à conserver sa vie. Ce qu'il y a de non humain dans cette volonté, c'est qu'elle est la force de la nature en nous et aucunement un choix et le produit d'une culture. La philosophie de Nietzsche n'est donc pas un vitalisme mais une métaphysique ou une ontologie de la volonté de puissance. La vie est une expression de la volonté de puissance et non l'inverse. Rien de plus faux en effet que de dire que l'homme ne recherche que le plaisir et fuit la souffrance. Il n'y a pas de vie sans plaisir bien sûr, mais le plaisir le plus grand est peut-être le sentiment de sa propre force à surmonter des difficultés. Les biologistes comprennent mieux le normal à partir du pathologique, le malade comprend mieux la vie que le bien-portant, il éprouve la maladie comme une tension qui va se résorber dans la guérison. La maladie est donc une manifestation de la vie, pathologique certes, mais qui met en œuvre d'une façon quasi expérimentale la force qui est au cœur de la vie. La brute épaisse n'est donc pas l'idéal nietzschéen de la volonté de puissance mais plutôt la capacité transfiguratrice de créer sans cesse de nouvelles perspectives, d'autres points de vue, de nouveaux possibles. La grandeur d'esprit n'est pas la capacité à saisir l'éternellement vrai et immuable mais à produire un flux dansant de vérités comme la nature nous donne à voir une avalanche de merveilles dans un **flux permanent d'apparences** qu'on cesse de considérer comme trompeuses ou superficielles.

L'éternel retour et le surhomme

Quant à « l'éternel retour », pensée la plus lourde pour l'homme le plus fort selon Nietzsche, il faut sans doute se garder d'y voir une hypothèse physique susceptible d'être confirmée par l'expérience. Si la volonté de puissance est l'idée la plus **générale** que l'on puisse se faire sur tout ce qui est, **l'éternel retour** est l'idée la plus **haute** que l'on puisse se faire sur tout ce qui est (le fait que tout doive revenir y compris cette pensée même !). Seul l'homme le plus fort pourra s'élever à cette profondeur, si l'on ne craint pas les paradoxes. Profondeur car il n'y a plus de ciel qui viendrait transcender la terre, hauteur cependant car c'est le point d'où l'on perçoit la loi de l'être, force car il faut pouvoir aimer cette vie et ce monde tels qu'ils sont, sans espoir de sortie ou de délivrance. Cette idée joue peut-être dans la pensée de Nietzsche un rôle de postulat de la pensée pratique au sens kantien du terme. Même s'il est impossible d'établir théoriquement la réalité de cette hypothèse, il **faut** vivre **comme si** tout devait revenir. Monde chaotique car ne poursuivant aucune fin ni ne procédant d'aucune cause, libre et ouvert en ce sens ; monde fini de la totalité qui revient toujours, nécessaire et fermé en ce sens. Plus d'accusation, de plainte auprès d'un Juge pour un malheur, bénédiction et liesse pour un seul bonheur. Un oui à tout et un oui total, qui a dit oui une fois doit le dire toujours. L'idée même de l'éternel retour sélectionne impitoyablement les hommes capables de vivre sans vouloir sélectionner, retrancher et se retrancher. Le poids le plus lourd s'avérera le plus léger : il faut vouloir une éternité de fois tout ce que nous vivons et ne plus rien supporter en attendant autre chose.

De même que l'éternel retour est une belle et féconde hypothèse, le **surhomme** est un bel avenir et un dépassement de l'homme à la mesure de cette hypothèse. Il a nié en lui toute bestialité mais aussi toute moralité, il est par-delà bien et mal, pleinement créateur et affirmatif.

Conclusion

Nietzsche ne fut pas philosophe comme on l'avait été avant lui. Il l'est par excellence cependant parce qu'il renouvelle profondément l'idée même de philosophie, annonce un nouveau genre de philosophe et surtout, dans la plus profonde tradition philosophique cette fois-ci, « travaille » l'humanité de l'homme. La volonté de puissance sera le critère conscient et revendiqué pour la création de nouvelles valeurs, où l'art sera considéré comme l'activité supérieure antinihiliste. Platonisme et christianisme sont considérés comme des nihilismes niant la terre au profit du ciel, Nietzsche se considère lui-même comme un nihiliste de ces anciennes valeurs morales, afin de redevenir affirmatif. S'il accorde à l'art une grande valeur philosophique, il conçoit la philosophie comme un art supérieur dont la tâche serait de façonner l'homme lui-même. Nous retrouvons là peut-être une caractéristique des grands philosophes : ils rompent et continuent la tradition. Lecteur de Hegel et de Kant, Nietzsche pense un devenir historique mû par la négation ; pour lui éduquer l'homme, ce n'est pas l'éduquer d'après l'état présent mais pour **l'avenir**.

N'est-on pas en droit, pour finir, d'interroger l'homme que fut Nietzsche ? N'est-il pas celui, en bon **moraliste généalogiste**, qui demande toujours d'où vient tel point de vue et demande enfin **qui** parle ? N'y a-t-il pas un décalage tragique entre ce programme héroïque du philosophe qui, d'une part, martèle les valeurs traditionnelles, tourne en ridicule toutes les aspirations à un Au-delà et, d'autre part, sa vie obscure faite de solitude et de souffrances ? Il répondrait sans doute qu'il était bien placé pour voir clair dans le jeu de ceux qui en veulent à la vie et veulent salir tout ce qui est sain en elle au nom de leur prétendue « sainteté ». Le jeune Nietzsche fut élevé dans une famille de femmes, sans doute moralisatrices, désertée par un père mort alors que son fils avait 4 ans. Le petit enfant paisible devint le jeune inquiet puis l'adulte plaçant son œuvre sous le signe de ce que le psychanalyste Adler aurait appelé « la protestation virile ». Abandonné à son destin, orphelin de Dieu, ne pouvant plus soutenir la tension entre la certitude de son génie et la misère affective de son isolement, celui qui signait ses derniers papiers « Dionysos » ou « le Crucifié » s'effondre un jour de janvier 1891 en portant secours à un vieux cheval que son cocher battait sur une place de la ville de Turin. Le moins chrétien des philosophes fut sans doute un des plus christiques et son dernier geste un élan païen... de charité.

Sigmund Freud
ou le philosophe refoulé

Médecin psychiatre né en 1856 et mort en 1939. Il passe la majorité de sa vie à Vienne et doit se réfugier à Londres à la fin de sa vie pour fuir le nazisme. Au-delà de sa formation de médecin, une théorie générale de la vie lui fait voir d'une manière nouvelle le psychisme et le comportement humains et fait ainsi de lui un philosophe, même s'il n'a jamais revendiqué ce nom. Il invente une théorie et une forme de thérapie qu'on appelle la psychanalyse. Il veut faire admettre que notre vie dépend d'abord de notre vie instinctive inconsciente et nous invite par le biais de la connaissance à plus de sagesse. Ses œuvres principales sont : *Le Rêve et son interprétation* (1901), *Trois Essais sur la théorie de la sexualité* (1905), *Métapsychologie* (1915), *Introduction à la psychanalyse* (1917), *L'Avenir d'une illusion* (1927), *Moïse et le monothéisme* (1939)...

Un intrus parmi les philosophes ?

La présence de ce seul nom parmi ceux des grands philosophes suscite déjà bien des questions. Avant même les questions, viennent les passions, aujourd'hui encore. Le père de la psychanalyse rencontre bien des résistances dans de nombreux pays du monde et, depuis peu, de vives critiques dans les pays occidentaux. Les philosophes ont la réputation de vouloir calmer les passions, celui-ci semble les ranimer ! Son œuvre provoquant des réactions affectives a connu et connaît encore l'amour et la haine.

Pourquoi la haine ? Freud : médecin juif obsédé sexuel ! Voilà une façon de l'identifier, certes caricaturale, mais assez efficace pour permettre de le contenir dans une zone pathologique par rapport à la normalité médicale et scientifique. Deux accusations majeures donc : vouloir « tout ramener au sexe », ne pas être « scientifique ». Freud serait un grand déstabilisateur, démoralisateur et finalement destructeur de l'équilibre de l'individu comme de la civilisation et de ses valeurs les plus hautes. Nous examinerons cette accusation plus tard.

Pour d'autres Freud serait le grand libérateur de l'humanité civilisée ayant étouffé ses instincts ! Il aurait enfin éclairé les zones d'ombre de notre vie psychologique, nous aurait guéri de nos névroses, nous rendant ainsi un bonheur dont les philosophes ne nous parlaient qu'abstraitement sans nous en indiquer concrètement la voie d'accès. Les choses sont-elles aussi simples ?

Est-il seulement un philosophe ? Il s'est lui-même souvent démarqué de la philosophie, lui trouvant un penchant plus ou moins délirant à la totalisation ! Il fut assurément un médecin psychiatre mais toujours un chercheur. Il y a donc bien chez lui une philosophie de la connaissance et même une philosophie au service de la connaissance. Cette philosophie est dans une large mesure le rationalisme positiviste de son temps mais qui, appliqué à la vie psychologique, donna des résultats inattendus à partir desquels Freud se permit de philosopher sur la société, la religion, etc. Il a donc sa place à ce double titre parmi les philosophes.

Genèse d'une découverte

Le jeune Freud entreprend donc des études de médecine. Elles lui permettront certes d'étancher son immense soif de savoir mais le conduiront sur des voies inhabituelles. La médecine, on l'oublie trop souvent, a certes besoin de science, mais est en elle-même un art. Son but n'est pas de **savoir** mais de **soigner**, faute de toujours pouvoir guérir. Elle doit connaître les **maladies**, c'est la généralité scientifique ; elle doit s'occuper des **malades**, c'est la particularité de son art. Ce qui sera un jour la psychanalyse ne pourra donc jamais être réduit à un discours, une représentation conceptuelle. Elle va naître petit à petit, à la faveur de nouvelles hypothèses théoriques, parce que Freud sera confronté à des **cas médicaux difficiles**. Il faut préciser que notre chercheur s'est aventuré dans une branche de la recherche médicale peu commode : la neuropathologie. C'est plus particulièrement l'étude de l'hystérie et la situation d'échec de la psychiatrie devant elle, qui allait le mettre sur la voie de sa découverte.

L'hystérie, maladie pouvant avoir des manifestations somatiques spectaculaires (paralysies par exemple), touche des sujets chez lesquels on ne peut isoler aucune lésion particulière ni trouver aucune cause « objective » à la maladie. Situation doublement excitante pour un chercheur : un bon rationaliste est persuadé que l'inconnu ne demande qu'à être connu et que les causes existent mais cachées, un bon médecin sûr de lui est persuadé qu'il fera reculer la maladie. Cette humiliation théorique et pratique n'était pas de nature à instaurer de bonnes relations entre les hystériques et le « corps médical » ! C'est sans doute là qu'il faut chercher le nœud originel qui allait conditionner le destin de la psychanalyse comme branche **dissidente** de la médecine. Ce sont les malades laissés de côté, parfois accusés d'être des simulateurs, qui seront l'occasion d'une révolution thérapeutique. Les nouvelles méthodes, l'hypnose d'abord, la parole pour l'essentiel ensuite, le refus de voir dans l'hystérie une maladie exclusivement féminine, mettront Freud en conflit avec la société médicale de son temps, ce qui l'obligera à se tourner vers un plus large public. Ce conflit a d'ailleurs gardé une certaine actualité.

Que s'est-il donc passé ? Influencé par les travaux de Charcot et de Breuer et grâce à l'hypnose, Freud se rend compte que les symptômes hystériques sont en relation avec des épisodes traumatiques restés enfouis comme si certains souvenirs, dont on n'a plus conscience, avaient le pouvoir de produire des effets sur le corps. Le traumatisme revenu à la conscience, le symptôme s'estompe. La vertu de l'hypnose est de pouvoir établir un échange avec le malade sans la surveillance de sa conscience qui maintient caché ce qu'il y a de plus douloureux ; elle permet de mettre aussi en évidence que nos actions peuvent être inspirés par des motifs inconscients qui nous ont été suggérés grâce à elle.

Ces expériences sur l'hystérie ont donc conduit les recherches de Freud dans deux directions capitales : on peut être malade par représentation, la vie psychique ne coïncide pas avec la conscience.

On dit souvent que la psychanalyse est la découverte de l'inconscient. Il nous semble qu'elle est, d'une manière plus décisive encore, l'invention d'une nouvelle relation entre médecin et malade. En effet,

Freud abandonna petit à petit l'hypnose au profit de la technique des associations libres où le malade s'essaie à parler sans souci de cohérence, apparente au moins. Comme si la parole pouvait être, non seulement l'objet de la « science » psychanalytique, mais encore le médicament lui-même. Que la parole puisse **agir** véritablement sur la santé générale d'un individu est difficile à expliquer et pourtant tout procède peut-être de l'attitude la plus simple et la plus humaine qui soit : parler avec quelqu'un qui souffre ! Il s'agit certes de le faire parler et de le laisser parler, mais cela n'a de sens qu'à partir du moment où on lui a adressé la parole ou en tous les cas signifié la présence d'une **écoute.** Peu importe la question de savoir « qui a commencé », une relation de parole s'établit où le malade n'est justement plus un « patient » mais plutôt un agent, n'est plus un corps qu'on examine mais un sujet qui s'exprime.

L'inconscient

L'idée qu'il puisse y avoir un inconscient est bien antérieure à la psychanalyse. La simple expérience de la mémoire où tous nos souvenirs ne nous sont pas toujours immédiatement disponibles nous la suggère. Pour Freud une représentation inconsciente est celle que nous ne percevons pas mais qui peut manifester son existence par d'autres **signes**. Quels sont ces signes ? Nous avons évoqué déjà des symptômes pathologiques qui sont comme autant de manières qu'a l'inconscient de s'exprimer quand certaines représentations ne le peuvent autrement. À vrai dire, notre vie quotidienne en serait pleine : tous nos actes manqués, nos lapsus qui consistent à dire une chose à la place d'une autre, etc. Et puis bien sûr nos rêves, « voie royale d'accès à l'inconscient ». En considérant tous ces signes, nous devons être attentifs à la chose suivante : ils entrent comme par **effraction** dans notre vie, déguisés, déplacés. Ils sont ce que nous ne voulons **pas** dire, faire ou être, ce qui advient malgré nous, ce qui se glisse dans notre sommeil quand nous avons cessé d'être **vigilants**. Vigilants vis-à-vis de quoi ? Vis-à-vis de la réalité du monde extérieur certes, mais surtout vis-à-vis de notre environnement humain plein de codes sociaux et moraux. Il y a ce que l'on peut dire ou faire, ce qui est honorable et ce que l'on ne doit pas dire ou faire, ce qui est honteux.

L'inconscient freudien n'est donc pas un non-conscient passif et que l'on pourrait découvrir en soulevant le couvercle de la marmite !

Il est ce que la conscience refuse, contraint de vivre dans une semi-clandestinité, en permanence **refoulé**. Le psychanalyste, en lui-même insaisissable, tel un trappeur devant les traces ou un épigraphiste devant les lettres effacées, est contraint d'en être le chasseur interprète et le décrypteur. On comprend qu'il rencontre dans son travail des **résistances**. L'inconscient n'est donc pas un lieu mais une **force**. La vie psychique ainsi conçue, y compris pour les sujets « normaux », est donc un conflit permanent, une tension entre des tendances contradictoires. La santé n'est alors qu'un cas particulier d'équilibre à l'intérieur d'un jeu dynamique sans cesse en mouvement et la maladie une phase déséquilibrée.

Toute cure psychanalytique consiste donc à retrouver par un usage « libre » de la parole, ces inscriptions profondes du passé, cette mémoire illogique qui répond à sa logique propre, ce langage dont il faut trouver la grammaire. Dire que « l'enfant est la père de l'homme », signifie que c'est dans le temps de l'enfance, à l'intérieur d'une **histoire** qu'une personnalité se forme, qu'un sujet apprend à dire « je ». Or cette histoire, du point de vue psychanalytique, est essentiellement une histoire sexuelle.

La sexualité

La nouveauté du point de vue freudien tient peut-être au fait que si la sexualité joue un grand rôle dans notre histoire, c'est parce que **notre sexualité elle-même a une histoire**. Avant de se lamenter sur le fait que la psychanalyse « ramène tout au sexe », il vaut mieux considérer qu'elle en change profondément la signification. Elle est ordinairement conçue comme l'activité génitale d'individus matures au service de la reproduction. Moralement parlant, elle est le plus souvent considérée comme honorable dans le cadre du mariage hétérosexuel construisant une famille. Selon la psychanalyse freudienne elle est plutôt l'expression du fait que nous sommes des sujets désirants, marqués par nos instincts ou pulsions qui ne cessent de travailler notre vie psychique en même temps que celle-ci travaille à leur donner des modes de satisfaction plus élevés. Cette énergie amoureuse ou libido va connaître différents modes d'organisation économique suivant les âges de la vie.

Elle va d'abord investir le sujet lui-même et constituer un narcissisme primaire qui est sain en lui-même tant qu'il n'empêche pas une ouverture au monde et aux autres (les philosophes parlent plutôt d'amour de soi). Vient ensuite l'amour objectal qui consiste à investir des objets extérieurs. Le sein sera ce premier objet et la bouche, première zone de plaisir. Après l'oralité viendra l'analité et la maîtrise de son propre corps. La génitalité est la maturité sexuelle. Ces fameux stades sont autant de points de passages obligés mais pour développer des facultés humainement fécondes : communiquer par les mots devient une indispensable nourriture, agir de ses mains et de son corps canalise nos forces, créer est comme enfanter. Grandir consiste donc à faire un travail symbolique, à sublimer nos pulsions vers un monde de sens que les autres peuvent partager avec nous. La névrose qui est la difficulté à entrer dans ce partage vient d'un mauvais passage de ces étapes de la vie sexuelle qui fait que l'énergie vitale est bloquée à tel ou tel stade. Au lieu de dire que Freud ramène tout au sexe, on pourrait dire qu'il l'ouvre sur tout autre chose que lui-même ! Mais gare aux âmes éthérées qui prétendent s'affranchir de leurs pulsions comme si de rien n'était !

L'économie psychique

Freud va formuler des modèles ou « topiques » pour se représenter les différentes composantes de notre psychisme et surtout essayer de comprendre leurs échanges. La plus connue distingue le « ça », le « moi » et le « surmoi ». Le « ça » porte ce nom faute de pouvoir en dire plus, c'est la partie la plus obscure, c'est le point où le psychisme recueille les besoins pulsionnels du corps, il est par excellence inconscient. Le petit enfant est soumis à ses exigences, cherche à le satisfaire. Cependant, le fait même d'être né est une confrontation avec le monde extérieur qui est aussi bien la découverte de son corps c'est-à-dire une expérience de la finitude. Avoir faim, froid ou se heurter contre la matière fait émerger la conscience. Cette prise de conscience de soi fait donc naître une deuxième instance psychique : le « moi ». C'est donc un moi par opposition à ce qui n'est pas lui ou le menace, qui prend la charge de l'instinct de conservation compte tenu des exigences du ça et des contraintes extérieures. Mais l'enfant ne rencontrera pas que le monde extérieur, il rencontrera aussi les autres, la société. Il devra donc se confronter au fait que les autres aussi désirent et qu'il y a une Loi. Une troisième instance psychique naîtra alors : le « surmoi », en partie consciente mais plongeant ses racines dans l'inconscient puisqu'il est l'héritier du fameux complexe d'Œdipe. Pensant à la tragédie de Sophocle, Freud croit pouvoir discerner une situation psychologique à peu près universelle dans laquelle et par laquelle se forge notre personnalité sexuelle (il y a le sexe biologique et le sexe psychologique), sociale et morale. L'enfant désire s'unir à son parent de sexe opposé mais rencontre l'autre parent qui lui interdit ce désir. Si tout se passe « normalement », l'enfant, pris dans des sentiments ambivalents, s'identifie et se différencie en même temps de son parent de même sexe que lui et va chercher ailleurs l'objet de son désir. L'interdit de l'inceste est donc une loi pour la vie et non contre la vie, au sens où elle contraint à l'échange, à sortir des origines, à progresser. Si cette période du complexe d'Œdipe est décisive selon Freud, la formation du surmoi continue bien au-delà et contribuera à donner au moi un **idéal**, à la fois stimulant et épuisant. Le surmoi est donc l'intériorisation de ce qui est interdit, ce qui rend souvent la vie bien difficile sous la forme de la mauvaise conscience mais qui rend aussi apte à la vie sociale.

Cette vision de l'économie psychique fait comprendre à quel point la tâche du moi est délicate et doit composer en permanence avec des tendances contradictoires. On peut alors faire un effort théorique supplémentaire et considérer les tendances les plus générales. Freud oppose principe de réalité et principe de plaisir, pulsion de vie et pulsion de mort, amour et mort. Il est remarquable que ces dualités ne peuvent pas se superposer et laissent deviner une difficulté qu'il faut essayer d'éclairer. Il serait sans doute trop simple d'opposer la recherche du plaisir et tout ce qui l'empêche. La recherche du plaisir comme relâchement d'une tension est peut-être autant un désir de mourir qu'une manifestation de la vitalité. La vie est un état particulier et exceptionnel de la matière, une organisation complexe qui suppose une certaine tension. La pulsion de mort n'est donc pas l'agressivité qui est plutôt une manifestation de la pulsion de vie mais une tendance profonde du vivant à retourner à une forme d'organisation moins complexe de la matière. La pulsion de vie est amour c'est-à-dire cohésion de soi mais elle peut être destructrice des autres ; elle se manifeste dans la sexualité qui est survie de l'espèce mais qui est aussi pulsion de mort pour l'individu.

Société et religion

Fort de ce nouvel éclairage jeté sur la psychologie humaine et surtout sur sa genèse chez l'individu, Freud ne peut s'empêcher de voir sous un jour nouveau la société et même sa genèse. Tout cela est sous-tendu par une analogie entre l'histoire de l'individu et celle du groupe (ontogenèse et phylogenèse). L'individu passe de la petite enfance à l'âge adulte en surmontant des conflits intérieurs, l'humanité serait elle-même en marche vers son âge adulte.

La société humaine serait apparue à la suite d'un meurtre, celui du vieux mâle par les jeunes mâles se distribuant ainsi ses privilèges et débloquant alors l'ordre animal de la horde primitive. Il y aurait donc le meurtre inaugural du Père, mettant la culpabilité à la naissance même de la société. La religion n'est alors qu'un refuge vers un Père protecteur mais dominateur et une façon d'expier psychologiquement la faute originelle. Elle est une représentation illusoire mais d'une grande efficacité, car, faute d'avoir la moindre réalité, elle a la force des désirs qui la motivent. Intellectuellement parlant, la pensée magique correspond chez l'enfant au moment où n'ayant pas encore compris la réalité du monde extérieur, il croit encore à la toute-puissance de ses désirs. La pensée scientifique, positive, est donc le moment où l'adulte cherche à comprendre les lois objectives de la nature et abandonne toute pensée magique et religieuse.

Conclusion

Celui qui voulut être une sorte de Newton de l'âme est donc resté un rationaliste qui, à l'instar de Spinoza (qu'il admirait beaucoup), pensait qu'on attribue au hasard ce dont on ignore la nécessité. Les aspects les plus déroutants de notre vie psychologique (comme les malades « mentaux » sont les plus déroutants des malades) doivent, selon lui, être expliqués par des lois. À ce titre, l'âme humaine n'échappe pas à la nature et on peut se demander si la psychanalyse dans son ambition scientifique n'est pas une théorie générale de la vie comme Darwin a pu en faire une. Ce savant a sans doute beaucoup impressionné Freud car il représentait à son époque l'héroïsme de la connaissance contre les préjugés. L'homme n'est donc pas un roi sur lui-même et sa conscience est bien parcellaire : il doit composer, qu'il le veuille ou non, avec ses instincts. Son seul recours est alors la connaissance qui peut lui donner cependant l'espoir de se mieux maîtriser.

Cet optimisme théorique et pratique est cependant nuancé par cette idée que l'homme reste toujours archaïque sur le plan affectif et que dans sa nature profonde qui reste inchangée, il n'est pas une douce créature animée des meilleures intentions.

Quant à la psychanalyse comme thérapie, on l'a critiquée avec raison si l'on veut l'ériger en dogme produisant des effets certains : il n'y a de science que du général alors que chaque individu est un cas particulier, irréductible aux autres. Sa grande valeur éthique tient sans doute au fait qu'elle montre que l'homme n'est en vie que parce qu'il est un être de **parole**. Il peut comprendre ses déterminismes psychologiques et retrouver ainsi, paradoxalement, sa **liberté de sujet**.

Martin Heidegger
ou le terrien méditatif

Philosophe allemand né en 1889 et mort en 1976. Fils d'un artisan du pays souabe, Heidegger n'a jamais quitté sa région natale. Il fut étudiant, professeur et recteur de l'université de Fribourg-en-Brisgau. Il écrivit une partie importante de son œuvre abondante dans sa « Hütte » en Forêt noire. Elle est consacrée à la question de l'être, depuis son émergence grecque et jusqu'à son épuisement aux temps de la Technique. Elle est aussi marquée par le voisinage avec la poésie et tout particulièrement Hölderlin. Sa biographie est marquée par la tache obscure de son engagement aux côtés du nazisme à ses débuts. Son influence fut grande à l'aube des années trente et à partir des années cinquante. C'est un interprète important de Kant et de Nietzsche. Ses œuvres principales sont : *L'Être et le Temps*, la *Lettre sur l'humanisme*, *Introduction à la métaphysique*, *Chemins qui ne mènent nulle part*, *Le Principe de raison*, *Approche de Hölderlin*...

Une grande figure controversée

Le petit homme souabe qui se retirait dans sa hutte en Forêt noire est pour beaucoup le plus grand penseur du XXe siècle. Il est pour d'autres un faiseur de brumes ayant commis la faute impardonnable d'avoir fait route avec le nazisme. Évoquons d'abord les raisons des détracteurs. On prête à ses adversaires des mots du genre : « Heidegger est un pianiste, mais je préfère écouter un vrai pianiste. » Entendez par là qu'il n'a jamais cessé de répéter la litanie de la question de l'être, en faisant autour d'elle gammes et variations à l'infini. La fascination qu'exercerait sa pensée serait une espèce d'hypnose qui plongerait ses lecteurs dans une léthargie admirative d'où tout esprit critique et rationnel se serait évanoui. Heidegger ne cesse en effet de retravailler le sens des mots qu'il emploie, use et abuse de l'étymologie, finit par produire une sorte de langue à mi-chemin entre le grec ancien et l'allemand. On peut imaginer la difficulté des traductions et le sentiment, surtout dans les derniers textes, de lire une langue secrète à laquelle on n'a pas été initié. Ce qui peut paraître très choquant pour la tradition philosophique qui répète depuis vingt-cinq siècles environ, qu'avec elle, c'en est fait de l'ésotérisme, que tout est accessible au citoyen de bonne volonté, rationalisant à satiété et victorieux des obscurités du mythe. Moins on comprend et plus cela fait profond, pensent les anti-heideggeriens, hésitant entre la bonne humeur d'un Molière se moquant des précieuses ridicules et une certaine inquiétude vis-à-vis de cette pensée qui n'a pas la forme habituelle. Le « nazisme » de Heidegger serait alors le moyen de démasquer enfin l'ensorceleur, de comprendre enfin le sens d'une pensée qu'on a pas su ou voulu trouver dans son œuvre. Cette question mérite que l'on en dise un mot et nous choisissons de la développer un peu car elle pose des problèmes graves et nous permettra peut-être de cerner un tout petit peu cet auteur difficile.

On pourrait repousser d'un revers de la main ces accusations par deux types d'arguments. Le premier strictement méthodologique : qu'un salaud dise une chose vraie, cela ne change en rien la vérité de la chose ; inversement les saints n'ont jamais eu le pouvoir de transformer des âneries en éclairs de génie pour peu qu'elles passent par leur bouche (c'est néanmoins une croyance assez répandue diraient les mauvais esprits !...). Juger de ce que disent les gens en fonction de l'opinion qu'on a d'eux ou de la réputation qu'on leur a faite est malheureusement une tendance à laquelle nous succombons tous un jour ou l'autre ! Arrêtons donc de fouiller dans la vie des philosophes, essayons de fouiller dans leurs livres ! Deuxième type d'argument, historique et touchant le contenu de l'accusation : le philosophe s'est fourvoyé pendant un temps assez court, les grands esprits sont parfois de grands naïfs, il a été trompé mais s'est bien vite repris lorsqu'il a compris à quelles canailles il avait affaire, etc.

Au premier argument on peut répondre qu'un philosophe ne se contente pas de faire de l'algèbre et que ses sympathies politiques, sinon son militantisme, sont de l'ordre de sa **responsabilité** philosophique. S'engager politiquement c'est dire et faire (au sens de la « praxis » et non de la fabrication), si la philosophie n'a rien à voir avec le dire et le faire, on ne voit pas très bien à quoi elle à affaire car elle n'a jamais été réductible à la contemplation mystique. Au deuxième on répondra que la distraction du grand homme n'est tout de même pas à son honneur et surtout qu'il s'est beaucoup fait prier pour donner des explications sur cette époque terrible et son attitude durant celle-ci.

Nous n'allons pas discuter le détail de cette affaire bien sûr. Heidegger a été membre du parti nazi, a pris petit à petit ses distances par rapport à lui (trop lentement assurément) et n'a pour ainsi dire pas parlé des camps par la suite. Ce silence a été ressenti par beaucoup comme extrêmement pesant, légitimement sans doute. Les paroles de ceux qui n'ont pas été impliqués personnellement ou par des proches dans cet effondrement sans nom, sonnent-elles justes pour autant ? Reste donc la question de fond : y a-t-il une relation essentielle entre la pensée de Heidegger et le nazisme ? Une première remarque s'impose : quand on pose cette question, tout le monde part du principe qu'il y a une inconnue (la pensée de Heidegger) et quelque chose de bien connu (le nazisme) et que l'on va se demander s'il est possible de **ramener** la première au deuxième. On confond en fait deux choses : l'évidence de l'horreur des conséquences du nazisme avec le fait de croire savoir en quoi consistait en profondeur son idéologie, sa genèse et les raisons de son avènement. Les Allemands de la fin des années vingt ne savaient pas qu'ils assistaient à « la montée du nazisme » (expression qui sous-entend aussi la conscience de ce à quoi il allait aboutir). On est toujours clairvoyant, rétrospectivement et à bon marché. Le nazisme a été, selon l'expression de Louis Dumont un pseudo-holisme, c'est-à-dire qu'il fut une réaction sociale et politique dans laquelle s'exprimait le désir d'appartenance au groupe, de jouir du sentiment communautaire. Cette réaction s'expliquait par un refus de la société bourgeoise individualiste et capitaliste qui jette les peuples les uns contre les autres dans des guerres qui ne sont que l'expression de rivalités économiques dans lesquelles le peuple souffre toujours et non la haute bourgeoisie. Il ne faut pas sous-estimer ce sentiment de dégoût universellement répandu après la Première Guerre mondiale, aussi bien à l'extrême droite qu'à l'extrême gauche. Le nazisme fut donc le double refus de la société libérale et du communisme incarné par Staline. Le rêve de la «troisième voie» hantait déjà les consciences ; le désespoir de cette époque se refusait à y voir un cauchemar. C'est à ce rêve que le philosophe s'est sans doute laissé prendre. Un rêve spécifiquement allemand peut-être, celui d'incarner une Europe qui ne soit écrasée, ni par le bloc américain ni par le bloc de l'Est. Le rêve d'une Europe, incarnation de la plus haute culture alliée à la plus grande vigueur, héritière du siècle d'or de la Grèce antique. Heidegger écrit dans les années trente, qu'au fond, États-Unis et Union soviétique, c'est tout un. Thèse pour le moins discutable, mais intéressante, surtout à cette époque. Du fameux slogan de Lénine «des soviets et de l'électricité», on peut oublier les soviets. L'important c'est effectivement l'électricité, les soviets passeront et ils sont effectivement passés. Heidegger voyait donc dans les deux blocs une même entreprise de domination de la terre par la puissance de la technique. Il croyait encore, à cette époque, qu'il puisse y avoir une sorte de sursaut de l'humanité pour retrouver le chemin de l'authenticité, pour se ressourcer à la question de l'être qui est la seule qui reconduise l'homme à son essence propre. Du peuple des philosophes, des poètes et des musiciens ne pouvait sortir qu'un nationalisme salutaire qui allait reprendre le flambeau oublié de l'être, cette question de **l'être** que la théologie chrétienne a bien vite essayé de recouvrir par celle de Dieu, cette origine grecque, masquée et déformée par la culture romaine, cette provenance païenne, convertie à la spiritualité d'origine sémite. Il y a donc un hellénisme spécifiquement allemand, que l'on trouve notamment chez Hegel et Nietzsche, sur lequel il faudra revenir, et qui n'a cessé de nourrir la pensée de Heidegger.

C'est parce qu'il était encore pris dans une sorte de messianisme humaniste (un homme nouveau ou un renouveau de l'homme) que Heidegger a pu se laisser séduire par le national-socialisme. On dit habituellement que c'était une conséquence de son anti-humanisme. En disant cela on ne voit pas que le fameux «tournant» qu'aurait pris la pensée de Heidegger date plutôt d'après guerre et son «anti-humanisme» de même. Pour conclure, il semble honnête de dire que Heidegger s'est gravement trompé, qu'il y a bien une relation entre le commencement de sa pensée et certaines racines idéologiques du nazisme. Le fait de se tromper gravement est-il contradictoire avec le fait de penser grandement ? Qu'une telle entreprise de pensée ait pu être contemporaine, voire pour un temps complice de ce qui allait engendrer la pire catastrophe morale de l'histoire de l'humanité doit rester une source d'interrogation permanente pour l'avenir. Si les éthiques à bon marché, fabriquées comme des produits à vendre feraient bien de revenir à l'ontologie, le fait de voir dans l'éthique un éloignement de la vérité de l'être doit cependant nous laisser inquiets. Une chose est sûre, il faut connaître Heidegger.

Le sens du mot « humanisme »

Pour aborder la pensée de Heidegger, nous choisirons de le faire par la *Lettre sur l'humanisme* qui est un texte « pivot » à bien des égards. Elle nous accompagnera tout au long de notre article sur Heidegger, même au-delà de ce premier paragraphe. Elle date de 1946, permet donc de regarder des deux côtés, vers ce qui précède et ce qui suit. Elle pose la question fondamentale de l'humanité de l'homme et permet à Heidegger de se situer par rapport à la métaphysique, c'est-à-dire par rapport à la tradition philosophique dans son ensemble. Cette lettre est une réponse à une question que lui posait un philosophe français, Jean Beaufret : comment redonner un sens au mot « humanisme » ? La question n'est donc pas : « comment redonner un sens à l'humanisme ? », comme s'il fallait simplement dépoussiérer le bateau avant de le remettre à flots. La question est sans doute à la mesure du désarroi de ce temps où la détresse a vidé l'homme de son sens. Peut-on redonner un sens, c'est-à-dire, au fond, peut-on donner un **autre** sens à ce mot puisque notre « civilisation », puisant aux sources de « l'humanisme », avait à ce point **échoué**. Désir ou recherche d'un autre sens, mais qui ne veut ou ne peut se **détacher** totalement du mot lui-même, parce que c'est notre culture et notre histoire, parce qu'il est question d'humanité. La réponse est à la mesure de ce que la question trahit ou laisse voir de redoutable difficulté. Le moins que l'on puisse dire est que Heidegger a accepté de répondre, qu'il a donc reçu cette question comme étant de l'ordre de sa responsabilité. Sa réponse n'est pas non plus ce à quoi l'on peut s'attendre, comme si le sens du mot « humanisme » allait de soi, comme s'il suffisait de se déclarer pour ou contre. Il nous invitera à comprendre comment les mots que l'on emploie, la langue dans laquelle ils sont pris, portent profondément la marque d'une manière de penser et que l'on ne peut pas penser ce que l'on veut et comme on veut avec un mot aussi ancien et « chargé » que celui d'humanisme. Ce mot est pour lui porteur de toute la tradition de la pensée occidentale en même temps que d'une sorte d'illusion d'optique qui caractérise cette culture. L'humanisme est historiquement romain, il s'agit de préserver l'« humanitas » de l'« homo », de distinguer l'homme véritablement humain, de l'homme barbare. Or, ce que l'on appelle le plus souvent l'humanisme, c'est ce mouvement de la Renaissance qui a tenté de renouer des liens avec l'Antiquité dans son ensemble, par-delà la culture médiévale. Les « humanités » latines se sont greffées sur la culture de l'hellénisme tardif, de telle sorte qu'on est resté parfaitement aveugle à la signification profonde du surgissement grec, en le confondant avec son assimilation romaine. Le mot « humanisme » véhicule donc pour Heidegger, tout en la cachant, la trahison fondamentale de la pensée grecque par la culture latine et toute celle qui suivra. C'est pour cela qu'il ne tient pas à le garder.

La Grèce et la question de l'être

Le cœur de la pensée de Heidegger se situe au cœur de la question de savoir ce qui s'est passé en Grèce. Comme il s'agit de ce qu'il est convenu d'appeler la naissance de la philosophie, cette question est centrale pour nous. La pensée de Heidegger n'est peut-être pas **dans** la philosophie, mais elle est une méditation sur l'essence et le destin de la philosophie depuis les Grecs jusqu'à nous (Heidegger aurait sans doute été tenté de dire jusqu'aux Allemands !). Elle se situe **avant** et **après** la philosophie, elle cherche à être au plus près de **l'apparition** de la pensée de l'être et, ce faisant, **sort** de l'étouffement de cette pensée initiale par la philosophie elle-même. Voilà qui est un peu étrange et mérite quelques explications. Heidegger est le philosophe par excellence, puisqu'il n'a jamais cessé de méditer sur la philosophie et son histoire, sur ce que la philosophie a en propre par rapport à la science, c'est-à-dire la métaphysique. Il est en même temps un anti-philosophe parce qu'il voit dans la philosophie la mise en œuvre de l'oubli de ce qui l'a fait surgir. Il y aurait une grandeur des origines et une sorte d'immense déclin par la propagation de la philosophie qui s'étire dans un temps qui est celui de notre histoire.

Les deux « grands philosophes » grecs, Platon et Aristote, sont encore dans les lueurs de l'origine, mais déjà dans une mise en forme métaphysique qui trahit la question de l'être.

Nous l'avons déjà souligné, la question unique de Heidegger, c'est la question de l'être. Il faut donc préciser de quoi il s'agit. Faisons un détour par Leibniz qui nous dit qu'une fois posé le principe selon lequel « rien n'est sans raison », la première des questions est : « pourquoi y a-t-il quelque chose et non pas plutôt rien ? », la seconde : « pourquoi les choses sont-elles ainsi et non pas autrement ? » La première question est la question philosophique par excellence, la seconde concerne plutôt ce que nous appelons aujourd'hui la science. La première prend en compte le fait brut qu'il y ait quelque chose, la seconde le fait qu'elle soit ceci ou cela. La première question se soucie de l'existence et la seconde de l'essence, on se retrouve dans un couple métaphysique bien connu, existence/essence, on peut en effet se poser deux types de questions à propos d'une chose : si elle est (existence) et ce qu'elle est (essence). S'en tenir là, ce serait sans doute passer à côté de la question de l'être. On peut en effet prendre en considération le simple fait qu'une chose existe, ce n'est encore que l'existence d'une chose en particulier. La question de l'être ne se comprend que dans le cadre de ce que les métaphysiciens appellent la « différence ontologique ». C'est la différence entre l'être et l'étant. L'usage du participe présent du verbe être substantivé est rare en français, mais néanmoins ancien. Son contraire est mieux connu, le néant, du latin « ne-ens », ce qui donne littéralement : non étant. L'être n'est pas l'étant et l'étant n'est pas l'être. Et pourtant les deux sont intimement liés : comment l'étant pourrait-il être sans l'être et comment pourrions-nous être touchés par l'être sans l'étant ? L'être fait l'essence de l'étant, mais l'étant cache l'être, car dès que nous considérons l'étant ou que nous cherchons à le connaître, il devient tout de suite pour nous, ceci ou cela. Si je considère un arbre, le fait que ce soit tel arbre (un peuplier en automne à telle heure de la journée par exemple) me cache le fait que ce soit un arbre (l'idée de l'arbre, objet de la recherche platonicienne) mais aussi le simple fait **qu'il soit**. Autrement dit, l'être en donnant l'étant, se retire du même coup. On comprend l'étrange effet produit par des philosophes qui ont tendance à passer une vie sur ce genre de question ! L'être n'est donc pas l'ensemble de tout ce qui est ou de tous les étants, il est même **rien** de tout ce qui est, un néant infiniment discret et formidable néanmoins (on serait tenté de dire « néanplus » !) puisque tout provient de lui. Cette puissance productrice du néant, cette donation insaisissable, voilà ce que Heidegger n'a cessé d'essayer de penser.

« Pourquoi y a-t-il quelque chose et non pas plutôt rien ? », n'est donc pas la question de Heidegger, qui est bien plutôt celle de savoir d'où vient cette question. La question du pourquoi, cherche déjà une cause ou une raison. La question est à peine posée, que déjà la réponse a bouché l'horizon sur lequel se déployait la question : mais voyons, s'il y a quelque chose, c'est à cause de Dieu ! Dieu est donc la cause première rendue nécessaire par l'existence de la question même. L'ontologie comme science de l'être en tant qu'être, conduit tout naturellement à la théologie, science de l'étant suprême, de ce qui est par excellence. La métaphysique avec sa double racine onto-théologique se met donc en place sur la question de l'être et fatalement la refoule en tant que telle. Il va donc falloir retrouver cette question enfouie dans et par la métaphysique. Avant d'énoncer la première grande question, Leibniz avait posé le fameux principe de raison. Posé et non démontré. Il s'agit seulement de l'admettre, puisque ce serait toujours en vertu de lui-même que l'on chercherait quelle pourrait bien être sa raison. Rien n'est sans raison, sauf le principe de raison ! La raison ne peut rien fonder, elle ne peut que tirer des conséquences ! Les principes se sentent, les propositions se concluent, dirait Pascal. Si l'on décide de répéter le principe de raison comme une sorte de litanie, on obtient un résultat intéressant. Cela marche encore mieux en latin : « nihil est sine ratione », littéralement : RIEN EST SANS RAISON. Il y a donc bien quelque chose qui est sans raison ! Et ce quelque chose, c'est le rien, c'est-à-dire l'être ! La pensée de Heidegger n'est donc pas une pensée rationnelle qui cherche à faire des progrès dans l'ordre de la connaissance ou à construire un système. Elle cherche au contraire à **régresser** sans cesse vers l'être, tâche qui demande une certaine opiniâtreté à cause même du fait que l'être s'expulse vers l'étant et expulse tout ce qui essaie de l'approcher. On mesure là l'incompréhension suscitée par une telle démarche qui est au rebours de la tâche qu'on assigne ordinairement à la pensée. Ce n'est pas un irrationalisme pour autant (les irrationalismes ne sont que des copies tordues de la démarche scientifique), mais une pensée de ce qui est pré-rationnel. Ce qui est pré-rationnel appelle le rationnel, l'être entre tout de même dans une certaine clarté, puisqu'il partage le privilège d'être sans raison avec le principe de raison lui-même. Une ouverture se fait, aussi bien pour l'être que pour l'homme et Heidegger s'est toujours tenu loin du mysticisme ou de la nostalgie de la pensée mythique. Il cherche à se tenir sur le fil de la lame entre les « explications » mythologiques et les « explications » métaphysiques. Il cherche à penser le moment qui fera naître la philosophie et qu'elle ne pourra qu'oublier. L'oubli de l'être n'est donc pas une distraction de l'homme ou une faute condamnable, il est le fait de l'être même, ce qui, à partir de lui, va ouvrir une histoire. Ce contre quoi il convient sans doute de lutter, c'est l'oubli de cet oubli.

Revenons un peu à son idée de la Grèce. Elle s'inscrit en fait dans une perspective ouverte avant lui. Il s'agit de retrouver une Grèce originale, qui n'est pas cette Grèce de « carte postale » humaniste, rationnelle, philosophique, démocratique ; sortie par miracle de la barbarie, image que nous voudrions bien donner de nous. L'art classique vu par Hegel exprimait déjà un moment d'équilibre parfait, une harmonie du fond et de la forme, de la religion avec l'art et de l'art avec la cité. Cette perfection ne pouvait durer longtemps et le développement de la philosophie dans la cité correspond tout à la fois à une prise de conscience et à une crise. Le grand moment grec (le Ve siècle av. J.-C. à Athènes) se situe donc juste un peu avant que la philosophie ne se mette en forme. Plus radicale est l'attitude de Nietzsche, dont Heidegger fut peut-être le plus grand lecteur (c'est lui qui l'a fait voir comme un grand philosophe, y compris contre l'interprétation mutilante qu'en donnaient les nazis). La grande Grèce est pour lui la Grèce tragique, dionysiaque, d'avant la rationalisation socratique.

L'humanité de l'homme

« Seul, parmi tout ce qui est, l'homme éprouve la merveille des merveilles, que l'étant soit. » La pensée de l'être ne concerne donc pas les choses et les bêtes mais seulement l'homme. La merveille c'est l'être et la merveille des merveilles, c'est le fait que l'homme le pense, réponde à son appel. Il y a, il y a le « il y a ». L'humanité de l'homme, c'est l'essence de l'homme. Cette essence, ce qu'il a en propre, c'est de pouvoir être le berger de l'être, c'est-à-dire de le garder, de pouvoir l'accueillir. L'affairement, la réquisition de la terre et de nous-même qu'exige la technique met en danger la capacité de cet accueil. Nous sommes guettés par l'inauthenticité. Le « premier » Heidegger, celui de *L'Être et le Temps*, tente une ontologie fondamentale qui sera une analyse du « dasein ». Le mot allemand désigne justement l'homme en tant que c'est là (« da ») et seulement là (c'est-à-dire en lui) que se fait jour la question de l'être (« sein »). Il ne s'agit plus, comme dans la métaphysique depuis Platon, d'atteindre l'être dans l'éternité, mais au contraire de le laisser se déployer dans la dimension du temps qui est sa dimension propre. Cette dimension est aussi la dimension propre à l'homme. De quel temps s'agit-il alors ? Est-ce le temps du physicien qui est cette durée qui permet de mesurer le mouvement ? Non, le temps dont il s'agit, c'est celui qui vaut pour l'homme qui est un **« être pour la mort »**. Dire qu'il est un « être pour la mort », ne signifie pas qu'il y va à coup sûr, ce qui ne serait pas franchement une nouveauté ! Rien, au contraire, de la part de Heidegger, sur le fait de la mort, sur le fait qu'elle arrivera tôt ou tard, un jour ou l'autre. Tout, au contraire, sur le simple fait que nous puissions mourir à chaque instant, quel que soit notre âge. Entre les animaux qui périssent et les dieux immortels, l'homme est le seul **mortel**. C'est cette possibilité de mourir et le sentiment de cette possibilité qui façonne en profondeur notre être au monde. Encore une fois, il ne s'agit pas de reconnaître que nous « pensons à la mort » de temps en temps, ou que nous n'y pensons pas. Et là-dessus, philosophes de se battre pour savoir s'il est bon d'y penser ou non. C'est au contraire, à partir de notre condition de mortel qu'il faut comprendre notre façon de penser. C'est sans doute parce que nous sommes mortels que nous pensons. En retour, c'est en pensant en profondeur, c'est-à-dire en pensant l'être, que nous réalisons vraiment notre condition de mortel. L'être donne et se retire, nous sommes et nous ne serons plus. Il faut donc penser le temps à partir de la mort et non l'inverse comme on le fait toujours. Nous sommes des êtres temporels parce que nous sommes des êtres mortels. La mortalité de l'homme ce n'est donc pas essentiellement le fait qu'il doive mourir un jour, mais le fait qu'il ne cesse de mourir, exactement comme on le dit du temps, lui qui n'en finit pas de « passer ». Au lieu donc de dire avec le poète « Ô temps suspend ton vol... », ou de vouloir avec le philosophe échapper à cette « image mobile de l'éternité » (Platon), l'homme peut vivre au plus près de son humanité dans le déploiement du temps qui est un déploiement de l'être, qu'il peut seul, comme mortel, accueillir. Pensées graves que l'on pourrait trouver un peu sombres. Sourde et profonde libération peut-être, à y regarder de plus près. La philosophie comme la religion passent peut-être leur temps dans la nostalgie d'un temps passé et l'attente d'un avenir. Le temps y est vécu comme l'image de notre chute, l'éternité perdue et désirée. Nous regrettons nos bonheurs passés et nous préparons des bonheurs qui ne sont pas encore là, il est fatal que nous ne soyons jamais vraiment heureux, fait remarquer Pascal. En pensant les marques de la **finitude** (le temps et la mort) non plus négativement mais positivement comme condition d'un être-au-monde absolument original, Heidegger nous délivre du désir d'être **ailleurs** ou **autrement**. Habituellement cette tentative est réservée à l'athéisme ordinaire qui nous enjoint de jouir d'un éternel présent, sans nous en donner les moyens. Une expression contradictoire du type « éternel présent » est caractéristique du fait que l'on pense dans les catégories habituelles de la métaphysique tout en voulant en tirer des conclusions qui vont au rebours des conclusions habituelles (tenez cette vie et le monde en mépris, etc./profitez de cette vie qui passe et jouissez pendant qu'il en est encore temps). Si Heidegger nous retient là où nous sommes et à ce que nous sommes ce n'est ni dans l'ivresse de l'oubli (comme Nietzsche serait tenté de le faire) ni dans l'apaisement du plaisir (comme le souhaitent les hédonismes matérialistes) mais par la simple proximité à ce que nous sommes essentiellement. Nulle fuite, un approfondissement de la **présence**. C'est-à-dire ? Présence à soi de l'homme comme mortel ; présence du monde, ciel et terre.

Nous avons essayé de montrer comment Heidegger pense l'humanité de l'homme en tant qu'il est mortel et répond à la question de l'être. Il le définit aussi comme celui qui **existe**, mais il faudrait écrire ex-siste ! Car on peut dire de bien des choses qu'elles existent ! L'étymologie du mot suggère quelque surgissement. Exister signifie « se tenir hors de... ». Cette extase naturelle de l'existence n'est pas chez Heidegger quelque état exceptionnel ou surnaturel, c'est le fait que l'homme réalise son essence propre quand il se tient dans « l'éclaircie de l'être ». Cette question de l'être le détourne certes de ses soucis quotidiens mais le ramène à lui-même en tant qu'il sort, qu'il déborde toujours de sa stricte existence d'être biologique. L'homme est d'abord l'existant, il est aussi un organisme animal, un singe habile ou tout ce que l'on veut d'autre qui ne sera que secondaire par rapport à son essence propre. Sur cette question, on peut bien voir la différence entre Heidegger et la métaphysique traditionnelle, sa distance par rapport à l'humanisme. La définition de l'homme qui revient sans cesse en effet est la suivante : l'homme est un **animal rationnel** (on peut aussi ajouter : qui fait de la musique, prie, joue aux cartes, fait du bateau ou tout ce que l'on veut !). On sent bien la faiblesse d'une telle définition (y compris pour l'animalité qui est toujours réduite à son aspect extérieur) : une couche d'animalité et une couche d'humanité par-dessus pour essayer de relever le tout. L'homme est au contraire, du point de vue scientifique, purement et simplement animal. Mais n'oublions pas que le point de vue scientifique est un point de vue **humain** ! C'est sans doute parce qu'il a la capacité de sortir de soi, de s'étonner d'abord du fait qu'il y ait quelque chose, qu'il peut s'intéresser ensuite à la façon dont les choses se passent et avoir ainsi un regard scientifique. Ce qui est premier ce n'est pas ce que la science nous fait voir, mais l'humanité ex-sistante de l'homme. D'où la faiblesse intrinsèque de l'humanisme, d'après Heidegger, tant qu'il ne comprend pas correctement en quoi consiste l'humanité de l'homme.

Que faire ? La place du penseur

Il ne suffit pas de sauter comme des cabris en répétant : « l'homme, l'homme, l'homme ! », pour être plus à même d'en assurer la sauvegarde ! C'est même sans doute à cause de cela que Heidegger va totalement abandonner le ton de l'exhortation toujours vaguement moralisateur qui affleure encore dans *L'Être et le Temps* : les comportements authentique et inauthentique, etc. L'erreur fondamentale est de penser qu'il y a toujours des tas de choses à faire pour que les choses s'arrangent. En disant cela on provoque généralement le scandale. Comment ! Il faudrait ne rien faire ! À vrai dire le choix n'est pas entre faire quelque chose et ne rien faire, la question est de savoir, selon Heidegger, si l'on est encore prisonnier ou non des catégories de pensée de la métaphysique traditionnelle. La *Lettre sur l'humanisme* s'ouvre d'une manière surprenante par la phrase suivante : « Nous ne pensons pas de façon décisive encore l'essence de l'agir. » Il vise par là l'insuffisance du dualisme traditionnel entre la pensée et l'action. Seule l'action serait agissante, il faudrait appliquer la pensée à l'action. « La pensée agit en tant qu'elle pense » est sa réponse, travail beaucoup trop engageant pour avoir besoin de « s'engager ». C'est à cette époque (1946) que Heidegger (se prenant sans doute pour l'être lui-même !) entre dans un certain retrait pour ne pas dire une certaine retraite. La période écoulée, l'ambiguïté vis-à-vis du nazisme, tout cela l'imposait. Époque féconde cependant mais où il va se tenir à distance de la «scène intellectuelle», fuyant la plupart des colloques et les journaux. Ce qu'il dénonce c'est l'affairement général qui touche aussi bien la philosophie que le reste. Elle devient une technique comme une autre et tombe sous la dictature de la **publicité**. On pourrait s'amuser à y voir une admirable prémonition en entendant le mot «publicité» comme l'art de faire de la «pub». Heidegger vise plutôt ce qui a pourtant fait l'esprit des Lumières et qui est tombé d'après lui dans la perversion. L'ouverture publique des débats aurait fait de l'exercice de la pensée un marché dominé par une opinion publique qui prétend pouvoir juger de tout et croit qu'il est intelligent de se demander à propos de tout si cela est **utile** ou non. Lisez une page de Heidegger devant un public non prévenu, résultat garanti ! Cette publicité impose aussi un certain langage, une certaine conception du langage. Là aussi le dualisme traditionnel est de rigueur, le langage est un moyen de véhiculer de l'information, la linguistique l'étudie en tant que tel et l'intellectuel doit s'en **servir** pour prendre ses indispensables positions concernant l'actualité en marche. L'intellectuel engagé, fort en vogue à cette époque, est aussi une de ses cibles. La place du penseur n'est donc pas sur l'estrade, mais à sa table de travail ; l'essence du langage est la poésie et la parole du penseur, comme celle du poète, doit d'abord être requise par l'être pour ménager à l'homme une **habitation** sur cette terre digne de ce nom.

Se laisser dire

S'attaquant explicitement à Sartre, Heidegger nous fait comprendre dans sa *Lettre sur l'humanisme* en quoi il va de plus en plus rompre avec l'humanisme. Il le cite : «Précisément nous sommes sur un plan où il y a seulement les hommes» et répond «Précisément nous sommes sur un plan où il y a principalement l'être.» Si l'être ne trouve d'ouverture que dans l'homme, l'initiative doit cependant lui revenir. C'est lui qui doit commencer ! Ontocentrisme à la place de l'anthropocentrisme. Antihumanisme mais qui est le seul à vraiment pouvoir humaniser l'homme. Heidegger est un déçu du volontarisme, comme si, en effet, par un effort sublime, l'homme pouvait convoquer la présence de l'être. Volontarisme présent dans le nazisme comme dans le communisme.

Dès lors, sentant que la langue habituelle véhicule une pensée de laquelle il veut sortir, Heidegger se rapprochera de plus en plus de la poésie sans vouloir se confondre avec elle. Il verra en Hölderlin le poète de la poésie, ayant les clés des âmes grecques et allemandes. Ses textes deviendront souvent de longs commentaires de poètes, sa langue de plus en plus éloignée des conventions habituelles. On raisonne quand on veut, on ne pense pas quand on veut. La démarche du penseur prend alors une allure analogue à celle de l'artiste et du religieux. Si le travail, la prière sont toujours là, la beauté et la grâce viennent quand elles veulent. Les grandes questions ne sont pas celles que nous nous posons mais celles qui nous sont posées. Dans l'extrême joie, le malheur, l'ennui, je me laisse prendre par la question, « pourquoi y a-t-il quelque chose et non pas plutôt rien ? » et la question de sa provenance. Il faut répondre à la **voix** de l'être, la vérité n'est pas essentiellement ce que je vois ou que je veux voir mais, ce que malgré moi parfois, **j'entends**.

L'artiste, à force de travail, a le sentiment de voir l'œuvre s'accomplir devant lui, la vérité de l'être se dévoiler. Le grand poète donne la parole à la parole. Le religieux quant à lui peut avoir le sentiment d'être guidé par quelque chose ou quelqu'un d'autre que lui. Le penseur se prépare à penser et accueille le plan sur lequel les choses les plus hautes peuvent advenir.

Conclusion

Il est difficile de ne pas être frappé par la voix de Heidegger. La violence de ses adversaires ne prouve pas le contraire. Cette voix qui se donne à entendre dans le style même de l'écrit, qui revient inlassablement sur la même question avec des mots inlassablement travaillés. « Penser, c'est se limiter à une unique idée, qui un jour demeurera comme une étoile au ciel du monde », nous dit-il dans un petit texte aphoristique, *L'Expérience de la pensée*. Tenter de penser avec Heidegger est sans doute une « expérience » ! Sa pensée de l'être lui fait relire toute l'histoire de la philosophie comme une histoire de l'être. Au cours de cette histoire, il se présente sous des visages différents, pour ne plus être avec Nietzsche, dernière étape de la métaphysique occidentale d'après Heidegger, que volonté de volonté. Le monde d'aujourd'hui ne fait plus de philosophie parce qu'il en a une :

celle de la puissance. Nul besoin de dénoncer la technique et de regretter le bon vieux temps. L'essence de la technique n'est pas technique, tenter de penser cette essence dans le devenir de la philosophie et de la science, c'est déjà renouer avec la pensée. Penser l'histoire de la philosophie, penser la philosophie dans son devenir, c'est penser une aventure qui a changé le monde. La pensée de l'être qui a hier suscité la philosophie et que la philosophie a recouverte est peut-être aussi celle de demain et d'après la philosophie.

Peu avant sa mort, il a prononcé une phrase énigmatique dans un des très rares entretiens accordés à un journal. « Seul un nouveau dieu peut encore nous sauver... », celui qui avait étudié la théologie avant la philosophie semble ne pas avoir tout à fait oublié ses premières amours. Nous serions bien en peine de savoir de quel dieu il peut bien s'agir. Quoi qu'il en soit, celui qui est resté parfois sourd à la détresse et s'est tenu à distance de Dieu nous rappelle la dimension du divin. Fidèle malgré tout à la tradition même de la philosophie, son souci fut l'humanité de l'homme, ce « poème que l'être a commencé », et qui n'est sans doute pas terminé...

Jean-Paul Sartre
ou l'écrivain de l'existence
et
Maurice Merleau-Ponty
ou le penseur de la perception

Sartre, né à Paris le 21 juin 1905, est mort à Paris en 1980. C'est sous l'Occupation qu'il se révèle au grand public comme auteur. Il fait paraître son œuvre philosophique principale *(L'Être et le Néant)* et fait jouer sa pièce intitulé *Les Mouches*. Il est la figure même de « l'intellectuel engagé » de l'après-guerre grâce à l'influence de son existentialisme philosophique que ses romans véhiculent *(Les Chemins de la liberté)*. Pendant un temps « compagnon de route » du parti communiste, il reste toute sa vie une haute figure contestataire.

Merleau-Ponty, philosophe français né en 1908, est mort en 1961. Sa mort brutale (à l'âge de 53 ans) laisse penser qu'il aurait pu connaître une influence plus grande. Ne serait-ce qu'à cause de la justesse de ses vues en matière politique, résolument anti-totalitaire et non doctrinaire malgré son engagement résolument à gauche. Nommé professeur à la Sorbonne pour y enseigner la psychologie et la pédagogie, il sera finalement élu en 1952 professeur de philosophie au Collège de France succédant à Louis Lavelle, qui succédait lui-même à Henri Bergson. Sa thèse de doctorat comportant notamment la *Phénoménologie de la perception* est une de ses œuvres majeures et inaugure une nouvelle manière d'aborder l'expérience vécue. Il fondera avec Sartre la revue *Les Temps modernes*.

Nous nous proposons de présenter ces deux philosophes ensemble. Ils étaient de la même génération et se sont bien connus. Ce n'est cependant pas la seule raison. Philosophiquement, ils sont proches et très éloignés à la fois. Ils inscrivent leur pensée dans le cadre de la phénoménologie, mais développent à partir d'elle des attitudes qui s'opposent presque point par point. On peut ainsi suivre le développement de leurs vies et de leurs pensées comme une sorte de dialectique qui permet d'éclairer l'une et l'autre.

Deux phénoménologies

Disciples de Husserl, nos deux philosophes veulent « en revenir aux choses mêmes », ils veulent appréhender l'Être, non pas comme ce qui se cache mais comme ce qui se donne. Lecteurs de Heidegger, ils considèrent l'homme comme un être dans le monde, c'est-à-dire jeté dans le monde, ouvert au monde de par son essence même et non refermé sur une chimérique « vie intérieure ».

Cette ouverture au monde prendra toutefois un sens différent chez l'un et chez l'autre. Sartre va comprendre la formule husserlienne « toute conscience est conscience de quelque chose » comme un vent purificateur, un formidable coup de balai qui renvoie dos à dos l'idéalisme et le réalisme. L'idéalisme digère et assimile les choses au point de les réduire à des « états de conscience », tout finissant par se diluer dans une sorte de brouillard mou. Le réalisme ne voit pas que le monde est par essence relatif à la conscience et s'engouffre dans l'idéal de la connaissance objective en oubliant la recherche philosophique. Ainsi, selon Sartre, « la conscience n'a pas de dedans, elle n'est rien que le dehors d'elle-même et c'est cette fuite absolue, ce refus d'être substance, qui la constituent comme une conscience. » Cette phrase, tiré d'un article intitulé « Une idée fondamentale de la phénoménologie de Husserl », résume bien le point de départ philosophique de Sartre. Et il conclut cet article de jeunesse par la phrase suivante : « Ce n'est pas dans je ne sais quelle retraite que nous nous découvrirons : c'est sur la route, dans la ville, au milieu de la foule, chose parmi les choses, homme parmi les hommes. »

La phénoménologie de Merleau-Ponty est une phénoménologie de la perception, de la présence au monde, plutôt qu'une découverte de la conscience comme éclatement permanent vers d'autres perspectives. Merleau-Ponty définit son attitude phénoménologique comme la capacité de s'en tenir au seul plan où les choses nous apparaissent, où elles entrent en présence de nous et nous, d'elles. Il s'agit donc de dépasser la simple sensation ou l'impression grossière qui se tiennent devant les choses, sans toutefois vouloir passer « derrière » les choses et leurs apparences trompeuses comme le souhaitent les sciences de la nature par exemple. Au lieu de vouloir **chercher** la vérité, ce qui est le lieu commun par excellence de la philosophie, il suffit de considérer que nous **sommes dans** la vérité. Au lieu de chercher la vérité de ce que nous percevons, la vérité est tout simplement ce que nous percevons. Grande simplicité, mais grande difficulté que de s'en tenir au seul processus de nos perceptions, que de refuser les approches sensuelles et intellectuelles au profit de ce que nous pourrions appeler la pure sensibilité au monde.

Deux expériences de l'être

Cette expérience est avant tout chez Sartre une expérience de **l'existence**. Et il faut bien l'entendre dans le sens fort de ce mot : non pas le simple fait que quelque chose soit, mais le surgissement des choses, le fait qu'elles se tiennent effectivement **hors de nous**. « Vous voyez cet arbre-ci, soit. Mais vous le voyez à l'endroit même où il est : au bord de la route, au milieu de la poussière, seul et tordu sous la chaleur, à vingt lieues de la côte méditerranéenne. » Cette phrase, tiré de l'article précédemment cité, fait bien comprendre cette radicale extériorité de l'existence. C'est encore un autre arbre, un marronnier et ses puissantes racines, qui fait saisir au personnage de *La Nausée* (le premier roman de Sartre) cette existence pleine et entière. Cette existence a quelque chose d'exaltant lorsque la conscience prend conscience de sa propre nature et jette sa liberté dans le monde, c'est-à-dire son néant qui refuse de se laisser chosifier et d'accepter les choses comme elles sont. Mais l'existence est d'abord cette immensité dans laquelle je suis pris et qui me donne la nausée. Pour Sartre, tout homme est jeté dans l'existence comme un voyageur sans titre de transport, sans justification *a priori*. Nous sommes là, comme « par-dessus le marché », « de trop », et livrés à la honte. Dire que l'existence précède l'essence pour la réalité humaine, signifie que nous avons à faire cette essence, que rien n'est écrit sinon notre capacité d'inscrire notre liberté dans le monde et dans nos vies. Le mot d'ordre sartrien n'est pas, « deviens ce que tu es », il serait plutôt : « sois ce que tu veux devenir ». L'expérience de l'être que l'homme fait est celle d'un projet perpétuel qui fait dire à Sartre qu'il est ce qu'il n'est pas et qu'il n'est pas ce qu'il est. Entendons par là que nous sommes vraiment dans nos projets qui ne sont pas encore et que nous ne sommes plus dans tout ce qui a constitué notre existence auparavant.

Toute autre est l'expérience de l'être que nous propose Merleau-Ponty. Ce n'est pas une nausée de l'existence surmontée par la liberté en acte, c'est une **béatitude** prolongée par l'attention poétique. Il faut entendre béatitude dans son sens fort de béance, d'ouverture. Mais cette béance est double : par la perception, j'ai le monde et le monde m'a, je vis dans un entrelacs, un chiasme permanent. Sartre se sent débordé par une existence engluante dont il a besoin de s'arracher par la négation (la « néantisation »). Merleau-Ponty se sent irrémédiablement pris dans une participation à cette existence. Cette participation n'est pas la contemplation d'un spectateur extérieur, elle est le cœur de **l'expérience vécue**. Ce que nous vivons : voilà ce dont Merleau-Ponty veut rendre compte. L'entreprise paraît banale et l'on pourra toujours dire que c'est la tâche de tout philosophe. Mais la plupart du temps les philosophes discernent, analysent, décomposent, distinguent, insistent sur tel ou tel aspect qui leur paraît essentiel : ils nous font alors **sortir de la confusion de l'expérience vécue**, là où Merleau-Ponty veut nous **ramener**. La vie de tous les jours et la réflexion intellectuelle nous jettent en permanence hors de nous-même, en même temps que nous ramenons toujours tout à nous, ce divertissement et cet affairement permanents tuent notre capacité d'attention. C'est cette attention particulière que la phénoménologie de Merleau-Ponty entend restaurer. Il ne veut pas nous plonger dans la confusion mais nous donner une conscience claire du fait que vivre est toujours une incarnation, une expérience de notre présence au monde où les dimensions sensible et spirituelle sont indiscernables, c'est-à-dire ce qu'il appelle la **chair**.

Deux conceptions du langage

Sartre sera philosophe et écrivain. Il écrira des essais, des romans, des nouvelles, des pièces de théâtre. Le point commun de toutes ces formes d'écriture est la **prose** par opposition à la poésie. Alors que le poète considère les mots comme des choses ou comme des parties du monde qui charrient une floraison de significations, le prosateur utilise les mots comme les instruments de sa visée et même, pourquoi pas, comme un boxeur utilise ses poings. Sartre fut l'intellectuel par excellence, capable d'écrire dans la journée d'une manière continue, maniant les mots avec la plus grande aisance, se sentant spontanément **dans le langage**, comme on se sent ordinairement dans son corps. Or, l'usage ordinaire que l'on fait de son corps est celui d'un instrument qui a prise sur le monde. La prose sera donc pour Sartre cet instrument ou cette arme. Sa conception du langage correspond parfaitement à cette idée toute simple selon laquelle on parle lorsque l'on a quelque chose à dire. Et pourquoi dit-on quelque chose ? Pour dévoiler telle ou telle vérité, pour prendre parti donc, pour vouloir **changer** quelque chose au monde ou au contraire s'y opposer. Le langage est neutre mais celui qui parle prend position sur le monde et dans le monde, on l'aura compris, il est essentiellement dans un **engagement**.

Dans la personnalité de Sartre, l'engagement est donc d'abord un engagement dans et par le langage. La philosophie et la littérature ne sont alors que les deux faces d'une position ontologique unique dans l'existence. C'est la raison pour laquelle la littérature sartrienne n'est ni de la grande ni de la mauvaise littérature. Les grands écrivains travaillent la langue au point de la faire accoucher d'un nouveau monde. La langue de Sartre est aussi bien celle des deux siècles précédents, il n'est pas un créateur de ce point de vue-là. Mais on ne peut pas dire non plus que ses romans ou son théâtre soient mineurs : ils sont des mises en œuvre de son fameux existentialisme, mettent en scène des personnages aux prises avec la responsabilité de leurs choix. Ces œuvres ont incontestablement marqué l'esprit français de l'après-guerre.

Merleau-Ponty n'a écrit que de la philosophie, mais sa langue est paradoxalement beaucoup plus littéraire. Sa conception du langage est une méditation sur la façon dont de nouvelles significations viennent au monde par une intentionnalité expressive, un style. Il ne s'intéresse pas au langage en tant que tel comme le font les linguistes, mais à **l'expérience vécue de la parole**. La parole ne se contente pas d'exprimer une signification toute faite qui lui préexisterait, mais contribue à l'accomplir. Il y a certes une intention significative, mais nous avons la capacité de penser parce que nous parlons ou que nous écrivons. N'importe qui peut constater cela en lui-même : quand nous prenons la parole ou la plume, nous ne pouvons pas savoir intégralement ce que nous allons dire, nous pensons **d'après notre parole**. Cette expérience vécue du langage nous enseigne qu'il est un mouvement que nous pouvons certes contrôler mais dont nous ne pouvons nous passer. Le logicien voudra entièrement ramener la parole à son contrôle, le poète voudra se laisser guider par elle. Cette capacité de donner la parole à la parole n'est pas un laisser-aller mais une attention à une autre forme de rigueur qui est celle de la poésie et qui cherche les lois naturelles d'une langue qui ne sont pas celles de la logique. Là où la prose ne s'occupe que du sens, la poésie est attentive à l'harmonie du son et du sens. Ce que Merleau-Ponty veut nous faire comprendre, c'est que l'essence du langage est poétique, que c'est là son geste premier qui se déposera ensuite en significations connues, vérifiées par l'expérience, validées par la logique et reproductibles à l'infini. Mais dès qu'une signification nouvelle doit venir au monde, elle ne le peut que dans le contexte général d'une relation au corps et au monde, ce qui dans le domaine de l'écriture s'appelle un style.

Le fait que l'on ne puisse séparer ce que l'on veut dire de sa formulation a comme conséquence capitale qu'aucune expression ne peut être entièrement adéquate à ce que l'on voulait dire, puisque ce que l'on voulait dire ne pouvait pas exister tout à fait avant qu'on ne le dise. Rien de plus désespérant et rien de plus encourageant ! L'œuvre définitive est un idéal qu'on n'atteindra jamais, mais en retour rien n'est jamais fermé et des choses inouïes restent à dire. La prose sartrienne est une effraction qui s'engage bruyamment dans le monde, la parole de Merleau-Ponty est bordée par le silence. Le silence de ce qui n'a pas encore été dit me pousse à prendre la parole ; le silence de ce que je n'ai pas pu dire vient clore ma parole. Tous ces essais sont vains pour dire la vérité de l'être qui parle sans doute mieux dans le silence, voilà peut-être l'horizon mystique de notre philosophe. Nous citerons la conclusion de son essai intitulé *Le Langage indirect et les voix du silence* : « ce que nous voulons dire ne se tient pas devant nous hors de toute parole, ce n'est que l'excès de ce que nous vivons sur ce qui a été déjà dit ».

Morale et politique

Sartre a incarné jusqu'à la caricature la figure de « l'intellectuel engagé ». De Gaulle avait même tendance à le prendre pour une sorte de Voltaire qu'on ne « pouvait pas emprisonner ». Nous avons vu que son arme est le langage et que c'est là que se situe son engagement essentiel. Un poète comme René Char a été dans les maquis, Sartre, tout au long de sa vie, était sans doute plus à l'aise dans les cafés, à battre le pavé au cours d'une « manif », ou à signer des pétitions. L'épisode du petit homme, à la sortie des usines Renault, juché sur un baril pour appeler la classe ouvrière avec un porte-voix, avait quelque chose de ridicule et de pitoyable. À tel point que beaucoup ne virent en lui qu'un intellectuel naïf, agité par des causes perdues depuis le mythe de la Révolution jusqu'à la défense des terroristes allemands de la bande à Baader. Tout cela a peut-être contribué à masquer le fait qu'il a tout de même écrit une œuvre considérable !

Son existentialisme est un humanisme comme il a pris la peine de le dire lui-même dans un opuscule censé écarter les mauvaises interprétations de sa pensée. Le fait que l'existence n'ait pas de sens *a priori*, bref son absurdité initiale, signifie justement que l'homme peut et doit lui en donner un. Ce que je dis et ce que je fais est par là même un engagement qui revendique en droit l'universalité, c'est-à-dire engage l'humanité entière. Je ne peux me reposer sur l'ordre des choses ou ma « nature », comme le ferait volontiers le « salaud » de « mauvaise foi », le héros sartrien est la version engagée et harassante du héros kantien : **condamné à être libre**, il est happé par l'universel à chaque coin de phrase et au bout de chaque geste.

« Compagnon de route » de bien des erreurs et de bien des fourvoiements, Sartre ne se laissa jamais cependant absorber totalement par le marxisme et le freudisme, « valeurs » passablement dominantes après guerre. C'est peut-être son athéisme radical, « œuvre de longue haleine » selon ses propres mots, qui l'a préservé des attitudes religieuses de remplacement !

On ne peut guère, par ailleurs, parler de la morale sartrienne sans évoquer le couple qu'il formait avec Simone de Beauvoir. Philosophe et écrivain comme lui, elle fut une grande figure de la conscience féministe. Ils choisirent de ne pas se marier et de ne pas avoir d'enfants, ils considéraient leur liaison comme « nécessaire » à côté d'autres qu'ils considéraient comme « contingentes ». Merleau-Ponty fut fiancé à une jeune fille, « Zaga » Lacoin, qui devait mourir jeune, une amie intime de Simone de Beauvoir.

Merleau-Ponty frappe par sa discrétion. Contrairement à Sartre il fit une carrière de professeur et obtint une chaire au Collège de France qui est le sommet de l'institution universitaire française. Sa leçon inaugurale évoqua la « claudication du philosophe », sa fragilité invincible et sa piété non servile depuis l'exemple de Socrate qui rappelle qu'entre la philosophie et la cité la contradiction demeurera toujours. Dégagé mais non retiré, Merleau-Ponty prit part aux débats de l'actualité de son temps, participa très activement avec Sartre à la revue *Les Temps modernes*. Il chercha plutôt son inspiration du côté de Machiavel et de Montaigne que du côté des théoriciens révolutionnaires. Machiavel, parce que quiconque dit la vérité contribue aux fondements d'une authentique anthropologie politique ; Montaigne à cause de son humanisme sceptique. Le travail discret de la pensée et l'enseignement furent ses véritables engagements.

Conclusion

La notoriété de Sartre fut immense et il reviendra tôt ou tard à la mode. Son œuvre à multiples facettes s'adresse aussi bien au philosophe spécialisé, à l'homme cultivé et même peut-être au passant ! Il n'est pas sûr qu'il ait toujours fait le meilleur usage de sa propre liberté, mais il invite à coup sûr quiconque à prendre la sienne.

Plus secret, Merleau-Ponty offre une œuvre peu accessible au lecteur pressé. Il n'a pas bâti un système philosophique comparable à celui de Sartre dans *L'Être et le Néant*, mais il offre une figure exceptionnelle de profondeur sereine et tout simplement d'humanité.

John Rawls
ou le justicier en chaire

Philosophe américain contemporain né à Baltimore en 1921. Il fait ses études à l'université de Princeton. Il est professeur à l'université de Harvard depuis 1959.

Son œuvre principale est : *Une théorie de la justice,* 1971.

Son article intitulé : « La théorie de la justice comme équité : une théorie politique et non pas métaphysique » est de 1986.

Peut-on faire, encore aujourd'hui, une philosophie de la justice ? Toute l'œuvre de John Rawls procède d'une réponse positive à cette question. Il ne s'agit pas de débattre de questions étroitement juridiques ou de la justice dans un sens seulement judiciaire mais bien de trouver des critères pour savoir si une société est juste ou non.

John Rawls pose cette question non pas dans l'absolu, mais dans le cadre des démocraties occidentales. Prenons nous-mêmes l'exemple d'un pays comme la France : on y voit s'affronter, en gros, deux thèses. À droite on se dit « libéral » et à gauche plutôt « socialiste » et à partir de là on peut imaginer des libéralismes plus ou moins sociaux et des social-démocraties plus ou moins libérales.

Décrivons schématiquement les positions idéologiques : il y a ceux qui pensent qu'il est du devoir de l'État de mettre en œuvre une « justice sociale » de compensation des inégalités et ceux qui pensent que le concept même de justice sociale est dépourvu de sens, alourdit l'État et les charges des entreprises et de ce fait porte atteinte à la possibilité pour chacun de réussir mieux dans une société de liberté économique.

Il est difficile de trancher nettement entre les deux thèses qui se retrouvent d'ailleurs dans toutes les démocraties occidentales, sous des aspects légèrement modifiés. John Rawls va incontestablement apporter des arguments à ceux qui pensent que l'exigence de justice ne peut se résorber dans la confiance accordée au « Marché » pour résoudre tous les problèmes sociaux. Cependant, il ne le fera pas au nom d'une quelconque dette ou culpabilité morale vis-à-vis des plus « défavorisés », mais au nom même du **libéralisme** !

Le libéralisme

Rappelons tout de suite qu'aux États-Unis d'Amérique l'adjectif « libéral » désigne un comportement plutôt « progressiste », préoccupé par les revendications des minorités contrairement à la majorité silencieuse, conservatrice et même passablement puritaine. En Europe, cet adjectif désigne plutôt les partisans d'une économie de marché libérée des entraves d'une économie régulée.

Le malentendu vient du fait qu'on oublie que le « libéralisme » est une idéologie, voire une philosophie, qui ne se cantonne pas au domaine économique. Il faudrait même dire que le libéralisme **politique** est antérieur au libéralisme économique.

Quelles sont ses idées principales ? L'individu est le fondement des relations sociales, l'autorité de l'État n'est légitime que s'il fixe un cadre qui permet à la liberté individuelle de s'exprimer. Il va de soi que cet État est tolérant et respecte la liberté de conscience, il est à la fois le fils de la Réforme protestante et de l'esprit des Lumières. Cette manière de voir s'est développée en Angleterre d'abord, en France ensuite et s'est enfin « réalisée » avec la création des États-Unis d'Amérique qui incarnent jusqu'à la caricature cet état d'esprit « libéral ».

En ce sens John Rawls est un penseur profondément et authentiquement américain, même si cela peut le conduire à critiquer une certaine bonne conscience américaine qui trouve que les riches méritent leur richesse et les pauvres leur pauvreté. En quoi consiste donc la théorie de la justice de John Rawls ?

La théorie de la justice

Nous nous servirons tout particulièrement d'un article de John Rawls qui s'intitule : « La théorie de la justice comme équité : une théorie politique et non pas métaphysique ». Cet article rappelle les principes de sa pensée et son intitulé est déjà tout un programme. Il s'agit en effet de renoncer définitivement à rechercher des fondements métaphysiques pour légitimer une certaine idée de la justice.

Voici deux citations tirées de ce même article et qui nous paraissent décisives :

– « Nous voulons appliquer le principe de tolérance à la philosophie elle-même : la conception publique de la justice doit être politique et non pas métaphysique. »

– « Le point essentiel est qu'en matière de pratique politique, aucune conception morale générale ne peut fournir un fondement publiquement reconnu pour une conception de la justice, dans le cadre d'un État démocratique moderne. »

John Rawls veut tirer les dernières conséquences philosophiques de la démocratie : la vérité politique n'existe pas, elle est à faire, elle n'est rien d'autre que le fruit des revendications des citoyens. Il y a donc un certain nihilisme métaphysique au fondement de l'État démocratique moderne, doublé d'un renoncement à voir tout le monde d'accord un jour. Cependant, ce point de vue ne débouche nullement sur un anarchisme ou un découragement pratique. Il convient, au contraire, de dégager à partir de là des règles de vie en société qui permettent de trouver en permanence des solutions nouvelles à l'éternel conflit entre l'impétueuse liberté individuelle et le souci de la justice.

Afin d'arbitrer entre deux traditions (sociale/libérale ; collectiviste/individualiste) dont les oppositions sont durables la théorie de la justice de notre philosophe propose **deux principes de justice** :

– Chaque personne a un droit égal à un système de libertés et de droits fondamentaux.

– Les inégalités sociales et économiques doivent remplir deux conditions : en premier lieu, elles doivent être attachées à des fonctions et à des positions ouvertes à tous dans des conditions de juste égalité des chances et, en second lieu, elles doivent être au plus grand avantage des membres les plus défavorisés de la société.

La théorie de la justice précise aussi l'idée de **coopération sociale** au travers de trois principes :

– La coopération est distincte d'une activité coordonnée de l'extérieur.

– La coopération implique l'idée de réciprocité et de mutualité.

– L'idée de coopération sociale exige que l'on ait une idée de l'avantage rationnel de chaque participant, c'est-à-dire de son bien.

Ces principes qui sont dans la droite ligne de ceux de la déclaration des droits de l'homme et du citoyen de 1789 se présentent comme pouvant (et même « devant » !) être acceptés par tous. Mais, à l'intérieur de chaque citoyen, qu'est-ce qui doit donner son assentiment à de tels principes ? Il s'agit en fait de sa part de raison et non de sa condition empirique et de ses intérêts égoïstes. Pour mieux se faire comprendre, John Rawls emploie une image qui est celle du « voile d'ignorance ». Il imagine que ceux qui sont chargés d'établir les règles de la vie sociale ignorent quelle est leur position sociale. Ces hommes ainsi rassemblés, ne sachant pas s'ils sont du « bon » ou du « mauvais côté », ne seront tentés, ni par la justification de l'inégalité au nom de la nature ni par un égalitarisme vengeur.

Il s'agit là de la philosophie profonde du libéralisme : quand un individu s'épanouit, il donne aux autres l'occasion de s'épanouir eux-mêmes. Le libéralisme qui se limiterait à un laisser faire économique aboutit à un capitalisme monopolistique qui tue la concurrence, enrichit démesurément les riches et appauvrit les pauvres.

Nous pourrions faire le commentaire suivant à propos de cette vieille question de philosophie politique qu'est l'inégalité sociale. En schématisant les points de vue de droite et de gauche, cela donne à peu près ceci : les individus sont par nature inégaux, ce qui se traduit et s'amplifie par l'inégalité sociale, chasser la nature est impossible ; les individus sont par nature égaux et l'inégalité sociale est une injustice due aux conditions de vie, la culture doit corriger cette injustice.

On pourrait voir les choses tout autrement en dépassant les points de vue que nous venons de voir.

Comme les hommes présentent une certaine forme d'égalité à la naissance, cela crée les conditions d'une compétition acharnée entre eux (le sport montre bien que l'égalité est la condition qui donne tout son sens à la compétition !). C'est donc essentiellement la société (au moins depuis les temps historiques) qui produit de l'inégalité. Vouloir supprimer l'inégalité c'est vouloir supprimer la société ! Cela ne signifie pas pour autant que toutes les inégalités sont légitimes et que des règles du jeu équitables ont été respectées ! L'équité serait donc le souci politique de trouver les règles qui produisent non pas de l'égalité à l'arrivée mais de la « juste inégalité ». Cette inégalité doit entretenir la possibilité d'une concurrence et d'une redistribution des chances pour chacun qui font qu'une société est dynamique et créatrice de richesses.

Voilà sans doute le sens qu'il faut donner à la préoccupation de « l'avantage rationnel de l'autre » et plus particulièrement des moins bien lotis.

Le citoyen et la personne

Nous avons beaucoup parlé de l'épanouissement de l'individu. Il faut donc approfondir l'idée que John Rawls se fait du citoyen, c'est-à-dire de l'individu dans la cité. À vrai dire, on se rend compte qu'il s'agit en fait d'un « produit culturel », né petit à petit dans les États démocratiques modernes. Pour John Rawls, le citoyen est une personne libre de trois points de vue :

– Les citoyens revendiquent le droit de poser leurs personnes comme indépendantes de toute conception particulière du bien ou de tout système de fins dernières et de ne pas s'y identifier. Exemple : on peut changer de religion sans changer d'identité face à la loi.

– Les citoyens se considèrent eux-mêmes comme libres en tant que sources originaires de revendications légitimes. Une revendication est légitime dès l'instant qu'elle est assumée par des citoyens (et non en fonction de telle ou telle idéologie sociale ou religieuse).

– Les citoyens doivent évaluer raisonnablement leurs diverses revendications.

Par ailleurs, les personnes ont deux capacités morales.

– Le sens de la justice : capacité de comprendre, d'appliquer et de respecter la conception publique de la justice qui caractérise les termes d'une coopération équitable.

– Se forger une conception du bien : ce qui a de la valeur pour nous, un système plus ou moins bien déterminé de fins que nous voulons réaliser, en outre il faut y inclure une réflexion sur notre relation au monde (religieuse, philosophique, etc.).

En méditant ce « personnalisme politique », on se rend compte du paradoxe sur lequel repose la pensée de John Rawls : d'un côté, elle repousse toute construction métaphysique ou « ordre naturel des choses », de l'autre, elle repose sur une métaphysique de la personne, c'est-à-dire l'affirmation que nous sommes des êtres libres avant d'être des individus contingents nés dans telle culture et poursuivant des fins particulières. À cette objection, John Rawls répond qu'il est conscient d'admettre sans démonstration ce genre de présupposé mais que, d'autre part, il est un fait que la liberté s'est développée dans les pays marqués par cette mentalité. Cela fait voir aussi que sa théorie ne prétend pas être une création originale mais une recombinaison et un approfondissement de principes intuitifs bien connus.

Conclusion

L'intérêt et la nouveauté de cette philosophie de la justice tient au fait qu'elle ne construit aucune métaphysique, ne suppose aucune théorie historique. Elle a quelque chose d'empirique : elle constate ce qui « marche bien ». À partir de là, elle propose des règles prospectives qui ne permettent absolument pas de savoir à quoi l'avenir ressemblera puisqu'il est fait de créations et de nouvelles revendications. Cependant, si cet avenir est ouvert, le souci de la justice demeure et c'est lui qui garantit finalement une liberté toujours créatrice.

Achevé d'imprimer en mars 1999
sur système Variquik
par l'Imprimerie Sagim
à Courtry
pour les Éditions Bartillat

Composition – Mise en pages
DV Arts Graphiques à Chartres

Imprimé en France
Dépôt légal : mars 1999
N° d'impression : 3263
ISBN 2.84100.189.X